财富的责任
与资本主义演变

美国百年公益发展的启示

资中筠

著

The Responsibility of Wealth
and Evolution of Capitalism

Revelation
of a Century's Development
of American Philanthropy

上海三联书店

重印前言

本书从初版《散财之道》问世开始，迄今整整二十年。其间第二、三、四版内容有比较大幅的增订，书名也因时代的发展和作者认知的变化而更改。第四版《财富的责任与资本主义的演变》于2018年重印，如今已是第二次重印。

二十年在一般承平时期本是一瞬间，但是过去的二十年人类却经历了跨越宇宙的变化。20—21世纪之交被称为"千禧年"，我们意识到后工业社会的来临，称之为"信息社会""互联网社会"皆可。此后又以国际顶级棋手输于AI为标志，加以马斯克怪才横空出世，人工智能时代突然来到，如何对付ChatGPT成为了全球热门话题。人类文明的更新换代是以加速度进展的。高科技的日新月异出于人的智慧，但是由此出现的人工智能却有脱离人类驾驭之势。这就是我们面临的世界。

这一切与本书的主题有什么关系呢？用一句老生常谈的话说，就是上层建筑需要与经济基础相适应，公益事业属于上层建筑的一部分。作者最初起意写美国现代公益基金会这样一种事物，就是感受到19—20世纪之交它的兴起，并迅速发展成不可小觑的社会力量，是与工业化发达到一定程度分不开的。其理念和形式都与前工业时代传统的慈善事业不同，针对的问题和取得的效果也有其特点，因此对研究这一事物的来龙去脉产生浓厚兴趣。接踵而来的是随着后工业时代的来临，出现了新形式的公益模式。本书的第四版就是与时俱进，介绍这一新生事物，称之为"新公益"。每当社会出现巨大变化时就会有得利者和失利者，甚至有一批人会被时代的列车甩下。一个文明社会不能听之任之，所以改造上层建筑是题中之义，公益事业也是其中一部分。

除了人工智能的因素外，仅就现代社会本身的发展而言，贫富差距不断扩大也是挥之不去的痼疾。根据美国印第安纳大学公益研究中心 2023 年 5 月份的一项资料：到 2045 年，随着"婴儿潮"一代人的逝去，估计将有 84 万亿美元的遗产传到千禧年一代和 X 后的继承人手中，《纽约时报》称之为美国有史以来最大的遗产继承。大部分财产在顶层 10% 的富户中传递。而 50% 的普通民众家庭只拥有遗产的 8%。根据现有的美国税法，这笔财产转移的缴税起征点高而税率低，因而更有利于富人。总之，单凭遗产一项，已可预料贫富差距将进一步扩大。

另一方面，这一前景也已进入公益组织的关注视野。实际上，凭借互联网兴起的一代新富，很多也是倡导和力行新公益的骨干力量。有理由期待这一大笔遗产正好是新公益投资的来源。本书第十五章提到 2014 年洛克菲勒基金会会长洛定的讲话就代表这种想法。她当时估计"婴儿潮"一代留下的遗产数是 41 万亿美元，是前引数字的一半。这些数字都只是估算，算法不一，难以准确，只是说明其数目巨大，以及可能带来的社会影响。

本书以美国为主要研究对象，兼及其他。因为 20 世纪美国走在工业社会的前沿，公益事业也在美国最发达。不过慈善公益这一行为是人类不约而同的创举，其形式不断变化，每一个民族、每个时代都有其特色，但有一点是不变的，就是人性尽管复杂，总存在向善的一面；社会发展道路尽管曲折，终归向文明方向进步改良，古今中外概莫能外。只要社会存在不平等现象，有幸者和不幸者，弥合这种差距的努力就不会停止，每一代都会有善与智慧结晶的新型公益事业，这可能是此书一版再版售罄，仍值得重印之故。

作者识
2023 年

序 言

本书自第一版《散财之道》2003 年出版以来，迄今已有 12 年，中间又出过两版，每一版都有增补和更新。第一版只就美国论美国，并未涉及中国，材料截止到 2002 年。刚好从此时起，中国的公益组织异军突起，发展迅速，日新月异，而且本人也因此书之故，开始与中国这一领域有所接触，于是第二版加了有关中国的一章。第三版又有大量补充更新，都是关于中国的部分，并附加了一组那一个时期本人有关中国公益事业的文章，美国基金会部分则仍旧。现在这一版的内容最重要的更新是增加了三章关于"新公益"的述评。因为近十几年来，一种新型的公益事业在美国迅速兴起，如果缺了这一部分，反映的图景是不全面的。

这种新型的公益，概括而言，是以追求影响力和效率为目标，营利与非营利混合的公益模式。最初兴起于英国，开始不为人所注意，后来在美国发展壮大，进入 21 世纪后超出国界，迅猛发展成强劲的国际潮流。举一个我们现在比较熟悉的例子：小额信贷可以算是基于这种理念的创举。不过当前的新公益已经远远超出这一种形式，在美国以及其他国家派生出许多不同的模式，具体操作方式五花八门，新名词迭出，令人眼花缭乱："创投公益""影响力投资""社会企业""负责任的投资"等等，不一而足，若比之乐曲，"创投公益"好比是主题，其他形形色色的组织和模式都是其变奏。但其核心内容就是以市场的模式做公益，使公益不仅仅是无偿的捐赠，也可以是一种可营利的事业。其目标对象当然还是弱势群体，但是不把穷人当作单纯受捐赠者，而是潜在的创业伙伴。

新公益的诞生，有其深刻的社会原因和现实需要。其理论的提出者是被誉为经济战略思想家的几位教授，而积极拥抱这种模式，大力倡导并付诸实施的是商界和政界的精英。他们并非像有人怀疑的那样既想得慈善之名，又不愿放弃赚钱，也不是纯粹理想的利他主义。关于发起者的动机，本书第十五章有详细分析。这里特别要提到的因素之一，是对资本主义社会两极分化的危机感。弱势群体的实际需要有增无已，而且日益复杂化，单纯的公益捐赠和政府的福利政策都不足以应付。而且如果两极分化的趋势继续下去，政府的税源和传统公益慈善的财力也会日趋枯竭，因此有的学者提出新的公益模式，这一新概念是密歇根大学教授普拉哈拉德（C. K. Prahalad）和康奈尔大学企业管理战略荣誉教授哈特（Stuart L. Hart）首先提出的，他们创造了"包容性资本主义"（inclusive capitalism），或称"包容性商业""包容性繁荣""创造性资本主义""资本主义演变"等，其含义可称为"全民资本主义"，即设法改变市场经济的游戏规则，反对不平等的分配制度，制约财富向上集中。普拉哈拉德还提出了以全球"金字塔底层人群"（BoP）为服务对象，用市场的手段提供改善经济地位的机会。[1]

事实上，这种新模式在他们提出新概念之前已经在英、美等国有所实践，而大规模发展是在 20 世纪与 21 世纪之交。从民间公益人士到政、商领袖都予以倡导。2014 年 5 月在英国举行了一次带有标志性意义的会议，主持人是英国王储查尔斯亲王，200 名来自 27 个发达国家的政、商、学界精英济济一堂。主要发言人有拉加德（国际货币基金总裁）、克林顿（美国前总统）、马克·卡尔尼（英格兰银行行长）、埃里克·施密特（谷歌执行董事长）、劳伦斯·萨默

---

[1] 见本书第十三章中"影响力投资"一节。

斯（美国财政部前部长）、查尔斯·埃利奥特（哈佛大学教授）、罗斯柴尔德夫人（以罗氏家族命名的投行总裁）等。发言内容的共同点就是目前这种贫富不公的情况不能再继续下去。一个社会如果不能让多数人分享繁荣，就不能算民主社会。卡尔尼说得明白："正如革命吞噬掉自己的孩子一样，不加节制的市场原教旨主义能吞噬掉对资本主义的长期活力至关重要的社会资本。"换言之，他们意识到，两极分化严重的结果是市场购买力严重不足。这不仅是社会公平问题，而且是经济问题——当消费者无钱消费时，商业企业也就失去了获利的机会。购买力不足直接威胁到金字塔尖的1%的人口的利益，乃至威胁到资本主义本身，所以解决社会不公问题关系到资本主义的存亡。如英特尔的创始人安德鲁·格鲁夫（Andrew Grove）委婉地提出："我们这一代人已经看到自由市场经济对计划经济取得决定性的胜利，于是执着于这一信念而对许多出现的迹象视而不见，这些迹象证明自由市场经济尽管胜于计划经济，还是有改进余地，可以变得更好的。"①

既然资本主义必须改善已经是共识，那么如何解决？百多年来应对两极分化有过许多成功和失败的经验：以计划经济代替市场经济已经被证明是行不通的，必须以市场为基础来进行改良；福利国家部分地缓解了矛盾，但只是在分配这一端进行调整，发展到今天也已弊端丛生；最后一次努力是10年前布莱尔与克林顿提出的"第三条道路"，但它也未能阻止危机的出现和繁荣的成果向少数人集中的趋势……那次会上就改革方向达成共识，接过了学者发明的"包容性资本主义"这一概念。

就美国而言，从小罗斯福的"新政"到约翰逊的"向贫困开战"，解决贫富不均问题都是民主党的主要议题之一。2015年奥巴

---

① Thomas Edsall, "Can Capitalists Save Capitalism?", *New York Times*, Jan. 20, 2015, Opinion Page.

马的国情咨文大量篇幅也是着重谈论这一议题，并且表明要采取强有力的措施的决心。传统的政府手段不外乎用财税政策调节，在刺激供应和刺激需求之间摇摆。如今政商精英们认同"包容性资本主义"，意味着他们支持并参与新公益，而且一旦参与进来，就能起举足轻重的作用。奥巴马政府经济顾问委员会主席福尔曼于2014年在都柏林一次题为"包容性增长的全球教训"的演讲中，概括表述白宫经济计划的中心元素就是："提高中等收入，降低贫困比例，更广泛、更加包容性地增长。"它与约翰逊的"向贫困开战"计划不同在于，后者着重点在贫困人口，而前者主要在扩大和加强中产阶级。因为当前面临的严重问题是中产阶级的萎缩和上升渠道的堵塞。当然在政府政策层面还是要涉及税收的大幅度调整，而且一定会引起激烈的争论。政府税收政策不是本书的主题。重要的是，政府认识到民间公益的重要性，并主动与之合作，大力支持，把更多的人口圈进从事增产的市场，而不是单纯的以有余补不足，这就是"包容性资本主义"的含义，现在已经是相当一部分朝野有识之士的共同努力方向。

　　传统的公益模式虽然也强调"授人以渔"，帮助穷人自力更生，但是其程序不外乎先有人不论以什么手段大量积累财富，然后再捐出来做公益。新的模式旨在从一开始就把资本引向对社会有益的事业，寓公益于商机，用一位创投人士比尔·德雷顿（Bill Drayton）的话来说，不满足于授人以渔，而要掀起一场"渔业革命"。其雄心壮志是要改造资本主义。它代表了美国及其他一些发达国家的"既得利益"精英的觉醒，他们推动的一场深刻的变革正在悄然进行，也许可以相当于一百年前美国的进步主义运动的改革——那也是政、商、学界，媒体以及平民联合推动的自下而上、自上而下的一场深刻变革，当时被列宁称为"拯救资本主义"的努力。现在他们自己就明确是拯救资本主义。"包容性资本主义"的含义还超出"供应学派"和"需求学派"之争。因为把穷人包括进来不仅是提高其购买力，创造需求，更是培养更多的投资者，降低"企业家"的门槛，从而加强供应。

还应该强调的是，这场新的革新浪潮是在全球化背景下产生的。这批有前沿思想的人强烈地意识到今后会有越来越多的因素使全人类祸福与共，最明显的是环境和传染病无法分国界，贫穷问题也会溢出国界。狭隘的损人利己的所谓"国家利益"结果是以损人始，以损己终。市场经济中的恶性竞争也一样。所以关注贫富差距、弱势群体，外加生态环境，绝不是一国之内的问题，据此提出以全球40亿的金字塔底层人群为目标。如果套用古语"天下兴亡，匹夫有责"，庶几近之。但是不一定是从道德的角度，而是出于对全球现实的清醒认识，只不过这些精英的眼光看得更远而已。现在还不能认为这一想法已经成为主流，可以预见在美国政治两极分化的今天，它还会遇到强烈的反对，在实践中也绝不会一帆风顺。最后成效如何，现在尚难预料，但是这样一种代表革新的思潮是值得关注的。

在发达国家的公益观念和行动日益全球化的今天，我国仍然摆脱不了认为外国基金会不怀好意，试图对我国进行"和平演变"的偏见。实际上他们最想"和平演变"的是他们自己的制度，而且也的确用了"演变"这一词。本书第十章论述了美国基金会在历史上与中国的关系。一个不必避讳的事实是，自20世纪90年代以来，中国蓬勃兴起的无数小的草根公益组织，其资金来源很多是靠境外的公益组织或个人的捐助，在一些默默无闻的有志之士锲而不舍的运作下，为当地不同的领域做了许多惠及民众的工作，也受到当地政府的欢迎。这些都与政治无关。因为"金字塔底层"的人口不是以国家为单位的，其中也包括相当数量的中国人。中国本土为弱势群体服务的各类草根组织只有少数幸运者脱颖而出，成为全国知名的组织，并有了在国内自筹资金的渠道。假如大部分组织都被禁止接受外来资助，受损失的只有原来受惠的中国民众，对境外组织并无损失，它们完全可以把业务转到别的国家，事实上已经这样做了。

一个避免不了的问题是，上述"新公益"的模式在中国是否可行？实际上中国已经有了少数创投公益和社会企业的例子，如第十六章所述。但是必须指出的是，中美两国国情迥异，其中最重要的：其一，美国的社会福利是先从民间公益开始，发展到政府担负起主要责任；而中国是先从政府原则上全包，到逐步改革，引进私人财力。其二，美国主要财力在民间，而中国主要在政府。其三，美国结社是不成问题的，政府要管的只是涉及税收部分，所以公益组织归税务部门管；而中国原无完全独立的民间社团，对社会团体的管理首先是从政治上考虑的。更重要的是，美国是成熟的公民社会，每一个人都认为自己是国家的主人，遇到问题习惯于依靠自己的力量，而不是等待政府解决，特别是自认为是幸运儿的富人，从热爱美国社会出发，更以改良为己任。中国中断了几十年后又重新开始的民间非营利的慈善公益摸索了一二十年，在曲折中成长，如今要发展到营利与非营利相结合的新公益，面临的问题更要复杂得多。

创投公益的模式在英美等国已经试验了几十年，有曲折的试错过程，逐步发展起来，淘汰率相当高。它在美国得以发展成规模，既有实力条件也有人文条件，还有民主、法治社会的外部条件。更重要的是基本的诚信氛围。就在这种情况下，还有许多风险和挑战，其倡导者需要经历不少艰难险阻，只有理想坚定、有坚忍不拔的献身精神者最后才能获得成功。国人善于引进新的名词和口号，"创投公益""社会企业"等名词已经屡屡见诸报端，预计很快就会有许多以此为名的组织出现，难免良莠不齐，名实不副。真正的有志者需要对困难有足够的预见和准备，严肃认真对待，才能实至名归，对社会做出有益的贡献。另外也还需要有相应的法律法规予以支持和规范。这一新事物方兴未艾，我国已经有一批先驱者出现，为行业起示范作用，希望能扎实前进，最后实现规模效应。

这部书的书名的变化反映了作者对公益的认识随这一领域的发展而更新。第一版名"散财之道"，对应的是"聚财"，强调除了汲汲于赚钱之外，如何花钱，其中大有学问，美国的公益基金会是一个范例。第二版与第三版名"财富的归宿"，则从根本上提出，个人聚敛的财富本是取之于社会，最终还要回归社会。如今这一版改名为"财富的责任与资本主义演变"，是因为公益事业又进入了新阶段，自觉或不自觉地起着推进社会改革的作用，这个改革当然仍是向着社会公平和普惠大众的方向，不过观念和手段有所创新。

本人在完成第二版之后，没有再继续追踪研究美国公益基金会，原想留待后来者。2014年秋有机会随乐平公益基金会的考察团访问美国，得以密集地到多家有代表性的新公益机构进行访谈，并参加了"国际社会创投伙伴"（SVPI）的年会，颇开眼界，获得初步的认识，回国后进一步收集资料，愈感其内容丰富，这一领域已经发展的程度是始料未及的，因此在本书第三版脱销，需要出第四版之际，勉力加写了三章（第十三至十五章）予以介绍。在匆忙的时间内用这样短的篇幅，只能择要而述，无法全面，挂一漏万在所难免。这一新事物还在发展中，本人到目前为止所掌握的资料有限，诠释也不一定准确，姑且抛砖引玉，希望引起对这一将产生深远影响的变革的关注，出现更多广泛而深入的研究。至于前十二章关于美国的老基金会部分，基本内容未做重大修改。尽管出现了新的模式，这些已经成熟的、有百年经验的基金会还是承载着绝大部分的公益捐助，其中有一些正在与新公益结合起来。至于造福社会的理念，新老公益是一脉相承的。

关于中国公益部分，十几年来变化较大，时过境迁，有些曾一度活跃的组织已经淡出，而新的概念和新组织也在成长起来。所以这一版对中国部分删改较多，不过有些人物和机构的地位虽然已为后来者所取代，其先驱作用还是不可磨灭，仍予保留。本书共十七章，正文后附记本人几年来就这一领域发表的观点的综述。原来第三版的一组文章则不再保留。

　　本书在增订过程中得到乐平公益基金会的同仁的大力协助，除提供赴美考察的机会外，还在技术上和资料上予以协助，特别是胡昕先生花费不少时间帮助查找资料、提供建议，决疑补阙；沈东曙先生根据变化了的情况，对中国公益部分的取舍提出了宝贵的意见，这些都对我在短时间内完成新版的增补有很大帮助，对他们的帮助表示深切的感谢，对其他乐平同仁的帮助也一并致谢，不再一一。不言而喻，无论是对中国还是美国部分，评价和观点是作者的，本人为此负全责。

作者识

2015 年 3 月

目 录

第一部　历史与概况

第一章　概论

美国渐进的改良进程中一个重要组成部分，就是私人公益事业，基金会是其中一种形式，也是重要的组成部分。[1] 它对 20 世纪美国的发展所起的作用无法估量，有论者称："美国重要的文化项目，无论大小，鲜有不直接或间接与基金会的哲学思想或影响有关的。"[2] 此话毫不夸大，而且美国基金会的影响不止于本国，遍及全世界。本书讨论的范围主要是整个 20 世纪美国基金会的兴起、发展和演变及其在美国以及全世界的作用。

基金会本身是矛盾的体现：有人说它是"靠平等社会给予的特权而存在的贵族机构，是违反'经济人'的本能而用于公益目的的高度集中的私有财产"[3]。那些大财团巨头在致富过程中巧取豪夺、残酷无情，如老卡耐基、老洛克菲勒之流有"强盗爵爷"（Robber Barons）的绰号；而在捐赠中又如此热忱慷慨、急公好义，以社会乃至人类的福祉为己任。这是一个很有意思的矛盾现象，体现出一种双重人格，这一双重人格从某种意义上来说，也是美国国民性的缩影。

个人发财致富后捐赠一部分财产于公益事业，古已有之，中外皆然，非美国所独有。在欧洲远在古罗马帝国时代就已如此，后来

---

[1] 关于 20 世纪美国渐进的改良，可参见资中筠主编《冷眼向洋：百年风云启示录》（生活·读书·新知三联书店，2001 年第 2 版）第一部"20 世纪——美国世纪?"，其中把"政府改良"、"公众批判"和"大基金会的作用"列为这种改良的主要部分。

[2] Eduard. C. Lindeman, *Wealth and Culture*, Transaction Inc., 1988, p. 20.

[3] Waldmar A. Nielsen, *The Big Foundations*, Columbia University Press, 1972, p. 3.

主要由教会兴办各种慈善事业；在我国"为富而仁""乐善好施"也是传统美德的一部分，但它们与正式的基金会还不是一回事。19世纪的欧洲、俄罗斯和美国已经有少量名目不等的私人基金会。但是基金会成为一种完备的制度，数量之多、规模之大和影响之重要，确实是20世纪美国的独特现象。

美国基金会中心给的正式的"公益基金会"的定义是："非政府的、非营利的、自有资金（通常来自单一的个人、家庭或公司）并自设董事会管理工作规划的组织，其创办的目的是支持或援助教育、社会、慈善、宗教或其他活动以服务于公共福利，主要途径是通过对其他非营利机构的赞助。"

美国基金会多如牛毛，而且在不断变化中，每年都有新的出现，资产大小差别极大，自定的目的也五花八门。每个基金会的资产因股市升降而每年有所不同，很难精确统计。到70年代，基金会的资产大约占美国总财富的1%，并且大部分集中在前十几家大基金会手中。其捐赠率的增长略高于国民收入的增长，30年代占2%，70年代占3%，相当于人均90美元；基金会的捐赠占全社会公益捐赠的9%，其投资占全美股票的2%，占有组织的投资（不算散户投资）的13%，这个数字是所有大学投资总额的两倍，却只相当于人寿保险公司投资总数的1/8。[①]

根据美国《基金会年鉴》2000年版所提供的数字，资产超过300万美元、年捐款超过20万美元的独立基金会共有10492家（两年前的1998年以200万美元资产为起点的还只有8642家），不到全美大小不等正在活动的基金会总数的1/4，但其资产总数为3580亿美元（1998年的数字为2470亿美元），占全体基金会资产的90.5%，捐款总数为178亿美元（1998年为124亿美元），占全体基

---

① Ben Whitaker, *The Foundations: An Anatomy of Philanthropy and Society*, Eyre Methuen Ltd., London, 1974, pp. 118–119.

金会捐款数额的91.6%。以资产和捐款规模为依据的排名每年都略有变化，福特曾独占鳌头多年，近年有所变化，不过名列前茅的大体上仍是同样的几家，只是名次略有浮动。根据2000年的排名，以资产论，前10名如下：

（1）利里（Lilly Endowment Inc.） $14 234 193 778

（2）福特（Ford Foundation） $ 9 675 452 326

（3）帕卡德（The David & Lucile
Packard Foundation） $ 9 577 894 120

（4）格蒂（J. Paul Getty Trust） $ 8 002 901 409

（5）约翰逊（Robert Wood Johnson
Foundation） $ 7 867 784 532

（6）凯洛格（W.K. Kellogg Foundation） $ 6 387 840 996

（7）盖茨（Bill & Melinda Gates Foundation） $ 5 368 694 377

（8）皮尤（The Pew Charitable Trusts） $ 4 734 121 560

（9）麦克阿瑟（The John D. & Catherine
T. MacArthur Foundation） $ 4 168 672 836

（10）伍德拉夫（Robert W. Woodruff
Foundation） $ 3 677 079 393

以捐款排名（数字只列前三名，以下从略）：

（1）福特 $ 440 400 415

（2）利里 $ 425 188 708

（3）约翰逊 $ 289 143 569

之后依次为：（4）帕卡德、（5）凯洛格、（6）皮尤、（7）纽约社区信托基金、（8）梅隆基金会、（9）（索罗斯）开放社会、（10）麦克阿瑟基金会。

位居元老的卡耐基基金会和洛克菲勒基金会，资产排行分别为第31位（超过14亿美元）和第14位（超过33亿美元），捐款数则洛克菲勒基金会排第11位（1.13亿美元），卡耐基基金会降至第58位。[①] 20世纪最早成立的塞奇基金会已经跌出了前100名。可以看出，各基金会的资产排名和捐赠排名不一定一致，在100名之内的大基金会的社会影响也不一定完全与捐赠数成正比。关于卡耐基基金会，需要说明的是，通常称为基金会的纽约卡耐基集团只是卡耐基捐资成立的基金会之一，其他还有卡耐基教学促进基金、卡耐基国际和平基金等等，都各有分工。不论其资产排行第几，卡耐基、洛克菲勒和福特基金会都是最持久、最有代表性、活动面最广、思想性最强、影响也最大的。另外，盖茨基金会的资产在2000年的年鉴中还排在第7位，至2001年已因新的捐赠超过福特基金会，跃居第一位，根据2002年4月的报道，其资产为233亿美元，捐出12亿美元，远远超过福特基金会。[②]

根据《基金会年鉴》的分类，主要有以下四大类基金会：

（1）独立基金会。其资金来源大多数是个人或家庭捐赠，运作方式是给各种机构的项目捐款。根据其捐赠范围，又可分为"一般目的"和"特殊目的"两种。其中有的在捐款家庭指导下运作，又称家庭基金会。此类基金会占绝大分数，《年鉴》中列出的10000多个大基金会中有8000多个属于此类。

（2）社区基金会。从公益目标的角度而言，社区基金会与私人

---

① 基金会性质的定义与数字都引自：*The Foundation Directory*, 2000, The Foundation Center, New York, 2000, "Introduction", pp. vii, xi–xiii.

② Stephanie Strom, "Despite Sour Economy, Foundation Grants Rose in 01", *New York Times*, Apr. 4, 2002.

基金会差不多，但其资金来源不是一家而是多渠道的，而且包括地方政府的拨款，可谓公私合营。更重要的区别是，在税法中，作为公共慈善组织，其适用的管理条例与私人基金会不同。

（3）公司基金会。资金来源是营利的企业捐赠，但是作为独立机构独立运作，主要还是通过捐款运行，多数为一般目的，但也不排除与公司业务利益相关的考虑。公司基金会的业务与公司从其自身资金中所作的直接捐赠在法律上是严格区分的。

（4）运作型基金会。资金来源多为单一的私人或家庭，按照既定宗旨运作，而不是捐款给他人，有些类似于非营利的研究机构。在税法对待上与独立基金会有所区别。此类基金会数目最少。

20世纪的美国能发展起来如此众多而庞大的基金会，有物质和精神两方面的原因：物质基础是积累起这样巨大的私人财富，以至于花钱成为问题，这是美国特有的；更重要的是思想传统和社会价值观。这样一种威力巨大的事物产生和发达于20世纪的美国绝非偶然，它与美国特色的资本主义制度和自由主义思想传统分不开。东方社会的传统是有困难的人或老弱病残靠家族和亲友照顾；而在与美国处于同一文明体系的欧洲，有着长期封建制度的国家，阶级关系比较固定，社会舆论对贵族大户为社会公益做贡献的期望值较低，有所捐赠主要通过教会。到欧洲资本主义发展到贫富悬殊尖锐化时，资产者和劳动阶级截然对立，工人运动和社会主义思潮开始高涨，不论是革命还是改良，解决之道主要是由政府政策调节和扶贫，从而产生福利国家，私人公益事业可发挥的余地较小。美国传统思想中阶级地位"世袭"的成分较少，社会舆论认可通过个人奋斗白手起家发家致富，不大苛求其手段；同时，社会对富人有一种压力，期待他们对社会做"好事"。这是一种义务，而不是恩赐。正因为这种社会舆论，在贫富悬殊、社会矛盾尖锐化之时，私人捐赠公益事业先于政府的福利政策。其中基督教鼓励捐赠的传统起了一定的作用，"富人进天堂比骆驼进针眼还难"之说多少有点影响。另外，"志愿精神"（volunteerism）在美国有根深蒂固的基础。罗斯福把"四大自由"改为"新四大自由"——言论、信仰、摆脱匮乏、摆脱恐惧，而为这四大自由加固底座的是第五大自由：给予的自由。这是一种权利而不仅是义务。经过一个世纪的发展，"给予的自由"成熟为一大部类，现在有余钱就捐给基金会已经成为一种自发的习惯势力。

基金会既然是由私人捐赠，其建立之初，必然体现捐赠人及其家族的意图。但是根据一般规律，家族的影响最多维持两至三代，因为现代基金会的结构与企业相仿，主要权力在董事会（不过董事与资财无关），大的基金会从法律到实际运作都不大可能长远听命于家族成员，而且家族本身也有变化。随着时间的推移，董事会的成员和资金来源都分散化了。很多例子说明，对大基金会的方向真正起决定性影响的往往是某一个时期的执行会长。各基金会在发展的历史中都曾得力于几位目光远大、有理想、有魄力的会长或顾问，他们任职较长，把自己的整套思想贯彻于基金会的工作中，使基金会带有自己的印记。他们的思想偏好各有特色，不过有几个共同点：胸怀大志，动辄以"全社会""全人类"的幸福和进步为目标；强调向问题的根源开刀；领导成分无论怎样变化，都是上层精英的代表。他们的大致目标和思想趋同，既雄心勃勃，又带有理想主义，以完善美国乃至全世界为己任。尽管侧重点各有特色，甚至同一个基金会在不同的会长主持下工作重点也有变化，但是各基金会的大方向基本一致，在其宗旨中都有"传播知识""促进文明"和"造福人民"的内容，社会弱势群体必然是其主要关注点。把教育放在第一位是其最大公约数，这一思想既符合美国早期清教的传统，又与后来的进化论相信教育能改变人和社会相一致。

另外，美国不少大基金会有世界性，国际工作是一个重要方面。

这些国际性的基金会在绝对数量上虽然占少数，但在资金和影响上却不可忽视。基金会的精英们以一种悲天悯人的情怀对待社会弱势群体和欠发达国家，特别体现了美国的"白人的重担"和"天命"思想，同时也致力于巩固美国的现行制度和向全世界扩张其影响。他们都对基金会这一制度本身怀有信仰，以极大的热忱献身这一事业，把它作为实现自己理想的天地。他们受董事会的任命，掌握着不属于他们的巨大财富的支配权，但与企业的经理不同，他们的任务不是赚钱而是花钱；与政府官员也不同，他们较少受官僚体制、政党政治和短期的内外政策的束缚，实际的主动权比政府部门的主管要大得多。基金会的一个时期的重点、成功与缺陷常与负责人的个人意志与思想有关。以下相关章节将举例为证。

围绕着基金会的辩论折射出来的是美国政治和各种社会势力与思潮互相矛盾、互相制约的复杂现象。总的说来，基金会的作用在20世纪的前半期更为突出。自罗斯福"新政"以后，政府的作用日益扩大，福利制度逐步形成，政府以及大企业直接对教育、科研等投资的比例加大，大基金会那种在各个领域中左右乾坤的威力相对下降，也不总是像早期那样理想主义色彩鲜明、目的性明确。但是基金会这样一种制度，其指导思想和行为模式已经从20世纪初基本确立下来，现在数量大大增加，并且仍在继续成长，作为整体，在美国的经济、社会、文化生活中仍起着无可替代的作用。它固然也有管理不当、判断失误以及各种浪费之处，但是比政府官僚机构的弊病还是少些，灵活性、针对性也要大得多，因而花钱的效益也要高得多，所以其总体的影响远远超过付出的金额。

当然基金会只占公益事业或非营利组织的一小部分。美国形形色色的非政府志愿组织多如牛毛，其中教会是最大的一块，但不在本书讨论范围之内。这些私人公益机构除了平时的"补台"工作外，一旦有事都可发挥作用。在发达国家已发展成福利国家的今天，这也是美国的一大特色。根据 2002 年 4 月基金会中心发布的消息，尽管自 1970 年以来美国经济第一次连续两年衰退，但基金会的捐赠数额并没有如想象的那样减少，其总数预计可比上年增加 5.1%，即 290 亿美元。原因之一是新增加了许多基金会，到 4 月份总数已达 5.6 万家，仅 2000 年一年，就新成立了 6317 家基金会。就已有的基金会而言，捐赠数额有升有降，与其自身经营情况有关。例如，在大基金会中福特基金会属于经营得当者，而帕卡德基金会则相反，因其资金来源集中在惠普和另一家公司，惠普不景气，基金会的资产就大大缩水，捐赠也随之减少 36.7%，即 62 亿美元；梅隆基金会资产也比上年减少 15.1%。根据 2002 年 4 月《慈善纪事报》发表的对 152 家最大的基金会的调查，34 家表示 2002 年将比上年减少捐款，32 家将有所增加，86 家则表示将保持原有水平。从 1996 年到 2001 年，基金会总捐赠数增加超过了一倍，反映出同期基金会资产的增长。如以 10 年计，则增长更超过预期。1991 年的捐款总额是 92 亿美元，2001 年扣除通货膨胀因素后的数字是 223 亿美元。还有一个趋势是巨额支出大幅度上升，例如盖茨基金会 2001 年捐款比上年增加 21%，而 2000 年比上年增加了 81%。从 1991 年至 2001 年的 10 年中此类巨额捐款增加了 10 倍。[1] 无论如何，基金会这一 20 世纪初兴起的事物到世纪末仍方兴未艾，这一传统还将继续下去。

本书试图从几个方面论述：历史演变和宏观概貌、各类基金会具体例证、在美国内外所起的作用以及这一事物所体现的哲学理念和思想动机。有些与中国有特殊关系的基金会设专章叙述。

---

[1] Stephanie Strom, "Despite Sour Economy, Foundation Grants Rose in 01".

第二章　慈善公益事业源远流长

为正本清源，先咬文嚼字：中文统称的"慈善"一词，在英文中有两个词："charity"和"philanthropy"，其含义有所重叠，也有所区别。二者都是指出自爱心而帮助需要的人。不过前者的原意是基督之爱，在行动上表现为以宽厚仁慈之心乐善好施。后一词由两个拉丁字根"phil"和"anthropy"组成，意思是"爱人类"，引申下去就是促进人类的福祉，较之前者社会性更强，覆盖面更广，更侧重长远效果。本书用"公益"一词代表"philanthropy"，以别于狭义的"慈善"。例如在一次水灾中，个人和团体纷纷捐款捐物赈济灾民，这属于慈善行为，若把它组织化、经常化，可成为慈善事业；但是若设立进一步探询灾害根源的研究项目或机构，乃至建立植被造林等计划，这类的捐赠则属于公益事业。不论是"慈善"还是"公益"，有一点是共同的，即资金来源主要是私人，包括个人、家族或企业，政府行为不在此列，因为这在政府是职责所在。但是在有些情况下，私人可以与政府合作，例如政府购买非营利组织的服务，私人慈善家也可以游说政府对某一项公益事业拨款。

一、美国独立前的公益事业先驱及其思想

任何事物都不是无源之水、无根之木。与美国其他方面的精神资源、典章制度一样，美国公益事业的思想传统追根溯源也来自

欧洲，特别是英国。毋庸赘言，西方扶弱济贫的传统主要源自《圣经》的教导。自从产生了有组织的教会之后，教会就成为慈善事业的主持者和中介人。捐赠者不是直接捐给帮助对象，而是把财产交给教会，由教会发放。中世纪的英国，每一座寺院都有责任收容乞丐、救助老弱病残，并安排有劳动力的流浪者劳动自救，同时也有权劝说或强迫其所管辖范围的有产者捐款济贫。这样，慈善事业不仅是个人善行，而且产生了复杂的财产关系，王室、贵族、教会都参与其中。到16世纪，英国的政治、经济、社会、宗教都发生了激烈的变化和震荡。英国王室与罗马教廷决裂，没收了大量寺院土地，其中包括慈善医院和其他设施，新的城乡中产阶级的兴起，教派之间以及王室与教会之间的争执等等，都使得原来的慈善事业体系难以为继。而随着工业化的发展，贫富差距扩大，济贫工作所需的规模也急剧增长。在这种情况下，1601年英国议会通过了《济贫法》(Poor Relief Act)，与此同时伊丽莎白女王颁布了《英格兰慈善用途法规》(The English Statute of Charitable Uses)。通常把二者统称为《伊丽莎白法规》。《济贫法》第一款就规定向"每一个拥有土地、房屋、租税、煤矿和可销售的林木的居民、牧师、教区主教强制征收按财产比例的税"，条件是每一个教区的教会执事与2至4名（视教区的大小而定）户主共同承担监管此项税收所施与的贫困对象，缴税人如有异议有权向季度会议提出申诉。此项济贫计划使每一个教区负责其所辖范围内的穷人，教区成为《济贫法》的实施单位，《济贫法》的执行官员，也就是监管人，由缴税的户主中遴选产生。《济贫法》和《英格兰慈善用途法规》一方面对强制征税的财产的种类作了详细界定；另一方面对捐赠对象也作了详细规定——除传统的老弱病残无家可归者外，还有学校、路桥建设、市政设施、孤儿院、教养院、刑满犯人安置、残废军人、破产手工业者以及对大学学者的资助，等等。可见捐赠已经由慈善性发展到某种程度的社会性。更重要的是管理的职责虽然名义上仍属于教区主教，但增加了由本教区的居民选举的若干代表与教会共管，并对其用途予以监督，同时又保证捐赠者的意愿得以贯彻，并有申诉权。这一法规使慈善机构具备私人和公共双重职能，承认其一定的独立地位，同时又将其置于国家监督之下，最终监督和仲裁权在首相。《伊丽莎白法规》在多方面都有开创性，如实际上开始了调节税收制、慈善事业世俗化、援助对象社会化以及有效的管理监督机制等等，因此在公益事业史上被认为具有里程碑的作用，是现代公益事业的先声。

由《伊丽莎白法规》开始，17世纪中期新的慈善事业在英国大规模实施，这也正是英国人向美国大规模移民之时，这一新兴事物也就随着早期的殖民者传到了新大陆。所以可以说，美国的慈善公益事业和思想是与殖民开发同步发展的。但是一旦到了美国，就有了在新的条件下的创新，并非照搬英国的经验。其中最主要的区别是，在美国，捐献并非强制性的，政府监督也远弱于英国，特别是在独立以前。从"五月花"号的清教徒领袖温思罗普（John Winthrop，1588—1649）到创建宾夕法尼亚州的英国贵格派教徒威廉·宾（William Penn，1644—1718），到美国开国元勋之一的本杰明·富兰克林（Benjamin Franklin，1706—1790），无不拥有自己的公益思想，并对公益事业做出开创性的贡献。也就是从17世纪中叶到18世纪70年代美国独立这一百年中，美国已经开始有了从早期的慈善救济发展而来的社会公益事业的雏形和一套思想。

慈善事业的起源是贫富不均，其作用就是缓解这种不均所带来的痛苦——包括个人的和社会的，但不是均贫富，这是一开始就明确的。早期的一批慈善事业倡导者，对于如何更有效地达到目的，有许多不同看法和做法，但思路大同小异，大体可以归纳如下：

首先，对于社会的贫富不均，他们并不反对，认为这是上帝定的，人就是有优劣之分。那些处于社会上层的人是凭才能和努力达到的。但是一旦拥有了财富和荣誉，就有责任帮助不幸的"兄弟"，为改善社会做出贡献。按照温思罗普的说法，这也是上帝的旨意，上帝创造了富人，"不是为的让他们自己享福，而是为了体现造物主的光荣，并为了人类的共同福祉"[①]。社会调和是其实用的目的：温思罗普的理想社会是穷人不起来反对比他们生活优越的人，富人也不应漠视穷人。生活条件的不同应该使他们更加互相需要，关系更密切。他相信，贫富的差距固然明显，但全社会共同的命运更重要。

半个世纪以后出现的英国贵族叛逆者威廉·宾，就其信仰而言，比清教徒更强调平等，因此贵格派又称"教友派"，但是他对贫富差距也认为是天经地义的。他与清教徒同样强调勤俭致富，同时强调财富必须用于造福社会，认为所有恶行中最坏的是守财奴。在他看来，"给予"本身就是一种享乐，是最好的自娱方式。[②]

比以上两人影响更为深远的是科顿·马瑟（Cotton Mather，1663—1728）。此人因系"猎巫"（witch hunting）运动的始作俑者而在美国历史上名声不好，这一劣迹掩盖了他对提倡科学和公益事业的贡献。马瑟出身于牧师和教育世家，他的父亲是当地有威望的牧师，也担任过哈佛大学校长。他本人12岁就毕业于哈佛大学，17岁正式当牧师，并是多产作家，其著作题材广阔，涉及自然科学、神学和社会伦理问题。在有些方面他表现激进，曾因支持接种牛痘而在当时遭到非议；在有的方面他又很保守，他率先写作关于警惕"妖巫"、保卫宗教的纯洁性的文章而引发了成为美国历史污点的"猎巫"运动，尽管后来这样"扩大化"可能不是他的初衷。关于慈善公益事业，他出版过一部有名的文集，题为"行善"

---

① Robert H. Bremner, *American Philanthropy*, University of Chicago Press, 1988, p. 8.
② Ibid., pp. 9–11.

（Bonifacius），系统表述他的思想：所有的男女，不论是作为个人，还是作为某个团体的成员，都应持久地做有益于这个世界的事。他有一句名言："如果有人问：一个人为何必须做好事？我的回答是：这问题就不像是好人提的。"[1] 与以上两人一样，他认为行善首先是对上帝的义务，做得不好要受上帝惩罚。不过他坦率承认，这是利人利己的事。做好事本身不但带来快乐和荣誉，而且可以延年益寿、事业成功。另外，与温思罗普和威廉·宾一样，他认为行善是一种明智的政策，是一种温和而有效的对社会的控制。他相信社会上利益冲突带来的矛盾可以用虔诚的道德榜样、志愿工作和私人慈善行动来调和。他还倡导，对人进行物质帮助和拯救灵魂同样重要。这当然是典型的传教士思想。不过在实践中，马瑟在把慈善事业从私人行为发展到一种集体的事业上大大向前推进了一步。他特别强调捐出去的钱要用得得当，主要要为接受者创造工作的机会，而不是培养懒汉。这一直是所有公益事业的原则，也是它与一般救灾济贫的不同之处。

另一位先驱是富兰克林。他自己承认在思想上曾受马瑟的影响，但又比其先辈进了一步，表现在几个方面：从宗教的虔诚向世俗化过渡；强调富人以财富做好事进而用知识服务于大众（他本人是个发明家，但不要专利，无偿贡献出来）；同样提倡勤俭为美德，但他更强调"勤"，主张利用一切闲暇时间学习知识，改进自己，从而对社会做出更大的贡献。他认为单纯的施舍适足以加深贫困化，而强调"对穷人'做好事'之道不在于使他们在贫困中过得舒服一些，而是要引导他们走出贫困"。他理想中的最终目标是改造社会，为所有的人创造自力更生的机会，从而使社会没有需要救济的穷人。他从 1727 年起就身体力行将原则付诸实践。由他直接创办或经他提倡

---

[1] Robert H. Bremner, *American Philanthropy*, p. 5.

和协助而建立的一系列公益事业包括：第一家公共图书馆，志愿消防队，在费城铺路、清道、建路灯以及警察巡逻等种种市政建设计划，宾州医院和成为宾州大学前身的高等学院以及美国哲学学会等。以他的遗嘱所捐赠的基金为基础的集资活动，在他死后一百年成功地建成了波士顿第一家理工学院。①

富兰克林应该算是美国公益事业的真正先驱。他的建立一个没有穷人的社会的理想固然没有实现，也无法实现，但是美国的世俗公益思想到他那里趋于成熟和系统化，他摸索出了一条适合美国人心理和传统特色的"志愿"服务社会的原则和付诸实践的途径。他提出来的口号："促进人类幸福"、"提高普遍的知识水平"，后来进入了许多基金会的宗旨。他举办的事业和活动模式也成为后来公益事业的滥觞。

当然，富兰克林在当时并非特立独行。在美国独立前的30年中有一个史称宗教"大觉醒"的运动，许多基督教的教义得到重新阐释和发扬。随着这一"大觉醒"运动，慈善公益事业自然也得到发展。与以前最大的不同是把慈善捐赠从主要是上层人士的行为推广到全社会的民众互助。与富兰克林同代的一些传教士把布道与募款结合起来，诉诸善男信女的良心，十分有效。作为英国的殖民地，这片新大陆的这一时期也是多难之秋：欧洲新移民与当地印第安人的战争造成的伤残、孤儿、寡母和两次经济危机造成的流离失所的人群大批拥来，还有各种传染病流行，等等。英国殖民政府对应付这些问题的准备远远不足，对私人慈善事业的需求自然急剧增加。所以这一时期孤儿院、残疾人救济院、各种流浪人员的收容所、劳教所以及互济会等纷纷成立。机制有多种多样，有教会的、世俗的、个人的、团体的，还有私人与政府合作资助也是这一时期慈善

---

① Robert H. Bremner, *American Philanthropy*, pp. 17–18.

公益事业的一大特点。由于这些先驱者的努力，这个时期"一人有难，众人相帮"蔚然成风。所以到美国独立前夕，1774 年英国为惩罚波士顿"茶会"而关闭波士顿港口，使当地经济受到极大威胁时，其他地区的支援物资纷至沓来，解救了危机。此时关于独立的问题各州尚未取得一致意见，所以这种支援的人道主义色彩更浓于政治团结。

从人道主义出发，很难不触及社会不公正的问题，其中最突出的当属黑奴问题。所以到了这个时候，最先进的慈善公益事业的倡导者开始涉及社会改良和奴隶制问题。最有名的先驱人物是安东尼·贝尼泽特（Anthony Benezet，1713—1784）。他与威廉·宾一样是贵格派教徒，倡导仁爱、平等、和平，一生为救助不幸者而奔走呼吁，他对失学儿童开展义务教育的特点是对男女黑白儿童一视同仁。起初他致力于呼吁停止新移民（多为法国人）与印第安人之间的战争，平等对待印第安人，承认他们的权利，与他们和平共处。不过他载入史册的功绩是维护黑人权益、反对奴隶制。从 18 世纪 50 年代起，他就觉察到蓄奴与教友会的人类平等的教义不合，开始与另一名教友伍尔曼（John Woolman，1720—1772）宣传以平等的同类的观念对待黑人，反对贩卖奴隶和蓄奴制，写了无数文章和小册子，并发到英国。到 1776 年美国独立时，他终于促使费城的教友会通过决定，凡蓄有奴隶的会员将被除名。他终生为争取黑人的人权而努力。在他逝世之前，争取到宾州通过《逐步解放黑奴法》，这是美国第一部与废奴有关的法律，比南北战争后通过的废奴法早了一百多年。富兰克林后期也采取了反对奴隶制的立场。他的最后一项公共行动就是向第一届国会递交"废奴协会"的请愿书，敦促国会通过禁止奴隶买卖的法案。他与贝尼泽特在这一问题上相互支援和鼓励。这样，在美国立国以前，慈善公益事业的传统和模式就已基本形成，而且与社会改良和种族平等相联系。

二、独立以后到南北战争的一百年

1790 年，美国进行了第一次人口普查，建立了人口、财产、教育状况的数据，以此为根据，确定政府财政使用的方向，也为慈善事业的捐赠模式提供了基础。同年，富兰克林去世，在他的遗嘱附录中规定在波士顿和费城各建立一笔基金，专门扶助学习手工艺和应用科学的学生。费城基金会至今仍在，1999 年时资产为 220 万美元。

1793 年费城黄热病流行形成大灾，大批居民或死于瘟疫，或举家逃亡，整个城市几乎垮掉。此时一批慈善家以其热忱和信仰，并以各自的方式对治病救人和城市建设做出了巨大贡献。费城的传染病院和一系列卫生设施从那时开始建立。当然，其中也有市政府的工作。不过，在那种情况下，政府税收来源都成问题，没有私人的帮助，政府是很难独力应付这样巨大的任务的。

1800 年，马格达伦协会（Magdalen Society），或称怀特-威廉基金会（White-William Foundation）在费城成立，这是专门为帮助"不幸"妇女回到正常生活而设立的，也就是第一家关注失足女性改造和安置问题的基金会。

19 世纪 30 年代，托克维尔访问美国时，就发现美国富人与穷人之间有一种共同的价值观念和经济原则，没有欧洲的贵族与平民之间的那种鸿沟。美国人对个人致富的权利从不怀疑，但对富人如何使用其财产非常关心。在那个时期，"新富"还是一种新事物，惹人瞩目。炫耀财富、生活奢侈固然为世所不齿，甚至富人把大量财富传给后代也为社会所诟病，而且大多数富人自己也相信太多的遗产会贻害子孙，使他们不知上进。所以，财富最好的去处就是举办慈善公益事业，这是大家公认的，并形成了一种风气。到南北战争之前，随着经济的发展，发财的人越来越多，公益事业也蓬勃发展。

捐赠对象是多种多样的：大至为市政建设补充政府拨款，小至在某一小镇建一处墓地，或在某地捐一座施面包棚，甚至有人立遗嘱，其遗产专门用于为老人买眼镜。最普遍的捐赠对象还是教会、医院、学校、图书馆、孤儿院、精神病院、残疾人收容所以及各种失足者的教养所等等。

美国团体公益事业取代个人慈善事业是在南北战争之后，但是思想观念的转变和公益社团的兴起则自19世纪30年代以后已经开始。这个时期还有一个特点是，尽管捐赠的对象五花八门，但重点已经开始突出——不约而同地集中于教育。过去，对教育的捐赠主要是帮助失学儿童，或为中小学校捐书、捐款。此时发展到关注高等教育，因为这一领域是联邦政府不管、州政府也很少出力的。19世纪初只有20余所大学，到1860年猛增至500余所，少数是州立，大多数都是私人或教会捐赠的私立大学。一反过去主要关注穷人的传统，这些私立大学主要是为中产阶级以上子弟设的，而且培养牧师的神学院占相当大的比例。一些名牌大学如哈佛、约翰·霍普金斯大学等也在这一风气下得到大笔捐赠，得以扩大和发展。

1829年，英国化学家詹姆斯·史密森（James Smithson）在去世前立下遗嘱，他的作为遗产继承人的侄子如果到去世时仍没有子嗣，就应将全部财产"捐给美利坚合众国，在华盛顿建立一所命名为'史密森学会'（Smithsonian Institution）的学府"，其宗旨是"在全人类中增进和传播知识"。其侄子于1835年去世，果然无后，遂将全部财产（当时为50万美元）捐给美国政府，10年以后，史密森学会正式成立，至今仍为美国政府所属的最有名的学术文化机构，著名的历史、艺术、航天博物馆等都在其管辖之下。在此之后，一系列私人捐助的学术文化机构在全国各地纷纷成立，于是逐步把公益事业在教育方面的重点从道德、宗教转到发展科学文化方面来。在19世纪，这还是开始，不足以完成重点转移，但足以成为20世纪文化教育为公益事业重点的先声。

在思想舆论界，开始出现对私人慈善事业的批评和改良的要求。有一些人对零星的慈善救济团体的有效性提出怀疑，认为富人把财富的9/10留给自己，1/10用于慈善事业，这种做法与其说是慷慨，不如说是本应主持社会公平的官员的失职，这种临时的和分散的慈善事业的作用更多的是安抚富人的良心而对穷人有害无益。这些人中有著名的思想家如爱默生和梭罗，也有实践家如塔克曼（Joseph Tuckerman，1778—1840）、格里斯可姆（John Griscom，1774—1852）、哈特莱（Robert Hartley，1796—1881）、布雷斯（Charles L. Brace，1826—1890）、豪（Samuel Howe，1801—1876）、迪克斯（Dorothea Dix，1802—1887）等。他们着力于更加广泛的、带有根本性的问题。他们开始关注的重点是少年犯罪、监狱条件的改良、出狱犯人的安置、建立健全的精神病院和弱智儿童学校等，后来逐步取得共识，认为还是普及正常的基础教育是治理社会弊病之本。与前人不同的是，他们不是专为失学贫儿募款，而是争取实现对所有儿童普及义务教育的政策。这就超越了慈善事业的范畴，在争取的过程中障碍重重，总是需要有人锲而不舍为之奔走呼号。其中一个突出的人物是霍勒斯·曼（Horace Mann，1796—1859）。他当过律师、校长、政府官员，而以教育改革家载入史册。他相信教育救治社会，特别是教育治贫，而且以科学论证人人可教。不过其关于富人应为教育出力的理论，出发点还是宗教多于科学：认为富人的财富来自上一代的智慧，因此他们有义务对下一代传播知识作为报答。

从有教无类的思想出发，曼进一步感到受教育者必须先是自由的，于是合乎逻辑地发展到反对奴隶制。从1848年起，他辞去教育官员的公职，从事反对奴隶制的政治活动。早期的慈善家并不反对奴隶制，到那时对这个问题仍然存在分歧。以曼为代表的一批慈善改革家投入了废奴运动，其中一部分人意识到和平宣传不足以达到目的，开始采取实际行动，例如建立募款组织帮助奴隶逃亡，为黑奴辩护，再进一步，突破当时的法律，进行一些偷运枪支，以及资助约翰·布朗的武装斗争等"非法"活动。捐赠者中也包括相对富裕的黑人，这样，黑人也初步涉足慈善事业，而非纯粹的救济对象。在南北战争之前有一批理想主义者，对他们说来，慈善公益事业的内涵应包括服务社会最底层的受难者，牺牲自己的时间、精力、财富乃至个人安全也在所不惜。从以上的发展历史可以看到，从基督教的悲天悯人出发，私人零星的慈善活动逐步发展到集体的公益事业，再发展到社会改良，然后到解放黑奴，这是一条合乎逻辑的轨迹。

三、南北战争期间及其善后工作

在南北战争的过程中，北方军队所到之处《逃亡奴隶法》自然失效，名义上得到自由的逃亡黑奴越来越多，但是他们的处境十分悲惨，几乎生活无着。到南北战争结束时，大批"解放了的"黑人处于濒临饿死、病死的绝境。于是战前的废奴主义者把工作转向调查这批"自由"黑人的生活状况，给予救济和帮助，并向社会、联邦政府和军队呼吁，成立了许多志愿的"援助自由人"组织。这些组织逐步联合起来，援助的一部分内容是对一无所有者的捐赠，如衣食、学校课本等，更主要是帮助他们自立，包括教授如何做一个公民的基本常识、安排工作、提供宗教和教学服务等等。但是不久他们意识到需要量之大，牵涉面之广，绝非私人力所能及。于是1863年底由代表波士顿、费城、纽约、辛辛那提的"援助自由人联合委员会"上书林肯总统，要求成立一个正式的政府机构来进行这项工作。1865年3月，在作战部之下成立了一个"难民、自由人和废弃土地局"，负责全国流离失所者的救济、安置等福利工作，救助对象主要是获得自由的黑人，也有少数白人劳动者。该机构与"援助自由人"组织的合作是政府与私人慈善机构合作的良好范例，在美国南北战争的善后工作中起了安定社会的历史作用。

无论是私人机构还是政府机构，都认为对于原来被剥夺受教育权的黑奴来说，最迫切的需要是教育，双方都大力开展黑人教育工作。从 1865 年至 1870 年，难民局提供了这一时期黑人教育经费的半数，包括为私立学校修建校舍、为教员提供各种帮助。由于师资奇缺，难民局向私人组织建议建立各种程度的师范学校和师资训练班，并向这些学校捐款捐物等（作为政府机构，它本身无权办学或支付教员工资）。有名的几所最早的黑人高等学院：费斯克、亚特兰大和霍华德都是在那个时期由难民局帮助创办的。1870 年起，由于南方传统势力的排挤，该机构停止介入在南方的教育工作，大部分北方的教育工作者也撤离南方，有少数北方慈善家志愿留下继续从事黑人教育工作。接受种族平等的观念在南方还是遥远的事，但是黑人也应受教育这一观念却已在南方生根，为之后黑人争取平等权利的斗争提供了基础，这应该是前一阶段官民合作的一大功绩。

南北战争时期另一项重要的慈善公益事业是医疗和公共卫生。无论是在南方还是北方，也不论政见如何，战争总是带来伤残和流行病以及恶化的卫生条件，首先是在军队中。热心公益的人自然以此为关注重点。1861 年在纽约一名牧师的发起下，成立了美国卫生委员会，设法联合全国分散的志愿组织协助政府，共同为改善军营的医疗卫生条件而努力，从紧急救死扶伤到进一步建立军医院、进行医疗制度改革，都卓有成效。在这一名义下进行大规模的募款活动，不但募得了充足的款项，而且起了很好的宣传作用，增进了公众的参与意识，是拥护联邦的一次堪称"爱国主义"的教育。另外一个副产品是妇女走向社会。因为在战争中男人走向前线，最初医疗卫生工作的志愿者大部分为妇女，出现了许多优秀的护理专家和高水平的护士学校，还有能干积极的管理人才和特别有效的募款活动家。1863年至1864年在北方一些城市举行的轰动一时的卫生募捐和拍卖博览会主要是由妇女组织的，取得了极大的收益。这些自然而然发生的妇女走出家门的现象成为日后妇女参政运动的先声。

从这里还派生出美国红十字会的成立。自从一些国家于1864年通过在战场上救死扶伤中立化的《日内瓦公约》，并成立国际红十字会之后，美国的慈善工作者一直努力争取美国政府参加，但多年未果。直到1881年由于一位也是在内战中崭露头角的女慈善活动家克拉拉·巴顿（Clara Barton，1821—1912）的努力奔走，美国红十字会得以创立，她自任第一届会长。次年，又在她推动下美国终于加入了《日内瓦公约》。当然，红十字会的工作主要是救死扶伤和赈灾，与公益事业有时可以重合，但最大的不同是它的中立性质，不介入社会改良。

四、现代基金会的早期雏形

慈善公益事业一直存在两种倾向，概括而言，一种是"授人以鱼"，即简单的赈灾济贫；另一种强调"授人以渔"，即帮助人自立。到南北战争结束之时，后者日益占上风，形成所谓"科学的公益事业"的说法，主张对帮助对象的情况和需要进行切实的调查，以便对症下药，不滥施慈善。就思想倾向而言又分两派：一派人比较强调贫穷往往来自懒惰，在扶贫中特别注意敦促接受对象通过工作自立，警惕过分慷慨导致培养懒汉——这派人虽与后来的社会达尔文主义者不同，但其前提还是认为在美国社会中通过智慧和勤劳就有机会致富；另一派人在不同程度上认为是社会机制的不公正导致贫穷，因此"科学的公益事业"应把重点放在治理那些不公正的根源，使机会更加平等，这就导致不同程度的社会改良，特别表现在从制度上普及教育、解决种族问题的方案以及敦促政府改进福利政策等。19 世纪最后的 30 年中，美国社会发生较大的变化，最重要的是两极分化加剧，与 30 年代托克维尔所看到的没有固定的富有阶级的情况不同，工人阶级和资产阶级已经壁垒分明，而且劳工运动兴起，阶级冲突不断。此时社会达尔文主义传入美国，大行其时。另外，各种关注社会平等的改良主义和激进的思潮或从欧洲传入，或从美国的学院中产生，这些变化必然反映到慈善公益事业上，逐步形成一整套机制和行政规范，为 20 世纪繁荣发达的基金会等公益事业奠定基础。

在这期间成立的基金会中特别值得一提的是皮博迪教育基金（Peabody Education Fund）和斯莱特基金（Slater Fund）。前者成立于 1867 年，由银行家乔治·皮博迪（George Peabody，1795—1869）出资专用于发展南方的教育，以此促进南北战争后南北和解与破坏严重的南方地区的复兴。最初捐款为 100 万美元，后来增至 200 万美元，主要用于发展南方地区的城乡公立学校，改善州教育系统，特别是培养师资。1914 年，皮博迪基金解散，并入斯莱特基金。后者成立于 1882 年，重点资助黑人教育。这两个基金会与 20 世纪初的卡耐基、洛克菲勒等大基金会相比还是小巫见大巫，但正是它们创立了现代大基金会的模式，使相对零散的捐赠演变为合理化、组织化和职业化的公益事业，把探索社会问题的根源和辅助弱势群体更多地建立在科学的、理性的基础上，而不是主要诉诸仁爱和利他主义。

第三章　现代基金会的兴起与发展

随着 20 世纪的到来，美国的公益事业发生了很大的变化，有的史学家称之为"革命"。因为此后成立的大基金会较之 19 世纪的公益慈善机构进入了一个新的阶段。这些新的基金会多有广泛的宗旨，其性质是私人的、独立的，但是管理方式正规，有自行选举的董事会、专职领导和工作班子，其服务对象是全社会。它们可以资助现有的机构，也可以自己建立有关机构，例如一系列的研究所、图书馆和学校等。20 世纪上半叶开始发展起来的众多而庞大的基金会，开创了诸多事业，以至于成为一种社会力量，与其他非营利机构一起成为一个独立的社会部类。这是 19 世纪的美国和至今美国以外的地区都无法比拟的。基金会的作用随时代变化而演变，整个 20 世纪可以粗略以第二次世界大战为界分为两大阶段，这刚好与罗斯福"新政"和福利国家的出现相吻合。

一、时代背景

1. 物质基础

"公益事业革命"出现的最基本的物质基础是财富的积累。美国南北战争之后的几十年间工业化和技术的突飞猛进造就了空前的巨富。根据粗略的统计，1880 年百万富翁不到 100 名，1916 年已达 4 万人，其中少数人财富以亿计（1900 年的 1 美元约相当于 1990

年的 15 美元）。1900 年卡耐基将正处于顶峰时的钢铁公司出售给摩根的银行，售价为 4.92 亿美元，他个人从中净得 2.25 亿美元的股份。此后，他即热心从事捐献，但是 10 年之后，其个人财产仍有 1.5 亿美元之多。洛克菲勒情况也大致相同，他是 20 世纪前 10 年的首富，1900 年的资产是 2 亿美元，到 1913 已达 9 亿美元，而且还在滚雪球般增长。其他如哈克内斯（Stephen Harkness, 公共福利基金［The Commonwealth Fund］的创始人）的资产超过 1 亿美元，塞奇（Russell Sage）在 1906 年逝世时留下的遗产是 6500 万美元（一说为 7500 万美元）。这样巨大的财富聚集在少数私人手中，令他们自己都感到吃惊，如何处理这些钱呢？（1）不能都用于重新投资扩大再生产，投资的回报率递减使再投资的意愿也递减；（2）远远超过了他们自己家庭的消费能力，穷奢极侈到一定程度不能带来快乐，而且会引起社会反感，为自己带来不安全；（3）留给后代，适足以害之。例如，老洛克菲勒的好友兼顾问弗雷德里克·盖茨（Frederick Gates）告诉他，如不在生前以高于聚财的速度散财，他的财产将发生雪崩，祸及子孙，殃及社会。如何花钱成为大问题，这是美国从 20 世纪初以来独特的现象，也是大规模公益事业的丰厚而持久的物质基础。

2. 社会转型期

如美国社会史学家霍夫斯塔德（Richard Hofstadter）所说：从 1890 年到第二次世界大战可以称为美国的改良时期，除 20 年代略有逆转外，这个时期奠定了美国 20 世纪大部分的政治基调。[①] 这一改良由 19 世纪末的平民主义、20 世纪初的进步主义和 30 年代的"新政"组成。其中进步主义包括来自底层的平民的反抗，同时也包

---

① Richard Hofstadter, *The Age of Reform: From Bryan to F. D. R.*, Alfred A. Knopf, Inc., 1955, 6th printing, 1965, "Introduction", p. 3.

括社会各阶层的改良，其主题不是要改变美国的现有制度，而是要恢复被新兴大财团所腐蚀的早期自由民主的优良传统。

这个时期刚好处于社会达尔文主义指导下的自由放任经济的顶峰和要求平等的进步主义思潮勃兴的交汇点。那些大工业巨头们乘自由市场经济之风扶摇直上，到达高处时却发现自己已是众矢之的，被当作一切罪恶的化身，所植根的社会正在孕育深刻的变革。他们处于两面夹攻之中，一方面是底层劳动者的愤怒和反抗，另一方面是政府的反托拉斯法和其他限制措施。更令人紧张的是，欧洲的社会主义思潮也已传入。在这种情况下，有远见的企业家明智的做法是采取主动，融入社会改良的潮流。最方便、最现成的手段就是发扬捐赠的传统，并使其更加有组织、有目的，达到最大的效果。他们自觉地以主人翁精神来为国家排忧解难。因为这些大富翁都是制度的受益者，十分珍惜和热爱这个社会，不愿看到动乱和革命彻底改变现状，所以他们所从事的各项改革都是温和的、渐进的和有效的。这一改革的目标是：巩固正在迅速发展的企业制度和政治秩序，使之为广大公众所接受；使某些改良措施制度化，以防止根本性的革命。现代基金会就是在这种背景下应运而生的。

3. 与美国的发展同步

特别需要指出的是，霍夫斯塔德所说的 19 世纪末至 20 世纪 20 年代不仅是美国的社会改良时期，也是探索精神高涨、朝气蓬勃的时期。新的发明层出不穷，人才辈出。这一时期一方面促成了经济的繁荣，积累了巨大的物质财富，另一方面社会的基调是艰苦奋斗、乐观向上和信心十足。大量涌现出来的各行各业的成功人士多数是贫苦出身，白手起家。他们中的多数在致富之后认为应对社会有所贡献，并不仅是消极地缓解社会矛盾，而是积极地试图根据自己的信念促进社会进步。进步主义运动的特点之一是相信教育能改变人，相信科学能造福人类。同时，这方面的需求的确大量存在。所以，早期基金会的捐赠大多投入教育和科研，培养了一大批精英人才，可以说为整个 20 世纪美国的繁荣富强打下了基础。

4. 捐赠的规模要求新的组织形式

在 19 世纪末，这些巨富已经感到难以应付纷至沓来的捐款要求，有必要作出适当的规划，用老洛克菲勒的话来说，就是"变零售为批发"。老卡耐基认为科学地花钱与赚钱一样重要。他们都聘请了有胆识、善经营的顾问，为他们策划如何最有效地以其财富造福社会。于是，20 世纪头 20 年出现了一批组织完善的现代化大基金会这样的新事物。最现成的组织和管理方式就是借鉴他们所熟悉的大企业：设立董事会，任命负责人，视需要设立办事部门。董事会既然有决策权，就可以随时视情况的变化而调整基金会的工作纲领和捐赠重点。所以现代大基金会从一开始就是一种可以响应不断变化的社会需要的灵活的、发展中的机构。

由于铁路和通信手段的发达，美国当时已经连成一片，所以现代大基金会的眼界也不再局限于其出资者所在地，而及于全国，个别的如卡耐基基金会和洛克菲勒基金会已经把事业扩展到美国以外，特别是洛克菲勒基金会成立的宗旨就是"在全世界造福人类"，而且事实上后来的工作的确遍及全世界。

另外，尽管捐赠者自己大多是属于某一个教派，但其基金会的眼光超越了狭隘的教派界限，这在董事会的组成和资助对象上都体现了出来，例如洛克菲勒自己是极为虔诚的浸信会教徒，但他也给长老会甚至天主教会主办的项目捐款，这在当时是需要突破某些阻力的。应该说，最早开启超越宗教先例的是 19 世纪 30 年代的吉拉德（Stephen Girard）。他是费城的富商兼银行家，于 1831 年逝世，遗嘱将价值 700 万美元的遗产全部捐给费城，为白人贫穷子弟及孤儿建立一所学校，并规定任何教派的传教士不得进入学校，以便保证孤儿们纯洁的头脑不受教派冲突的影响。此事引起许多反对意见，其合法继承人向法院起诉，认为他无权这样做，特别是传教士不能进学校的条款违反了慈善事业的本意。但 1844 年最高法院裁决其遗嘱合法有效，从此开辟了美国公益事业的新方向，为规模广阔的现代基金会扫清了道路。不过，真正视野广阔、超越宗教的基金会要到 20 世纪才具备普遍发展的条件。

20 世纪最早的、起带头作用的三家大基金会是塞奇（Russell Sage Foundation，1907）、卡耐基（Carnegie Corporation，1911）和洛克菲勒（Rockefeller Foundation，1913）。它们不但成立早，资金投入大，更重要的是无论在理念、经营方式、捐赠模式还是选择对象上都树立了榜样，创立了一种传统，奠定了之后蓬勃发展的基金会的基础。而且它们持续了一个世纪，至今不衰，尽管在资产方面已不在前 10 名，但在捐赠方面仍然保持原来的特色并坚持其走在前沿的传统。

二、20 世纪后半叶的特点

这里笼统地谈 20 世纪后半叶，实际是从 30 年代末 40 年代算起。其分界是罗斯福"新政"和第二次世界大战的爆发。这个时期美国财富成倍地扩大，社会发生很大变化，政府福利政策大大增强，作为美国公益事业的一部分的基金会也相应有了新的变化。

1. 规模和数量急剧扩大

1946 年，根据塞奇基金会发表的不完全统计，全国共有 505 家基金会，其资产难以估计。1956 年基金会中心首次发表的统计数字已有 12259 家，共拥有资产 1000 万美元，其中 89% 是 1950 年以后新建立的。1999 年全国共有 46000 家基金会，总资金估计为 3000 亿美元。也就是说，20 世纪前 50 年成立了 1300 多家，而后 50 年增加了 4 万多家，是 1949 年的 23 倍。总体说来，基金会在国民经济中所占比重基本稳定：目前其数字占全国近百万家非营利机构的 5%，总资产占 GDP 的 2%—3%。[①]

2. 品种多样化

以前，绝大多数基金会是一些富人或家族出资成立的独立的私人基金会，经营方式比较单一，通过捐助其他机构进行活动，大多没有专业工作人员。后来的基金会类别五花八门，管理向专业化发展，专职工作人员大大增加，成为一个行业。还有一个突出的变化是女性工作人员超过半数，少数族裔比例也大大增加，改变了清一色白种男性的状况。

3. 与政府相比，退居次要地位

尽管基金会本身呈大规模发展的趋势，但是政府由于职能的演变，在福利事业方面唱了主角，私人基金会退居辅助地位，而且出现了"公私合营"现象。美国政府建立系统的社会保障制度始自 20 世纪 40 年代罗斯福"新政"，之后逐步发展，到 60 年代和 70 年代初达到高峰。联邦政府相当大的福利开支不是通过增加官僚机构来管理使用，而是通过私人非营利组织，包括基金会运作，特别是社区基金会。因为在美国的特定政治环境下，加强州县政府和地方非营利组织比直接扩大联邦政府机构要容易通过得多。从数字来看：20 世纪 50 年代美国的社会福利机构 70% 的资金来源于私人捐赠；

---

① *Last 50, Next 50—Foundation, News & Commentary*, Council on Foundations, March/April, 1999, p. 34.

70 年代非营利的社会组织规模大幅度扩大，其收入来自政府的部分已超过私人捐赠，大约为 2∶1。同时，非营利组织用政府资金所运行的社会福利和服务项目也已超过所有联邦和各级地方政府此类项目的总和。到 90 年代，非营利组织的资金来源只有 9%—10% 是个人慈善捐助、公司以及私人基金会的拨款，约 40% 来自政府，其余约 50% 来自本组织在业务上的各种有偿服务的收费。90 年代后半期，在克林顿政府大力消灭财政赤字的政策下，政府给予非营利组织的拨款也大量缩减。这样，强调社会福利事业主要应由私人承担、政府应退出的主张又开始抬头。所以在思潮上，战后又一次循环。[①]这里是指总的非营利组织，基金会只是其中的一小部分。总之在战后的新形势下，基金会与政府的作用和相互关系发生了微妙的变化。

4. 管理正规化，职能多样化

一些历史悠久的老基金会在这个时期仍然十分活跃。经过两三代之后，家族的影响逐渐淡出。不论新老基金会，大部分都有一个内部组织完善的过程。特别是在 1969 年新税法对基金会加强控制后，私人基金会的运作更加规范，财务公开、年度工作报告成为制度。另外在管理机构的成分上也随着社会的变迁而变化，不再是清一色的男性、白人、上层精英，而自觉地向多样化努力发展。越到后来越是如此。例如洛克菲勒基金会的董事会从 1986 年至 1996 年，女性成员比例由 18% 增至 43%，少数族裔由 23% 增至 29%；工作人员中女性已超过半数，从 29% 增至 52%，少数族裔从 13% 增至 36%。[②]基金会有意识地公布这些数字，说明它们在自觉地进行这方面的努力以赶上社会潮流。

[①] 巴尼特·F. 巴伦（Barnett F. Baron）在中国民政部的报告："The American Mythology of Volunteerism", Talking points for the Ministry of Civil Affairs, P. R. C., Dec. 5, 1997。

[②] 数字摘自洛克菲勒基金会的网页。

基金会捐助的内容在继续其传统的同时，不断变换重点、创新项目以适应时代的需要。其中一项重要的演变是重视社会科学。塞奇基金会从一开始就以发展社会科学为重点，在这方面起了先驱作用。从集中于自然科学到重视社会科学，洛克菲勒基金会是个典型，但不是唯一，凯特林基金会等也都循此规律。战后，社会科学受到普遍重视。因为有志于社会改革的人士意识到问题更多在于人与人的关系而不是人与自然的关系，也就是更多是社会性的，而不是物质性的，因而人的行为更加重要。福特基金会从 20 世纪 50 年代初改组整顿开始就明确以社会科学为重点。当然在自然科学和医学方面的新学科的研究，例如癌症、艾滋病以及基因工程等，还是继续得到各大基金会和专门的基金会的大量捐助。

5. 国际性加强

这是与美国战后的国际地位密切相关的。与前一个时期相比，大基金会在海外的活动分量明显加重，同时与美国外交的关联也更加明显。

在冷战时期，冷战的背景起了一定作用。各大基金会的指导思想原本就与美国的主流价值观一致，在冷战背景下，更加自觉地维护和推进美国的思想体系，并且体现在其国际活动中。福特、洛克菲勒和麦克阿瑟基金会是其中的典型。冷战后又有新的项目，新老基金会不约而同的关注点是环境、人口、南北差距和若干对和平的新威胁。

20 世纪最后 20 年美国经济持续繁荣，也造就了更多的亿万富翁。资产在 10 亿美元以上者从 1983 年的 13 名增至 1997 年的 170 名，根据《福布斯》1997 年的统计，他们的净资产总数为 2200 亿美元。另外，美国 1/3 的财富集中在 1% 的巨富手中，但是对公益事业的捐赠却没有相应地上升，而是保持在每年占 GDP 的 2%，或个人所得的 1.8%。其原因之一是共和党政府实行减税政策对高收入者有利，因而削弱了他们因税收优惠待遇而作捐赠的动力。但是另一方面，新的基金会却大量增加，它们和大公司对公益事业有组织的捐赠表现出强劲增长的势头。私人基金会在 1980 年至 1995 年的 15 年中新增加了 16200 家，亦即增加了 40%；其总捐赠数 1977 年为 53 亿美元，1997 年增至 134 亿美元，增长了 152.8%。这在某种程度上与金融市场的坚挺有关，也反映了财富的集中，因为减少的是个人分散的捐赠。[①]

从数量上说，20 世纪末美国的几万家基金会绝大部分是 20 世纪后半期成立的。有的成立较早，但兴旺发达起作用是在"二战"后。福特基金会是最重要的典型。它成立于 1936 年，但是开始目标明确、发挥巨大作用是在 1950 年整顿之后。整个 20 世纪它无论在资产方面还是在捐赠规模、前沿性和世界影响方面，都执各大基金会牛耳。成立于 20 世纪中期而作用在后期日益扩大的还有凯洛格基金会（W.K. Kellogg Foundation，1930），但影响远不如福特基金会。20 世纪后期的后起之秀是索罗斯（George Soros）的基金会网络（或称"索罗斯系列"）、比尔·盖茨夫妇成立的基金会以及麦克阿瑟基金会。它们的资产和捐赠都在前 10 名之内，并且都以全球性的问题为目标。

三、社区基金会同时兴起

以上所述是以私人独立基金会为蓝本。它们占美国基金会的绝大多数。另外还有社区基金会（Community Foundations），在数量上占少数，但在美国人生活中起着极为重要的影响。它是由一个地区的居民为解决本地区的问题而成立的，与私人独立基金会同样是非

---

① 数字来源 Foundation Giving, 转引自 Nonprofit Sector, Chapter One。

营利公益组织，在总的目标和功能上有共同之处，其历史之悠久也不亚于私人基金会。它们的不同之处在于：

- 资金来源多样。可能是当地富豪个人出大部分资金创办，也可能由很多居民集资。有的地方由一家大的基金会为种子，带动许多小的社区基金会。有时大公司与若干社区基金会联手促进当地的福利事业。

- 没有特定的目标范围。其所关注的问题多为普遍的社会问题，如犯罪率、吸毒、公立学校的条件等。规模和形式五花八门，没有一定之规。

- 资金多由当地一家银行或信用社代管。基金会主要职责是调查和发现本地区的需要，在资金供方和需求方之间起桥梁作用，并代为管理和使用资金。因此，社区基金会的工作中包括实施"捐赠者指定用途"的资金目标。

20世纪40年代后期，一般社区基金会遴选负责人的条件是：大学毕业、本社区人士并对改善本社区的状况怀有信仰，此外还要对福利工作有理解力和判断力。总之，应是本社区内有威望，与银行、法院、教育界都能说上话，并对社区福利事业有献身精神的人。

社区基金会具有一般公益事业的共性，但也有其特性，其特性就在于社区。这与美国建国的历史有密切关系。美国的起源是先有分散的居民区，然后才有地方政府，然后再有联邦政府。最初的移民自己择地而居，自然形成村落或社区。他们号称是英王的臣民，但是天高皇帝远，如有问题无法指望英国政府的帮助，只有依靠社区内的居民互助。就是在美国独立之后，不断开拓边疆形成的新的居民区也难以事事指望政府。所以，美国人的思想传统中一方面是以个人主义为特点，另一方面又有集体互助的观念。社区是一个使个人得以在其中发挥潜力的框架，同时也是保障个人福利的手段。另外，在一个到处是利益冲突的社会中，社区组织还可以起到调和矛盾的作用，达到我们所说的"求大同，存小异"或是"和而不同"的理想境界。这更多不是从某种理论出发，而是从实际生活的需要得出的观念，也是美国立国的思想家们不断表达的理想。社区基金会就是既体现这一理想又为挽救这一理想而生的产物，其兴起的时间和社会背景与私人基金会差不多，都是在20世纪初，各种矛盾尖锐化，那种"和而不同"的理想面临严峻考验，特别是新兴工业城市的许多贫民窟社区成为一切矛盾的集中点。为回应这些问题，现代公益事业开始兴起（已如前述）。

社区基金会的发展与居住的分散化有关，在20世纪的整个过程中随着形势的变化有过较大的起伏。20世纪上半叶是从农村向城市集中，特别是随着一些大城市的成长，富人及其财富多集中在大城市，因此传统的大基金会也先从大城市开始。后期向相反方向发展，富人多向郊区移动。到80年代以后，郊区和以前的农村也出现了新型工业，居民成分复杂化，大城市原有的问题开始出现，外加新问题，地方政府的力量远不足以解决，社区公益团体应运而生，社区基金会即其中重要的成分。90年代的一个特点是社区基金会大量增加，呈遍地开花之势。1989年到1995年就由282家增至413家，增幅70%。截至1999年，全国有345家，占基金会总数的3.3%，总资产228.58336亿美元，占总数的6.4%。[①]

四、运作机制

经过半个多世纪的税法改革和基金会的自我整顿，美国现代基金会已经有一套相对统一的制度和大同小异的运作方法。

---

① *The Foundation Directory, 2000*, p. ix, Table 1.（同页"Table 2"所列补充资料未加进去。）

1. 成立程序

（1）注册

根据非营利机构法律，可在联邦国会、州议会或地方政府注册。早期一些大规模的如卡耐基、福特等基金会在国会注册。洛克菲勒基金会因当时未能获国会通过，在纽约州注册。后来成立的大多数基金会都在所在州或市县注册。一是因为增长太快、太多，都集中到联邦政府有关机构根本无法处理；二是因为各州有关法律不同，当地捐赠者在当地注册比较方便。但是正因为如此，有的基金会选择到另一州注册，以便于进行与其目标相符的操作。

在向有关机构申请注册时，必须提交章程。章程的必要内容各州也不尽相同，一般标准的必要内容如下：名称、期限（可以有年限也可以是永久性的）、宗旨、成员数目及其权利义务（可以没有成员，也可以有几级成员）、领导成员（董事）产生办法——选举或非选举、基金会内部规章制度条款（以不违背有关法律为前提）、开创时的地址和法人代表、第一批董事会人员数目和名单及每个人所属单位和地址、注册人的姓名和地址。

该章程将存入州务卿或有关领导机构办公室的档案。一经审查批准，基金会就合法成立。在有些情况下，还有一个向公众公布等待意见的过程。大多数情况不需要。章程一旦立案，很难修改，因此文本大多比较具有原则性。每个基金会的具体细则都另有"附加法"（bylaw），附加法的修改权在基金会本身，只需向政府备案即可。

在章程中申明的宗旨需包含两个要素：1.表明本基金会符合享受免税待遇的公益机构的条件；2.提供有效操作的框架。在这一前提下，各基金会的宗旨五花八门，从极狭隘、特殊甚至怪僻的，到最广泛的如"造福全人类"都有。有的创办人预见到以后形势可能变化，专门在附加条款中说明董事会有权视形势的变化而改变宗旨。

一个有趣的极端例子是，1930年麻省某地有个名叫戴维斯的人捐款成立以其姓名命名的基金会，专门指定用来奖励当地学校举止优雅的男学童。到1938年，该基金会向法院申请改变宗旨，将款项用于改造校舍，因为当地政府找不到举止足够优雅的男孩给予奖励。

（2）捐款人信函

这并非法律必要的，但相当多的重要的基金会都有捐款人信函以充分说明捐款人的意图，也是对基金会宗旨的进一步阐述，成为重要历史文件。例如：

塞奇夫人在捐款信函中除了表示对董事会的运作不予干涉、不加限制外，特别说明授权董事会将不超过1/4的资产本金进行年收入不低于3%的投资。这一规定是很有远见的，因为日后许多基金会都会遇到自身的收入问题，大多采取了类似的政策。

卡耐基在信函中提出其宗旨是在英语民族中消灭战争、个人决斗和其他方式的争斗以及奴隶制。在这些目标实现之后，董事会就该考虑下一步消灭的罪恶和提倡的善事是什么，以继续促进人类的进步和幸福。

1916年成立的罗森瓦尔德基金会，其创办人在捐款人信函中特别申明，为避免沦为官僚机构，基金会应该有一定的年限，他要求董事会在他死后25年解散基金会。实际上，在他死后第14年，即1946年，该基金会就宣布解散。[①]

（3）申请免税

在注册手续完成，依法正式成立为非营利公益组织后，基金会并不自动享受免税待遇，还需正式向国税局有关部门申请批准。这一申请要在运行一年以后提出，除原章程外，须提交全年的详细财政报表和工作报告，以证明实际运作与宗旨相符，经审查后予以批

---

① F. Emerson Andrews, *Philanthropic Foundations*, Russell Sage Foundation Publication, 1956, pp. 48–56.

准，才开始享受免税待遇。后来由于基金会太多，都集中到联邦政府税务局显然行不通，遂授权基金会所在地方政府有关机构审批。

2. 董事会

与企业一样，基金会的决策权力机构是董事会。最初一届董事多半就是注册人，也就是捐款人和他的家人或极少数亲密朋友，通常包括一名法律顾问和一名财务实际负责人。在章程中要先确定董事会人数和填补空位的规则，之后再由历届董事会聘请新的董事。必要时，董事会也可以增加人数。董事会成员也可以兼任部门或项目负责人。一般说来，初建时捐款人或其家人在董事会中掌握实权较多，过了几代以后，大的基金会的各部门实际负责人与董事会日益分离，其中只有个别是董事会成员。董事会每年只开一次或两次会议听取会长报告工作，批准下年预算以及作出一些重大决定。这种运作方式与大公司差不多。不同的是，由于董事并非财产拥有者，多数是以名气和地位受聘，所以往往并不掌握基金会的实权，只是在法律上代表基金会。像卡耐基、洛克菲勒、罗森瓦尔德、福特、凯特林等都有这样一个过程。公司基金会中大多数董事会的成员来自母公司，如果该基金会的工作与其职工福利关系较大，则也有职工代表。但是有些公司基金会为取信于公众，避免被指责为借基金会之名变相为本公司谋利，特别注意董事会中包括公司以外人士，这种做法日益普遍。

社区基金会则情况有所不同。其资金来源是本社区居民集资，委托某个银行代为经营，银行再定期将收入（有时包括部分本金）交还给社区基金会使用。为此，基金会需要一个管理委员会决定资金的用途。该委员会多半是由具有广泛代表性的社区居民组成。以最早成立的克利夫兰社区基金会为例，其章程规定委员会成员的资格为：克利夫兰的居民，对福利工作感兴趣，了解本社区公民在教育、物质以及精神等方面的需要；不得有两人属于同一教派，准备竞选公职者没有资格参加。关于产生的办法，该基金会章程规定：2人由克利夫兰信托公司（即基金的管理机构）指定，最好为该公司成员；1人由克利夫兰市市长或市政办公室主任指定；1人由目前库亚霍加县（基金会所在地）辖区的最高法官指定；1人由美国管理北俄亥俄州地区的区法院院长或高级法官指定。[①]

这种模式在早期成立的社区基金会中有一定的代表性，当然产生的办法、由谁指派，各有不同。但是随着形势的发展，这种指定的办法日渐不能反映广泛的社区需要，也不足以吸引居民的关心和信任，而且容易产生谋私的弊病。所以成功的社区基金会大多有一个扩大范围的过程。第五章所举代顿基金会的例子就有典型意义。克利夫兰实际上也差不多。此处不再重复。

除纯粹的家庭基金会外，董事的人数一般规定不少于3人，最多则不等。任期从一年一选到终身都有，即使规定定期改选，实际大多为无限期，只有死亡或因故自动辞职才会终止。罗森瓦尔德基金是少数例外，它从一开始就规定，除董事长和会长外，董事的任期为3年，只能连任两届，即6年，以便经常有新的思想进来。

关于董事会成员是应该无偿还是有偿，也有不同做法。多数基金会的做法是没有津贴，只有开会或为基金会执行任务的差旅补助。卡耐基国际和平基金有意在地区上使董事会分散化，为鼓励全国各地的董事参加会议，规定可以带家属，由基金会报销费用。有的基金会按当年收入的一定比例付给董事津贴。福特基金会付给董事每年固定5000美元。对于董事是否应有报酬，反对者认为基金会本来就是志愿公益事业，董事应该把它作为一种社会义务，如果给报酬，容易使公众认为有人利用免税的钱给其亲友好处；支持者认为

---

① F. Emerson Andrews, *Philanthropic Foundations*, p. 66.

基金会的工作占去董事们相当的时间和精力，如果都是无偿的，那么只能在富人中遴选董事。目前占上风的是主张无偿或给予极有限的补助。

3. 财政管理

任何机构或企业都有财政管理。基金会的特殊之处在于它享受免税，而其收入来源既有捐赠又有投资所得，但是各种不同类型的或大小不等的基金会情况又不相同，无法得其详，只能略加概述。

美国慈善捐赠免税的规定始于 1917 年税法。当时个人所得税很低，影响不大，捐赠的资产大多为股票形式。根据最初的法律，基金会本身的投资所得享受免税，国会和公众对此都没有争论。个人向基金会捐款部分也从应交税收入中扣除。对个人免税的限额是收入的 30%，对公司是 5%。后来，随着福利国家的形成，所得税的累进制逐步提高，免税问题变得日益复杂，弊病也越来越多，为此，美国进行过多次税法改革。最重要的一次是 1969 年通过的税法，一直沿用至今，只在比例上有所调整。最重要的变化是，从那以后，基金会的投资所得也要交税（最初是 6%，后降至 4%，1978 年后降至 2%），另外，每年用于符合其宗旨的捐赠款项不得低于其当年资产的 5%（详情见第四章）。与此同时，捐赠型基金会与社区型基金会及运作型基金会的区别也固定下来。后二者不受此限制。

大的基金会除一般行政班子外，有几类专业人才是必需的：熟悉税法的人士，以保证基金会在税务上不出问题；金融或投资专家，负责经营投资；另外，视基金会的工作重点，还应有各类专业"项目管理"人员。也就是说，一部分人是赚钱的，确保基金会财源不断，一部分是花钱的，其职责是使钱用得得当。

大基金会大多有专门的投资代理人或机构，与它的运作部门完全分开。基金会的捐资者与其企业的关系一直是一个公众和政府关心的问题。直到 20 世纪 70 年代，许多大基金会与其"老板"的企业关系还很密切。例如，1964 年，洛克菲勒基金会的 8.62 亿美元资产中的 5.53 亿美元投到 6 家石油公司，其中 45% 属于新泽西美孚石油公司；杜克（Duke）基金会的 5.96 亿美元中 4.76 亿美元投在杜克发电公司；凯洛格基金会投入凯洛格公司的股票比例是 4.14 亿美元 /4.61 亿美元，控股 51%；哈特福德基金会将 3.97 亿美元中的 3.46 亿美元投入大西洋与太平洋茶叶公司，保证其控股；霍华德·休斯（Howard Hughes）基金会把霍华德飞机公司的 5 亿美元资金给了迈阿密霍华德·休斯医学研究所，自己成为唯一的董事，这样，保持了控制，又免除了税金，同时又享受了从事慈善事业的满足感；皮尤纪念信托基金（Pew Memorial Trust）将 2.64 亿美元中的 2.19 亿美元投资太阳石油公司（Sun Oil）股票，并持有矿产开发公司的全部有选举权的股份；利里基金会将 3.34 亿美元中的 2.33 亿美元投入利里公司，使其持股 23%；伍德拉夫（Woodruff）基金会是以可口可乐为投资基地；克莱斯格（Kresge）基金会持有 100% 的克莱斯格—纽瓦克公司股票；休斯敦（Houston）基金会拥有商业与工业人寿保险公司的全部股票；默特（Mott）与斯隆（Sloan）基金会持有通用汽车公司的大量股票。这样，最大的 50 家基金会的半数（包括前 12 家中的 9 家）都为某一家与捐赠者有关的股票所控制。[①]

有鉴于此，1969 年税法要求基金会分散投资，同时给一个缓冲期，以免股票大跌，以 1979 年为限期，在此之后一家基金会在任何一家公司持股不得超过 20%。福特基金会则早在 50 年代就开始注意分散投资，它曾一度持有福特汽车公司 88% 的股份，到 1972 年只有 16%。之后又进一步分散，并与其他基金会如克莱斯格交换

---

① Ben Whitaker, *The Foundations: An Anatomy of Philanthropy and Society*, pp. 119–120.

股票。

关于资产运作情况，以福特基金会为例。1999 财政年度的投资估价为 118 亿美元，2000 年为 145 亿美元。这一年的投资回报率为 30.3%，绝对增值数为 24.32 亿美元。3 年平均回报率为 22.2%；项目支出 7.15 亿美元，比上年增加 1.37 亿美元，行政管理费 2400 万美元，投资费用 3000 万美元；此外与公益事业有关的投资 1.367 亿美元（以贷款或证券形式）。其捐赠比例经常超过税法规定的 5%，2000 年被承认的支出总数为 7.587 亿美元，大大超过规定的 9580 万美元。另外，按规定，投资所得应交 2% 的税，但是基金会如能满足某些捐赠的条件，就可减至 1%。福特基金会大多数年份都能满足这一条件，因此可享受此项减税，于是又把节省下来的资金用于增加项目支出。[1]

基金会对其原出资的企业是否起公关作用，特别是公司基金会，这是很难说清的问题。在客观心理上，接受过有关基金会资助的人是否就倾向于购买同一公司的产品？在主观上，基金会在决定资助方向时是否有意向有利于产品推销的方向倾斜？这都很难一概而论。像福特、洛克菲勒这类历史悠久的大基金会实际上已与原来的企业脱钩。今天接受福特基金会资助的人也不会想到购汽车时选择福特产品。但是有些较小的公司基金会无形中带有公关性质。1935 年国会通过税法，允许公司以 5% 的收入用于享受免税的公益事业。实际上到 1974 年，企业平均只有 1% 的收入用于免税的公益事业。但是绝对数增加很大，1940 年为 3800 万美元，1945 年为 2.66 亿美元，70 年代为 9 亿美元。

基金会本身的开销和庞大的工作班子也是受到诟病的一个问题。福特基金会 20 世纪 60 年代在纽约以 2400 万美元建成有室内花园、

---

[1] *Ford Foundation Annual Report*, 2000, pp. 158–161.

玻璃墙面的超豪华办公楼，拥有400名工作人员。这是引起舆论批评的一个典型。不过这与福特的资产相比还是极小部分，而且福特的工作人员素质和效率一贯较高，所从事公益事业的规模也与之相称，舆论也就不太苛求。总之，"人头费"与其贡献的比例说明一定的效率，但也不尽然，因为有的基金会以高薪聘请高素质的工作人员，其捐赠的效益差别却很大。另外，各种基金会的运作方式不一样，有的只出资赞助其他机构办事，有的自己直接从事一些项目，所需人力和费用就不一样。办公费占预算的比例最少的不到1%，最多达60%，大部分在5%—10%。福特原来占不到10%，1969年税法之后，陡增至15%，其中原因之一是新的税法要求更加详细和频繁的工作报告和手续，必须增加人手。

五、基金会行业组织和学科的出现

基金会自己的行业组织是20世纪后半期的一项新事物。基金会的盛衰与美国经济的起伏以及政府和国会的态度与政策有相当的关联。基金会在日益壮大的过程中，由于受到社会更大的关注，常常是一浪又一浪公众舆论的批评和国会质询的对象。建立行业组织最初是出于联合自保的需要。许多基金会感到自己的地位脆弱，在众多的非营利机构中最易受攻击，因为它们没有有组织的固定群体，不像学校有校友，教会有信众，医院有病人，都可以发动起来对付那些与它们作对的国会议员或政客。同时基金会缺乏宣传，因而一般人对其运作不了解，经常被误解。另外，基金会也确实存在种种弊病，需要进一步加强自身的规范化；就本身的发展而言，各基金会也感到有必要互相交流、协调合作，不断改进工作以适应变化着的需求和政府以及公众的审查批评。行业组织应运而生，非营利组织或私人公益事业本身也成为一门学科。

1. 基金会理事会（Council on Foundations）

基金会理事会现在是美国基金会最大的、会员最广泛的全国性组织，总部在华盛顿，每年出版权威性的年鉴《基金会年鉴》(*The Foundation Directory*)。它的成立有一个发展过程。最早的组织是 1949 年成立的"基金会与社区福利信用社全国委员会"（NCFTCW），主要是为社区基金会服务的，旨在促使其过于分散的捐赠更有计划性，取得更好的效益。这一组织代表 22 家社区基金会和社会服务机构，没有正式会员，只有一名兼职执行主任，就是刚从芝加哥社区信用社的领导岗位退下来的卢米斯（Frank Loomis），其办公场地也由芝加哥社区信用社提供。成立后最初的工作是印发有关社区基金会的活页文章、开展大量的通信，并于 1950 年出版了第一本相关手册《美国社区信用社（1914—1950）》，对这一事物作了详细介绍。该组织本意原非为应付政府的审查，只是在 1952 年国会考克斯委员会对私人基金会进行调查①时，特意订了国会情报委员会有关这个问题的报告，发给各社区信用社和基金会，以便了解情况。1954 年，该组织改名为"社区基金会全国委员会"，以便扩大合作面，包括一切社区信用社、金库、基金会以及全国其他也为社区福利服务的组织。组织总部也迁至纽约，年预算为 8800 美元。1957 年正式注册为非营利组织，改名为"社区基金会全国理事会"（National Council on Community Foundations）（以下简称"全国理事会"），宣布宗旨为"促进、鼓励和提高基金会对社会和公众福祉的回应和贡献"，并首次任命一名专职主任。1958 年，"全国理事会"决定与私人基金会建立联系，在纽约举行第一次联席会议，洛克菲

---

① "考克斯调查"为 1952 年国会议员考克斯发起的对私人基金会的调查质疑。详见本书第四章。

勒基金会带头捐款 4.5 万美元，1960 年，福特基金会又捐 5 万美元，鼓励其成为全国性的机构。之后全国各地其他各类私人、公司和家庭基金会陆续通过捐款成为"全国理事会"的非正式成员。

1964 年，"全国理事会"在芝加哥举行年会，修改章程，凡从事捐赠的各类基金会都得以成为正式有选举权的成员，从此改名为"基金会理事会"（以下简称"理事会"），成为美国全国各类基金会的行业组织，并选出第一名专职会长负责全面工作。该组织成立之后所做的一项重要工作就是应付 1969 年的税法改革。税法问题在国会提出时引起基金会界很大震动，"理事会"会长马上代表基金会在国会作证，为其辩护，解释其功能，强调让基金会继续健康发展对整个国家的重要性，同时向新税法的起草人陈述基金会的困难和实际问题。另一方面，"理事会"也负责向各个基金会解释新税法，会同另外两个全国性组织"基金会中心"和"全国公益事业理事会"共同拟定基金会自律的计划。经过这次活动，"理事会"的威信大增，其作为基金会行业公会的地位得到确立，会员迅速增加。之后，它继续起着在各基金会之间、基金会整体与税务局、有关国会议员之间沟通的渠道作用，同时敦促各基金会增加透明度，以取得公众和国会的理解。1978 年，国会通过法案，把对基金会投资所得的税由 4% 减为 2%，由于这一减税，全国各基金会当年给出的捐赠就增加了 4000 万美元。1979 年，"理事会"的总部由纽约迁至华盛顿，更加突出了它的全国性和政策性的功能。1995 年美国共和党议员提出修改税法，在对某些项目减税的同时，以伊斯托克（Ernest Istook）为首的美国共和党议员再次发起对基金会的进攻，提出进一步取消其优惠待遇的方案。经过"理事会"和其他组织的努力，伊斯托克议案未获通过，保住了原来的适用条款。

从以上过程可以看出，"理事会"的出现是适应广大基金会的需要的，最积极推动其成立的是全国性的大基金会。但"理事会"的作用也不完全是与政府打交道，更重要的是促进基金会界内部的合作和协调，就某些存在的普遍性的问题进行研究，组织全国性或地区性的会议，敦促基金会加强某个方面的资助，例如对黑人和妇女都有专门的小组，等等。

60年代以后，其他全国性的公益组织纷纷成立。1970年至1980年间，"理事会"与其他同类的十几家组织组成"全国义务组织联盟"（The Coalition of National Voluntary Organizations），定期开会。另外还出版若干种刊物和研究报告。概括说来，它的作用是向政府及公众说明基金会的积极作用，向富人宣传把余钱捐赠给基金会的成果，向基金会传授经营之道和好的经验，向潜在的受惠者解释如何合理地申请资助。到1999年，"理事会"的会员有1700家，其中有40家是美国以外的，另外，代表3300家基金会及组织的"地区捐赠机构协会"（Regional Grantmakers Association）于这一年集体参加成为正式会员。

80年代，有一些基金会认为"理事会"不能代表它们的要求和意见，宣布退出，另行成立"公益事业圆桌会议"（Philanthropy Roundtable）。它们关注的问题是：自由市场、自由择校、择校补贴 [①]。这些都是保守派主要的关注问题。还有生物伦理问题如基因研究、安乐死、生育自由等。这些都是自由与保守两派争论的问题。

2. 基金会中心（Foundation Center）

该中心位于纽约，原名"基金会图书馆中心"，于1956年成立，为卡耐基和塞奇基金会出资。其任务是收集和提供有关这一领域的信息资料以促进对这一领域的了解。起初中心的工作并不顺利，因为许多基金会不愿公开其信息，后来逐渐认识到交流的必要性，中

---

① 择校补贴（school voucher）是目前美国有争议的一项政策。

心也发展壮大，现在成为全国有关这一领域的权威资料中心。70年代以后，主要由于1969年新税法以及几年来围绕这一事件对基金会的批评，基金会的自我意识加强，感到有必要联合起来，加强自我研究和宣传。中心的作用随之扩大，超出图书馆范围，遂改为现名。它常与"基金会理事会"合作，举办活动，出版资料。

3. 法勒小组（Filer Commission）与独立部类（Independent Sector）

1973年，在一些私人基金会支持之下，成立了一个名为"法勒小组"的研究机构，对全国私人基金会每年超过1000亿美元的活动进行调查分析，于1977年出版了7卷本的报告书，其最重要的贡献是：提出享受免税的慈善组织构成了美国在政府和私人企业之外的"第三部类"，需要进一步联合协作。于是1980年出现了一个机构，名为"独立部类"，其成员包括捐赠者和受赠者双方，其作用也是交流、研究、加强与政府的关系以及刺激本部类的发展。由于有些受赠方对法勒报告不满意，认为指出基金会的缺点还不够，1976年，一个专门代表受赠方的组织出现，名为"争取响应型的公益事业全国委员会"，并作为非营利机构正式注册。

此后，各种地区和全国性的协调组织纷纷成立，到20世纪末已达800家。除了上述的几家外，大致有以下几类：按相近的关注领域结合起来的组织；按地区结合起来的组织，这些地区性组织又组成"地区捐赠机构协会论坛"（The Forum of Regional Associations of Grantmakers）；一系列为特殊性质的基金会服务的专题机构，如家庭基金会、医疗改革制度、公司捐赠事业等。此外还有非营利组织管理联盟以及专门帮助低收入社区的社区变革中心等等。

随之而来的是研究工作的兴起。最早由洛克菲勒、福特和卡耐基基金会资助耶鲁大学一位法学教授建立一项非营利部类研究项目，随后约翰·霍普金斯大学建立"非营利组织中心"（Center of

Nonprofit Organization），讲授硕士课程。从此对基金会和公益事业的研究逐步发展成一门学科。20世纪80年代后，一系列资料性的和研究性的书籍刊物如雨后春笋般出现，若干大学成立了公益事业或非营利组织研究中心，开设有关课程，并出现了一批这方面的专家，有的是有过基金会工作经验的，有的是纯学者。现在全国已有80家学术研究中心，其中比较重要的有纽约市立大学和印第安纳大学公益事业中心，后者规模较大。

4. 印第安纳大学公益事业中心（The Center on Philanthropy at Indiana University, Perdu）

该中心1987年由利里基金会捐资成立，位于印第安纳大学珀杜校区，主要任务是教育、研究和服务。该中心对"公益事业"下的定义是："为公众利益的志愿行动，包括社区服务、志愿捐赠、志愿结社，以及非营利性的募款、赠款和管理。"这实际是一个教学研究机构，包括图书资料信息的提供。其课程分两部分，一部分是学术研究性的硕士学位课程，另一部分是培训有关公益事业的专业人员，颁发专业证书。课程包括一般人文学科和职业教育。为公众服务的机构有一所"募款学校"，是美国唯一以大学为基地的对募款进行教学的学校；还有"捐赠研究所""志愿工作者骨干培训"项目等。该中心出版两份刊物：《募款新指南》和《公益事业研究索引》，还有一个号称世界最大的有关公益事业的图书馆和档案馆。档案馆就是纽约"基金会中心"图书馆的历史资料部分。另外还有"世界募款理事会""黑人基金会执行委员会"等机构。它还派生出来两个组织："非营利组织与志愿行动研究会"（Association for Research on Nonprofit Organizations and Voluntary Action）和"第三部类研究国际学会"（International Society for Third Sector Research）。

利里基金会是当地最大的基金会。它几乎独家赞助这一中心，最初是捐助成立"募款学校"，后来决定进行学术研究，遂于1991年设立硕士班教学和研究中心，并聘请资深基金会工作者和教授佩顿（Robert Paton）来主持工作。佩顿教授原来的设想是把对公益事业的研究作为通才教育和人文研究来进行，因为他认为公益精神是美国基本价值观之一。但是由于美国的教育日益市场化，该中心的实际培训方面比人文教学方面对学生以及投资者的吸引力大得多，其发展有压倒人文研究部分之趋势，这令他非常失望。另外，虽然利里基金会有保守之称，印第安纳中心也有保守之名，但实际情况不完全如此。

东欧剧变之后，美国公益组织很快国际化：成立的组织有"欧洲基金会中心"（1989年，总部设在比利时）、"争取公民参与世界联盟"（1993年）、"为捐赠者服务协会国际会议"（1998年）等，都是按美国方式运作。1991年约翰·霍普金斯大学政策研究所开始设立一个国际性的项目"非营利部类比较研究"，请参加国划定自己国家非营利领域的界限，比较各国的异同，以便确定美国的非营利部类及其运作是否有普适性，此研究至今仍在继续，已经与40个国家有联系。

全国基金会理事会创办人之一弗兰克·卢米斯（选自基金会理事会50周年纪念刊物）

印第安纳大学公益事业中心（图片来源：中心1999—2000年年报）

印第安纳大学公益事业中心创办人佩顿教授及伯林盖姆教授与作者的合影（2001年11月）

第四章 基金会与政府的关系

美国的基金会与政府究竟是什么关系？这是人们经常提到的一个问题。在不同国家对这一问题的看法分歧极大，在中国一般认为基金会是配合政府内外政策的工具，而美国人则看法不一，强调其与政府对立的也大有人在。实际情况也是二者的成分都存在，从观念到实践不能一概而论。大基金会本身就是构成美国主流社会的主要部分，它同时又独立于政府之外，而且特别注意保持自己的非官方性和独立性。它与政府一方面在大方向上保持一致，另一方面又有距离，有时有矛盾。基金会与政府的关系可以说是合作与对立双轨运行，政府部门对它的态度随着政治气候来回摇摆，政策不断调整。

一、补充和配合

慈善事业从根本上说是私人行为。美国人从立国之初就本能地对政府权力过大疑虑重重，其宪法的主要精神之一是限制政府的权力。对于在发展中出现的社会问题和各种灾难，传统的观念是较多依靠自助或互助，而较少指望政府，特别是联邦政府，这是公益事业和基金会发展的社会文化基础，这种观念与我国关于政府责权的观念是截然不同的。19世纪后半叶，资本主义发展到一定程度，各种社会矛盾，特别是劳工问题尖锐化时，欧洲各国开始关注社会问题，政府开始采取某种缓和矛盾的初步福利措施。美国南北战争结束后到 19 世纪末，也同样出现了社会急剧两极分化、各种社会问题丛生的局面。但是美国较之欧洲一些国家，更少有政府干预的传统，除了 1890 年《谢尔曼反托拉斯法》之外，到那时为止，尚无全国性的有关劳工和企业的政策；再者，美国的社会问题必然牵涉种族问题，即使是在南北战争之后，在这个问题上联邦政府的权力实际上仍然无法控制南方诸州，这个问题的解决还要等一百年；并且，教育文化领域从来就在政府管辖之外。由于这些美国特有的条件，私人公益事业填补了时代急需而政府（包括国会）鞭长莫及的真空。直到 20 世纪 30 年代，私人公益事业、私人捐助的地方政府和社区管理的小金库，对满足社会福利需求、发展文教卫生和缓解日趋尖锐的社会矛盾包括种族问题，都起到了重要的作用。基金会以其现代化的组织和雄厚的财力在 20 世纪上半叶的确起到了缓和矛盾、稳定社会的作用，客观上对政府有帮助。所以，从本质上说基金会是对政府的补充，地方政府更加对此予以鼓励。

美国各级政府一向有给慈善机构减免税收的传统。政府认为这样做不但增进社会福利，而且最终是合算的：凡致力于增进健康、娱乐、培养人格的机构一般都能减少社会财产的损失、降低警察和监狱的费用，而且因改善人的健康、效率和道德水平而增加社会财富（这些财富是可收税的）。特别是从事教育事业的机构代替了一部分政府必须进行的工作，而如果由政府来做，花费要高得多。

基金会在工作中不接受政府的指示，政府也无权干预。不过其负责人与政府高级官员经常对换角色，在双方的大门中进进出出，这种例子不胜枚举。略举几个我们熟悉的名字：

腊斯克（Dean Rusk），杜鲁门政府的副国务卿和约翰逊政府的国务卿，在两次政府职务之间任洛克菲勒基金会会长。

杜勒斯（John Foster Dulles），先任洛克菲勒基金会董事长，后任艾森豪威尔政府国务卿，又任卡耐基国际和平基金董事长。

邦迪（McGeorge Bundy），先任肯尼迪—约翰逊政府白宫安全委员会助理，后任福特基金会会长。

加德纳（John W.Gardner），先任卡耐基基金会会长，后任肯尼迪—约翰逊政府"总统国际教育文化顾问委员会"主任。

万斯（Cyrus Vance），先任洛克菲勒基金会董事长，后任卡特政府国务卿。

霍夫曼（Paul Hoffman），福特基金会 1950 年改组后的第一任会长，同时主持马歇尔计划在欧洲的执行。

此外，战后负责福特基金会海外工作达 15 年的约翰·霍华德（John Howard），"二战"时曾在罗斯福政府内担任《租借法案》的工作，后来又参加马歇尔计划和共同防御援助计划工作。另一名 50 年代福特基金会的中心人物、"教育促进基金"创办人和空中电视教育项目负责人库姆斯（Philip Coombs），离开福特基金会后任肯尼迪—约翰逊政府的教育文化事务助理国务卿，并著书论文化教育在外交政策中的作用，后来到巴黎任联合国教科文组织下属的国际教育计划研究所所长，该研究所也得到美国大基金会的资助……至于大基金会的董事会成员先后在政府任职的更加不胜枚举。这足以说明，基金会在思想上与政府有无法分割的联系，因此有"影子内阁"之称。

冷战时期有些基金会曾资助中央情报局（CIA）在东欧的工作以及东非的教育交流、和平队等。这些本都是幕后进行的，后来被参与者发现，遂曝光。

但是，又不能据此认定基金会一定处处都与政府的思路一致。它的主流始终代表美国精英的自由主义、改良主义的理想。原来的"官"变成"民"之后，其角度和行为就有所不同。例如腊斯克在两届政府中都是冷战强硬派，而在基金会任职期间面对国会的"非美活动"调查，却竭力为自由派路线辩护。邦迪在政府中是越南战争的推动者，在基金会时则对援助黑人，包括民权运动一马当先，受到保守派的抨击。

二、税法的调控作用

基金会只是美国数以百万计的非营利组织中的一种，既然它享受免税待遇，无论是政府还是公众都十分关心这些组织是否滥用它们的免税特权进行逃税，对其行为的监督就至关重要。

在税率差别较大的年代里（美国历届政府累进税的政策常有改变），收入越高的人进行公益捐赠越合算。特别是非现金的捐赠，例如股票、房产等，如果将这些出售换现金，交税可达 25%，所以在估价较高时捐出，对整个资产享受免税可以比自己出售还合算。因此有精通税法者钻这个空子，以向公益事业捐款达到谋私利的目的，不过这是少数，远非公益事业的主流。多年来为杜绝此类弊病，在美国存在着政府的和非政府的双重监督机制。政府在联邦、州和市三级都有监督，其中以联邦政府为主，因为只有联邦一级有权决定减免税收。实际上税收制度是政府在法律上对非营利组织进行调控的主要手段，甚或是唯一的有效手段。政府的监控集中由财政部国内税务局（IRS）根据国家颁布的有关法律统一管理。税务局下面负责此事的部门为"雇员计划和免税组织处"。到目前为止，适用的法律基本上以 1986 年 10 月通过的税法中第 501（c）（3）条款为准。该法规定享受免税待遇的基金会和其他组织的条件是：

> 其组织和运作完全是为了宗教、慈善、科学、公共安全试验、文学或教育、扶助国内或国际业余体育竞赛（但任何活动不得包括提供体育设施或装备），或防止虐待儿童和动物的目

的。但不适用于以下情况：其收入任何部分作为私人股东或个人利益，以大量活动用于企图影响立法的宣传等活动……以及参与或干预拥护或反对任何公职候选人的政治竞选活动（包括印刷和发行声明等）。[①]

另外还规定捐赠给以下对象者不能免税：亲戚、朋友或其他个人，外国组织、政治组织或候选人，社交俱乐部、工会、商会或宣传组织。

凡申请免税的组织都按一定的程序向税务局提交报告，审查合格即可发放许可证。税务局也经常对已经免税的组织进行审计，要求基金会提交报告并对捐赠情况进行调查，向国会递交其所了解的情况，对有关立法提出意见，对违规者实行处罚，直至收回许可证。与其他国家相比，美国的法律和审核程序比较简单。税务局只负责审查有关单位是否符合法律规定的范围，不问其业务内容及社会需要的程度，也不必与其他有关部门协商，例如有关医疗的公益机构不必通过卫生部门，又如有人要捐款成立一个专门研究防治流感的基金会，政府不能因为流感不是当务之急而先批准治疗癌症的基金会，只要符合501（c）（3）的条款，必须一视同仁。这既充分尊重捐赠者的意愿，同时也避免许多官僚手续和各部门因利益、角度以及对法律的解释不同等原因使申请者旷日持久地等下去。美国政府也无权过问公益组织内部的运作、人事、组织等问题，不能下令某几个公益组织合并、解散或没收其财产。在经过联邦政府批准取得免税地位之后，该组织还需要在所在州进行登记，取得根据州立法的合法地位；但这多数只是例行手续，一般经联邦政府批准后，不会在州里遇到问题。

---

① F. Emerson Andrews, Philanthropy in the United States, History and Structure, The Foundation Center, New York, 1978, p. 3.

政府特别关心并经常进行监督的是这些组织是否严格遵守税收制度，有无滥用免税的优惠，以及权力过大而失控。但是有人提出，由一个以最大限度增加税收为己任的政府部门来做这项工作是否能做到公正客观是值得怀疑的。例如，尼克松政府就曾通过税务局对不同意越战和支持民权运动的教会和其他慈善机构发出撤销免税资格的威胁，其依据就是有关法律中"不适用……企图影响立法的宣传等活动"一条。

对于违反规定的组织，政府可以实行的处分就是取消其免税资格。但是由于这一处分太严厉，所以很少执行。自1996年起，通过了"中间"的处分，包括一定比例的罚款。除联邦政府外，州与市政府也有各种约束私人公益组织的规定，州政府的执行者是州检察长。监督的重点视情况而定，有的是保证捐赠人的意愿得到执行，有的是审查拉赞助的人员的资格和行为的正当性，还有要求有关组织报告其财务运作情况。

在法律上只有政府有权对公益组织进行监督，但是美国的社会提倡"自我规范"，在这方面出现了许多非政府的监督组织，有时比政府还有效。非政府的监督机制包括面很广，有形形色色的所谓"看守""鉴定""会员制保护伞"组织和专业团体，还有媒体的褒或贬等等。本书的第三章中提到的"基金会理事会"是最大的全国性组织，其功能一方面是维护基金会的权益，另一方面起监督自律的作用。另外还有一些自发的私人资助的志愿组织，代表公众进行监督，其中影响较大的有："全国慈善信息局"（NCIB）、"改善企业管理委员会公益顾问组织"（CBBB）和"福音会争取财政负责理事会"（ECFA）等。这些组织都制定了考察公益组织的标准，并根据这些标准审查它们的活动，写出报告。它们不受法律支持，各基金会完全可以不予置理，但是事实上受到很大重视。因为捐赠者、媒体和政府都使用它们的报告，可以产生很大的舆论影响，特别是能够反映到国会，从而影响立法。

三、争议与摩擦

现代基金会尽管是公益组织，但并不是在一片叫好声中诞生和发展的。它从一开始就受到各方面的怀疑和批评，国会对它的调查也不断。

在这类批评和调查中左派关心的是基金会有无"不合理的积累财富"；右派则对其改良主义倾向、扶植弱势群体的工作计划以及对社会问题研究的自由主义观点心存疑忌。在不同的历史时期有几次比较重要的国会行动，来自"左"和"右"的都有，影响较大的有以下几次。

1. "沃尔什调查"（Walsh Investigation）与《1917 年税法》

前面提到，现代基金会的兴起与进步主义的历史背景分不开。这一时期也正是政府加紧采取限制大财团无限扩张的政策之时，洛克菲勒家族和美孚石油公司尤其成为众矢之的，也是反垄断法整治的对象。所以 1908 年，洛氏提出成立基金会，要求在国会立案，主动接受国会监督时，从总检察长到总统（塔夫特）都怀疑其动机是企图用另一种方式永久拥有其财富，国会也是抵制多于支持。结果基金会未能在联邦政府注册，最后于 1915 年在纽约州根据州法律注册。但是仍受到联邦政府的调查和抨击。

1913 年威尔逊总统上台后，指示成立了第一个对新出现的基金会进行调查的委员会。当时因劳资关系紧张，国会成立了"全美工业关系委员会"调查各大企业工潮情况，这一调查也涉及这些大企业家成立的基金会。该委员会的主任指责这些基金会坐拥巨资、权限不明确、享受免税、不受公众监督、屈从捐赠者的意志等等，并认为它们足以妨碍小型的私人慈善活动。卡耐基基金会首当其冲，洛克菲勒基金会也在成立的次年立即受到政府调查。起因是基金会任命了一个经济学家小组研究当时日益尖锐化的"工业关系"（实即劳资关系）。此时正值美国历史上著名的矿工大罢工，以州政府残酷镇压而告终，罢工涉及的企业中有洛克菲勒家族大量投资的工厂。于是，以参议员沃尔什（Frank P. Walsh）为首的联邦政府"工业关系调查小组"对洛克菲勒基金会进行调查和质询，主题是基金会与洛克菲勒财团的利益分界线在哪里，也就是基金会是否为财团服务的一种掩护。此事成为头条新闻，引起全社会的关注。调查结果是对基金会的怀疑未能成立，不过此事也使基金会更加谨慎从事，在工作模式上更加强调通过资助有关机构和学校来进行，避免自己直接出面。洛克菲勒基金会此后多年集中在自然科学，而未涉足足以引起争议的社会科学，除了其负责人的信念外，多少也有避免麻烦的想法。

国会的主要疑虑还在于基金会对公共政策的影响，认为需要加以规范和监督，其途径就是通过税法来鼓励或遏制其行为。因此这一轮调查的结果是出台了第一部针对基金会的法律，即《1917年税法》，确定基金会受财政部国内税务局的监督，并且规定总统不得谋求私人资金来支持其某项政策或政策思想，但是事实上此类事情从未完全杜绝。总的说来，在20世纪30年代以前，国会对基金会的主要关注是防止其助企业营私和政治影响太大。

这些例子都说明大基金会一开始与政府的关系即使不是对立，也是不和谐的。只是它们的出手确实很大，所作所为又的确是社会所需而政府无力满足的，而且当时美国政府尚未建立福利制度，所以没有通过进一步予以限制的立法。但是围绕着洛克菲勒基金会的辩论及其结果所产生的影响却强化了基金会的独立性：一是独立于政府，确定其私人性质；二是独立于其初始捐赠者或其家族，日益脱离其意志的影响。这样，基金会就成为真正的"第三部类"。

2. "里斯及考克斯调查"（Reece and Cox Investigation）：来自右派的攻击

20世纪50年代初是麦卡锡主义时期，美国国会掀起了对"享受免税待遇的教育和慈善基金会"以及其他类似组织进行全面调查的活动，主要内容是调查"非美和颠覆性活动"。国会先后成立了以众议院议员里斯（Reece）和考克斯（Cox）为首的调查小组。首当其冲的是洛克菲勒、卡耐基、古根海姆、罗森瓦尔德等基金会。福特基金会刚开始活跃不久，但是它资助成立的共和国基金（Republic Fund）因与民权运动有关，也受到指控。总的指控的罪名是基金会的活动助长了左派思潮，直接、间接帮助了共产主义，因而危害了美国安全。具体内容大致有：基金会资助过的个人中有思想左倾或亲共人士，某些社会改良项目和活动有反对资本主义制度之嫌，翻译出版有关苏联的书籍等于帮苏联作宣传等等。国会的调查报告中特别肯定了基金会对自然科学和医疗慈善事业的贡献，而对社会科学则充满疑虑，不是指责其成果导致社会主义主张，就是违反美国道德传统（例如关于两性关系的研究）。

被麦卡锡指控为苏共间谍的希斯（Alger Hiss）原是罗斯福政府国务院官员，卸任后任卡耐基国际和平基金的会长。"希斯案件"轰动一时。卡耐基基金会与他的关系就成为罪名之一。特别有意思的是，洛克菲勒基金会的一大罪名是32年来在中国花了几千万美元资助中国高等教育，培养出来的大批人才大多数都投向了共产党，所以洛克菲勒基金会等于为支持共产党政权出了力，以此推理，它应对正在朝鲜战场上作战牺牲的美国青年负部分责任。

这一调查是麦卡锡主义的产物，代表了美国极端保守的一派。

指责大基金会颠覆资本主义制度当然是极为荒唐的，但是美国的确存在这样的保守思潮，是对从进步主义以来的一切改良的反动。这种右派思潮与平民主义反精英的本能奇特地结合起来，遇到适当的气候浮到水面，以一种极端的形式表现出来。

基金会毕竟不同于一般无权无势的受害者，此调查案一出，举国哗然，即使是在当时压抑的政治气氛下，各大报刊、各高等院校以及知识界人士仍然纷纷以各种方式批判这一做法，盛赞基金会的功绩。所以这一调查尽管来势汹汹、罪名吓人，而且历时几年（从1951年至1955年），但基金会并未受到损失，反而声誉更高。调查结果以指控不成立而告终，在这场辩论中美国思想界的自由主义主流却借机有了一个重新伸张的机会。[1]

3. "帕特曼调查"（Patman Investigation）与《1969年税法》

1961年在来自得克萨斯州的众议员帕特曼（Wright Patman）的发起下，开始对免税非营利组织进行又一轮调查。

事实上，早在1950年，美国众议院拨款委员会就曾提出，凡资金大部分来自与其关系密切的企业的基金会，不应享受免税待遇，但是国会未予受理。帕特曼锲而不舍地收集证据，证明许多享受免税的机构滥用权利，如投资利润免税；以优惠利率给捐赠者贷款；以免税的钱购买产业，立即以极为优惠的条件转租给原出售方等不正当的做法。一些著名的企业曾把他们的旧工厂出售给公益机构，这样它们不但可以免交财产税，还可以减去一部分所得税。更有甚者，有的公司把整个企业卖给公益机构，然后以受委托的方式继续经营，同时享受完全免税。还有一种做法是，捐赠人把一笔投资转给一家基金会，这样就免交财产税，基金会接受时可免交"礼

---

[1] Rockefeller Foundation Archives, 3. 2, S. 900, Box 14, pp. 85–89.

品税"，再将这笔投资出售，又免交财产税，然后将所得款项以象征性的利率贷给原捐赠人，或者用于购买捐赠人希望控制的企业的股份，这样交易就做成了。[1]

到 1969 年，在 60 年代激进思潮的背景下，社会批判的矛头再次指向富豪。同时，约翰逊的"伟大社会"计划使政府对社会福利承担的义务达到最高点，基金会的作用相形见绌。帕特曼收集了大量的材料，对基金会的指责集中在滥用免税地位进行不正当活动上。这一次可以说是从"左"边的批评。帕特曼指出，"反映人的高尚本能的慈善事业已经逆转成为制度化的故意逃避对国家的财政和道义责任的手段"，而这正是美国国会所给予的免税权促成的，这种税制的继续"只能使我国一些百万富翁贪得无厌，而不会转向慷慨"，因此有关税法必须改革。[2] 帕特曼是平民主义者，一贯以华尔街和大企业为对手，他主持的小规模调查从 1961 年已经开始，陆续揭发一些基金会违反财政规则、操纵股市、以迂回的手法逃税等行为。最初出席听证会接受质询的是一个名叫"美国人依宪法创业"（Americans Building Constitutionally）的组织，其宗旨是"帮助美国人充分利用宪法赋予的权利"，也就是教给人如何钻法律的空子建立免税的基金会，当然是要收可观的佣金的。这次调查的成绩是揭露了此类组织，以及其他一些滥用免税权利的行为，并在税法中增加了一些监督条款。帕特曼还指责财政部对基金会纵容失职。政府也曾想采取进一步限制的措施，但阻力太大，未果。同时，各州法律不同，多数执行很松懈，除非有人告，一般司法方面听之任之，有许多空子可钻。当然帕特曼报告对弊病也有所夸大，对营造不利于基金会的气氛起了一定的作用。

到 1968 年，在社会激进运动的高潮中，舆论界又掀起一轮对基

---

[1] Ben Whitaker, *The Foundations: An Anatomy of Philanthropy and Society*, pp. 123–124.

[2] Waldemar A. Nielsen, *The Big Foundations*, p. 9.

金会的抨击。在这一背景下，1969 年 2 月，众议院筹款委员会与国税局一起就基金会和慈善机构举行特别听证会，总的气氛是与基金会敌对的。帕特曼是第一证人。当时需要增加税收的压力很大，主要的批评是指责基金会并未完全利用免税地位造福公众。这一次与 50 年代那一次不同，调查得到舆论大力支持，涉及的基金会面更广，而且越揭越深，许多指责确有根据。主要问题有两方面：一是介入政治，例如借扶贫为名，资助某些政治团体进行竞选；二是巧立名目直接资助政府官员，等于变相贿赂。最大的基金会福特理所当然地成为被关注的中心，而且它两方面的行为都有：大力资助黑人民权组织，包括设立帮助黑人参选的专项，据说有些黑人市长就是它扶上去的；同时又由其会长邦迪亲自批准将大笔资金支给前司法部长罗伯特·肯尼迪的幕僚，立项的名义是"从公职到私人生活过渡期的缓冲资金"。以邦迪与肯尼迪兄弟的关系，此举徇私的性质十分明显。在听证会上出面为基金会辩护的正是邦迪本人，他傲慢的态度引起更大的反感。当然有这种行为的不止福特一家，一些名誉本来就不好的小基金会直接给在任的最高法院法官行贿的行为也揭露了出来，最后该法官只得辞职。这次辩论持续时间较长，社会影响较大。主要压力来自左派，但也有右派的，如以亚拉巴马州州长乔治·华莱士为代表的极右派人士反对福特等基金会资助南方黑人登记选举的活动。他们对国会施加压力，要求在立法中加上基金会寿命不得超过 40 年的条款，经基金会力争，删除了这一条款。为基金会辩护、反对对它限制过多的主要是各大学、研究机构和民权组织的代表，以及一部分政府官员。

最后通过的《1969 年税制改革法》是妥协的产物，当年 12 月 30 日由总统签字生效。该法全文冗长而十分复杂，非专业律师和会计无法读懂。主要影响基金会的条款是：基金会每年投资所得利润要交一定的税（税率在之后 10 年中不断变化，大体上从 4% 减至 2%），这是美国有史以来第一次要基金会纳税；严禁基金会内部转移资金；基金会每年必须至少捐掉其当年资产的一定的比例（这一数字也经过反复争议，后来基本上固定在 5%）；基金会一般不得持有任何一家公司 20% 以上的有投票权的股票，并不得从事危及本金安全的投机；基金会每年要提交更加详细的报告（1950 年通过的税法中已经首次规定基金会等免税组织如经营某种商业，须与公司一样纳税，并要求基金会建立账目档案，其中一部分公众可以随时查阅。现在更进了一步）；严禁资助选举登记、政治宣传以及足以影响立法和政策的游说活动；捐赠给其他非营利机构的款项必须符合公益事业标准，接受单位必须在一年内将此款用于原定目的；对个人的捐赠必须符合严格的经过批准的标准等等。如有所违反，将课以重税，最高达 100%。

尽管最严厉的主张未包括在内，但该法总的说来，对基金会加强了限制和压力。其利弊说法不一：论者大体上认为积极方面是使基金会更加自律，杜绝了一些滥用免税权利进行不正当活动的途径；消极面是束缚了手脚，特别是使大基金会失去了那种开创性、前沿性和探索精神，最受影响的活动实际上是有关社会改良、扶助弱势群体特别是黑人民权运动的那部分。该法出台后一些小的基金会解散，新基金会成立的步伐减慢。人们担心，由于第一次要基金会交税，以后各级政府一遇财政紧张是否会纷纷效尤，或任意增加税率，以致从根本上危害慈善事业。还担心如果对限制条款作宽泛的解释，一切教育和人文社会科学的研究都可能被纳入，将使基金会寸步难行。于是，后来又采取了一些挽回措施，例如批准"项目相关投资"（Program Related Investment），允许基金会给银行通常不予考虑的城市发展项目贷款，这项政策对推动城市改良很有用。[①]

---

① Waldemar A. Nielsen, *The Big Foundations*, pp. 18–24；Charles T. Clotfelter & Thomas Ehrlich, eds. , *Philanthropy and the Nonprofit Sector in a Changing America*, Indiana University Press, 1999, Chapter 3, p. 63.

在此以后，一些补充法律条款又陆续通过，目前这种问题虽然不能说已经杜绝，但已受到严格的监控。事实上享受免税的慈善机构在美国有好几十万家，其中最大的部分是教会，其财产达一千多亿美元，类似上述的问题要严重得多，而且它们对政治的参与和施加的压力要大得多，但是政府基本上不予过问。因为从一开始，教会就较少受立法监督约束，其活动错综复杂，无法查清，而且势力庞大，国会、行政部门都奈何不得。从这里反观基金会的处境，可以看出其运作还是比较规范，经常在舆论与法律监督之下，与政府虽然有联系，但基本上还是保持一定距离的。

4. 围绕小布什政府取消遗产税的争论

2001 年小布什上台，适逢美国经济开始呈现衰退迹象，他提出的第一批政策措施之一就是减税以刺激经济，其方向与里根政府被称为"劫贫济富"的政策有类似之处。他提出的一揽子法案题为"经济增长与缓解税收法"，其中与公益事业有关的是逐步取消遗产税，原计划逐步递减到 2009 年全部免去。此案得到大多数共和党议员拥护，赞成者的理由是遗产税挫伤储蓄和投资的积极性，特别是伤害世代相传的家庭农场主。据小布什的方案估算，实施后 10 年内，那些本应交税的人将少交 2360 亿美元，而他们用这笔钱投资所得的利润将使政府增加比这更多的税收。最后国会两院通过，并由总统于 2001 年 7 月 7 日签署，有关遗产税部分规定递减到 2011 年全部取消，但是又加一条规定：到 2011 年重新回到 2001 年的征税水平，也就是减免是暂时的。取消派对这一条于心不甘，2002 年在国会提出删去这一条，使免除遗产税成为永久性政策。此案在众议院通过，但未能在参议院通过。这一争论还将继续下去。

美国在 19 世纪有过几次征收遗产税都是临时性的，主要是为支付战争费用。1916 年开始正式征收所得税，也包括遗产税。当时所得税定得较低而对待遗产税比较苛刻，不到一万美元就开始起征，而且税率很高，主要是为防止出现欧洲国家那种世袭的贵族。但是后来逐渐放松，历届政府的税率都有变化。到小布什上台时，遗产税的起征数是67.5万美元，税率从37%开始累进，300万美元为最高点，税率是55%，其中家庭农场和家庭企业的起征数是100万美元。实际上美国每年达到付遗产税标准的死者只有4.8万人，占死亡人数的2%，而其中留下500万美元以上遗产的死者每年约4000人，其家属所付税款占当年遗产税总额的一半。在克林顿执政时期，国会就曾通过逐步取消遗产税的法案，但为克林顿所否决。

对小布什此项政策反对最力者正是美国最富有的慈善家。2001年2月，方案刚一提出，盖茨基金会会长老盖茨（比尔·盖茨之父）立即发起向国会请愿书，得到索罗斯、大卫·洛克菲勒、斯蒂夫·洛克菲勒（洛克菲勒兄弟基金会长）等120名美国富豪联名签名，要求不要通过这一计划。他们都是在遗产税起征线以上的富豪，也就是说，其家属可能是小布什政策的受惠者，但他们同时也多与公益事业有关，相信取消遗产税会损害公益事业。比尔·盖茨夫妇没有签名，但表示拥护这一请愿书，并表示在去世前把所有财产都捐出去。老盖茨还在《华盛顿邮报》上发表署名文章全面阐述他对这一问题的看法，包括他对美国社会贫富悬殊的批评。

反对取消遗产税的理由如下：这一免税政策只能使美国百万、亿万富翁得利，而损害那些入不敷出的穷人。政府因此而损失的亿万税收，不是靠向支付能力更弱的人征税来弥补，就是削减社会福利、医疗保障、环境保护和其他对社会福利至关重要的政府项目。特别是取消了富人向公益事业捐献的一大动力，将减少私人公益事业的收入。遗产税对慈善捐赠一向是一大促进力量，而免去这项税收将对慈善事业带来破坏性的影响，对美国的民主、经济和社会都不利。另一位在《福布斯》杂志上名列富翁排行榜第四位的巴菲特也强烈反对这一计划，他说他没有在盖茨请愿书上签名是因为它对这一政策的危害性还强调得不够：除了经济损失外，更重要的是破坏了美国赖以建国的社会基础，那就是凭个人贡献而不是凭家世致富，这就像挑选冠军的儿子参加奥林匹克运动会一样错误而荒唐。[①]布什和拥护此政策的一派的理由也是以美国传统为根据。他们认为高额遗产税对通过个人奋斗而积累财产的人不公平，有损美国社会和经济活力的基础。双方各自都能拿出数据来，证明遗产税与公益捐赠关系很大，或关系不大。究竟这一政策对公益事业的影响如何，尚待历史证明。

四、"公私合营"的运作模式

一般说来，以罗斯福"新政"划线，美国的公众福利转向以政府为主导，政府财政占福利经费来源的绝大部分。但是美国之为"福利国家"，和通常人们以欧洲福利国家为蓝本的概念是有很大区别的。为方便计，姑且借用"公私合营"一词以名之。这种"合营"表现在以下几个方面：

（1）减免税收以鼓励私人捐赠，实际等于间接的政府补助。这是世界各国普遍实行的。不过在美国底数大，因而效益显著。根据商业部的统计，以1985年财政年度为例，这一"间接补助"达134亿美元，其中医疗第一，占12%；教育第二，占10%；其余部分进入各种各样的非营利机构，包括教会组织。

（2）政府负责决策、立法和拨款，而具体运作则是另一回事，很多福利拨款都通过私营非营利组织发放。也可以说，私人机构参

---

① *New York Times*, Feb. 14, 2001; *Washington Post*, Feb. 16, 2001.

与政府的福利项目，其好处是，政府承担的公益领域虽然不断扩大，而有关的行政机构、人员和开支却未成比例地增长。

（3）政府的福利政策并未取代私人公益事业，而是平行发展。从小罗斯福到约翰逊政府的几十年中政府福利项目不断扩大，预算也大幅增长，而与此同时私人对公益事业的捐赠也持续增长，基金会在战后几十年中的蓬勃发展即是证明。反过来，私人基金会也向政府主持的机构或项目捐款。

所谓私营非营利组织包括多种类别。根据这方面的专家萨拉蒙（Lester Salamon）的说法，可分为以下几类：（1）出资机构，包括私人基金会、"联合劝募"组织、蓝十字会（覆盖最广的医疗保险机构之一）以及宗教募捐联合会等；（2）为会员服务的组织，如工会以及各种行业公会；（3）为公众服务的组织，如各种教育文化机构和福利机构、幼儿园、养老院、慈善医院等；（4）教会组织。本书的主题私人基金会属第一类，但与第三类也有关，因此属于其捐赠对象。本节在叙述"公私合营"现象时，除第四类宗教组织外，其他三类都包括在内。[①]

事实上，政府给私营机构资助在美国"古已有之"。早期有些私立大学（如哈佛、哥伦比亚）、艺术博物馆以及福利性医院等都得到过政府的捐款，1890 年政府济贫款通过私营机构运作的已达50%。但是直到 1960 年之前，这类合作大多在地方政府和私营机构之间进行。1960 年以后，联邦政府才大规模与私营机构合作。以1980 年为例，宗教组织以外的非营利机构共接受捐款 1164 亿美元，其中联邦政府出资 404 亿美元，私人捐赠（包括基金会、公司及个人）268 亿美元，州及各级地方政府出资 80 亿—100 亿美元。由此可见，联邦政府占第一位，加上州和地方政府的拨款，则比私人捐

[①] Lester M. Salamon, *Partners in Public Service*, 1995, p. 54.

款多 50%。联邦政府通过私人机构运作的福利、文教卫生类拨款占其全部此类拨款的 36%，其中各类项目的比例又有所不同，依次为：（1）社会服务 56%，（2）文化艺术 51%，（3）就业培训 48%，（4）医疗保健 44%，（5）住房和社区开发 5%。最后一项最少，因为这主要是由地方政府负责的。①

政府除利用原有的私营机构外，还可以推动成立新的机构或机制，以实施政府的福利计划。典型的例子是，根据 1964 年的《经济机会法》，联邦政府推动在全国贫困社区成立医疗门诊网，到 1980 年已有 900 个这样的中心。这些中心的资金来源既有联邦政府，也有地方政府和社区基金会及私人捐赠。

以下举两个典型时期为例：

1. 大萧条及罗斯福"新政"之后

1929 年开始的大萧条引起众所周知的社会恐慌和空前的动荡。在这种形势下，已经相当发达的各种慈善公益机构当然义不容辞，竭尽全力进行救助。但是，这次的情况非同寻常，其来势之猛，危机之严重，涉及面之广，苦难之深，绝非私人救济所能解决，何况在这场经济危机中企业家破产跳楼的也不在少数。在严酷的事实面前，社会思潮也发生了变化。许多社会改良派意识到旧式慈善公益事业的重大缺陷，而一般老百姓对富人的杯水车薪的"善举"更是从深刻的不信任到反感和仇恨。在知识分子中也出现了对慈善事业的批判思潮。于是，随着罗斯福当选和"新政"的出台，美国的社会福利进入了一个新时期，从那时以后，政府的福利制度与私人公益事业的主次倒了过来。

罗斯福可以说是最大、最成功的阶级调和者。对待私人公益事

---

① Lester M. Salamon, *Partners in Public Service*, p. 88, Table 7. 1.

业也是如此。"新政"总的精神是缩小贫富差距。1935 年通过新税法，实行累进税，向平等方向发展。许多保守派宣称富人将无余款，也无积极性从事公益事业。后来在地方公益组织的争取下通过了对税法的修正案，允许对大企业捐赠公益事业的部分免税，最高不超过应交税的收入的 5%。

罗斯福在开辟政府干预经济、建立社会保障制度的同时，仍然大力鼓励私人捐赠。他的立论也总是从实际出发，论证道义与利益是一致的，与人为善，自己也终会得益。正如他强调一系列劳保政策法令最终对资本家有好处一样，他宣传富人出钱救济穷人不是慈善，而是尽一份社会责任，社会稳定了，对自己也有利。其实这也正是比较有远见的大企业家投资公益事业的主导思想。不过罗斯福的高明之处在于在重大的转型期避免了很容易出现的政府干预政策与私人捐赠行为的相互对立，或以政府行为完全取代私人慈善的现象。不但如此，政府还把鼓励私人捐赠作为鼓舞士气、加强社会凝聚力的手段。有一份以"总统救济事业组织"名义张贴的海报上这样写道：

士气

能打胜仗

能战胜萧条

能为繁荣建立坚实基础

美国当前正在进行鼓舞士气的大事业。在一个月期间——10 月 19 日至 11 月 25 日——全国所有的城镇都要募款。为了把饥寒的恐惧拒于国门之外。

仅仅一个月，一件大事即将完成。仅仅一个月，我们即将迎战大萧条最厉害的威胁，并打败它！

你能为此出力，请向你社区的募款慷慨解囊吧！

请感受胜利的激动，和美国一道向着美好的未来前进！

事实上，一些在股市崩溃下没有破产的大基金会尽管无法履行在繁荣时期的全部承诺，但仍能尽其所能继续有所作为。例如卡耐基基金会于 1932—1933 年间为紧急救济服务捐了 200 万美元，并在整个萧条时期对维持艺术博物馆、音乐教育和盲人图书都有特殊的贡献。洛克菲勒基金会则在这一时期刚好调整方针，开始把社会科学和人文研究列入重点，日后产生了巨大的影响。除了原有的基金会外，有些至今有名的大基金会正是在这一时期成立的，如梅隆（1930 年）、凯洛格（1930 年）、斯隆（1934 年）等基金会。此外，小洛克菲勒和美孚石油公司另一名大亨哈克内斯之子在这一时期以个人名义对哈佛、耶鲁、哥伦比亚、芝加哥等名牌大学以及保存和修复名胜古迹、博物馆等也作了巨额捐赠，这些在当时可能不是当务之急，政府也暂时无力顾及，却有其深远价值。罗斯福在这方面的贡献是，开创了政府福利政策与私人公益捐赠并行不悖而且相辅相成的模式。

2. 里根上台后的逆反

20 世纪 70 年代初，尼克松、福特政府时期，政府与私人的合作又有新的发展。经历了肯尼迪和约翰逊的"大政府"之后，共和党根据其一贯小政府的思想开始实行私有化和非集中化。1974 年通过《社会服务修正案》，允许各州用联邦政府的特定补助金资助他们认为合适的"社会服务"。其结果就是地方政府解除了许多本属"官营"的福利机构，而与私人签订合同，变成政府资助的"私营"机构，在财力上是"公私合营"，资金比例各不相同。

里根上台后，根据所谓"里根经济学"的理念，对民主党的大政府进行了一次逆反政策。1981 年，里根政府批准了《经济复兴税法》，其中规定在 3 年内个人减税 25%，最高一档的个人所得税从 70% 降到 50%，大幅度削减遗产税，在一定期限内逐步免去不分类的超额慈善捐赠税，并规定自 1985 年起制定税率指数。在大规模减税刺激投资的同时，大力削减社区建设和社会服务的预算，因此特别强调私人"志愿"为公众服务。共和党 1980 年的纲领中提出要恢复"美国的志愿服务和合作精神，以及私人和社区的首创精神"。据此，里根政府在四个方面调整政策：增加对进行公益事业的"中间机构"的资助；调整税收政策以鼓励慈善捐赠；改进管理方式以减轻政府项目对非营利机构的行政负担；增加"挑战性赠款"[①] 的运用，以鼓励有关组织用私人捐助补充政府资金。他还指示成立了"私营部门行动特别工作组"（Task Force on Private Sector Initiatives），专事鼓励和支持私营部门代替政府满足公众在这方面的需求。

但是里根政策的实际效果是相反的。首先是由于政府大幅度削减福利开支，从 1981 年至 1985 年对公益机构的资助比 1980 年净减了 64%。那时政府已经是福利拨款的主角，私人对公益事业的捐赠所占比例日益缩小。里根政府所削减的预算远远超过私人捐赠所能增加的潜力。其次，里根政府对企业普遍减税之举反而减少了企业主为了免税而为公益事业捐赠的动力。所以既减少了来自政府的资助，也减少了私人的捐赠，其结果当然是原来的受益者受到损害。在主导思想上，由预防和缓解贫困转为"促进发展和提高普遍的生活质量"，也就是淡化社会改良色彩。从尼克松到里根都希望使私人公益机构恢复慈善救济的职能，作为政府的辅助力量。但是事实上

---

① "挑战性赠款"（challenging grants），与"匹配资金"（matching fund）相似，原是基金会发起的一种做法，在捐赠某个项目时以对方同时向政府或其他方面筹得另一半资金为条件。里根政府反过来运用，指政府对某一项目资助时以接受方必须也募得私人捐助为条件。

发展到这一时期的基金会等公益机构已经以社会改良为己任，它们更强调治本，向社会不幸的根源进攻，改变弱势群体的处境，甚至促进全人类的文明，而不满足于治标。这些不但是一些公益家和政府有争议的问题，而且在公众中也有争论（有人认为远水救不了近火）。另外，由于捐赠来源减少，加之共和党政府大力提倡一切市场化，一些公益机构为扩大财源也更多利用市场机制，例如提高服务费、在管理上进一步引进企业经营方式等等，引起许多争议。

1983 年，政府采纳法勒小组的建议，在行政部门内设一办公室，负责基金会对政策的影响事宜，这就等于承认基金会的工作对政府制定政策有用，赋予它半官方的政策研究机构的地位，而不是纯粹的私人慈善组织，单纯交给税务局像对待一切私人企业那样监督。事实上，当年洛克菲勒基金会最开始要求在国会登记和接受监督时所设想的正是这样一种地位。[1]

事实上许多公益机构是"公私合营"的，政府出资往往达 2/3 强。这些机构当然反对政府削减这方面的预算，并为此进行各种游说活动。这种争论一直延续到 20 世纪 90 年代克林顿政府时期。1998 年，共和党众议员伊斯托克提出 1998 年拨款法案的附加修正案，内容是禁止公益机构接受政府拨款，禁止与政府有合同的非营利机构进行立法游说活动。公益事业机构不得进行影响立法的政治活动的禁令原来就存在，伊斯托克修正案如通过，将进一步限制基金会之类公益机构进行一般的争取公众支持的宣传。此事引起很大争论，最后没有通过。不过基金会不得进行游说活动的禁令一直存在。宣传和游说的区别在于是只倡导或反对某种主张，还是对具体的法案表态或鼓动选民就某个问题对国会施加压力。但有些时候在客观效果上二者之间很难截然分开，这也是政府与基金会经常产生

---

[1] Charles T. Clotfelter & Thomas Ehrlich, eds. , *Philanthropy and The Nonprofit Sector in a Changing America*, Chapter 3, pp. 63–64. 关于法勒小组，本书第三章有介绍。

摩擦的一个暗礁。

　　另一个有争议的问题是宗教慈善机构是否能得到政府资助。联邦政府的预算中按惯例用于社会服务的钱约占6%，由于美国预算底数大，绝对数字相当可观。以往根据政教分离的原则，这笔钱只能提供给非宗教组织，其中有许多是自由派的，例如女权主义、拥护堕胎等等。2001年小布什就任后在施政纲领中提出，他将支持各种宗教组织向联邦政府申请社会服务活动的经费。此项举措的法律依据是1996年美国国会通过的《个人责任和就业机会协调法》，其中规定，从事慈善事业的组织，不论是宗教的还是非宗教的，都有权申请联邦政府的资助，称为"慈善选择"（charitable choice）。这实际上是美国保守派势力及其宗教组织在政治上的胜利。布什依靠的是新保守派，所以上台伊始在提出减税方案的同时就宣布这一决定。自由派对此抨击有加。尽管这一法律对宗教"慈善"活动与宗教"宣传"活动在字面上作了区分，但事实上是不可能截然分开的。另外还有机会均等问题，因为美国教会大多数是基督教，其他少数宗教，如佛教、伊斯兰等团体是否也一视同仁，这些都将是长期争论的问题。①

　　尽管美国普遍价值观中浸淫了基督教精神，但是具体对待教会在社会中的地位的态度仍是保守派和自由派的分界线之一。以上的争论从一个侧面显示了美国慈善事业，也体现了不同社会思潮的斗争，再次说明基金会的主流基本上代表了改良自由派的思想。

---

① 关于这个问题，美国基金会人士与作者讨论中大多认为小布什政策是典型的右翼思潮的表现，但对基金会的影响有多大，看法不一。中国《新闻周刊》2001年3月5日刊载的《慈善选择与文化战争》（作者邓鹏）一文从另一个角度对此事有详细叙述。

"帕特曼调查"发起人众议员帕特曼

1920 年"妇女选民联盟"
的一次集会

最早的黑白儿童混合班
之一（1954 年美国最高
法院首次判决种族隔离
为非法）

（本页照片均选自基金会理事会 50 周年纪念刊物）

第二部　各类基金会剪影

第五章　20 世纪初期三大先驱

本章举这一时期最有影响的三大私人基金会为代表，以见一斑，即拉塞尔·塞奇基金会、卡耐基基金会和洛克菲勒基金会。

一、拉塞尔·塞奇基金会

拉塞尔·塞奇基金会（以下简称"塞奇基金会"）成立于 1907年，是 20 世纪美国最早的私人基金会，在解决贫困、老年问题、改善医院和监狱条件方面都起了先驱作用；同时也对医疗改革、城市规划、消费信用、劳工立法、护士训练和社会保险计划的起步做出了贡献。其最大贡献在于发起社会调查和分析，从而推动 20 世纪社会科学的起步和发展。

拉塞尔·塞奇（1816—1906）以批发杂货起家，一度从政，当选为国会议员，后在纽约推销铁路股票，并以房地产和高利贷致富。他本人不但不是慈善家，还是有名的守财奴。但是他死后的财产继承人玛格丽特·塞奇夫人却是著名慈善家，自己是教师，一向乐善好施。她继承价值约 6500 万美元的遗产时年已 78 岁。为应付纷至沓来的募款要求，依靠其亲密的顾问律师德福莱斯特兄弟（Robert W. & Henry W. De Forest）谋划。罗伯特·德福莱斯特是纽约慈善协会主席，与许多从事慈善和公益事业的人物有联系。当时美国社会正兴起对贫困、疾病和犯罪原因的研究和寻找对策，并相信这些是可以预防的。在这一思想指导下，罗伯特·德福莱斯特向塞奇夫人提出了一份详细的建议书，大意谓：我相信您的意图是改良社会——改善我国工人阶级的艰苦条件，使他们的家园更加健康舒适，他们的生活更幸福，他们的子弟有更多机会。由于社会处在不断变化之中，一个有长远意义的公益基金会应该保持灵活性，不像有些基金会那样固定在某些专项上。他建议成立"塞奇基金会"，宗旨是"长远地改善社会条件"，为达此目的，主要手段是调查研究、教育、出版、倡导合作努力、建立必要的机构以及帮助已经存在的符合此宗旨的行动和机构。

塞奇夫人基本上接受了他的意见，不过坚持以她丈夫的名字命名。1907年3月，"拉塞尔·塞奇基金会"正式在纽约注册成立，章程中提出的宗旨是："改善美国的社会和生活条件"。最初注册资金1000万美元，当时的投资利息收入每年约40万至50万美元。章程明文规定捐赠范围只限于美国，不是国际性的。因此它在国外不那么有名，但是在美国的影响是很大的。根据创办者的精神，只要美利坚合众国存在，就应该永远有一个以改善国内社会条件为己任的机构，应该有一批人不断地思考达到此目的的手段，并且总是有可以为促进此目的而供支配的1000万美元。[①]

塞奇夫人是虔诚的基督徒，她主持第一次董事会会议时以祷告开始，她为基金会选的格言是《圣经》上的一句话："你为你最不幸的兄弟所做的一切都等于为我而做。"基金会在"长远地改善社会条件"的宗旨下，从一成立就专门从事社会调查。它的特点一是大部分工作自己做，所以1969年基金会分类时定性为运作型基金会；二是对社会改良比较大胆，几十年来它的工作人员多为社会学家和社会工作者，发表了许多关于社会问题的报告，广为分发，不讳言

---

① John Glenn, Lilian Brandt & F. Emerson Andrews, *Russell Sage Foundation, 1907—1946*, New York, Russell Sage Foundation, 1947, Vol. 1, p. 12.

从事社会宣传，意图影响决策。那是因为塞奇夫人的威望很高，公众舆论对她的基金会疑虑较少，称之为"公益事业史上最明智最清醒和最及时的捐赠"①。认识她的人认为她最优秀的品格就是真心信仰基督教义中"慈善"一词的本义——爱你的同类。她自己担任基金会第一届董事长，第一届会长是巴尔的摩的律师兼慈善家，也是塞奇夫人和罗伯特·德福莱斯特的好友约翰·格伦（John Glenn），他的思想对塞奇基金会有较大影响。由于从一开始就强调找出社会问题的原因，所以塞奇基金会的特点是自始至终以支持社会科学发展为重点。它在纽约的总部大楼正面的墙上所刻的会徽格言是"真理使你自由"，底行是"正义"。基金会一开始思想明确，有所为，有所不为。明确规定"不为"有三：（1）对个人或家庭的救济；（2）对大学和高等教育的资助，因为做这方面事的机构很多，但是中小学不在此列；（3）为教会本身的目的给教会捐款。除此，则国家或地方政府应该关注的事如教育、宗教、科学、公共设施项目等都在捐赠计划之内。除了众所周知的大项目外，还有一些体现塞奇夫人个性的捐赠，如纽约中央公园东路的杜鹃花、恢复纽约州政府有历史意义的州长室原貌、在路易斯安那为越冬鸟类筑避寒窝、把西点军校对面原属于她家的宪法岛献给国家，等等。

基金会的工作内容大致可分为以下几个阶段。

1. 1907—1917 年（第一次世界大战前）

基金会成立的第一年先谨慎从事，主要资助其他机构已经行之有效的与基金会宗旨相符的工作。第一批捐赠对象有：《慈善杂志》、防治结核病机构、纽约慈善组织协会、州慈善援助协会、将于1908年在美国召开的国际结核病大会（该大会首次将结核病问题的社会

---

① John Glenn, Lilian Brandt & F. Emerson Andrews, *Russell Sage Foundation, 1907—1946*, Vol. 1, p. 15.

经济层面提上日程）、州慈善援助协会（研究和推动对婴幼儿的适当照顾），等等。调查研究方面有：关于 1906 年旧金山大火的善后救济工作的研究报告，慈善出版物委员会继续完成对匹兹堡情况调查工作及其 6 大卷报告的出版，纽约、波士顿、芝加哥、圣路易斯四地的社会工作者培训学校，还有对于各大城市女工、童工状况，无家可归的人以及失学或成绩不佳的学童情况调查等。

基金会在创办第一年就以极少的资金促成了一项有深远意义的立法。1907 年，俄克拉荷马正式成为美国一州，应当地著名的社会工作者巴纳尔小姐的请求，基金会出面邀请一些有经验的人士与它自己指派的工作人员共同努力，促使该州在成立伊始的第一批立法中通过关于强制教育、控制童工以及有关囚犯待遇的法案。这在当时美国各州中是比较先进的。此项工作的全部经费只有 700 美元。

从 1909 年开始，基金会的重点从资助其他的现成机构转为自己直接进行工作，为此设立了若干部门，分管慈善组织、文体设施、教育、统计、儿童帮助（重点是青少年犯罪问题）、妇女工作（重点在工厂女工）、南方山区（亚拉巴马、田纳西、佐治亚州的贫困山区）以及对有急需而没有条件得到银行贷款的人提供低息贷款（帮助已经存在的此类机构完善其工作）。统计工作是基金会的强项。从一开始，有专人负责核对并分析各类报告中的统计数字。1912 年起专设统计部，成为基金会很强的一个部门，不但为本会的调查研究服务，还为其他组织和政府部门服务。统计部最初的重点是两项：建立经济情况长期指数，以便为有关研究提供历史背景；建立一种能够及时记录社会工作机构和人员情况的制度，以便为社会工作发展提供良好的基础。

各项工作实际上以初等教育为中心，例如研究并确定什么样的评估教学成绩的标准是切合实际的（因为到那时为止美国沿用的是法国的标准，根据这一标准，许多中小学生都被归入"低能"），然后对大量的小学和初中生进行调查（发送问卷 20 多万份），找出学童成绩落后的原因。与此相关的是调查学童的健康和医疗条件。对学童进行体检是 19 世纪末在美国兴起的一项新的运动，塞奇基金会是其先驱之一，它赞助的第一批出版物就有在当时影响很大的《对学校的医疗考察》一书。此外还有为结核病儿童设立露天学校、扩建操场、发展职业教育以及促使教育部门增加有关预算，等等。①

塞奇基金会最重要的开创性工作是发展社会科学和出版有关这方面的著作。在它成立时，美国关于社会问题的著作极少，图书馆中有关这方面的书籍主要是欧洲出版的，而且不少是德文和法文的。关于美国社会的研究仅限于范围狭窄的学术讨论会和个别博士论文。而此时美国人对社会问题的研究和改良的兴趣正在上升，大学也开始开设这方面的课程。基金会成立伊始就把出版作为重点工作，起初利用别的出版机构，1917 年起自己进行出版。第一个十年出版了 47 部书和 250—300 本小册子，其中 1/3 是基金会自己的工作人员撰写的，其余为委托他人研究专题的成果，以及部分资助的调研工作报告。为了保证出版物的质量，基金会专门聘请了有经验的编辑。第一本书出版于 1908 年，是关于抗结核病运动的手册。其他内容有关于匹兹堡和纽约的生活条件的调查，关于犯罪的治理和预防的系列丛书（为 1910 年在华盛顿召开的国际监狱大会作准备），以及关于劳工、救济院、社会保险、住房改革等题目，都是当时社会新的关注点。此外，还建立了有自己特色的图书馆。20 年代社会科学的重镇是威斯康星大学，著名的改良派社会学家如伊里（Richard T.Ely）等得到塞奇基金会不少资助。不论是塞奇基金会自己的研究，还是其资助的研究，在进步主义运动中都提供了举足轻重的论据，甚至可以说在当时社会达尔文主义占上风的情况下，对推动改

---

① John Glenn, Lilian Brandt & F. Emerson Andrews, *Russell Sage Foundation, 1907—1946*, Vol. 1, pp. 85–88.

良学派并帮助其扩大影响起了不可忽视的作用。

20世纪初劳工问题突出，劳资关系问题是社会科学主要的研究课题，塞奇基金会成立了工业研究部，由一位思想比较激进的基督徒玛丽·凡·克里克（Mary Van Kleek）领导，发表了许多揭露童工、女工和一般工人的恶劣处境的报告，以至于被称作劳工运动在慈善界的代言人。她的努力影响了基金会在这方面的进步倾向。但是后来，随着美国政治的向右转，她的激进立场越来越不容于主流社会，以致塞奇基金会常常否认她所发表的报告代表基金会。1948年她被塞奇基金会悄悄劝退。50年代初考克斯调查时她自然成为攻击对象，不过当时的塞奇基金会主席在答辩中仍然对她早期在基金会的工作成绩和留下的影响给予肯定。①

此外，塞奇基金会在长岛出资建设"森林山园"。那是一片200英亩的住宅区，由基金会出资与家园（建设）公司合作开发，请著名设计师按照和谐、方便、美观的理想住宅区建设，并以比较方便的手续出售，作为模范社区的示范。此项投资为40万美元。

以上各项工作由于是早期开创性的，故详加列举。以下叙述将较为简略。

2. 第一次世界大战至30年代初经济萧条时期

第一次世界大战爆发后，在美国决定参战时，基金会的工作重点转入为政府的战时需要服务，基金会本身的业务或缩减或暂停，战争结束后才逐渐恢复。各部门都在不同程度上参与了国家所需的各项工作。陆军部长、国防委员会主任和美国红十字会平民救济总干事都得到基金会班子的协助。格伦本人参加了教会的战时组织和

---

① Richard Magat, *Unlikely Partners: Philanthropic Foundations and the Labor Movement*, ILR Press, an imprint of Cornell University Press, pp. 13–16, 48–49；有关"考克斯调查"详见本书第四章。

美国红十字会纽约分会的工作。统计部门发挥了积极作用，该部门负责人埃尔斯到军队服务，为军队的需要作统计，特别受欢迎。

1918年塞奇夫人去世，在遗嘱中将她全部剩余财产500万美元捐给基金会，使本金达到1.5亿美元。另外还有一些不动产的捐赠。

"一战"以后，工作基本延续原来的思路，略有调整，战前对劳工和妇女的研究继续进行，并加强了对救灾、监狱条件和改造罪犯等问题的研究。这个时期有两个突出的重点：

一是劳资关系的研究。战后劳资关系问题突出，工潮时有发生，有些企业家开始实行某种程度的缓和矛盾的妥协措施。塞奇基金会的劳工部以此作为研究重点，选择了一些劳资调和的典型作个案研究，其中有洛克菲勒属下科罗拉多煤铁公司的资方开始与工人进行的有限对话（号称"洛克菲勒计划"）、纽约瓦瓶戈尔斯瀑布村的荷兰漂白厂作为美国第一家试行新的民主管理制度的企业的成功经验、一家著名的零售商店实行的职工参与管理的经营模式、联合矿工工会的工作方法以及伊利诺伊州烟煤矿的劳资协议等。研究成果出版了5本书，统称《企业关系丛书》。1922年煤矿工人大罢工时，这些研究成果受到报界广泛宣传，也引起时任劳工部长的胡佛的注意，要求基金会进一步研究欧洲和加拿大的劳资问题，全国电影制片和发行公司总裁要求他们调查研究好莱坞的雇员待遇问题，纽约残疾人就业局要求对其工作改进提出建议……这些都说明当时这方面的需求十分旺盛。此外基金会将就业与失业问题、职业妇女问题乃至平权法案都作为研究重点，成果斐然。

二是统计工作服务面扩大。1919年统计部负责人从军队回到基金会，恢复工作。随着各种社会调查的发展，该部门的工作覆盖面也日益宽广，不但为本基金会的研究成果服务，而且为其他社会团体和政府部门提供帮助，或协助其分析数据，或参与评论其调查报告，如教育、人口、工资物价、就业、政府对卫生事业的开支比例等。其中值得一提的是协助联邦人口调查局作关于监狱罪犯的研究统计。原来有关方面提出的供公布用的报告是按种族、肤色和原住国分类的，经基金会参加此项工作的哈特博士力争，在公布前改变了此种带有种族主义性质的分类法。

在以上工作中，玛丽·凡·克里克都起了重要作用。

3. 1932—1946 年

这一时期基金会在人事上有很大变动，哈里森（Shelby M. Harrison）接替格伦为会长。董事长及元老罗伯特·德福莱斯特于1931 年去世，由副董事长珀迪（Lawson Purdy）代理，1937 年正式当选为董事长。格伦继续留在董事会，为唯一的元老。

这个时期与基金会有关的最重要的新情况是 1929 年开始的经济大萧条，这是对基金会方针的一次重大考验。在投资回报下降、资金减少的情况下，是放弃原来的长期项目改向紧急救援委员会捐款，还是维持原方针？领导班子经过反复讨论后，决定维持原方针，不向紧急救济直接捐款。实际上，基金会通过各部门的工作以它特有的方式为解决大萧条问题做出了贡献。例如，慈善组织部中止了其经常项目，为总统紧急就业委员会准备材料，对工作救济、生存家园、现款救济金、州与联邦政府的项目以及工程进度机构进行一系列调研；文体部为被迫失业人员的空闲时间策划消闲活动；消费者信贷部继续研究解决因大萧条而急剧增长的急需借款的人的问题，并进行一项关于消费信贷对商业周期的影响的长期研究；统计部统计失业、物价指数和救济数字等。统计部主任暂时借调到纽约紧急救援局，组织成立一个新的统计部门，负责计划分发每月 1800 万美元的救济款。

在资金方面，大萧条之前的五年中收入一直上升，1929 年后逐步下降，到 1944 年由原来的年收入 70 多万美元降为 50 多万美

玛格丽特·塞奇夫人画像（塞西莉亚·
博画）

塞奇基金会大楼

塞奇基金会图书阅览室

塞奇基金会大楼东面和北面的雕刻纹章，所刻字样依次为：公正、教育、文明、宗教、工作、健康、住房、戏剧

元。工作和捐赠也有所调整：关闭了一些部门；工业研究部和统计部则继续存在并有所发展，研究主题为劳工问题和技术发展对生活水平的影响；1933 年成立的社会工作年鉴部继续每两年出一期年鉴，内容有所充实；两个服务部门（图书馆和出版部）的业务都有较大扩展。基金会在"二战"时没有像"一战"时那样停止业务，因为"一战"时由基金会工作人员志愿服务的工作在"二战"中大半由政府出资有组织地进行。不过基金会还是给某些工作人员以暂时假期，让他们以各自的专业分别对战时工作做出贡献，战后再恢复职务。他们大半在社会工作和福利、救济等方面服务，其中包括在联合国救济总署工作。

塞奇基金会成立之时，基金会的分类并不明确。它既资助其他机构和个人的项目，又自己进行研究。之后逐步转为以自己研究为主，在 1969 年税法明确后，归入运作型基金会。其 20 世纪后半期的活动将在第八章《运作型基金会》中介绍。

二、卡耐基基金会

（一）基金会成立前的捐赠

众所周知，安德鲁·卡耐基（Andrew Carnegie，1835—1919）是世纪之交美国最大的工业巨头，其铁路和钢铁产业对美国工业化所起的关键作用也不必赘言。他出身于贫苦的苏格兰移民家庭，是自学成才、白手起家的典型。早在 19 世纪末，他作为个人，已有多项捐赠。最早最有名的创举是在美国各地和英语国家建立公共图书馆，20 年中锲而不舍，共捐款 4300 万美元，建立了 2000 座图书馆。在他名下的基金会和非营利机构甚多，除"卡耐基基金会"之外有以下诸项：

（1）卡耐基学会。这是卡耐基回报匹兹堡市的一座综合性文化设施。最初于1893年至1895年出资112万美元建立图书馆和音乐厅，之后又陆续捐款1100万美元建立博物馆和画廊。

（2）卡耐基理工学院（即今卡耐基—梅隆大学的前身）。1900年创办，1905年在匹兹堡建成，最初是培养中等技术人才的工业学校，1912年升级为大学水平的卡耐基理工学院，是美国最早把人文和社会科学教育包括在工程师培养中的理工科大学之一。1967年与附近的梅隆科学研究所合并成为今天的卡耐基—梅隆大学。在1912年之前，卡耐基前后投入约1000万美元。卡耐基基金会成立之后对这所大学多有资助。

（3）苏格兰大学卡耐基信托基金。1901年设立，受惠者为格拉斯哥、爱丁堡等4所苏格兰的大学。卡耐基为这项基金出资1000万美元，这在苏格兰高等教育中是空前的。当时英国政府每年给4所大学的总拨款为5万英镑。

（4）卡耐基华盛顿研究所。1902年成立。卡耐基原来意图在华盛顿捐款成立一所欧洲式的国立大学，这是当年华盛顿总统曾经有意而未能实现的。后改变主意，捐建一家国家研究所，向全国所有的大学提供支持。所以一开始该研究所就带有官方性质。他向当时的老罗斯福总统提出，请政府指定地址，他一次出资1000万美元。后来到1911年又陆续追加1200万美元。他聘请的第一届董事会成员有：美国总统、参众两院议长、史密森学会秘书长、国家科学院院长等。第一届董事会在国务卿办公室举行，约翰·霍普金斯大学校长当选为董事长。之后的董事会成员逐步转变为著名科学家、教育家和社会活动家。近百年来，该研究所一直是最前沿的科学研究基地。

（5）卡耐基英雄基金。1904年建立。1904年1月25日宾夕法尼亚州哈威克地方发生大规模煤矿爆炸，死181人，其中两人是在爆炸发生之后赶去救人而牺牲的。事故发生3个月后，卡耐基捐出500万美元，用于表彰"文明的英雄"，并成立卡耐基英雄基金委员会负责监管，之后这项基金称卡耐基英雄基金。该奖项包括一枚青铜奖章、一笔经济补助（一般为3000美元）和申请奖学金的资格。如本人在英雄行为中牺牲或致残，其家属可以获得继续援助和其他福利。该奖项一年颁发5次，每次由委员会开会对众多申请人进行严格筛选后决定。

该奖项的获奖资格是：在明知非常危险的情况下仍自愿冒着生命危险去救他人生命的平民；这一举动发生的地点须在美国、加拿大境内，或12海里水域内；委员会在事发两年之内获悉此事；在救人者和被救者之间不应有任何责任关系。下列人员没有资格获奖：救人的举动是其职业所要求的日常职责，除非拯救的行为明显超出其职责范围；与被救者是直系亲属关系，除非救人者表现出超乎寻常的英勇，并严重受伤；军人；年龄太小还未意识到其所冒危险的儿童。

委员会本着这一精神在美国和加拿大颁发卡耐基奖章和奖金。从1904年到1998年的94年间已颁发8200枚奖章和2300万美元奖金，包括奖学金和连续补助。此外还在欧洲各地，包括卡耐基的故乡苏格兰建立了10项同样性质的基金。

（6）卡耐基教学促进基金。1905年成立，启动资金1000万美元，用于大学教授的退休金和美国教育问题的研究。1906年在国会注册。这一动作有深远意义，以此为开端，引出1918年成立的"教师保险与年金协会"，使教师先于其他社会阶层开始享受福利保障。当时已经成立的纽约卡耐基基金会为此保险金首先捐款100万美元。之后，该协会脱离卡耐基基金会完全独立，1952年成立"大学退休金投资基金"，为现在美国大学普遍实行的一种投资咨询基金。另一方面，这一基金促进了教育改革的研究。其中最有名的是1910年资助美国的医疗教育的调查研究，促成了美国医疗教育和整个医疗改革，美国约翰·霍普金斯大学医学院就是根据此改革思想建立的，当时代表美国医学的最高水平。

（7）卡耐基国际和平基金。1910 年卡耐基在 75 岁生日时宣布捐款 1000 万美元成立此项基金（详见第八章）。在此以前，卡耐基于 1903 年捐资 150 万美元在海牙建造"和平宫"，即今国际法庭所在地。

此外，他还为故乡苏格兰敦佛姆林地方设立了资助文化教育的卡耐基基金和英雄基金，此处不再赘述。

以上都是在纽约的基金会成立以前的捐赠，其他种种个项捐赠，如多家黑人学院、教堂管风琴；卡耐基甚至给普林斯顿大学捐了一个湖，让学生少踢橄榄球多划船。但是就这样捐了 10 年之后，到卡耐基 76 岁时，他的个人资产还有 1.5 亿美元，这使他感到为捐献作决定是个负担。于是他接受好友和律师罗脱（Elihu Root）[1]的建议，把这笔财产的绝大部分捐出，建立一个统一的基金会。

（二）卡耐基基金会

卡耐基基金会成立于 1911 年，在纽约注册。宗旨是"增进和传播知识，并促进美国与曾经是英联邦海外成员的某些国家之间的了解"。直到 1919 年卡耐基逝世前，他本人任董事长兼会长，不言而喻，这个阶段他个人的意愿起主导作用。初期的多数拨款对象还是延续以前已经进行的项目和上述已经成立的各种机构。不过卡耐基在致董事会的第一封信中就特意申明，由于人间世道不断变化，特授权董事会根据自己的判断，视需要而改变基金会的政策和道路。

---

[1] 罗脱曾任老罗斯福政府的国务卿，即中美日关系史上著名的 1908 年《罗脱—高平协定》的签订者。

事实上，在之后漫长的岁月中，基金会的工作特点的确是不断研究新形势，提出新的工作重点。对基金会工作方向影响较大的是几位任职较长的会长：凯佩尔（Frederick P. Keppel，1923—1941），加德纳（John W. Gardner，1948—1955），派弗（Alan Pifer，1965—1982）和汉堡（David Hamburg，1982—1997）。现分阶段对其重点活动简要叙述。

1. 20 世纪 60 年代之前

这一阶段贯穿始终的重点是教育。

（1）普及和提高并举

不同时期重点不同或轮流突出。卡耐基基金会 1925 年开始成人教育项目，主要对象是新移民、黑人和服刑的因犯；50 年代针对当时大学教育迅速普及的情况，重点放在提高质量，先大学，后扩展到中小学教育，对整个教育进行综合治理。这一举措得以与后来任康奈尔大学校长的著名教育家珀金斯（James Perkins）合作，持续 9 年，取得重大成就。到 60 年代，重点又转到"消除机会平等的障碍"，为此对贫民教育进行大量资助，1964 年此项拨款占全年的 1/4。

与普及教育相联系的一项工作是推广先进的教学手段。早在 20 年代，卡耐基基金会就率先推动运用当时还属前沿的广播教学法；60 年代末，又与福特基金会合作建立儿童电视工作室，寓教于乐，对象主要是贫穷儿童，脍炙人口的"芝麻街"就是这一工作室的产品之一。凡在美国看过电视的人都知道，在使人眼花缭乱的众多频道中有一个"公共教育频道"。它是唯一不做商业广告，专门播出有教育意义的、文化层次较高的节目的频道，现已成为美国电视观众中最受称赞的频道之一。究其来源，也与卡耐基基金会有关：在改良高潮的 60 年代，基金会协助各州成立了两个组织，一是州教育委员会，一是电视教育委员会，前者研究当时教育中迫切需要解决的问题，提出改革建议，取得重要的实际效果；后者直接启发了约翰逊政府向国会提出并通过成立了全国性教育广播电视集团公司，这就是现在的公共教育频道。

随后，卡耐基集团又拨款 100 万美元给卡耐基教学促进基金，成立了一个全国性的组织研究高等教育问题，该组织由著名教育家、前加州大学校长克拉克·克尔（Clark Kerr）主持，在 15 年内产生了 23 项重要报告和专题研究，是到那时为止对美国高等教育覆盖面最广、分析性最强、客观而深入的资料，对各大学的教育思想和政府关于教育的决策有重要影响。小组成员还常到国会作证，影响联邦政府几十亿美元的教育经费的支出，并使政府成立基础教育机会津贴项目和中学后教育改进基金。这是在教育方面基金会与政府合作或影响政府政策的典型范例。

（2）黑人问题

卡耐基基金会与洛克菲勒基金会一样，在 20 世纪初建立基金会之前就对黑人教育多有捐赠，并建立了联合黑人高校基金。它一直大力资助两所最早建立的黑人职业学校：著名的塔斯克基（Tuskegee）和汉普顿（Hampton）学院。① 基金会在这方面一些有特色的举措是，在纽约哈莱姆区和芝加哥贫民窟分别建立实验中学，专门收容弃学的孩子；在大学中设立非医科大学的医士培训班以解决城市和农村的穷人就医问题；开设了对象包括囚犯的成人教育项目等等，这些项目实际的主要对象大部分是黑人。

卡耐基基金会在黑人问题上一项特别有意义的创意是，从 1938 年开始，出资委托瑞典社会学家根纳·米尔达（Gunnar Myrdal）进行对美国黑人的专题研究，一则因为这个问题本身重要，二则是为基金会以后在这方面的工作提供依据。该项工作完成得十分成功，

---

① 这两家学院是 19 世纪末根据黑人教育家布克·华盛顿的职业教育思想建立的技工学校，后称为"塔斯克基运动"。学院至今仍存在。

1944 年出版了专著，题为"美国的两难处境——黑人问题与现代民主"。米尔达作为欧洲人，可以比较超脱和客观，这部巨著正文 45 章，连同附件和注释共 1483 页，至今仍为研究美国黑人问题的经典著作。可能受这项研究的启发，基金会于 40 年代至 50 年代在路易斯维尔大学设立专门科目培训善于处理种族问题的警察，又成立社区律师事务所为贫民窟的居民提供法律援助以解决与其切身利益有关的诉讼问题，在 60 年代建立对纽约黑人聚居区的医疗援助计划等。①

2. 20 世纪 60 年代末至 80 年代

1965 年新任会长派弗思想更倾向于平等和改良，而 60 年代又是美国民权运动高涨并取得决定性胜利的时期。在这一潮流下，卡耐基基金会于 1963 年为提高黑人高等教育作出一系列捐款，共 150 万美元。基金会还资助了几项别具特色的有利于消除种族隔离的工作，例如帮助中小学教员懂得黑人语言以便更好地与学童沟通；研究北方取消种族隔离的学校所涉及的政治问题；搜罗弃学的黑人中学生，为他们补课，以便能升学；培养能积极参加民权运动的黑人律师，在东哈莱姆区建立更多的律师事务所并成立反对住房歧视全国委员会等。这些工作都是通过资助各有关组织进行的。

在此期间，卡耐基基金会的董事会与当时不少基金会一样，也决定改变其清一色"白人—盎格鲁—撒克逊人—新教徒"（WASP）的状况，增加了妇女和少数民族，并扩大了地区和社会圈子。随后进一步从事更广泛的有关城市贫困、危机和族际关系的研究和治理计划。工作更加向社会公正、平等和人力资源的开发方向倾斜。1972 年停止了原来颇为成功的对医学教育和医疗项目的资助，教育的重点也从高等教育转到中小学，特别是贫苦儿童的教育机会问题。

---

① Waldemar A. Nielsen, *The Big Foundations*, pp. 33–45.

70 年代在黑人问题上也有进一步的动作，从 1972 年起的 10 年中，对"有色人种协进会"的法律辩护与教育基金、美国原住民权利基金、墨西哥裔美国人法律辩护基金、关于教育问题诉讼的教育基金等捐款共 400 万美元，此外还资助波多黎各法律辩护和教育基金，监督纽约市涉及 8.5 万名西班牙裔学童的关于双语教学的立法的执行。在此期间，基金会为多项就少数民族、妇女和残疾儿童权利对政府进行呼吁与监督的项目捐款共 1500 万美元。为此，基金会专门成立了一个独立组织"卡耐基儿童理事会"，由耶鲁大学一位心理学家主持，产生了 5 项报告，有的报告内容已经超出儿童教育问题，而直指整个社会的经济不平等，提出充分就业和补助家庭收入的建议。这些报告引起很大争议。在会长的主导思想下，基金会更进一步资助学者詹克斯（Christopher Jencks）写了一本更为激进的书，题为"不平等"（Inequality），对美国社会提出尖锐批评，认为在社会从根本上不平等的情况下，教育无法平等。①

派弗与其前任加德纳相似，力图把公益事业扩大到社会改良，不过更为激进，是近乎理想主义的社会改革家，但是他在卡耐基基金会任职期间却是从尼克松到里根，美国思潮偏向保守的时期。所以他的许多理想未能贯彻，在他离职的最后文章中他总结了 30 年来从事公益事业的思想，对当时在里根治下美国精神的"卑下"、对社会公正的背离和社会对弱势群体和儿童的不负责任，表达悲愤之情，呼吁改弦更张，回到从 20 世纪 30 年代到 60 年代的福利政策道路上来。

3. 20 世纪 80 年代以后

1982 年新会长汉堡上台。他与派弗背景很不相同，主要从事医务工作，原任哈佛大学卫生政策研究和教育部主任。他表示到基金

① Waldemar A. Nielsen, *The Golden Donors: A New Anatomy of the Big Foundations*, Truman Talley, 1983, p. 144.

会任职是社会和公众服务，不过对基金会应关心的问题有不同的看法。他确定基金会的几大目标是：①避免核战争，改善美苏关系；②教育全体美国人，特别是青年，以适应一个以科技为基础的社会；③防治各种对儿童和青少年的伤害，包括吸毒、酗酒和少女怀孕等社会问题；④在第三世界培训和开发人力资源，重点在墨西哥。

汉堡认为，今后世界发展最大的特点之一是科技对人的决定性影响。可以想见，根据这一思路，基金会的工作必然有所调整，在所有以上目标中，特别强调科学，包括硬科学和行为科学；更着眼于全球性的问题；国内则着重政策研究，不那么强调不平等和社会改良。对政府的态度从批评改为争取其支持和合作，在华盛顿政界和高层人士中进行经常性的联络活动。同时建立了卡耐基教育和经济论坛，定期举行全国各界领袖人物的会议，讨论教育政策与国家经济需要的关系。

根据 1993 年的会长报告，这 10 年中卡耐基基金会在资产和支出的数额上有很大发展，当时总资产达到 13 亿美元，是 1982 年的 3.25 倍；支出预算从 1982 年的 1300 万美元增至 5900 万美元，相当于自 1911 年以来的 82 年间总捐赠数的 51%。工作中心仍然围绕教育与和平两大主题，强调预见性，"防"甚于"治"，为此，加强研究工作是必不可少的。现将 20 世纪最后 20 年基金会资助的领域简要分述如下：

（1）教育

这一时期最大的特点是把重点放在早期教育上。80 年代美国教育界和科学界达成共识，认为儿童和少年时期的教育对人的一生乃至整个国家的未来都非常重要，并就父母和有关方面应如何合作以满足少年儿童成长的需要提出建议。基金会配合这一共识，大力进行解释和宣传，利用其近一个世纪以来在教育界的影响掀起全国长期教育改革运动，重点在公立中小学和学龄前教育，研究一切影响学习的校内外因素，并提出口号"教育非自幼儿园始，而是始自胎教"，甚至从孕妇培训开始。资助的具体项目有：

① 青少年教育与发展战略

范围是从出生前到10—15岁的少年。在1986年至1996年的10年中，基金会赞助了对青少年不同的发展时期进行的综合研究，取得了国家科学院研究理事会、斯坦福大学和行为科学高级研究中心的配合，成立了若干专家与公众领袖联合组成的小组，分为幼儿（3岁以前）、童年（3—10岁）和少年（10—15岁）。小组提出了大批报告和专著，其中影响最大的为代表以上三个年龄段的三篇报告：《起点》《前途有望之年》和《大过渡》。报告就培养负责的和够格的父母、产前与初生婴儿的保健、少年健康成长的要素，以及争取家庭、学校、社区、媒体等社会力量配合等提出了一系列建议，在社会上广泛散发。基金会又出资立项，鼓励各州和市采取实际措施实施以上报告中的建议。已有十几个州和若干市参加这一项目。这些建议得到克林顿总统夫妇、全国州长协会和两党不少国会议员的支持和大力推动。报告还在全国性的杂志登载，在电视台的黄金时间播放，并进入一次白宫会议的主题。这项研究对全国的教育政策和计划都产生了影响。

② 提高教学质量

提高师资水平，改进教学质量，是卡耐基基金会的传统关注点。这个时期的特点是突出数学和自然科学的师资培养以及培训幼儿园和低年级小学教师，促使低年级小学教科书的出版者也参加研究工作。80年代，卡耐基和洛克菲勒基金会联合赞助成立教学与美国前途全国委员会，经过在全国范围内的调查研究，提出一项报告，主要精神是：教育制度的改良归根结底以提高教学质量为中心。报告还就提高教师职业的地位、吸引优秀人才、建立考核机制、提供终身自我提高的机会等提出一系列建议。报告还强调要建立一种足以反映美国社会多元文化的教育结构。为此，基金会组织的"卡耐基教育与经济讲坛"还就这些问题进行讨论，集思广益。1987年又发起成立了提高专业教学标准全国委员会，以实施论坛报告中所提出的建议，由北卡罗来纳州州长亨特（James B. Hunt）主持。经过10年的实践，基金会于1997年向30个领域的骨干教师颁发证书，数量约占教师总数的40%。克林顿总统在1997年的国情咨文中专门提到了这一委员会，号召全国予以支持。

③ 文科教育

在提高教育质量中有一个特殊问题是文科教育问题，对美国的意义就是如何加深全民对民主制度的理解。1981年卡耐基教学促进基金提出一份报告，题为"高等教育为国家服务"，作者大声疾呼美国存在着"公民知识盲"，建议在大学课程中加入新的公民教育。1988年美国价值研究所又提出报告《向公民社会呼吁》，建议重新对一些基本的公民社会问题进行学习思考。从1930年以来，卡耐基基金会就对大学本科的课程集中资助，并且这也是卡耐基教学促进基金资助的无数研究报告的主题。中断了16年之后，基金会又重新开始这一课题。从1999年开始着重研究文科教育未来的目的，并将基金会能如何有效地回应这一问题列为研究主题。

④ 教育服务工作中的各方合作

从80年代初开始，基金会即从事一项工作，把大专院校、公司和国家的各实验室以及各科研机构的科学力量同中小学的教学需要结合起来。特别注重建立科学教育工作者和科学机构的联系，以改进教学和课程，包括理、化、生物，也包括行为科学和心理学。在此领域中一项突破性的规划名为"2061规划"（以哈雷彗星再次出现的年份命名），主持人为著名科学教育家拉瑟福德（F. James Rutherford）。他认为美国当前学校中的科学教学不足以为生活在一个以科学为基础的高技术世界中的未来公民作准备。该规划旨在重塑大学前的自然科学、数学和技术教学，从幼儿园起，贯穿整个 12 年中小学。经过 10 年的努力，于 1989 年发表了《全体美国人学科学》和《水准线》两项报告，对发动制定全国科学教育标准和直接改进科学教育质量起了很大作用。到 90 年代，全国科学院经常发表科学标准，成为提高科学教学的中心。

（2）国际和平和安全

80 年代到 90 年代，基金会一直把反对核扩散以及苏联地区的发展作为中心议题。冷战以后种族间的冲突成为对和平的新威胁，也是基金会的重点之一。

① 避免核战争

基金会大规模资助跨学科、跨国界的研究，特别关注核武器和制造材料的安全储存及其指挥—控制系统。基金会发挥它的特长，充当联系独立研究者和决策集团的中间人，一方面赞助第一流研究分析家出成果，一方面设法在重大问题上建立他们与政府、传媒和企业界之间的联系。在里根、布什和克林顿政府期间，基金会都曾应政府的要求召集有关专家就核军控和防止核战争问题、与苏联关系、非政府组织的作用、联合国改革等问题进行讨论。

基金会还资助前参议员克拉克主持的阿斯彭学会国会项目。这一项目的活动方式是在一个休闲胜地与有关某个问题的国际学者进行超党派的无拘束的讨论，前苏联、东欧等国家的学者已应邀参加讨论。

② 防止核扩散

基金会 1992 年拨出巨款资助有关这一题目的研究、讨论和活动，参加的有各方面专家。指导委员中有参议员纳恩（Sam Nunn）与卢格（Richard G. Lugar）、布鲁金斯学会会长斯坦布鲁纳（John Steinbruner）、斯坦福大学国际安全与军控中心主任佩里（William Perry，1994 年被任命为国防部长）。这个委员会的工作对 1992 年纳恩—卢格修正案有很大贡献。该修正案是针对 1991 年国会通过的《减少苏联核威胁法》的。这是参议员把研究成果化为政策实践的典范。1992 年，基金会资助的哈佛大学科学与国际事务中心主任卡特（Ashton Carter）在一份题为"苏联核裂变"的报告中指出苏联解体之后的新的核威胁。这份报告到了两位参议员手中，他们立即合作发起美国帮助消除这一危险的立法措施。后来卡特任国防部副部长，与佩里一起与两位参议员合作共同执行这项法案，几年来，共花费 20 亿美元，用于许多大型工程计划、军事来往、国防工业转为民用计划、军营建设和再培训、武器与裂变物资的安全保卫以及反对人才外流的赠款等。有几千名美国人在俄罗斯与其同行就以上项目进行合作，包括使乌克兰、哈萨克斯坦和白俄罗斯完全非核化。

③ 防止致命的冲突

1994 年，基金会把"国际安全"项目改名为"防止致命冲突"。特别把重点放在明确的、系统的防止灾难发生的办法上，而不是事后修补灾难造成的破坏。成立了"卡耐基防止致命冲突委员会"，有 36 名委员，包括 16 名国际领袖人物和长期对防止冲突研究有经验的学者。两名主席是前国务卿万斯和基金会会长汉堡。这是国际性组织，与世界各国的组织有积极的合作关系，经常举行国际会议。委员会分以下四方面进行研究：

• 考察种族、民族和宗教冲突的原因和防止其发展为致命冲突的办法。

• 支持非政府组织进行防止暴力的努力。

• 继续努力加强民主机制，作为应付前苏联和中东欧内部带有爆炸性的冲突的非暴力机制。

• 探索美国、俄罗斯与其他核大国如何加强努力以遏制先进武器的扩散，避免使族群冲突更加危险。

委员会于 1997 年发表最后报告，在全世界散发，号召国际社会的各类成员，包括民主国家、联合国、区域组织、企业界、全球科学界、教育与宗教组织、传媒、关心冲突的非政府组织等，通力合作，防止致命冲突；除了消极避免直接对抗之外，还应采取积极措施，如促进民主、市场改革和创建保护人权的公民组织。

其他如自然资源的减少、领土完整的原则和自决原则之间的矛盾、和平实现后如何通过消除宿怨达成和解来予以巩固，以及对过失国家实行制裁的效果等等，都是有关这一问题的题中之义。

④ 建立各种集团之间的相互了解

各个群体是否不需要族际仇恨和冲突也能增加自身的凝聚力，取得有效的发展？如何调动起人类的适应能力，把这种隔膜和仇恨降到最低限度？这是卡耐基基金会在冷战后所致力的课题之一。在这个问题上可以把两项传统的关注——和平与教育——结合起来。家庭、学校、社区组织和传媒对形成族群的态度有关键作用，既可以向仇恨和冲突方向，也可以向宽容和合作方向引导民众的情绪。1996年卡耐基基金会资助了16家机构对青年人的族际关系问题进行多方位的研究，找出两种态度产生的根源与如何进行尊重和宽容的教育的方法。鉴于媒体的重要作用，基金会在其资助的儿童电视节目"芝麻街"中增加了这方面内容。这个节目是国际性的。

（3）在世界几个地区巩固民主机制和进程，包括美国

① 前苏联及其他地区

对俄罗斯和其他前苏联地区，基金会的做法不是提出改革的建议，而是提供机会促进这些地区和美欧及其他国家高级集团之间的经验交流。

基金会资助哈佛大学肯尼迪政治学院的"加强民主机制"项目从戈尔巴乔夫初期就已开始，为苏联中央政府和比较进步的地区中关心建立民主机制的人士提供咨询，此项工作一直延续到苏联解体之后，许多当时与此项目有关系的人士已是俄罗斯社会有名望的重

要人物。汉堡在会长报告中称：这样有组织地帮助一个国家民主化的国际行动在历史上是少见的，而事实证明不是不可能的。不过，如果把民主当作裹着糖衣的新帝国主义入侵活动，那么将一事无成。如果把它看作我们这个纷争无处不在的人类中的一个强有力的解决冲突的建设性机制，那么这是一个应付生死攸关的挑战的宝贵机会。

② 加强美国国内民主

卡耐基基金会认为自己的各项工作，包括教育，都贯穿了加强民主价值观的精神。不过另外还有更加直接的由专人负责的专门项目，其主要内容是提高选举的投票率、促进竞选捐募款制度的改革、推动国会改革、提高大学在处理重要社会问题中的作用、研究民主与媒体的关系等。基金会认为当前对美国民主的威胁因素如下：

• 公众对政治的冷漠和愤世嫉俗的态度。越来越多的人认为政治权力为特殊利益集团服务，不是为公众的利益服务；

• 不同宗教、种族和族裔、阶级、性别的人群关系日益疏离。美国凝聚力下降。光有宽容是不够的，还需要进一步互相理解和接受，并认识到美国社会的力量在于多元化；

• 老人的积极作用没有得到应有的承认，其困难也未得到足够照顾；

• 贫富差距扩大。

这些问题都是基金会特殊项目所关注的内容。

（4）其他特殊项目

经济问题在卡耐基基金会历史上不是重点。但是自 70 年代中期开始，美国家庭收入下降，大批妇女进入劳动大军，而同时反福利政策的势力抬头。有鉴于此，基金会开始关注经济拮据的家庭问题，资助一系列的有关研究项目，其中影响较大的是，哥伦比亚大学两名学者卡默曼（Sheila Kamerman）和卡恩（Alfred Kahn）关于工业化国家社会福利比较研究与卡耐基儿童理事会关于美国困难家庭儿

青年卡耐基　　　　　　　　　　老年卡耐基

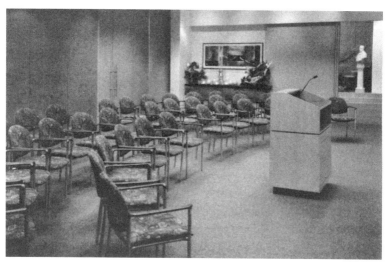

卡耐基会议中心罗脱会议厅：卡耐基国际和平基金的一部分

约翰·加德纳，曾任卡耐基基金会会长

修缮一新的卡耐基音乐厅的演奏大厅

卡耐基英雄奖章的正面与反面

童状况的报告。基金会还在哥大建立了全国贫困儿童中心，致力于将美国2300万生活在贫困线以下的儿童的状况向全国广为宣传以教育公众。

此外还成立了"卡耐基科学、技术与政府委员会"，旨在促进政府和非政府组织研究，分析科学如何为社会服务，并确保科技成就的使用符合人道主义，关注发展科技的决策过程；研究"使美国民主适应世界的变迁"，如技术进步、全球经济一体化、国内少数族裔和文化多元化对原来的民主机制的挑战等课题。[1]

1997年克林顿总统授予卡耐基基金会汉堡会长美国平民最高的荣誉——总统自由奖章，以表彰他为"改善儿童的健康和福利事业"作出的终身努力。

三、洛克菲勒基金会[2]

洛克菲勒基金会（以下简称洛氏或洛氏基金会）成立于1913年，在纽约注册。老洛克菲勒和老卡耐基一样，在成立基金会之前已大量捐赠多项事业。其家族更加突出，现在已经到第五代，仍然坚持最初的捐赠传统。关注点始终是教育、健康、民权，以及城市和农村的扶贫。其捐赠时间跨度之长、规模之大和成就之显著，可以当之无愧地执美国乃至全世界慈善事业之牛耳。

[1] 以上材料主要来自 David A. Hamburg, "A Perspective on Carnegie Corporations Program 1983—1997", *President's Essay*—Reprinted from the 1996 Annual Report。

[2] 这一节的材料来源有：Waldemar A. Nielsen, *The Big Foundations & The Golden Donors*; Raymond B. Fosdick, *The Rockefeller Foundation*, Harper & Brothers, 1952; Arthur Bernon Topurtellot, ed., *Toward the Well—Being of Mankind: Fifty Years of The Rockefeller Foundation* (Text by Robert Shaplen), Doubleday & Company, 1964 Rockefeller Foundation Archives 及网上材料。

老约翰·D.洛克菲勒在建立基金会之前最有名的捐助是1892年创办芝加哥大学。到1910年捐赠最后一笔钱，老洛克菲勒累计向芝加哥大学捐款3500万美元，为历史上独家对一所大学捐款之最。他拒绝了以自己的名字命名该校的要求，也不干涉其建校方针及管理，只提出"一切都要最好"，果然芝加哥大学如今已是世界级的名牌大学。另外两项重要捐助是1901年成立的洛克菲勒医学研究所和1903年建立的"教育总会"（General Board of Education）。这些举措已足见其对教育之重视。其中，"教育总会"的一大业绩是黑人教育，下文将详述。

与卡耐基一样，洛克菲勒为如何有效地捐款所苦，财富成为负担。他也有一位顾问和好友弗雷德里克·盖茨（Frederick Gates），劝其在生前对财富作出处理，于是在盖茨的建议下成立了"洛克菲勒基金会"，于1913年在纽约正式注册。其宗旨是"促进知识的获得和传播、预防和缓解痛苦、促进一切使人类进步的因素，以此来造福美国和各国人民，推进文明"。这一目标与卡耐基基金会相似而更广泛，陈义更高，覆盖面及于全世界人民。老洛克菲勒当选为第一任会长。成立之初，正值"一战"时期，所以最初的捐赠适应当时的需要，如救济饥荒，提高军队士气、战俘的福利等等。之后重点逐渐集中，有以下一些特色：

1. 医疗卫生

老洛克菲勒本人相信健康为人类福利之本，发展医学可以解决一切问题，弗雷德里克·盖茨更是一个医学迷，所以洛克菲勒基金会早期几乎全部工作都在这方面，在教育方面的特色也是发展和改善医学教育。在基金会成立之前，洛克菲勒已经有一个卫生委员会（Sanitary Commission），进行美国南方流行的钩虫病防治工作。1913年基金会注册之后第一个重要行动就是建立国际卫生部，把卫生委员会合并进来。顾名思义，从一开始，洛克菲勒的意图就是把此项工作国际化。第一项任务就是把它发起的钩虫病防治和公共卫生的工作向全世界推广。

1917 年，洛克菲勒任基金会董事长，会长为文森特（George Vincent）。在他任期的 10 年内基金会的工作有很大成绩，其中国际卫生部是最大的重点。防治钩虫病的工作遍及六大洲 62 个国家，之后又发展到疟疾、伤寒的防治，取得相当大的成绩。与此同时，在美国和其他国家建立常设公共卫生机构，从事更加广泛的公共卫生工作。相应地又在美国和世界各国培训公共卫生医务人员。

另一项工作是提高医学水平。前面提到，卡耐基基金会资助了一项旨在改进美国医学教育的调查，产生了有名的弗莱克斯纳（Dr. Abraham Flexner）报告，与欧洲先进国家相比较，全面指出美国医学的弱点。"一战"结束后，洛氏基金会在这项报告的基础上与先此成立的"教育总会"合作，在美国和其他国家展开改进医学教学和建立高水平的医学院的努力。约翰·霍普金斯大学医学院是这一努力在国内成功的标志，代表了当时美国最高的医学教育水平。而国外的工作在英、法、比、加拿大及拉美、中东和东南亚一些地区展开。从 1917 年至 1928 年，基金会在欧、美、加为此项工作共付出 4000 万美元，还有 1000 万美元用于美国中等医校和公共卫生。

众所周知，在中国建立的著名的协和医学院及其附属医院就是洛氏基金会这一时期在海外头等重要的项目，也是其得意杰作之一。这是单独的项目，不包括在上述项目之内。关于在中国的工作将在第十章中详述。

1929 年接任的会长为前芝加哥大学校长，数学物理学家梅森（Max Mason）。在他任内陆续成立了医学科学部（前身为医学教育部）、自然科学部、社会科学部和艺术人文部等。洛氏资助的项目仍然以医学科学为主，逐步扩大到其他领域。其支持的单项研究所取得的成果不计其数，一般说来都带有开创性。1928 年英国人弗莱明在发明青霉素的研究过程中也得到洛氏的资助。这些成果把美国和世界的医疗水平向前推进一大步。1932 年，洛氏基金会还首先进行工业医疗（即职业病）和精神病的研究，这些学科在当时刚刚起步。洛克菲勒医学院在成立之初的短短几年中就在对流行性脑膜炎、小儿麻痹、黄热病和梅毒的研究上取得了突破性的成果，1937 年，其国际卫生部宣布成功地分离出黄热病的疫苗；"二战"中在其实验室中制作出 3400 万份此疫苗无偿献给政府以供军队使用，在洛克菲勒病毒实验室工作的泰勒（Max Theiler）因此项成果获得诺贝尔医学和病理学奖；1939 年巴西流行某种特殊的疟疾，不久就在洛氏的帮助下得到控制。1940 年的重大成绩是缓解了在全世界流行的伤寒病。其他如遗传学、生物物理和生物化学，以及研究仪器的改进和发明如探测镜、X 光分解仪等都是在洛氏基金会支持下取得了突破性成果。洛氏基金会对科学，特别是医学和农学的重视始终如一，并将这方面的科研与在世界各地的扶贫工作结合起来，此外，首创科学医疗加宣传教育的公共卫生模式，有世界性的影响，包括三四十年代在中国训练下乡工作的医务人员。

早期医疗卫生方面骄人的成绩使国际卫生部一度成为洛氏基金会的中心而受到其他部门的诟病，认为基金会为医学科学家所掌握而忽视了其他方面的工作。随着形势的变化和人事变动，工作重点逐渐转移，但是医疗卫生始终是其关注重点之一。国际卫生部的模式及其工作项目带有榜样性质。1948 年联合国卫生组织成立，逐步接管洛氏所从事的工作领域；1950 年，美国政府成立国家科学基金会、国家卫生研究所，其资助科研的领域和工作方式也是沿用洛克菲勒基金会的模式，甚至直接接手其项目。

1951 年，洛氏基金会国际卫生部关闭，其著名的病毒研究所和人员转到耶鲁大学。在这以后，基金会通过资助世界卫生组织来实现其原来的目标，直到世纪末仍然如此。洛氏称之为"洛克菲勒——世界卫生组织互补战略"。多年来，它对世界卫生组织的计划生育、疫苗接种、避孕药的研究和热带病防治等都有所捐助。1997年世界卫生组织新主任布伦德兰上任，洛氏宣布出资250万美元建立一项全球卫生领导基金，供主任在全世界遴选各个学科的10名专家，任期1至2年；这一基金也用于"争取全球健康平等"。此项目致力于缩小发达与不发达国家的健康水平和平均寿命之间的差距，也包括缩小发达国家国内贫富人群之间的健康差距。该项目主要从三方面着手：（1）协助贫困国家建立和改进卫生体制，加强利用信息、发现问题和解决问题的能力；（2）加强宣传教育，引发公众对与健康有关的新问题的关注和政府的承诺，如环境、吸烟、艾滋病、抗药性结核病等；（3）加强对贫困人口多发病（如疟疾、结核等）的药物研究和开发，并向发展中国家转让，以补救药物价格昂贵造成的困难。

2. 农业改良

饥馑问题一向是一切慈善和公益事业首要关注的问题。洛氏认为要根治饥馑在于改良农业，使粮食大幅度增产。继医药卫生之后，农业改良也一直是其长期的重点。在基金会成立之前，"教育总会"曾在美国南方黑人较多的贫困农村进行过玉米品种改良和农业体制改良相结合的工作，取得了很好的效果。基金会成立后，这项工作主要在第三世界进行。其做法是资助有关国家的农业改良技术研究并创建推广新成果的机制和方法。洛氏特别注意结合当地实际情况因地制宜，尽量利用当地的人力资源和已有的经验，以取得事半功倍的效果。几十年来这个领域相对投资较小而成绩较显著。

据说这一项目最早的启发来自1941年会长福斯迪克（Raymond B. Fosdick）与当时的美国副总统华莱士的一次谈话。华莱士从墨西哥访问回来后告诉福斯迪克，如果墨西哥的玉米和大豆单位面积产量能提高 10%，当地人民的生活就可以大大改善。之后，洛氏基金会的董事会讨论了华莱士的提法，决定派出三名专家到墨西哥考察——一名植物病理学家、一名遗传和玉米专家、一名土壤学家，分别来自明尼苏达、哈佛和康奈尔大学。他们在墨西哥旅行了 5000 英里，经过广泛考察，提出一项被认为具有经典意义的报告。报告不但提出了科学技术方案，而且特别强调，不能单纯给予资助，必须积极参与规划和对援助的使用，包括现场指导，结合当地具体条件建立有效机制。1942 年，墨西哥农业部正式邀请洛氏基金会进行改良农业的合作。1943 年，双方签订意向书：墨西哥政府提供土地、劳力、部分实验房屋和培训费用，洛氏负担大部分运作的费用并在墨西哥城建立一个工作班子，由美国植物病理学家哈拉尔领导，其余成员皆由墨政府委派。这是一项长期的合作，最高峰时有 18 名美国专家和 100 名墨西哥人同时工作。到 60 年代中期，20 年中在这一班子中实习过的墨西哥人达 700 人，其中有 100 多人被选拔到美国学习并获硕士学位。60 年代以后即由培养出来的墨西哥专家领导。哈拉尔博士带领的班子坚持实地考察、示范和因地制宜的工作方法，也采用行之有效的土办法。经过多年的研究、实验和推广，在玉米和小麦的土壤和品种改良方面成绩斐然。墨西哥原来 50% 的小麦依靠进口，玉米也不能完全自给。在此项实验的 18 年中，墨西哥人口增长了 60%，小麦和玉米却达到了自给，基本不需要进口。根据联合国 1963 年公布的数字，墨西哥在过去 10 年中农业年增产总量平均达 7%，这与洛克菲勒基金会的大规模长期援助是分不开的。这一经验的另一可贵之处是培养了能够适应发展中国家各种艰苦条件的专家。

洛氏与墨西哥合作的成果之一是建立了推广的机制，例如在墨西哥培养的专家到哥伦比亚开展工作，在哥伦比亚培养的人才又到智利从事同样的项目，形成一种链条。在资金方面，基金会给予必要的资助，但是更重要的是促使当地政府重视这项工作，使当地政府越尝到好处，越愿意多投入，同时改革其农业管理机制。继拉美国家之后，或同时，这种合作又推向中东、南亚和非洲。当然由于国情不同，成功的程度也不同。其中比较著名的成功例子是印度的"绿色革命"。洛氏在印度的工作始自 1956 年，先派出 12 名专家。1958 年，资助新德里的印度农业研究院成立研究生院，并派出顾问和访问教授。从一开始，此项工作即是洛氏与印度中央和各省政府、各地新成立的农业大学以及印度农业研究委员会的合作项目，基本上沿用墨西哥的政府划拨土地的模式。在印度全国各地不但建立农业学校，而且建立了无数实验田。60 年代在大面积推广哥伦比亚的良种玉米方面取得大幅度增产的成绩。1970 年，原来曾被洛氏派往墨西哥的农业科学家诺曼·博洛格（Norman Borlaug）因在印度进行水稻杂交成功而获诺贝尔奖。当时有人提出应把这项奖颁给洛克菲勒基金会的集体。

洛氏基金会另一项重要的成绩是 1959 年与福特基金会协议合作在菲律宾建立世界稻米研究所，包括生产、分配和成果利用。菲律宾政府拨给土地，福特为建筑出资 700 万美元，洛氏提供技术指导、行政管理和运作费用，每年约 50 万美元。这一研究所规模巨大、设备齐全，还有 200 英亩水灌试验田，于 1962 年正式开业。董事会有六个国家和地区的代表，分别来自泰国、日本、印度、菲律宾、美国和中国台湾。主持实验的是一名印度专家，多数工作人员来自东南亚盛产稻米的国家和地区。现已收集世界 70 余国 6000 多种稻谷进行实验，从中选出良种，加以处理冷藏，分门别类，标明特性，供世界各国交换，之后按此模式扩大到其他国家。现在全世界共有16 个国际农业中心。

1963 年在洛氏基金会成立 50 周年的时候，确定了新的五大优先问题：征服饥馑、控制世界人口、有选择地加强发展中国家的某些高等院校和研究机构、协助文化发展以及争取全体美国公民机会平等。除最后一项外，对象都是发展中国家。90年代，它大力资助的项目有：临床流行病研究、农林技术研究（肯尼亚）、热带作物病理研究（尼日利亚）、水稻品种改良（菲律宾）等等，仅1993年一年对此类项目的拨款就近500万美元。

鉴于亚洲国家人口密集，地少人多，洛氏更加强调基因研究以提高单位面积产量，同时维持土地的可持续耕种。目标是在2005年通过生物技术提高稻米产量20%而不降低土地质量。此项集中在亚洲的国际稻米生物技术研究项目，从1984年开始。起初集中在稻种基因的生物工程研究方面，资助康奈尔大学制定稻米基因谱系向全世界产稻国家传播。这是一项长期计划，在科研取得一定成果后，把重点放在人才培养、技术转让和在亚洲国家创造将来独立继续进行这项工作的能力上。迄今已经与亚洲及其他地区350名科学家进行合作，从1984年至1998年，这一项目的奖学金在各国培养了183名专家，其中许多人在本国已成为这方面的领导骨干，继续领导研究和国际交流。到目前为止，研究的结果证明新品种的稻谷比原来预期的还可以多供给1亿人口，20年内受惠人口还可以增加1.5亿。最新的成就是发现有8种粮食作物与稻米有共同的染色体特征，所以在稻米研究方面取得的成绩也可以用于这些粮食作物。在中国，农业科学方面的合作也是重点之一，详见第十章。

在非洲，自1988年起，洛氏主要在肯尼亚、马拉维、乌干达和津巴布韦进行这一项目，但只是根据其特点，与亚洲的目标和做法都不相同，不过推广新技术、培养人才的做法则相同。

除医学和农业外，洛氏基金会对其他科学研究和杰出的科学家都有扶植。最突出的是后来参加制造原子弹的"曼哈顿计划"的主要科学家中，曾接受基金会资助而获得关键性成就的竟有23名之多。一些重大科研项目，如回旋加速器的研制成功，导致了后来原子分裂技术的实现，主要也是靠基金会的资助。此事后来引起基金会负责人的自省，引发了关于自然科学家对发明用途是否负责的讨论。"二战"以后，随着发展的需要，洛氏会对新的学科如艾滋病的防治和推广、基因工程、环境保护以及计划生育等多有关注和介入（关于计划生育，因大部分工作在第三世界，将于第七章介绍）。这些问题既包括自然科学又涉及许多社会和人文领域。基金会后期多设跨学科的项目，例如遴选社会科学学者参加农业和农村发展的项目，主要在第三世界。1991年设立了一项"环境与发展带头人"大型综合项目，倡导一种对环境负责、文化上可以接受、社会公平、活跃经济、政治上可行的发展方式，使用跨学科的方法，建立全球网络。具体做法是在广泛的学科领域选拔在职干部进修，对可持续性管理、环境保护和在全世界运用共生生态系统做出积极贡献；并向进修毕业的人员提供职务机会，使他们得以实施创新的思想、确立带头人的资格。

3. 社会科学和人文艺术

洛氏基金会前期一直以医学和农业为重点，兼及其他自然科学，对社会科学不重视。对这一现象不满的工作人员称基金会"被一群医生所俘虏"，这是与弗雷德里克·盖茨的主导思想分不开的。不过早在1918年，在执行秘书格林（Jerome Green）的坚持下，还是出资成立了政府研究所，后来并入著名的布鲁金斯学会，这是基金会资助的最早的社会科学项目。当时格林提出的项目是劳资关系研究。由于正好发生了与洛克菲勒的公司有关的工潮，导致流血冲突，引起社会舆论对基金会本身的批判和怀疑，这项研究遂告流产。

洛氏把人文和社会科学正式列入重点是从1936年福斯迪克任会长开始的。他本人是律师出身，担任会长12年，对洛克菲勒基金会的工作方向有很大影响。在经济大萧条之后，"二战"前夕，整个西方社会都有一种危机感。人们见证了在生产力突飞猛进中的经济崩溃和社会危机，以及与巨大财富并存的广大民众的极端贫困，从而意识到物质财富和科学发展不但不一定造福人类，而且可以成为灾祸，所以二三十年代是社会科学长足发展的时期。福斯迪克就属于有这种强烈意识的人。他不断强调，如果不能找出解决复杂的社会和人际关系中日益严重化的问题之道，在这个世界上医学和科学将失去意义。他大声疾呼，警告人类对自然的征服超过人类控制自己的能力的危险性。因此他主张公益事业的范围应该扩大到关注社会问题和人的关系问题和人的危险关系问题，并在其 12 年的任期中竭力贯彻到基金会的工作中。

在此之前，1922 年老约翰·洛克菲勒为纪念亡妻劳拉，斥资7400 万美元设立的劳拉·斯贝尔曼·洛克菲勒纪念基金（Laura Spellman Rockefeller Memorial Fund）已经为赞助社会科学打下基础。那是其主任拉默尔（Beardsley Ruml）的主导思想。拉默尔是学心理学专业的，他一上任就确定以社会科学为中心任务，并以极大的热忱进行。该基金存在仅 7 年，用于发展社会科学的拨款达 4100万美元，其中最重要的建树是 1923 年赞助成立社会科学研究理事会（Social Science Research Council），至今该组织仍是美国促进社会科学各专业的发展、交流和合作最重要、最权威的机构。这项基金资助的从事社科研究的对象有布鲁金斯学会，太平洋关系学会，全国经济研究局，芝加哥大学、威斯康星大学、哈佛大学的专题项目以及耶鲁大学人际关系研究所等，此外还有欧洲许多国家的高等院校和个人的单项研究。1928 年洛克菲勒基金会接管劳拉纪念基金之后，关于社会科学方面的工作连同其资助模式都一并继承下来，成立了社会科学部。这一部门首先遇到的就是 1929 年的股市崩溃和继之而来的大萧条。30 年代初，基金会拨款 150 万美元用以缓解由经济萧条造成的苦难，并由董事会指定一个专门小组负责此款项的用途，其中包括资助布鲁金斯学会、社会科学研究理事会、美国城市协会等组织对当时的经济社会现象进行研究，还资助政府全国经济研究局 500 万美元。

福斯迪克上任以后，基金会取得共识，一致决策以社会科学为新的突破口。确定的重点有三：经济稳定、公共行政管理和国际关系。

第一项的提法是"经济稳定"而不是一般的经济学，这是有针对性的。其主导思想是认为过去的经济学家提出各种假设和理论，想象力有余而证据和归纳法的研究不足，现在有了先进的研究手段，应该提倡以经过科学验证的事实和知识来代替猜想。提出的研究方向有二：改进对经济周期的统计记录以便更加准确地找出其各种成因；探索减轻经济不稳定所造成的危害的切实可行的措施。洛氏在将近 20 年中为此项研究拨款数百万美元，资助对象在继承前述劳拉纪念基金的基础上有更大的发展，包括国内外大学有关科系、项目和个人等，难以列举。其中突出的有国际联盟的金融经济情报中心，英国牛津大学的统计学所关于经验与量化的研究，剑桥大学的应用经济学系，美国哥伦比亚大学对政府财政的经济后果的研究，芝加哥大学的社会学、人类学和心理学的研究，斯坦福大学的粮食研究所，哈佛大学关于在美国经济结构变化过程中国家资源配置的长远问题等等。中国的南开大学经济研究所于 1928 年成立后不久就成为洛克菲勒基金会在亚洲资助的重点，因此得到较大发展，在与实际相联系的研究课题上做出成绩。另一方面，尽管强调联系实际，但并非急功近利，例如 1940 年起，拨款通过社会科学研究理事会开展美国经济史的研究，以便"真正理解"美国经济变化的原因、路径和意义。此项捐助连续十多年，大大提高了美国经济史的水平，使之成为一门得到承认的学科（关于经济史的研究也是卡耐基最早开始的项目，1902 年卡耐基研究所刚一成立就遴选了一批历史学家和经济学家写美国经济史，不过后来没有持续下去）。

在行政管理方面，洛氏项目的主要目的是为政府提供合格的工作人员，以配合40年代罗斯福"新政"之后政府迅速扩大的需要。基金会为此捐资给一系列大学培养此类人才，特别具有开创性的是在哈佛大学建立行政管理研究生院和在华盛顿的美利坚大学设立在职公务员进修的计划。从20年代到50年代的30年间此项捐助达1100万美元，还不包括其他单项捐助。另一项特殊的工作是在芝加哥建立公共行政交流所，为政府各部门的公务人员提供跨行业的交流工作经验、研究成果的机会，对提高公务员素质、开阔眼界和"促进团队精神和建立某种职业道德标准"都起了无可替代的作用。

洛氏在资助社会科学和人文研究时从长期着眼。其有关负责人意识到，这种研究不可能取得立竿见影的效果，而且与自然科学不同，很多问题不可能有公认的定见，要长期争论下去，但是他们深信，对人的价值观和人际关系的加深理解是人类进步和幸福的关键所在，因此不惜对这类项目拨巨款。有关国际关系的研究和资助国外的情况将在第七章介绍。在美国国内，洛氏发起的一个重要项目是1952年开始的法律和政治哲学的研究，目的是帮助战后成长起来的新一代学者深入这一领域的研究，其内容从重新认识柏拉图、亚里士多德、洛克、伯克等人的古典政治哲学理论到质疑当代的宗教和经济势力以及自由、公正的观念。有一大批五六十年代崛起的杰出政治思想学者和著作在这一项目的资助下涌现出来，在十年中出版了40部重要的著作。此外在60年代就已开始资助一些前沿的课题，如外空的国际法、世界政治中的外空等。

文学艺术也是洛氏资助的对象，早期集中在古典方面。例如普林斯顿、哈佛、耶鲁、芝加哥、密歇根等一些名牌大学的艺术、考古、古代史、古典文学、艺术博物馆专业，希腊、罗马和埃及的考古发掘都接受过大量资助。30年代以后逐步改变这种厚古薄今的方向，资助重点改为鼓励艺术创新和在这方面的杰出人才，以及艺术团体、学校和其他机构。三四十年代基金会对美国戏剧发展的贡献为众人所公认。它资助了当时在各大学蓬勃兴起的戏剧专业的活动，并通过全国戏剧会议和美国作家联盟下属的戏剧公会资助年轻的剧作家、导演和舞台设计等人员，17 年中受惠者超过百人。另有一项资助初出茅庐的青年作家和艺术家的计划，其中不少人后来成为名家。有些交流活动也在其中。例如 1934 年著名德国戏剧家布莱希特访美就是基金会资助的。最引人瞩目的是向纽约林肯艺术中心捐助 1500 余万美元，将其建设成为现在美国最大的综合性表演艺术设施之一。另外比较成功的还有：向美国现代艺术博物馆捐款成立电影图书馆（几年中共捐 200 万美元），与卡耐基、福特基金会一道资助美国电视台教育频道等。

"二战"以后，洛氏率先对胡佛研究所和耶鲁、加州、华盛顿、芝加哥等许多大学的图书馆建设和档案保存工作进行资助。1956 年危地马拉蒂卡尔地方的玛雅古城恢复的初期工作也是洛氏资助宾州大学博物馆进行的。

1986 年美国建国 200 周年纪念时，洛氏资助录制了 7000 套美国音乐选集，有选择地送给各图书馆、音乐学校和其他非营利机构，称之为"送给美国人民的礼物"。

1963 年洛氏基金会成立 50 周年时，在社会科学方面的累积支出已相当于同期对医学和自然科学的一半。

90 年代洛氏设立了一项奖金资助美国独立的电影、音像和影视艺术家，1992 年这项奖金扩大到拉美国家。

4. 种族问题

洛克菲勒家族有关注黑人问题的传统。老洛克菲勒的父亲和岳父斯贝尔曼在内战前就是废奴主义者，后者曾帮助黑奴逃亡到加拿大，所以劳拉纪念基金一开始就把种族关系问题列为社会科学研究的重点。洛克菲勒先于基金会建立的"教育总会"原打算命名为黑人教育总会，后因顾虑白人的反感遂改名，实际上仍以黑人教育为主。在第一次世界大战前，这是系统地资助黑人教育的最大的组织。其方针也是以职业教育为主，目的是把黑人教育成适应工业社会并能自立谋生的人。当时在南方还没有实行义务教育制度，整个基础教育很薄弱。洛克菲勒先从培养合格的初等教育学监着手，并聘用热心教育的专家进入地方政府的教育机构，取得在南方各州普遍加强公共教育的成果。"教育总会"又于1912年拨专款通过各种渠道全力改善黑人学校和鼓励建立黑人中学，主要是职业中学，取得一定效果。"一战"之后南方种族主义回潮，3K党等活动猖獗，此项工作有所退却，不过并未完全放弃。有鉴于直接解决黑人学校问题阻力太大，"教育总会"于20年代建立了一个项目，培养南方教育专家，黑人白人都有，以备将来需要。被选中来完成这一任务的大学是纳什维尔的费斯克（Fisk）大学。1924年洛克菲勒的教育总会联合卡耐基与其他基金会共同向该大学许诺捐款总计100万美元。这一项目持续了30年，结果几乎所有南方黑人高等院校的校长都是从这里培养出来的。它不但为黑人教育提供了极为宝贵的人才，而且使黑人增加了自信，向白人显示出黑人的才干和潜力，这一效应的意义是无可估量的。

早期的黑人教育工作都是在承认种族隔离的现实下进行的，没有向种族隔离挑战，而且洛氏基金会内部多数人实际上也是赞成隔离的。这种情况到60年代民权运动高涨时开始有所改变，并开始与一些黑人民权组织合作。1967年洛氏总结了过去几十年在这方面的工作之后，确定将关注重点转移到贫民区的医疗保健和培养底层黑人的领袖人物上，改变过去培养中产阶层的黑人子弟的做法，其资助的中介机构也由白人上层机构改为一些有影响的黑人组织。此外，还有许多计划外的临时对民权运动领导人的特别援助，如诉讼案件等，以及在特殊需要时对马丁·路德·金等民权运动领袖的直接资助。不过主要与黑人组织关系密切的还是洛克菲勒兄弟基金，它成立之时黑人运动已进入新阶段，许多黑人民权组织纷纷成立，其有关黑人教育、福利和争取平权的工作成为其经常项目的资助对象。

在黑人高等教育方面的工作包括：资助南方一些大学首次招收黑人学生；改进原来的黑人高校的教学质量；在普林斯顿、达特茅斯、奥伯林等一些大学设立暑期班，以扩大达到入学标准的黑人队伍。到 1963 年基金会成立 50 周年时，用于此项计划的款项累积达8500 万美元。

洛氏的博物馆项目还曾于 1940 年资助考克兰画廊组织"面对历史：黑人在美国艺术中的形象（1710—1940）"的展览。这是第一次对美国主流画家如何表现黑人的历史的系统审视。

5. 机会平等

早期洛氏基金会较少涉足直接的社会平等问题。1963 年董事会重新确定基金会的工作重点时提出五点：征服饥馑、控制世界人口、有选择地加强发展中国家某些高等院校和研究机构、协助文化发展、争取全体美国公民机会平等。为此，成立了机会平等部。其出发点是：当前美国公民的机会是不平等的，需要从几个方面努力消除之。具体做法是以贫困社区为对象，在以下几个方面给予帮助：创造就业机会、改善学校条件以加强教育机会平等、促进社会正义（包括反对各种歧视）以及协助社区自我建设。其中就业和教育是关键，二者相辅相成。就业人数增加后可以带动一系列社区建设和生活质量的改善，而教育又可以打开就业机会之门。所以自 90 年代以来，基金会支持一项"学校发展计划"，其内容是把一个社区的成人组织起来，围绕着他们孩子的教育开展工作，包括积极参与本社区的学校改进决策、为改进教学质量提建议等。与此同时，也支持有些社区消灭种族主义残余的民权工作，把它作为机会平等的一个组成部分。

"机会平等"不可避免地又涉及少数民族问题。所以在此项目下，支持改善城市少数民族境遇，特别是改进城区的中小学，培养黑人教师和校长，研究城市贫民窟长期存在的原因和培训少数民族在各行各业的带头人。

社区综合建设是这一领域中一大项。洛氏发起"全国社区发展行动"，除自己出资外，与政府的住房部合作，也向其他方面集资，在全国各地大规模进行。这项计划共进行三轮集资活动，最后一轮于90年代中期结束，这一轮在10年中集资2.53亿美元，加上当地政府配拨的资金共达20亿美元。由此可见这项计划的规模。基金会发表了一项研究报告，题为"更新社区建设的事迹与美国城市的前途"，总结了过去20年在全国社区建设的经验。这项报告已被广泛运用，成为美国社区建设的指南。

到20世纪末，洛氏发起了一项与美国城市持续的贫困作战的计划，第一笔启动资金120万美元，主要资助在全国各地的研究，并在丹佛、奥克兰、华盛顿、波士顿、克利夫兰等地先开始试点行动。

6. 人口和环保问题

这个问题大多数工作在美国以外展开，在美国国内的一部分工作是资助有些大学成立人口和避孕产品研究中心；另一部分是在美国国会通过削减对联合国人口基金的出资后，大力进行宣传教育工作，以求影响美国决策者。详情在第九章中叙述。

老约翰·洛克菲勒与夫人劳拉·斯贝尔曼·洛克菲勒（洛克菲勒基金会提供）

老约翰·洛克菲勒

1915年，小约翰·洛克菲勒在国会听证会上就勒德洛工潮流血事件接受质询（洛克菲勒基金会提供）

对洛克菲勒基金会思想有重大影响的人物（本页照片均由洛克菲勒基金会提供）

弗莱克斯纳（医学专家，曾任洛克菲勒医学研究所所长）

罗斯（曾任洛克菲勒基金会卫生委员会主任）

弗雷德里克·盖茨

巴特里克（曾任洛克菲勒基金会教育总会总干事）

1962 年 9 月 23 日林肯中心爱乐交响乐厅开幕晚会，约翰·洛克菲勒三世与第一夫人杰奎琳·肯尼迪及著名音乐家伯恩斯坦在一起（图片选自 The Rockefeller Conscience）

约翰·洛克菲勒三世与爱德华·肯尼迪参议员于 1969 年 3 月 30 日在美中关系全国委员会举办的晚宴上敦促打开美中关系（图片选自 The Rockefeller Conscience）

老约翰·洛克菲勒在纽约州里奇福德县出生的简朴房屋

上：1968 年 5 月 23 日约翰·洛克菲勒三世在白宫椭圆形办公室与林登·约翰逊总统谈话，讨论人口问题（图片选自 The Rockefeller Conscience）

中：洛克菲勒三世与尼克松总统等合影，摄于 1972 年 5 月（洛克菲勒基金会提供）

下：1952 年约翰·洛克菲勒三世与联合国秘书长赖伊及建筑师哈里森在联合国总部新址合影，新址的地产为洛克菲勒基金会捐赠

第六章　20 世纪中后期的后起之秀

一、福特基金会

　　20 世纪中后期，最引人瞩目的是福特基金会。福特基金会成立于"二战"前，但是真正起重要作用是在 1953 年改组之后，所以把它列为 20 世纪后半期的基金会中的第一家。1936 年老福特的长子埃兹尔·福特（Edsel Ford）捐资 2.5 万美元成立福特基金会，在底特律注册，宗旨是："接受和管理资金以用于科学、教育与慈善目的，一切为了公众福利，此外无其他目的。"[1] 前期范围很狭窄，是一个地方小基金会，至 1950 年 14 年中一共捐出 1900 万美元，平均每年 100 万美元强。资助的内容主要根据福特家族的兴趣。最出名的是一座规模宏大的亨利·福特博物馆和邻近的"绿野村"，其中有著名的爱迪生实验室以及韦伯斯特、莱特兄弟等足以荣耀乡里的名人故居。另外还有底特律交响乐团、亨利·福特医院等。老福特本人没有像洛克菲勒和卡耐基那样的对慈善公益事业的信仰，对基金会也不大重视。1943 年埃兹尔去世，1947 年老福特去世，在埃兹尔的遗孀和儿子亨利·福特二世（即老福特的孙子）整顿下福特基金会才活跃起来，成为一个有长远目标、覆盖面广的世界性的大基金会。

　　当时福特汽车公司完全是家族企业，几乎没有外来股份。老福特死后 10% 的遗产归他的四个儿女，90% 归福特基金会。巨大的财

---

[1] Dwight Macdonald, *The Ford Foundation: The Men and the Millions*, Transaction Publisher, 1956, p. 3.

富使管理和花钱成为伤脑筋的问题。此时基金会董事会大部分成员仍是福特家人，亨利是实际的董事长。他决心整顿基金会，使这笔巨大的财富发挥其应有的作用，刚好在此时他见到了罗恩·盖瑟（Rowan Gaither）。盖瑟学法律出身，当时正受军方委托将隶属国防部的一所研究开发机构转为私人公司，即现在知名的兰德公司。他为筹集资金，于1949年经人介绍会见福特，福特与他一见如故，立即聘请他负责基金会的整顿和改组，第一步是领导一个小组，调查"美国人民认为基金会应如何把它的资金用于为公众利益服务"，并提出报告。

（一）盖瑟报告

1950年，盖瑟小组提交了长达3400页的报告，题为"关于福特基金会的政策和规划的报告"，据说是行程25万英里，咨询了1000名专家后得出的结论，被董事会誉为"代表了今天美国最优秀的思想"[1]，后来有福特基金会"大宪章"之称。根据这一报告提出的精神和具体建议，基金会于1950年进行改组整顿，从此后来居上，不但从地方走向全国，而且从国内走向国际，一跃成为美国和世界最大的基金会。福特基金会的思想奠基人是1953年至1956年任会长、1956年以后任董事会主席的盖瑟。他正式任职时间虽然不长，但是接受了自1947年老福特去世后就决心励精图治的小福特的委托，对重整基金会提出方案。小福特给他的任务是，全权主持一个小组，"集中全国所能征集到的最优秀的思想来研究基金会应如何最明智地、有效地用它的资源造福人类"[2]。盖瑟自称这个小组以两年的时间对美国文化作了全面的审视，目的在于找出严重威胁人类进步的那些问题的根源。1950年盖瑟向董事会提出了在福特基金会

---

① Dwight Macdonald, *The Ford Foundation: The Men and the Millions*, p. 138.
② "The President's Review", *The Ford Foundation Annual Report*, 1956, p. 14.

历史上具有里程碑意义的报告，不但奠定了这家世界最大的基金会之后几十年的工作方向，而且报告本身也被誉为"现代创造性的慈善事业最优秀的文件"①。

福特基金会的这一改组建立在无比雄厚的实力基础上，所以表现出雄心勃勃、以天下为己任的美国特色，而且根据当时时代的特点，一开始它就以社会科学为重点。报告书提出："今天最关键的问题是社会的，而不是物质的——是来自人与人的关系，而不是人与自然的关系"；"人类的问题如果能够解决的话，必须通过综合运用所有能够影响人类事务的知识"。改组后的基金会的宗旨是："加强民主价值观，减轻贫困和不公正，促进国际合作，推动人类成就。"报告中也有"改善全世界人民的生活水平和经济地位"，"发现、支持和利用一切时代一切领域中的才华和领导"的提法。足见其雄心之壮、陈义之高。②基金会确定工作重点在五个领域：（1）和平：促进国际间的理解，包括加强联合国及其所属国际机构间的沟通；（2）民主：促进民主制度，包括维护思想自由和民权、反对集权以及改进公职人员的遴选和决策过程；（3）经济：包括稳定高就业、经济机会平等、改进劳资关系、更好地保持经济生活中的自由与控制之间的平衡；（4）教育：包括澄清教育目标，消除阻碍教育机会平等的宗教和种族障碍，更有效地利用传媒进行校外和成人教育；（5）对"人"进行科学研究：包括其价值观、行为动机和失误，以及人与人之间的关系，并把这一研究成果充分用于民主生活的各个方面。

其负责人还强调，基金会与其他慈善机构不同，不是去解决问题产生的后果，而是向造成问题的原因开刀。福特基金会捐助的机构与洛克菲勒基金会有不少重叠。其方式更多地是对高等院校及其师生的研究工作进行大量的资助。除了对经济学等传统学科重点资

---

① Waldemar A. Nielsen, *The Big Foundations*, p. 80.
② Ibid., p. 139.

助外，它还几乎一手扶植了美国行为科学的创立和发展，这是它在学科建设方面的特殊贡献之一。

（二）半个世纪的工作概况

基金会在 2000 年的年度报告中重申半个世纪以来一贯的宗旨："加强民主价值观，减轻贫困和不公正，促进国际合作，推动人类成就。"

新的福特基金会出手大方，在各大基金会中十分突出。1950 年改组当年的捐赠就达 2400 万美元，之后一直上升，居各大基金会之首。1954 年的开支近 6800 万美元，4 倍于居第二位的洛克菲勒基金会，10 倍于居第三位的卡耐基基金会。1956 年，为顺应当时股权分散的潮流和政策，基金会决定将其 1/5 的福特股票上市，售价为 6.43 亿美元，这是华尔街有史以来最大的一笔普通股票交易。此前，基金会宣布在今后一年半中将售股所得的绝大部分——5 亿多美元——用于捐赠拨款，这不但在美国公益事业史上是空前的，也大大超过福特基金会自成立以来 18 年的全部捐赠数，相当于其前 18 年付出总数的 1.5 倍。这笔钱一半捐给了全国 615 家私立文理科大学和学院，用于提高教师的工资待遇，另一半分别捐给了 3500 家私立非营利性医院和 45 家私立医科学校。整个 20 世纪下半叶，除个别年份外，福特基金的资产和支出都位居各基金会榜首。

1. 教育

1951 年，福特基金会成立了两个机构："教育促进基金"和"成人教育基金"。1951 年至 1953 年的两年中就拨款 1 亿美元。

（1）教育促进基金

创意来自曾任芝加哥大学校长 22 年的哈钦斯（Robert M.

Hutchins），当时他是福特基金会的兼职主任。哈钦斯不但是著名教育家，还是思想开放的教育改革家。在他影响下，这一基金不仅促进教育还致力于改革美国教育。从其经费用途可见其思想：1951—1954年，2800万美元用于教育，其中1100万美元用于给中学教员的奖金——不是资助研究项目，而是给他们一年带薪休假，由他们自由决定如何用这一年提高自己作为教师的素质，进修、旅游或其他方式均可——另外1700万美元用于一项5年革新计划。哈钦斯认为，美国教师的通病在于教学技巧多于知识而知识面又太狭窄，仅限于专业知识，因此需要加强一般人文教育。这项计划的内容是：在师资培养方面改变传统师范学院的做法，先让学生上4年大学普通文理科①的基础课程，第5年进行教学专业训练，边学习，边到学校实习，类似医学院的最后一年。基金会的捐款就是用于最后的一年，或补助无力支付学费的学生，或补助接收实习生的学校。这项计划当时在教育界有争议。因为它反映了与实用教育相对立的"通才教育"思想，有人批评它为"倒退到18世纪"。但是从实用的角度来说，它也正好符合当时因战后出生率陡增而师资缺乏的需要。根据这一计划，非师范毕业的普通大学生只要经过一年培训也可任教师。"5年计划"的内容还包括每年资助几百名智力超常的中学生跳过最后两级直接升入大学。这刚好又是哈钦斯的因材施教思想与当时的实际情况的结合：美国当时中学人满为患，而大学却因征兵制而缺少生源。

此项基金还资助其他的一些教改实验项目，例如给一个地方的教育委员会30万美元，研究如何增进公立学校对学生的吸引力；让几十家大学对其行政管理和教学目标作一调查，研究中学的最后两年如何与大学的头两年相衔接；给一批中学教师配备课堂助手分担事务性工作，以便提高每个教师能管理的学生人数（这也是为了解

---

① 原文"liberal arts"含义广泛，在美国除我国通称的文科外，至少还包括数学，故泛译为"文理科"。

决师资不足的问题）等等。还有一项值得一提的项目是，研究学校内取消种族隔离的问题。在 50 年代初把这一问题提上日程是相当先进的。下面还要谈到，福特基金会对种族问题比较关心，这也一直是它的特点。

（2）成人教育基金

该基金的宗旨为，培养"能够有头脑地参加自由社会的成熟、明智、负责的公民"[①]。在这一项目下，1951—1955 年共花去 2500 万美元，其中 1/3 用于发展电视广播教育，2/3 捐助各式各样的被认为与成人教育有关的组织、机构、活动、资料等。基金资助的讨论会完全不同于通常理解的传授某种知识和技能的补习班，而是有点类似于政治学习讨论会。收到最慷慨的一大笔资助的组织是"美国政治教育基金会"，其工作之一是组织世界政治讨论会。这一讨论会据说是为了让普通公民把业余时间用在严肃有用的追求上，而远离无聊的娱乐节目。这一项目究竟成绩如何，几乎无法评估。1955 年以后，福特基金会改变了做法，把对广播电视教育的资助收回直接管理，大大减少对各种分散的讨论会的资助。"成人教育基金"遂逐渐淡出。

之后的历届会长仍继续以教育为重点，甚至认定福特基金会就是一个教育基金会，并且也是普及与提高并重，根据其会长的认识轮流突出重点。60 年代特别重视培养师资，拨巨资给 60 多家学院作为师范学生的奖学金，以加强师范教育，同时给几十家大学提高教学质量。福特基金会与卡耐基基金会还联手成立了"全国优秀奖学金基金"，被认为是美国有史以来最大的大学奖学金项目。另外，还建立了教学设备实验室，专门从事实验和设计各种新的学校设备和教学工具，卓有成效。

---

① Waldemar A. Nielsen, *The Big Foundations*, p. 56.

2. 社会科学

福特基金会对社会科学方面的投入，有以下一些独创之处。

（1）行为科学

盖瑟称社会科学为"软科学"以区别于物理、生化等"硬科学"。为落实前面所提到的工作重点的第5条——对"人"的研究，设立了"行为科学"项目，由来自芝加哥大学的社会学家贝雷尔森（Bernard Berelson）主持，从事一切"软科学"的研究。其方法和理念基本承袭了20世纪20年代由沃森（John B.Watson）创立而于当时颇为流行的行为主义学派，故以此冠名。基金会前期拨款800万美元，1955年又拨款1500万美元，在加州帕洛阿尔托成立了行为科学高级研究中心。在这一项目下研究的领域有：政治行为学、法律与行为科学的关系、社会阶层的划分、儿童发展、组织理论、经济发展与文化变迁、交流学等。此外还资助哈佛大学两名社会学家主持研究少年犯罪问题；捐给人口理事会（1952年由洛克菲勒基金会创办）巨款，用于研究人口增长问题以及有关培训工作；资助麻省理工学院一项大规模集体项目研究"精英交流"。

（2）未来资源研究

福特基金会1950年拨款1000万美元用于经济问题，其中一半用于1952年建立的"未来资源集团"（Resources for the Future Inc.）。该集团是基金会下的一个自治机构，总部设于华盛顿，其总裁为前内布拉斯加大学校长古斯塔夫森（Reuben G. Gustavson）。这一项目的重点不在科技（不过与社会问题有关的科技项目也有所涉及），而是致力于研究合理使用水、能源和矿产资源及与之相关的社会问题，包括诸如和平利用原子能等问题。未来资源的研究内容和理念实际上相当于80年代后期才提出的"可持续性发展"，这在50年代是相当前沿的。

经济项目的资金的另一半用于资助麻省理工学院国际研究中心、宾州大学、布鲁金斯学会等研究美国和亚洲一些国家与经济有关的课题，例如"劳工在经济发展中的作用"等等。

3. 社会改良和种族问题

（1）扶贫工作

社会改良的核心问题是帮助弱势群体，缓解贫困当然是题中之义。不过把治理城乡贫困问题作为其常年的优先项目之一的基金会并不太多，福特是少数之一。福特基金最早于50年代提出"社区发展"和"灰色区域"项目，大力开发关于青少年犯罪、老年和城市贫民窟等问题的研究工作，并协助市政府研究和实施城市改造计划，于1961—1965年在美国5座城市——奥克兰、纽黑文、费城、波士顿、华盛顿——和北卡罗来纳州实施。所谓"灰色区域"，是指介于郊区和闹市区之间，通常是农村剩余劳动力流入城市聚居的地区。这是一项综合治理计划，该计划试图示范一种治理城市贫民窟的新方法。它试图推动地方政府和私人联合组成某种机构，进行实验性的社区行动。每项计划包括从学龄前开始的教育，职业教育，少年犯罪教养班，法律服务，包含健康、家庭、青年就业等项目咨询服务的居民中心，还特别争取被服务对象参加工作。福特基金会为此共出资2000万美元。这一计划中的许多创意后来为60年代约翰逊的"向贫困开战"计划所吸收，同时也推动了大学和学术界对城市贫困人群和少数族裔问题的研究，1964年底约翰逊政府成立了经济机会办公室负责"向贫困开战"计划，福特就撤出了。

基金会的"挑战贫困"计划不断研究、跟踪变化中的贫困性质，并随着需要的变化而转移重点。80年代初开始从城市发展到农村，南方农村由于传统制造业式微、农业生产下降而贫困化，有可能出现向城市的移民潮，基金会及时注意到这一问题，并研究对策。在农村的工作分两大部分，一部分归纳为"生活、就业和创收"（简称LEIG），另一部分是更为治本的农业改进和水土治理。1986年，基金会任命了一个专家组，对前 5 年的工作作出全面评估，并对今后的工作提出建议，结果形成了 7 大册报告书，统称《80 年代中期报告》（以下简称《中期报告》），其中关于扶贫工作占据了最大的篇幅。

《中期报告》首先肯定把扶贫作为持续的优先目标的必要性，因为这是美国的顽症，据统计，美国在任何 10 年期间总有 1/4 人口曾处于贫困之中；同时福特基金会由于实力雄厚，是少数能够对改变现状多少做出成绩的基金会之一。1986—1987 年的两年间，用于城市扶贫项目的预算是 6590 万美元，农村为 1370 万美元。与 1982—1983 年的两年相比，城市增长了 57%，农村增长了 4.5 倍。从 1982—1986 年的四年中，用于城乡扶贫的预算占基金会总预算的 40%，这还不包括实际与扶贫有关却被列入其他项目下的预算，例如教育、人权和单项资助。此外，基金会还促进了对一些社会问题政策的辩论，并影响了政策的明朗化，例如少女怀孕和福利制度改革等问题。在政府对某些与扶贫有关的项目大幅度减少预算时，福特基金会的做法吸引了其他基金向这些项目投资，例如社区经济发展、法律服务等。因此，在这方面，福特是起了带头作用，表现在三个方面：长期承诺；这一主题放在公开日程的显著地位；影响他人（榜样作用）。

在具体做法上，福特基金会有一些创新，主要是鼓励和支持其他投资者参与社区扶贫工作。一种形式是资助成立或支持已有的各种"社区开发公司"（Community Development Corporations），吸引投资，激活经济。这些公司的业务内容有：改造城市贫困社区；对开发性和服务性项目进行投资，例如对城区低收入住宅的开发投资；建立社会福利研究机构。基金会还对这些公司提供金融和管理方面的咨询。另一种形式是在企业和有关项目中充当中介者。总的思想是，使有关投资者在扶贫的同时也能得利，同时促使经济繁荣，社会进步。

体现带头作用的另一工作就是研究问题，称为"创知"（knowledge generation）工作，就是不断根据形势变化提出问题，组织专题讨论或资助专家学者进行研究，以便选择恰当的重点，使扶贫工作事半功倍而有长远效应。

在 80 年代的具体项目中有两大重点值得一提，都与从尼克松到里根削减福利经费有关：

① 青年就业问题。从在校生做起，举办与就业相关联的训练班，在校外则支持社区与政府机构举办这类训练项目。5 年中每年为此花费 10 亿美元，受益青年达 75 万人。

② 贫苦妇女儿童健康问题。这是社会中最弱的群体，而又与社会的长远发展关系重大。实际上这一领域从 50 年代起就是福特的关注点之一，不过在 70—80 年代政府大幅度削减福利中，这一群体受害最大，其严重性更加凸显出来，所以成为福特 80 年代特别关注的重点。此项计划统称为"儿童生存/贫困妇女与儿童公平起点"计划，主要包括三方面的工作：计划生育、妇女在家庭中的权利与健康的关系、幼童（3 岁以下）生存与公平起点。具体做法是先建立少数社区的示范工作站，与志愿人员或团体合作，派工作人员帮助贫困妇女提高家庭地位，懂得运用医疗服务提高防病意识，保护儿童健康，然后收集资料，总结经验，加以推广。5 年中用于该项计划国内部分共计 2100 万美元。

此外还有特殊帮助对象如怀孕少女、南方农村的贫苦妇女、贫困地区的婴儿、失学儿童等。[①]

（2）种族问题

社会改良与种族问题，特别是黑人问题分不开。这是福特基金会长期关注的核心之一。五六十年代正是种族问题尖锐化和民权运动高涨之时，因此基金会在推进种族平等方面态度比较鲜明，工作也做得较多。在 1950 年的工作方针中就强调美国种族歧视问题的严

---

① 以上材料来源多半依据福特基金会《80 年代中期总结》(Mid-decade Review)。

重性，明确以此为工作重点。在各大基金会中它直接用于反对种族歧视和黑人福利的拨款遥居榜首，从 50 年代到 60 年代末不到 20 年间总数达 2.5 亿美元。其中突出的是支持"有色人种协进会法律辩护和教育基金"的活动，主要是保证黑人在登记选举、就业、居住和司法管理方面有平等的机会。这一资助延伸到墨西哥裔美国人和美国本土人（即印第安人）及妇女等。此外还关注国外的种族歧视，长期支持南非反种族隔离运动、支持巴西非洲裔人的平等权利以及亚洲争取宪法更加公开地对待少数族裔问题的运动。

教育方面，1956 年一次性拨巨款资助全国各本科大学、医学院和医院，尽管不是专为黑人，但全国 60 家黑人院校都受到资助。

福特基金会对民权运动间接和直接的资助，比较突出的有：

• 1953 年正当麦卡锡主义猖獗之时，资助"共和国基金"（一个民权组织）1500 万美元，用以维护公民自由权，特别是黑人的权利。

50 年代资助南方教育报告服务社，每年对教育方面取消种族隔离的进展情况作出调查报告，这项工作对推动南方有关机构解决种族隔离问题起到了积极作用。

• 1962 年基金会董事会在一项决议中进一步明确要扩大有关支持黑人履行选举权，实行一切种族在教育、就业、住房、娱乐、社交和政治方面机会均等的工作。60 年代后期更加直接支持黑人争取政治权利的活动，通过一些组织支持黑人捍卫选举权、培养青年黑人政治活动家等。

• 1968 年，出资数百万美元在华盛顿建立了一个"社区改革中心"，宗旨是推动全国各城市成立强有力的社区组织以"提高穷人决定自己命运的呼声"；与此相联系，成立了一个游说组织——"社区事务委员会"。由于华盛顿的贫穷地区实际上黑人占绝大多数，这一项目实际的帮助对象也是黑人。

由于这一系列被认为"激进"的活动介入了政治，引起了白人保守派的反对。50年代和60年代都有国会调查基金会的事件，福特首当其冲。1968年遭到第二次国会调查（罪名之一是资助黑人竞选）之后，基金会又于1971年大张旗鼓地宣布出资1000万美元以6年为期用于资助一批黑人高等院校。各方对此举的评论不一，有的认为是基金会的反击，表示继续支持黑人；有人认为是妥协，说明回到教育，退出政治。1968年董事会第一次吸收了一名黑人，改变了大基金会清一色为白人的历史（现在不少基金会的领导机构都已有黑人，不足为奇）。

90年代美国经济持续繁荣，基金会的资金也相应增加。福特基金会除继续原来的领域外，还开拓了一些新的领域，其中有宗教与社会的关系以及传媒在公民和教育文化生活中的作用。还有一些组织得到长期捐款，与扶贫和少数民族有关的有："关心非洲裔组织"（Africare）、"人力示范研究公司"（The Manpower Demonstration Research Corporation）、美国公民权利联盟等。此外，有几笔一次性的大额捐款也是这一时期的特殊项目，它们是：

• 5200万美元给北卡社区自助中心。该中心与全美联邦国家抵押协会合作致力于增加低收入和少数民族家庭的住房拥有率。这笔款项中的200万美元用于对这项计划实施10年的成绩评估。

• 2600万美元用于资助"毕业梦想成真"（Graduate Really Achieves Dream, GRAD）计划。这是一项成功的公立学校改革项目，先在休斯敦开始，后来推广到美国其他地区。在考试成绩提高、学校气氛改善、高中毕业率增加、十几岁学生怀孕率减少和升学率提高等方面成绩显著。基金会准备出资将这一计划扩大到6个城市10万名学生。参与合作的机构有其他公益组织，也有联邦政府。

• 1900万美元用于支持对"肯定性行动"的结果的研究和对话，并研究帮助发言权较少的群体的其他途径。这个问题对美国仍然很重要，因为在各方面生活中，肤色、性别的区别还很明显。

另外，还有一个与扶贫无直接关系，却与社区文化有关的 4000 万美元"匹配"赠款项目，捐给全美国 28 个艺术文化团体，包括戏剧、舞蹈、诗歌、博物馆及其他文化领域。这些团体都表现出特殊的创新精神，其中大部分接受者是第一次接受福特捐款，并愿同时为新的工作积极筹款。这一项目为期 5 年，接受团体在这期间进行合作，交流经验和技术。驱使福特基金会做这件事的原因是意识到文化机构对美国的思想生活、表达自由和社区活力极为重要。

仅 2000 年一年，福特基金会对"和平与社会正义"项目的拨款就达 8000 万美元，支持全世界的人权活动，其中 2600 万美元用于少数族类的权利和种族正义，700 万美元用于难民和移民的权利，800 万美元用于妇女权利。另外还有 1400 万美元用于支持原来的有色人种协进和墨西哥裔人的法律教育基金，进行有关"肯定性行动"的诉讼和争取受高等教育的权利。

4. 国际工作

在各大基金会中，福特基金会的全球兴趣最浓。原因之一是它在 1950 年改组振兴确定工作方向时，正值美国开始在全球确立其超级大国地位，同时又值冷战激化，因此其工作与冷战背景分不开。另一个因素是其会长霍夫曼和董事长小福特本人对世界事务有特殊的关怀。霍夫曼曾任实施马歇尔计划的主持人，小福特虽为共和党人，但在当时孤立主义与国际主义的两派思潮中拥护后者。1951—1954 年，基金会用于海外项目支出达 5400 万美元，约相当于它在同期全部支出的 1/3。

与洛克菲勒基金会不同，福特基金会的国际工作政治性较强，在冷战时期更加明确重点是与苏联争夺第三世界。1952 的一份文件称，基金会决定将海外项目集中在中东和亚洲，因为这些地区有许多新兴国家处于苏联—共产党领域的边缘，如果这些国家"民主失

福特基金会纽约总部大楼（福特基金会提供，戴纳·比利摄）

老亨利·福特和埃兹尔·福特（福特基金会提供）

福特基金会 1954 年在斯坦福大学内建的行为科学高级研究所（福特基金会提供）

卡耐基基金会与福特基金会联合资助的电视节目"芝麻街"（选自基金会理事会 50
周年纪念刊物）

作者在福特基金会总部大楼前，摄于 2001 年

败"的话，就意味着世界共产主义加强，发展中国家的战争危险就会增加。"如果印度走了中国的道路，整个亚洲就要分裂为二，也许自由世界将无可挽回地失去它"，为此应该大力培养印度和巴基斯坦未来的领袖人物。霍夫曼认为印度是中国的"软腹部"，并且有希望走民主的道路。[①] 根据这一认识，在一段时期内，印度成为福特基金会海外工作的重点地区。1953 年设培训与研究部，其主任明确表示，培训人才的宗旨就是"在海外直接或间接推进美国的利益"。[②]

二、凯洛格基金会

与福特基金会一样，凯洛格基金会也是跨越本书划定的分期线的。它成立于 1930 年，兴旺于战后。根据 2000 年《基金会年鉴》，它 1999 年的资产为 63.878 亿美元强，捐赠额 2.299 亿美元强，资产排名第六，捐赠排名第五。

威尔·凯洛格（Will K. Kellogg）的发家以及捐赠公益事业的历史与他同时代的其他人差不多。他于 1860 年生于密歇根巴特尔溪镇。父亲是安息日基督降临派牧师，同时经营一家制作扫帚的作坊以谋生。其家庭和所在地区宗教气氛很浓。19 世纪后期，这一教派的人士特别相信回归自然的生活方式有益于健康，其中包括水疗和素食。于是当地的降临派教徒就利用小镇以之命名的那条小溪建立了一家水疗疗养院。威尔的长兄约翰成为这家疗养院的首席医生。1880 年以后，疗养院十分兴旺，远近人士都来找"凯洛格医生"，约翰由此成

[①] John B. Howard, "Oral History", *Ford Foundation Archives*, Box 4–5.
[②] Edward H. Berman, The Ideology of Philanthropy: *The Influence of the Carnegie, Ford, and Rockefeller Foundations on American Foreign Policy*, State University of New York Press, 1983, pp. 56–57.

为一代名医，出版了 50 本书，其中有些思想在当时属于前沿，例如反对吸烟，并指出其与肺癌的关系。在此期间，弟弟威尔在疗养院管理图书馆和其他各种杂务，完全被他哥哥的盛名所掩盖。在之后的20 多年中，他协助其兄发明了许多避免肉食和动物脂肪的"健康食品"，最重要的是现在美国人早餐必备的各种"玉米片"。当时主要是供疗养院的病人用的，因需求日益扩大而发展起来。由于约翰只对发明有兴趣，拒绝做推销工作，威尔决定与哥哥分道扬镳，专心于发展公司，从此显示出他的商业才能。凯洛格食品业在短期内发展成全国数一数二的早餐食品业，凯洛格被称为"玉米片之王"。

凯洛格在日记中写道："我希望天赐我以大笔财产能够用于帮助别人，而我可能被认为是一名忠实的管家。"[1] 此话与卡耐基如出一辙。与卡耐基一样，他在基金会成立前对亲友和其他小型慈善事业已多有捐赠。他特别照顾其公司员工的福利。1927 年已经在女工工作场所设立了托儿所、儿童医疗站，还配备了一名营养师。在 20 年代末大萧条时，他不但没有裁员，而且设法重新安排工作日程以便多雇用工人，而且优先照顾家庭负担重的工人。

从 1925 年开始，凯洛格决定进行有组织的捐赠，先成立了一个"捐赠公司"（Fellowship Corporation）对巴特尔溪地区多项事业进行匿名捐赠。随后于 1930 年成立基金会，起初名为凯洛格儿童福利基金会，因为他的最初动机是想帮助残疾儿童建立信心面对未来，随即感到不够，遂去掉"儿童福利"字样，改为现名。他表示，最主要的是教育，不仅是儿童，还有家长、教师、医生，整个社区都需要教育，"教育能提供最大的机会，使一代比一代强"[2]。这又和卡耐基等人的思想完全一致。他用凯洛格基金会信托公司（W. K. Kellogg Foundation Trust）的资产建立基金会，绝大部分是凯洛格公司的股份，当时估价

---

① Waldemar A. Nielsen, *The Golden Donors*, p. 267.
② Ibid., p. 269.

为 4500 万美元。最初 5 年为实验阶段，凯洛格每年按项目拨款，5 年以后，开始给予大笔永久资金。他鼓励董事会尽量进行创造性的工作，资助前沿项目，他本人虽然参加董事会，但尽量避免以个人意志统治基金会，这点同其他基金会的第一代创办人是大不相同的。

凯洛格基金会的独特之处是创办于大萧条之时，当时许多企业都纷纷倒闭，他的食品公司与农业相联系，所以能维持下来。前 5 年基金会大部分工作都在巴特尔溪地区进行教育、医疗等福利项目。珍珠港事变后，基金会的工作转向为战事需要服务。其中一个重要的项目是应国务院的要求，开展在拉美的工作以协助加强西半球的国家关系。为此，基金会资助大批拉美国家的医务人员到美国进修，这一项目战后一直继续下来。

战后，基金会作了两项重大调整，一是从原来主要是运作型改变为纯粹捐赠型，二是把农业包括进来。新的农业方面的工作主要在西欧，那里因为战争的蹂躏，农产品和食物极度短缺。过去的儿童福利项目发展为一般的医疗卫生教育。不过与其他基金会相比，它更着重于基层的基本需求，例如牙医和牙齿卫生，这是不大为人注意的领域，却是低收入者最缺乏的服务之一。在教育方面也更重视基础教育、公立学校，而不是名牌大学，相当大的关注点放在农村。1950 年以后，开始支持社区学院的发展，在把这类学校从狭隘的职业学校发展为综合性的教育机构方面做出了巨大贡献。1950—1960 年期间另一项重点是发展成人终身教育，除医疗和教育的职业进修外也包括一般性教育。它是最早关心社区大学发展的基金会之一，此外还在 9 家地区性大学资助建立住宅中心，以供成人延续教育。

在政治上，凯洛格是坚定的保守派，拥护共和党。他拥护胡佛，反对罗斯福，对"新政"持尖锐批评态度，因为他不赞成政府管理福利事业。1967 年，长期担任会长的莫里斯（Emory Morris）去世，基金会原农业部负责人莫比（Russell Mawby）继任会长。他的思想与凯洛格大体相同，接任后大体方向不变，只是根据情况的发展有所变化，其中主要是：

• 更加向弱势群体倾斜。1968 年捐款 2000 万美元给全国的黑人高校；400 万美元给联合黑人大学基金的会员机构以改善其管理；700 多万美元用于改善土著美洲人（主要为印第安人）的经济和教育条件；1500 万美元用于改善为残疾人服务和提供机会的项目。

• 大力扩大对老年人的服务和就业机会等项目。资助养老院，其创举是利用 240 家高校的设施为老年人举办教育项目；资助建立老年学，把照顾老年人职业化，培训专门护理人员。

• 在卫生方面大力宣传个人应对自己的健康负责，采取健康的生活方式以防止疾病的观念。支持提高老人和残疾人生活质量以及降低医疗费用的研究项目。

• 开展专为解决职业女性所遇到的问题的项目。这是由于保守派人士认为现代美国社会家庭解体、世风日下，基金会设法对此有所补救。

最后两项自由派人士也在进行，但出发点不同，却殊途同归。

1969 年的政府税法改革中，凯洛格仍力图保住基金会资产与企业密切相连的关系，而不愿按要求分散其股份，但未获国会通过。此后，其股份就逐渐分散。

根据 1999 年的资料，基金会的主要兴趣一直未变，捐助项目相当集中：有一个项目称"如何让社会保险网的提供者持续下去"，做法是向若干大学和医疗机构捐款，要它们为社区、医疗和人力服务机构的合作作出示范。资助对象有哥伦比亚大学、密歇根大学、得克萨斯州艾尔帕索县医院、华盛顿特区医院、底特律亨利·福特医疗系统和迈阿密一家疗养院。每家 400 万至 500 万美元，为期 5 年。还有一笔最大的捐款是给弗吉尼亚州亚历山德丽亚地方的乡村基金会，帮助其建立吸引黑人积极参与社会生活的长期机制，共 1847 万美元，以 3 年为期。以上几例可以见其捐助的主要特点。

凯洛格基金会的绝大部分资助在美国国内，也有少量对国外的，主要是拉美、加勒比海和少数几个特定的非洲国家。在欧洲最大的项目是在英国牛津大学延续教育系设立成人业余教育的基地，称"凯洛格学院"，最近一笔捐赠是 1998 年捐赠 1000 万美元供其 5 年使用。[1]

三、大卫与露西·帕卡德基金会

大卫与露西·帕卡德基金会（The David & Lucile Packard Foundation）成立于 1964 年。其创始人大卫·帕卡德（David Packard, 1912—1996）是休利特–帕卡德公司（Hewlett-Packard Company，即今惠普公司）的创办人之一。[2]

大卫·帕卡德生于科罗拉多州，自幼爱好电气，在斯坦福大学学习无线电工程。后来与其同学休利特（William Hewlett, 1913—2001）共同在加州创业，以发明和出售振荡器起家。振荡器是一种测试声音的器具，沃尔特·迪斯尼是最早的主顾之一，用以测试他的卡通片的配音。1947 年他们成立了休利特—帕卡德集团公司。

帕卡德深信企业经理对其员工、顾客和所在社区都负有责任，因此他率先在公司中实行当时还少见的福利制度，如灵活的工作时间、大病医疗费报销等。在公司中首创办公室开放制度，实行"咖啡谈话时间"，使经理和雇员有共同喝咖啡就问题交换意见的机会。帕卡德

---

① *The Foundation Directory*, 2000, p. 936.

② 与此有关的基金会有三个，容易混淆。一是休利特—帕卡德基金会（Hewlett-Packard Foundation），属公司基金会性质；另外两家是帕卡德夫妇与休利特夫妇以各自的名义创办的家庭基金会：大卫与露西·帕卡德基金会和威廉与弗洛拉·休利特基金会。其中帕卡德基金会最大，也是美国最大的家庭基金会，并有自己的特色，这里介绍的是这家家庭基金会而不是休利特—帕卡德公司基金会。

和休利特二人被认为是硅谷的创始人。他们创立的先进管理模式已经为世界许多企业效法，被称为"惠普（HP）管理法"。他们的公司被称为"硅谷之父"，现仍是硅谷最大的雇主之一。帕卡德不仅是企业家，还是社会活动家，是斯坦福大学的校董，参加许多民间团体，比如加州自然保护协会、鱼类与野生动物保护协会。1969—1972年间他还当过助理国防部长，并担任过总统科学技术顾问委员会委员。

1964年帕卡德夫妇建立大卫与露西·帕卡德基金会，是家庭基金会性质，直到1976年，基金会只有一名专职工作人员，12年内给出的钱刚够100万美元。之后有了较大发展，到1995年，大卫逝世前一年，工作人员已达54人，资产25亿美元，捐出款项达400万美元。1996年大卫死后将遗产60亿美元捐给基金会，形成现在的规模，至2000年资产达100亿美元，1999年大约捐出400余万美元。董事会现有成员10人（其中4名帕氏后代），工作人员达135人，另有20名顾问。大卫去世后董事长由其女苏珊·奥尔夫人（Susan Packard Orr）接任。总部及其工作项目都在南加州，科罗拉多州只有一个小的项目。

这家基金会的主要关注点在四个方面，都是其家族的兴趣所在：人口、环保、科学和儿童。此外还有艺术品和影片的保存、社区福利以及企业管理等。主要途径是加强对有关的个人和机构的资助，使他们能长期造福社会。1996年以前的主要成就有：

（1）海洋博物馆和研究所。大卫对海洋情有独钟，认为海洋是人类在地球上未开发的最后"疆土"，于是基金会出资5500万美元设计和建造了蒙特雷湾海洋博物馆，该馆现已是加州一个著名的旅游参观点，每年观众有100万—200万人。同时，基金会又建立了与此相联系的海洋研究所，探测海洋的奥秘。该研究所拥有两艘船、两艘潜艇与100名工作人员，供各国海洋科学家和工程师进行研究，发展尖端海底探测技术。

（2）鼓励青年从事理工科的学习和研究。设大学物理、化学、生物科系的青年教师博士后奖学金，迄今已给出 8000 万美元，鼓励大学教师在理工科方面有所建树。

（3）儿童健康福利。捐资 4000 万美元建立露西·帕卡德儿童医院。露西死后，大卫又建立儿童未来中心，作为基金会的一部分。

（4）教育。1953 年，帕卡德设立了一个本地区的公司职工在职培训项目，使职工能业余攻读斯坦福大学硕士学位。帕卡德夫妇与休利特对斯坦福大学的捐赠累计已达 3 亿美元，对斯坦福大学成为世界级的教学和科研高等学府起了很大作用。为纪念他们的恩师特尔曼教授，帕卡德与休利特二人捐款 1230 万美元在斯坦福大学设特尔曼奖学金。大卫去世前又捐给斯坦福大学 7700 万美元建立理工广场。

基金会从 1998 年开始的五年计划项目：

（1）加州土地保护计划。如果发现有特殊风景的地区走向市场，基金会就与其他非营利组织一道把它买下，由非营利组织管理，免于落入开发商之手；或者就把土地交给公共机构，条件是不得用作商业性用途。这一计划得到的舆论赞扬最多，可与早期洛克菲勒基金会的水土保护项目如保卫大堤等媲美。

（2）人口项目。在美国国内是支持"生育自由"（即不反对堕胎），将工作人员派往欠发达国家（如墨西哥、菲律宾、缅甸、印度、巴基斯坦、苏丹、埃塞俄比亚等国），主要进行计划生育宣传和提供帮助，还支持在英国的计划生育国际联合会、国际保护母亲组织等。

与老一代公益家一样，帕卡德夫妇创办基金会是基于自己的一套价值观和与别人分享自己的财富的愿望。他们在基金会中推行其价值观，并与其独特的管理方式结合起来。

帕卡德夫妇抱有这样的信念：美国最适合于此类私人出资、自愿在一些领域内起带头作用的捐赠机构。这些基金会与大学、医院、青年组织等其他民间组织一道形成美国的伟大传统，作为政府的补充，满足社会需要，而且在许多方面甚至比政府更加有效。汇集私人资金用于公益事业，能使千百万人成为捐赠者，将志愿工作者的努力纳入一定的轨道。所以，基金会一贯致力于通过加强大学、医院等机构来增进和改善人们的教育水平、健康状况、文化生活、就业机会、环境和生活质量。他们据此给基金会提出了一套守则，要求董事会与员工共同遵守。这是一套既有道德理念，又有实际操作意义的守则：

- 正直：同事相互之间以及对待周围居民和接受捐赠者都要开诚布公，力争达到最高行为道德标准。
- 尊重一切人：在代表基金会与人打交道时永远态度友善，尊重对方。基金会的成功有赖于经常征求和倾听别人的意见。
- 相信个人的创意：在基金会中建造一种信任和灵活的氛围，奖励好的创意。在捐赠活动中也努力寻求能对其领域做出创造性的贡献的个人和组织，然后对其思想给予尊重和支持。
- 讲求效率：善于抓住难得的足以作出突出成绩的机会。为了工作的效益随时准备改变计划和方略。以长远的目光来选择支持的领域。
- 有宏大思考的能力：能够下决心对独一无二的、足以产生长远影响的项目进行大笔捐资。这种项目既可以是基金会自己开创的也可以是接受别人的创意。为此，基金会的运作应有一定的灵活性以便随时响应这种机会。

四、索罗斯系列基金会

索罗斯（George Soros）其人在我国以金融投机家而闻名，他同时也是极有特色的慈善家。他是犹太人，1930 年生于匈牙利，家境富裕，"二战"中九死一生逃过纳粹魔掌，后来为逃避苏联红军占领下的匈牙利，全家于 1947 年移居英国。索罗斯在伦敦经济学院毕业，1956 年全家又移民美国，在美国建立了一家国际投资基金，开始发财致富。真正使他成为国际名人的是 1992 年的英镑投机事件，他从中赚了 10 亿英镑，被称为"搞垮英格兰银行的人"。他有诸多著述，并得到牛津、耶鲁和布达佩斯经济大学的名誉博士头衔。1995 年，意大利的博洛尼亚大学授予他该校的最高荣誉"荣誉事业桂冠"，以表彰他在全世界促进开放社会的业绩。索罗斯著有《金融点金术》《开放苏联制度》《为民主担保》《索罗斯谈索罗斯——永远得风气之先》《资本主义危机》等著作。80 年代开始从事慈善事业，他的经历和信仰使他的慈善事业带有较浓的意识形态倾向：一开始就是以促使东欧国家向民主"开放"为目标。第一个对象就是其祖国匈牙利。他首先为匈牙利提供复印机，企图以此方式与新闻检查作斗争，随后又为东欧各国的持不同政见运动提供资金，有人说他几乎成为这些运动的中央银行。

1979 年索罗斯在纽约成立他的第一家基金会：开放社会基金（Open Society Fund）。他阐述"开放社会"的意义是：承认无人能垄断真理，不同的人有不同的观点和兴趣；需要有一个机构来保护人的权利，使他们能够和平相处。"开放社会"一词来自哲学家卡尔·波普尔（Karl Popper）的著作《开放社会及其敌人》（1945 年出版）。简而言之，一个开放的社会应建立在法治、民主选举的政府、多样化的有活力的公民社会的基础上，并尊重少数民族和少数人的意见。波普尔是索罗斯在伦敦经济学院的老师，对他的思想有很大的影响，其思想也成为索罗斯创办开放社会基金事业的理念基础。

索罗斯基金会网（Soros Foundations Network）是索罗斯在许多国家按照以上理念创办的独立公益组织的松散网络的统称。总部在纽约，由人权监督组织前秘书长阿耶·奈尔（Aryeh Neier）负责。1984 年在匈牙利成立第一家东欧基金会，1987 年成立"索罗斯基金会——苏联"。以下凡提到"各国基金会"即指索罗斯在各个国家按照其"开放社会"宗旨所建立的基金会组织。现在已经存在于 30 多个国家，拥有职员 1300 多人，至 1997 年已提供 11 亿美元。各国的基金会都由该国各地、各族、不同政治和职业背景的杰出人士组成董事会，决定该组织的工作重点和活动。关注的问题有文化艺术、青少年、市民社会、经济改革、各级教育、法制改革、公共管理、传媒与信息交流、出版、医疗卫生等。由于不同国家的条件各异，所进行的项目及优先次序也各不相同。但是所有国家、所有活动的共同目标是促进开放社会，主要就是支持新闻自由、鼓励政治多元化和保护人权。因地制宜是索罗斯工作方法的一个鲜明的特点。

2001 年基金会所在国家囊括前中东欧社会主义国家和前苏联地区（不包括统一后的德国），在捷克和斯洛伐克各有一个基金会组织。巴尔干半岛除南联盟外有波黑、克罗地亚、马其顿，其他多为不发达国家和地区，如阿塞拜疆、蒙古、南非、非洲南部、危地马拉、海地。所有的名称大同小异，或"开放社会"，或"索罗斯"，只有在海地名为"知识与自由基金会"，可能认为海地已经开放。此外还有国际科学基金会、国际复兴基金会等。1994 年整个基金会网给出的捐资总数为 3 亿美元，1995 年为 3.5 亿美元，1996 年为 3.62 亿美元，1997 年为 4.284 亿美元。绝大部分用于教育。2000 年共捐出 5 亿美元。

以 1996 年为例，索罗斯对前苏联地区和东欧国家的捐助总数为 1.52365 亿美元，其中对匈牙利、白俄罗斯和南联盟的捐助数目超过美国政府当年的援助（美对南未有任何援助），对俄罗斯和阿尔巴尼亚则超过政府援助的半数。[1]

---

① Time, 1997 年，转引自《交流》，1997 年 4 月。

苏联解体和东欧剧变以后，索罗斯基金网成立了以下一些主要机构。

1. 中欧大学

中欧大学（Central European University）于1991年成立，总部在布达佩斯，只有社会学系在华沙授课。一律用英语教学，课程设置主要适合前苏联和东欧国家学生的需要，东欧国家的学生不必交学费，免费食宿，还能得到奖学金和在校期间的医疗保险。成绩优异者还有机会获得到英国或美国学习一年的奖学金，获得此机会的学生必须签订合同，一年期满保证回国。这所大学是在冷战结束后民族主义高涨，特别是巴尔干冲突激化的时期成立的，其特色之一就是来自互相仇视的民族的学生在这里和平相处，必须按照学术规范讨论和争论问题。学校还开设巴尔干研究系，并为学生提供去当地深入考察的机会，因此对西欧和美国的学生也有吸引力。

该大学主要为硕士研究生开设课程，1997年以后设博士学位点。专业有经济学、生态学与环境政策、历史、中世纪史、政治学、社会学、国际商业法、比较宪法、国际关系—欧洲研究等。1997年开始，历史、法学、中世纪史和社会学授予博士学位。1997年12月政治学系的博士学位得到纽约州立大学评议会的认可。1997年以后又设民族主义、人权、东南欧、性别、文化等跨学科研究项目，有的授博士学位，有的授硕士学位。

索罗斯称中欧大学为他的基金会网的"大脑"。中欧大学原来是区域性的，现在致力于"全球化"。学生的数量已经日益扩大，1997—1998学年注册新生630名，来自35个国家，到2000年上升至来自40个国家的858名。除中东欧和前苏联外也有西欧、北美和亚洲的学生，多数攻读硕士学位，也有跨学科的博士生。1997年开始与本地区其他高等院校实行一项"联合聘用"计划，即其他大学的教授可以部分时间在中欧大学兼课，这样，中欧大学的研究生可以得到更好的导师，而且整个教学计划和课程都受益，国际交流也得到加强。已经有来自 26 个国家的 100 余名教授在此授课，还有著名教授学者来讲学、开讲座等。中欧大学现已发展成为正规的普通大学，毕业证书得到匈牙利政府的承认。

除了教学与研究的主要任务外，中欧大学还为本地区高校的校际合作提供服务。每年大约有 1400 名教授参加校外项目，共同研究改善本地区教学课程的活动。经费由索罗斯支持的高教项目提供，组织工作通过校外项目委员会进行，中欧大学的教员志愿参加工作，所从事的项目和讨论的问题多为前沿课题。该大学有名的课程是民族主义研究和综合西方、东正教和伊斯兰文化的中世纪研究。其图书馆是中欧地区英语书籍藏书量最大的。纽约州立大学现已与该大学互相承认学位。

另一项活动是办暑期大学。1997 年开设 19 门课，有 29 个国家 500 人来参加。其中人数超过 100 人的课程有：图书馆制度、性别研究、环境影响评估、劳动市场经济学。除课堂授课外，暑期大学还利用互联网和自助图书馆进行教学。

2001 年，索罗斯向中欧大学一次性捐助 2.5 亿美元，以取代原来每年 2000 万美元的拨款。他称之为"切断脐带"。

该大学校长强调其师生不是单纯从事理论研究，而是要把理论用于解决实际问题。现在该大学的毕业生已经有人担任要职，如匈牙利总统办公室宪法关系部主任。

2. 开放社会研究所

1993 年在纽约与布达佩斯同时成立了开放社会研究所（Open Society Institute，以下简称"OSI"）。这是索罗斯基金会网的一部分，其宗旨也是促进开放社会，运作方式是资助世界各国有关教育、社会与法制改革的项目，鼓励对复杂有争议的问题从不同的角度提出意见和解决方案。同时也对索罗斯基金网中的其他组织给予行政、财政和技术的支持，并协助管理基金网中特定问题的项目。另外在布鲁塞尔、巴黎、华盛顿都设有办事处，负责基金网各组之间的合作，以及与西欧合作者之间的联络，包括欧盟所属的机构以及其他非政府组织。巴黎的办事处负责西欧各国，特别是法国；华盛顿的办事处负责联系美国政府与国会以及在华的国际机构和非政府组织。

OSI 所从事的活动大体分为三类：基金网的项目、国际活动和专注于美国国内的活动。在纽约的 OSI 主要从事艺术文化、经济与企业发展、儿童与青少年、英语作为外语的教学方法、医疗卫生等项目，对象还是基金网所覆盖的国家，此外与布达佩斯的 OSI 合作进行国际学者和学术交流的项目。纽约 OSI 的国际项目关注专制政权的问题，如揭露缅甸军事专制的镇压和帮助缅甸难民；"被迫流亡项目"对被迫流亡的人群及其原因进行研究，以便及早提出警告；索罗斯纪录片基金支持制作有关当代人权和社会正义问题的纪录片和录像。华盛顿办事处还有一项争取在全世界禁止地雷的综合努力的项目。

OSI 主要进行的工作有以下几个方面。

（1）欧洲工作

在布达佩斯的 OSI 是欧洲的活动中心（与匈牙利的索罗斯基金会是两回事，后者的活动仅限于匈牙利）。其所属项目及机构有：

• 出版发展中心：支持东欧及前苏联的书籍出版和出版业的发展；

• 宪法与法制政策研究所：帮助各国基金会进行法制改革；

• 支持高等教育项目：推进整个中东欧和前苏联地区的高等教育的进步；

• 教育政策研究所：帮助各国基金会最大限度地扩大其中小学教育项目的影响；

- 图书馆计划：培养图书馆管理人员，支持个别图书馆的课题；
- 地方政府与公共服务改革创意：推进次于中央的各级政府的民主和效率；
- 传媒项目：为各国的基金会和其他组织与传媒有关的项目提供咨询；
- "东—东项目"：帮助前社会主义国家之间交流经验和信息。
- 罗曼人参与项目：帮助罗马尼亚的东北部罗曼人参与到其所生活的社会的民主化过程中去；
- 学者交流：为中东欧、前苏联地区、蒙古、缅甸的大学生、学者和教授提供学术交流的机会。

此外还包括中东欧和前苏联地区其他有关人权、少数民族问题、公民社会和妇女问题的努力。

OSI 的地点设在布达佩斯市内中欧大学校区中，使用该大学的资源。研究所原有项目"开放社会档案"于 1998 年 4 月起并入中欧大学。该档案馆主要集中收集共产主义、人权和冷战的资料，为整个基金会网的各种项目服务，并为本地区培养档案管理人员。

（2）美国国内

美国国内的项目与其他地区不同，因为美国被认为是已经开放的社会，需要的是改正尚存的缺点。索罗斯本人有一些独特的想法，特别是反对国家控制。他利用他雄厚的资本从事一些与美国政府对着干的事，其中有：

- 反对政府的反毒品政策，认为药品控制过严，主张放宽大批目前的违禁药物，包括大麻，允许医生在处方中用来减轻病人痛苦。为此出资 1500 万美元进行宣传和支持各种公开讨论。他还向旧金山"潮流基金会"捐助 100 万美元为吸毒者提供注射针头，以防止艾滋病传染。此举引起舆论哗然。
- 反对美国服刑人数过多，为此创办犯罪、社会和文化中心，出资 500 万美元。

• 1996 年克林顿政府颁布的《移民法》也殃及合法移民的权益，因此建立艾玛·拉扎勒斯（Emma Lazarus，自由女神像底座所刻诗的作者）基金，并许诺三年中出资 5000 万美元以帮助像自己一样的移民获得公民权并争取其应享有的各项权利。

• 1994 年索罗斯的母亲去世，引起他对死亡的思考，于是他决定成立临终关怀机构，为此出资 1500 万美元。该机构有几十名专家分布于美加 31 所医院，目的是说服其他医生改变对死亡的传统看法。

在美国的 OSI 的工作致力于三方面：抵制市场机制进入不适当的领域；设法解决由于"市场原教旨主义"引起的财富和社会福利分配不均问题；纠正可能是出于善意的政策所引起的事与愿违的后果。

根据这几方面的宗旨，OSI 在美国国内进行的项目主要在以下两个方面：

① 法律与社会

索罗斯认为，美国民主的力量在于其法制系统有效的运作。公众一向指望律师、医生和新闻工作者把公众的利益置于个人利益之上。因此现在法律、医疗、新闻之类的行业为市场规律所统治是对美国基本价值观的威胁。美国人日益对法律制度失去信心，甚至对法律的职业有反感心理，法院经常受到政治的攻击。OSI 于 1997 年发起这一项目，目的是促进法律行业树立高标准的职业道德，努力恢复其公众服务性质，以重新获得公众的信任。这一项目扩大法学院、学生和律师为社区和公众服务的范围，鼓励这一行业的各个部门共同研究目前司法制度的弊病并提出改革之道，同时探索 OSI 本身如何对改革司法制度做出贡献。此项目开始的第一年给出的赠款24 笔共 300 万美元，用于以下几个方面：

一是协助穷人获得法律服务。美国人在日常生活中遇到的问题日益依靠法律解决，而中低收入的公民难以负担其费用。赠款中一大笔给"法律为公众利益服务全国协会",作为与各律师事务所和公司捐献的匹配资金,用于全美法律系研究生为公众服务两年的奖学金。这是当年全美这类奖学金收到的最大的一笔捐款。

这一项目开始时正值国会削减 1/3 资助穷人法律服务的联邦基金,并取消了全部给全国和各州此类中心的补贴。OSI 迅速与福特基金会合作建立一项未来司法平等基金,主要目的有二:向那些为穷人提供法律服务的团体提供技术和实质性的法律支援;重审与改建当前的法律服务制度。

与律师公会、法学院和其他人士合作资助一些创新活动,诸如利用技术革新改善法律服务质量,多用调解方法解决争端,发展社区机制以减少对律师和法院的依赖,发展让个人代表自己的机制等。

二是保护司法独立。这是指在美国的制度下,由于政治的干预,对一些有争议的问题持某些主张的人士常常得不到公正的司法保护(例如移民、堕胎、肯定性行动等问题),有关法院和法官也常受到政治攻击和压力。本项目提供若干资助建立基础广泛的超政治的承诺,保证美国人都能做到与政治压力隔绝,能在作出公正裁决的法院进行诉讼。

② 福利改革

1996 年美国联邦政府关于福利改革的立法把对多子女家庭的补助的责任转到了州一级。因此,各州开始重新制定其福利政策。OSI 于 1997 年拨款 200 万美元给各州联盟(State Coalitions)建立"重新制定州福利政策集资团",由社区改革中心主管,另外两个组织——预算与政策优先次序中心和法律与社会政策中心——协助其管理。其工作首先是防止各州的福利计划对贫困家庭和儿童过于苛刻;然后争取各州的计划中包括一些积极的措施帮助低收入家长解决子女托育、入学交通、就业等困难,保证工作的报酬足以使有关的家庭脱贫。许多受到集资团资助的组织能够就诸如饥饿、托儿、医疗等专项问题，把基层民众与一些在这些问题上对州立法有影响并有专门知识的小组织集合在一起，共同发挥作用。美国经济的强劲势头使失业率减少，有助于减轻福利负担，但是另一方面就业的标准提高，给非熟练工人增加了困难。OSI 的这一项目旨在建立一种福利制度，使这类人能稳固地与主流社会联系在一起。"重新制定州福利政策集资团"是出资者与若干全国性组织的合作机构，其工作已取得很好的效果。OSI 的 200 万美元的另一半是合资捐赠，在一年中已经吸引其他基金会捐助 70 万美元。

除此之外，在美国的 OIS 还有以下一些项目：

• "在美国死亡"：支持对另一种临终关怀的方式的探索，以改善目前对病人及其家庭的照顾方式；

• 林德史密斯毒品政策研究中心：扩大关于毒品政策的辩论范围，减少吸毒人员所受伤害，增加愿意戒毒者得到治疗的机会；

• 犯罪、社区与文化中心：旨在研究对社会安全问题采取有效而人道主义的态度，减少现在对犯罪过分依赖刑罚的做法；

• 通过城市问题辩论、文艺节目和新闻宣传等项目来加强被忽视的社区的青少年自我表达能力；

• 改善老城区学生受教育的机会，支持课余教育的普及，培训和提高职业教师；

• 改革竞选献金制度以减少金钱在政治中的作用，途径之一是建立另外的政治交流渠道，包括在电子传媒中推动公众对政治的关注；

• 推动保护妇女的政策法律，包括对女性综合的照顾、生育与堕胎自由等；

• 开放社会奖学金计划：资助为推进开放社会而工作的个人，包括学者、作家、摄影家及其他。

以上各项工作产生了很好的效果：

第一，吸引了更多的捐赠。例如关于移民的艾玛·拉扎勒斯基金到1998年已接受了1000万美元捐款，对国会通过恢复120亿美元的社会保障金有很大的作用。基金会对"法律为公众利益服务全国协会"的捐款吸引了许多律师事务所和一些企业和个人捐款，赞助了70名新增加的在全国为公众利益服务的律师。对课余教学的捐款引来1400万美元赞助金，使纽约市内14000名学童得到较好的课余教育。

第二，某些问题引起公众的关注和讨论，促成政策改变。例如由于林德史密斯中心以及研究所支持的其他一些组织对争取改变现行毒品政策的努力，公众对于对付吸毒的态度已有所改变，不支持对吸毒者一味高压的做法。对移民、生育选择权、竞选献金制的改革和临终关怀都起到了关键作用。

第三，在美国的项目开始时正是美国的政治生活"权力下放"时期（即政府减少介入）。在上述各个领域出现了改革的大好时机。研究所的决策也符合这一方向，本质上是由政府走向民间。例如支持"重新制定州福利制度集资团"向31个州的100个组织捐了近300万美元争取各州在制订新的福利计划时在儿童医疗、交通和就业培训方面有所改善。另外OSI于1996年在巴尔的摩设立了办事处，争取到大批资金转向民间，对一些市区的改革取得实质性成果。

五、麦克阿瑟基金会

麦克阿瑟基金会1970年成立于芝加哥。其创办人约翰·麦克阿瑟本人是在大萧条时以收买破产企业的股票投机起家的，后来又开办金融和保险公司，专门乘人之危赚取暴利，连他的兄弟也认为自从他进入保险业，那就是这一行业最黑暗的时期。他曾被《福布斯》

杂志列为美国两大首富之一，但是生活极为节约，吝啬到不近人情的地步，待人也粗暴无礼。总之，在 60 年代，他代表最恶劣的资本家的形象。他本人绝非慈善家，也不相信社会平等和改良，与卡耐基、洛克菲勒等人完全不一样。据说他成立基金会是由于不知道如何处置他的财产。基金会真正正常地运作是他于 1978 年去世之后，现在成为对美国和全球的改良与和平事业最大的资助者之一。

基金会的董事是麦氏夫妇与其子罗德里克（J. Roderick Mac-Arthur），董事长兼会长、副会长以及总顾问都是公司的合伙人和高级职员。麦克阿瑟本人 1978 年去世，没有留下任何对基金会的指示。在他死后一段时期，基金会内部矛盾重重，罗德里克和其他几位董事意见不同，他认为基金会应该起破冰船的作用，作为政府的"社会良心"引导政府，因此其主要资助对象首先应该是处于探索中的天才。例如爱因斯坦不能先提出一个要发现相对论的项目申请才得到资助。他还认为这符合老麦克阿瑟重视个人创造力、轻视官僚组织的一贯精神。对基金会的运作和组织，他也与其他成员看法不同，所以处境孤立。经过激烈的内部斗争，董事会扩大，新的成员多数为罗德里克请来的自由派倾向的教育家、科学家，其中有前芝加哥大学校长、麻省理工学院名誉院长、诺贝尔奖获得者等。罗德里克的意见得到一定支持，但是内部斗争仍然不断。由于难以取得一致意见，基金会采取一种独特的组织方式：成立若干小组，各由一名董事领导，自己决定资助对象。虽然其捐资方向仍不确定，基金会的财产却迅速增加，规模日益扩大。由于税法规定了每年必须捐出的最低数，基金会在最初几年中往往对单一对象给予大笔资助。例如 1982 年在一位董事建议下，捐款 1500 万美元建立一家新的世界环境和资源研究所；1983 年在另一位董事建议下，捐款 2000 万美元，资助把基因工程的成果用于寄生虫病的研究项目。

罗德里克本人一直坚持基金会的主要任务应该是致力于社会改

良，为政府所不能为，在诸如公民权利、环境保护、反对当时里根政府的中美洲政策等问题上，他都站在进步的一边。但是，一方面，他所处的时代是美国社会倾向于保守的时期，另一方面他既理想主义又刚愎自用，与董事会所有成员都不和，因此他的主张并不能在基金会中贯彻。他还曾向法院控告其他董事会成员滥用资金，中饱私囊，控告虽未能成功，却使基金会的工作在不断争吵中有所改进。1984 年 5 月，董事会决定以 3.84 亿美元卖掉保险公司，这样，与很多基金会一样，麦克阿瑟的资金也开始分散，不再集中在一家。这样也除去了罗德里克对基金会的一项指责。富有戏剧性的是，罗德里克于当年 12 月因癌症去世。在此以后，麦克阿瑟基金会内部尖锐的冲突逐渐平息，而且实际上罗德里克的思想还是留下了烙印，加上其雄厚的资财，并吸收了一些有经验的顾问，例如福特基金会前会长邦迪和卡耐基基金会会长汉堡等人，在 20 世纪最后的十几年中成为颇为重要的基金会之一。从 1984 年起，其资产一直名列美国大基金会的前列。1998 年底的资产为 41.68672 亿美元强，当年捐赠数为 1.23517 亿美元[①]。从 1978 年至 1998 年的 20 年中总捐赠数达 10 亿美元[②]。

老麦克阿瑟本人虽然不是慈善家，但是成立基金会就得有宗旨，麦克阿瑟基金会的宗旨笼统地定为："帮助团体和个人促进人类生存条件的持久改善。"宗旨在后来的工作中又逐步具体化："谋求发展健康的个人和有效率的社区，各国和国际的和平，对生育作负责任的选择，实现足以支撑健康的人类社会的全球环境。"[③]与其他大基金会一样，麦克阿瑟基金会在实践中有两大领域：一是国内改良，二是国际和平和全球发展，近年的趋势是国际的分量日益加重，在20 世纪 90 年代，国际项目大约占它有组织捐赠的 40% 强。与福特

---

① *The Foundation Directory*, 2000, p. xi.

② *The Foundation 1000*, Council on Foundations, 1999, p. 1724.

③ *The Foundation Directory*, 2000, p. 590.

基金会一样，麦克阿瑟基金会由于实力雄厚而出手较大，不过相比之下，麦氏的捐助更加集中。90年代中期以后，麦克阿瑟基金会的捐助集中在八大项目：社区建设、教育、卫生、和平与国际合作、人口、世界环境与资源、个人课题（设麦克阿瑟奖金），以及其他综合性项目。以上八项中只有第一和第二项主要在美国国内，其余都是面向国际的。最后一项是指在基金会经常性项目以外的随形势而变化的研究和行动，例如近年来的国际经济问题和人权问题。

基金会国内问题上的做法是研究和实践并重。在地域上有两个重点，芝加哥（基金会所在地）和佛罗里达州的棕榈滩（老麦克阿瑟去世的地方）。主要关注以下三方面：

• 经济机会平等，包括对经济不平等的根源的研究、有关政策的分析、促进向经济平等和社会保险方向倾斜的政策，以及有利于经济平等的社区建设的直接行动。最后一项限于在芝加哥和棕榈滩。

• 加强社区促进个人和集体发展的能力，重点在低收入社区，包括社区规划、因地制宜地开发人力物力资源、政策分析以及资助当地的艺术发展（基金会相信艺术是推动个人和社区进步的有力手段）。

• 儿童和青少年成长，重点在研究和实施公立教育制度、社区青少年设施和少年犯罪的司法制度几方面的改良。

基金会在国际方面关注的核心问题是军备控制与和平、人口和环境，其中人口和环境项目的国外重点是：巴西、墨西哥、印度和尼日利亚。

在对这些领域选择资助对象和课题时，基金会贯彻以下宗旨：

• 强调安全的持续性——鼓励对当前世界性问题的根源以及可行的处理办法的研究；

• 建立新的伙伴关系——寻求与其他国家的有关机构合作，特别强调人权问题，促进市民社会的参与；

• 美国的利益和责任——对美国决策者和公众进行教育，使他们认识到美国积极参与这些全球性问题的解决，既是它的责任又符合其利益。

麦克阿瑟基金会成立于冷战后期，对冷战以及冷战后的形势的关注是其特点之一。因此它在地域上的重点经常是苏联和东欧地区，冷战前后都是如此。这方面有特色的项目是柏林墙倒塌之后对民主德国转变的资助；苏联解体初期，捐资进行档案的整理与公开，特别是涉及外交部分，美国学术界对此兴趣极大，从各种渠道千方百计设法得到这些档案。麦克阿瑟基金会于1991年就设"冷战史"项目，以华盛顿的威尔逊国际学者中心为基地，资助美国及有关国家的学者利用前苏联的档案对冷战期间各个方面的课题进行研究，包括范围甚广，形式多种多样。俄罗斯、东欧和中国学者都在不同程度上参加了这个项目。其中一项工作是组织力量把俄文档案译成英文，按问题出不定期的《冷战公报》，已连续进行10年。由于俄罗斯的档案尚无规范的整理和解密制度，查阅不便，而且懂俄文的人毕竟大大少于懂英文的人，这种公报成为冷战史的权威研究资料，尽管这些资料不可避免地经过美国研究者的筛选。特别是有些档案是在苏联解体初期的混乱中开放的，现在又封闭起来了，所以已开放的资料尤为珍贵，基金会的这一工程也就更有意义。最近的一大动作是在2001年"9·11"之后，麦克阿瑟基金会公布出资500万美元设立对恐怖主义的研究项目，鼓励有志者申请。

六、威廉·宾基金会

威廉·宾基金会（William Penn Foundation）成立于1945年，原来以创立者奥托·哈斯（Otto Haas）的妻子菲比·沃特曼·哈斯（Phoebe Waterman Haas）命名，后改名为哈斯社区基金（Haas Community Fund），后来又改称威廉·宾基金会。这个基金会有几大特点：一是家庭性质，其资产始终绝大部分是罗姆—哈斯公司的股份；二是地区性，其活动范围仅限于费城、新泽西州的卡姆登和德拉威地区的几个县；三是以贫民福利为中心。

奥托·哈斯出生于德国贫苦之家，1909 年来美国，以化学工业发家，他的公司名为罗姆—哈斯（Rohm & Haas Company）。1960年老哈斯逝世后由他的两个儿子继承并亲自管理。最初哈斯成立基金会的动机是为了减免遗产税，使他的企业牢牢控制在家族手中（遗产税与控制公司的关系是，遗产税率极高，如果所有财产都作为遗产，则为缴纳遗产税需要卖掉一部分所持股份，就会使家族控股减少）。由于哈斯的妻子是在印第安人的保留地长大，对底层人民疾苦比较了解，对社会福利有浓厚兴趣，所以基金会一开始就以社会福利为重点，最初规模不大，主要捐赠对象为当地的医院和教育机构。基金会开始发展是在 1955 年，哈斯家族聘请理查德·贝内特（Richard Bennett）管理基金会事务，贝内特任基金会执行会长达25 年，基金会的活动也以他的思想为转移。贝内特为贵格派（或称教友会）教徒，第二次世界大战时因"良心反战"活动而被拘留过。战后他参加美国教友会，负责种族关系和少数民族事务。他以处理宾州的种族关系时所表现的能力受到哈斯家族的注意，同时他也经常批评哈斯公司在用人上对黑人的歧视。哈斯家族请他来主持基金会事务并长期给予支持，说明其本身的倾向性。正是在此时，基金会改为现名。威廉·宾是早期著名的教友会人士、慈善家和改革家。宾夕法尼亚州就是以他的名字命名的。

贝内特把他的理想和主张贯彻到他主持的基金会工作中，到他1982 年退休时，基金会的累积捐赠达 1 亿美元，其中 1/3 为社会福利，其余 30% 为教育，16% 为医疗，12% 为文化。在后期，福利进一步增加，教育有所减少。70 年代以后，捐助更加集中，大的连续项目有：在费城地区建立新的烧伤治疗系统；在一些居民区为穷人就医创造条件；少数民族青年的失业问题；贫民住房问题；犯罪和司法问题，特别是穷苦被告人的权利；80 年代初开始在费城地区建立临终病人及其家属的疗养院。基金会的另一特点是对当地居民需要的变化比较敏感。贝内特认为基金会不但影响社会，而且也应接受社会的影响，以使其工作符合所服务对象的需要。他对七八十年代美国政府的向右转和军事扩张政策有过尖锐批评。

1982 年接替贝内特任基金会会长的是一位全美国知名的黑人教育家沃森（Bernard Watson）。他原在芝加哥大学任教，60 年代后期应聘到费城任学监，到基金会之前任坦波大学副校长。他的思想基本上与贝内特一致，都重视基层福利。他到任后更进一步建立私人组织负责人与地方政府对话的机制，以更好地了解当地居民的需要。鉴于经济衰退和政府福利开支的削减，他对基金会不救急的原则予以变通，设立了救急基金，帮助特别匮乏的穷人购买食物和冬天取暖以及加大对残疾人的救助等。他宣布此项措施时申明：基金会不应该解脱政府的责任，但是也不能无视无助的人的温饱、住房、医疗等最基本的生存问题。另外，沃森还启动与其他基金会的合作项目。1983 年的重要工作有：与其他 8 家基金会合作为当地无家可归者提供住处；与其他 25 家基金会合作帮助 2500 名城市青年获得暑期工作和职业培训；为刑满释放青年提供特别服务的项目，其结果使重新犯罪率减少 84%；帮助西南亚新移民自助自立；向费城黑人工会领导理事会捐款几百万美元，协助其雇用青年进行某些非营利机构设施的恢复工作等等。

基金会的工作倾向与哈斯家族的思想倾向也是分不开的。老哈斯的儿子约翰·哈斯是董事长，与会长合作很默契。哈斯家族有意延续其公益事业的传统，第三代也已有多人参加基金会的工作，或参加董事会"见习"。不过基金会有不成文的规定，就是哈斯家族在董事会中总是处于少数。同时，有意识地使董事会及工作人员在种族、性别和出身等方面多样化。①

七、比尔与梅琳达·盖茨基金会

比尔·盖茨本人及其致富经历为众人所熟知，此处不赘。他的公益事业始于 20 世纪 90 年代。比尔与梅琳达·盖茨基金会（以下简称盖茨基金会）原名为威廉·盖茨基金会（William Gates Foundation），成立于 1994 年，总部在西雅图，1999 年改为现名。截至 1999 年 3 月的数字，基金会的资产为 53.6869 亿美元，居第 7 位，而在此后，盖茨又陆续投入巨款，到 2000 年底的数字为 170 亿美元，跃居榜首。2000 年初又把 1997 年单独成立的盖茨学习基金会合并在一起，2001 年 11 月资产上升至 242 亿美元。② 从这一数字可以看出，盖茨对基金会的投入是加速度的，有人说他也像卡耐基一样准备在生前捐掉全部财产，当然现在还言之过早。不过根据其理念和捐赠方式，认为他成为 21 世纪的卡耐基之说不无根据。基金会现在还带有家族性质，资金来源比较单一，会长为比尔之父老威廉·盖茨，负责全面管理事务，学习基金会并入后，后者的原会长斯通希弗（Patricia Stonesifer）成为两会长之一。盖茨夫妇皆为董事会成员。梅琳达本人已辞去原来的工作在家，除理家外，也管理一部分基金会的事务。

基金会的宗旨为："通过与全球社会分享医疗与学习手段的进步

---

① Waldemar A. Nielsen, *The Golden Donors*, pp. 162–167.
② *The Foundation Directory*, 2000，前一个数字在其总介绍部分，100 家最大的基金会资产排行表（p. xii），第二个数字在"Bill & Melinda Gates Foundation"条目下根据第一版出版前的资料的补充说明（p. 2133），最后一个数字根据当时截稿时的盖茨基金会网页。以下资料大多来自网页。

以献身于改善人民生活的事业；寻求战略机会，在全世界普及现代技术带来的福利，特别关注那些因贫困而妨碍分享这些福利的地区。"

1. 自述宗旨和计划

以下举几份盖茨自己发表的文件，作为最好的说明。由于这些文件的文字有时重复拖沓，本书作了删节和概括，引号内的是其原文。

（1）2001 年盖茨夫妇的公开信

"20 世纪最后几十年新的发明和革新蓬勃发展，特别是在医疗和信息领域。但是生活在贫困中的人享受不到这些创新成果。所以，今后几十年面临的挑战是如何与那些最匮乏的人群分享足以延长生命的科技进步，例如疫苗接种和新的医药，以及信息革命的新技术带来的好处。"以下是经常性的几大项目：

① 全球健康平等（Global Health Equity）。首要目的是减少目前"我们"与发展中国家人民生活方式的"骇人听闻的差距"。以麻疹为例，在美国几乎已经灭绝，但在发展中国家每年却还有近 100 万儿童死于这种病，或因之致残。基金会对这一项目的捐赠是基于这样的信念：一个非洲儿童的死亡和一个美国儿童的死亡是同等悲惨之事，生在富国的人对帮助生于穷国的人负有根本性的责任。20 世纪 80 年代，在各国政府、官员、非政府组织、公司和其他捐赠者的空前的政治意愿与合作精神相结合之下，6 种主要的儿童流行病麻疹、白喉、百日咳、破伤风、小儿麻痹和结核的接种率从 5% 上升到 80%。不幸的是，随着捐赠者和发展中国家政府的政治意愿下降，这一接种率也下降了。但是相信这一数字还会恢复，甚至超过，并增加一些新的在发达国家已经常使用的品种，因为儿童有使用救命的疫苗的基本权利这一观点正在日益深入人心。现在包括挪威、英国、加拿大和美国在内的一些国家已经向"全球免疫接种联盟"捐

款，用于向世界上 74 个最贫困的国家输送疫苗。但是这远远不够。"我们"的目标是要使全世界每一个儿童都能用上所有已经存在的免疫接种，同时还需要开发新的疫苗以根绝疟疾、结核病和艾滋病。

非洲目前有全世界 70% 的成人和 90% 的儿童艾滋病病毒感染者。世界上已经死于艾滋病的 2000 万人中 3/4 在非洲。据估计，今后 10 年中，南非将有 17% 的国民收入被艾滋病吃掉。为了扭转这一趋势，必须采取强有力的综合攻势，重点在预防，帮助人们保护自己，同时聚集必要的资源研制艾滋病的疫苗。

有人担心减少死亡率就会使人口问题更加严重。实际情况恰恰相反，对已有的孩子成活信心的增加可促使母亲加强自愿节育的意愿。因此，"我们"需要对发展中国家的 1.5 亿妇女提供计划生育服务。

② 帮助所有的学生有所成就。教育在美国一向是公众首要关注之事。基金会这一教育项目是 2000 年开始的，拨款 3.5 亿美元，以 3 年为期，在 3 个优先地区支持改进教育。主要是支持模范学校和模范区县，为教师、校长和学监提供进修机会，并提供奖学金以消除高等教育的经济障碍。2000 年一年中，基金会帮助了 19 个公共教育区，13 所学校，以及在 11 个学校开始建立较小的个性化学习环境。接受帮助的学校多数在华盛顿州，少数分散在其他地方，如波士顿、圣地亚哥、克利夫兰等。正在进行的工作是在每一个州改进教师、校长和学监的进修管理和技术。基金会还设立三项奖学金，颁发对象是华盛顿州的低收入学生、美国各州的少数族裔学生，以及世界各国在英国剑桥大学的研究生。

③ 跨越数字化的分界岭。图书馆是盖茨基金会最早的项目，主要是向美国和加拿大低收入社区图书馆普及计算机和上网手段的工程。到 2001 年进行到中期，图书馆项目的培训人员已经跋涉 1100 万英里，到达美国首都和 18 个州以及加拿大 12 省区的图书馆，在北至（加拿大）育空地区，南至得克萨斯州，东至纽约，西至加州

的各个社区内装备了 28978 台计算机，向大约 1.453 亿人提供免费信息，相当于北美人口的一半。相信在其他各种国际和国内大小机构的合作下，这一努力正在打开数字化分界岭的缺口。美国全国图书馆与信息科学委员会发表调查结果，在 2000 年至 2002 年，公共图书馆联网的数字从 83% 上升到 95%，而同期图书馆的公共服务站增加了一倍。根据该基金会图书馆工程在 12 个州的调查，低收入的学生和家长使用图书馆计算机的时间最长、最频繁。有一半失业人员获得与就业有关的信息的唯一来源是公共图书馆的网络，而且获得计算机和培训的图书馆工作人员明显士气大有提高。

"新的世纪带来医学和学习手段方面令人振奋的进步。我们大家都有责任使最需要的人群得到利用这一进步的机会。"

（2）2000 年 9 月 26 日，在联合国召开第一届世界小儿麻痹首脑会议前夕，盖茨发表声明：

> 在全世界消灭小儿麻痹症的倒计时已经开始。如果对根除这一疾病给予必要的政治意志和财力的话，今年年底世界就可对此杀手宣布战斗大捷，到 2005 年，我们的星球就可以得到"无小儿麻痹"证书。世界卫生官员们已经在根除这一威胁方面取得了长足的进步。1988 年有 35 万例病症，到 1999 年只有 6000 例，主要在非洲和南亚。我们已经离完全消灭此疾病非常近了。如果我们能控制住已有的病情，并防止其传播，再无儿童受此疾病之害的那一天就已在望。我们赞扬世界卫生组织，联合国国际儿童急救基金，国际扶轮社，联合国基金会，特纳以及许许多多其他组织、政府和企业的领导人，他们明天将聚会，唤起全世界共同关心消灭这一给千百万人带来苦难的疾病。我和我的妻子刚开始介入此事，决定把根除小儿麻痹作为我们基金会的首要目标之一。一旦达到目标（例如天花于 1977 年宣

布消灭），我们将继续致力于帮助减少和消灭其他疾病。为达此目标，我们基金会向全球儿童接种基金作了大笔承诺，并与其他参加会议的与我们类似的同行合作，他们在普及疫苗接种方面已经做出了杰出的成绩。20 世纪 70 年代，全世界只有 5% 的儿童能得到全面免疫预防，今天这个数字已达 70%。我们捐款的一部分用于购买疫苗，平均每个孩子 15 美元。疫苗接种是预防许多种致命疾病的最便宜的办法。另一部分资金用于资助科学研究，希望能研制出预防艾滋病、疟疾卡介疫苗。目前这些疾病构成 1/3 的致死原因。

我们与此时在纽约领导这一最后冲刺的人们同心同德。我们基金会的全体人员对所有在战壕中献身于这一事业的组织和千千万万个人表示崇高的敬意。我们期待着有一天能一起庆祝这一可怕的疾病的终结。

（3）2001 年 4 月 6 日，盖茨夫妇与联合国世界卫生组织主席沃思（Tim Wirth）、洛克菲勒基金会会长康韦（Gordon Conway）联合发表声明，表明对防治艾滋病达成的一致意见和共同合作的意愿。

全世界在与艾滋病的斗争中必须采取防与治并重的态度，我们将共同努力，既致力于治疗，又致力于预防。主要途径是在正在进行的公共卫生工作中建立一种防治并重的工程。

预防方面，应对以下措施大力加强关注和增加物力：公共教育计划、普及有关用具（包括男性和女性的避孕套）、扩大能得到医疗的人群、防止母婴间的传播、关注个人的行为责任、加强对预防性疫苗的研究。

治疗方面，应重视综合治疗。降低抗逆转录酶病毒治疗（antiretrovirus）的成本，使更多已经感染的人能用到，这当然很重要，但是这只是对 HIV 阳性者的综合处理的构成之一。对与此相关的疾病的防治，例如性病、结核病、肺炎、脑炎等，还有有关的行为研究，都是艾滋病综合治疗的重要组成部分，联合国已决定在 6 月底召开特别会议（实际在 11 月举行）以唤起世界各国政治领导人关注这一已经成为全球灾难的流行病。希望届时世界政治领袖们能与我们一道支持与此有关的防治并重的公共卫生项目所急需的各种措施，并给予大力的物力支援。

最后，"作为深深介入国际公共卫生问题的美国公益事业组织的负责人，我们承诺：将协助安南秘书长及其领导下的各个机构，以及公共卫生界、有关公民组织、科学界和学术界领导，共同努力，以综合的、负责任的方式来面对这一世界性的紧急危机，动员必要的巨大资源来与这一全球性的苦难作斗争。我们期待与各种伙伴合作，致力于建立起既有财政支持，又有政治承诺，防治并重的全球项目，这已是刻不容缓了"。

以上第一封公开信既是对主导思想和意图的声明，也是在基金会运作了几年以后的工作总结。从中可以看出几个特点：

- 致力于平等，而且重点在全球；
- 重点集中于健康和数字化的普及；
- 目标甚高，出手很大；
- 讲求实效，整个公开信大部分讲实际工作。

第二、第三项声明表明盖茨很重视与联合国及其他组织的合作，这也是他行动的特色之一，其原因是他目标极高，非一家之力所能完成。

2. 具体支出数字

以下是 2001 年公布的几年来的累计数字，从中可以大致对其规模得出概念（为避免繁琐，本文对万以下的数字四舍五入）。

从成立到 2001 年 11 月，累积支出的款项总数为 43.585 亿美元，分别用于以下领域。

（1）世界卫生：21.6464 亿美元

特别致力于缩小发展中国家与地区卫生水平与发达国家的差距，通过合作达到健康机会平等。重点在两个方面：传染病的防治和生育与儿童健康，后者包括人口与计划生育、营养等。当前优先的领域是制止艾滋病的传播、根绝小儿麻痹的接种以及向特别危害第三世界的流行病开战，如疟疾和结核。

除了已经使用的款项外，盖茨基金会 1999 年 2 月宣布，要为世界各地教育和健康项目提供 33 亿美元捐款，6 月份又另外捐赠 50 亿美元，还向研制艾滋病疫苗的国际组织提供 2400 万美元，帮助研制艾滋病疫苗。联合国儿童基金会与世界卫生组织和其他医疗机构合作，希望在今后 6 年为 1 亿名妇女接种破伤风疫苗，将在印度、中国、孟加拉、埃塞俄比亚和加纳等 60 个国家实施，盖茨基金会出资 2600 万美元，帮助根除发展中国家新生儿破伤风等致命疾病。此外，还有一部分捐给英国的研究机构，剑桥、牛津的研究所都得到大笔捐赠。这些研究机构具有极前沿的科研水平，缺的就是资金。由于大多数工作要在第三世界做，大的制药企业对此不感兴趣，因此那里的科学家认为基金会的巨额捐赠是雪中送炭。

（2）教育：16.6502 亿美元

这方面包括"盖茨千禧年学者"、"教师带头人"、"州教育挑战赠款"和"个性化教育环境"等项目，旨在把教育成功的范例引进教育制度以提高总体教育水平。资助重点是普及与提高并重。最后一项"个性化教育环境"是一种规模较小的寄宿制学校，激励学生努力攀登高水平，并帮助有突出表现的学生充分实现其才能。

"带头人"项目亦即对教师和教学行政领导进行培训。在一个日益复杂的世界上，学校面临四个方面基本观念的挑战：高标准、新技术、新学习者和新市场压力，基金会的"带头人"项目就是资助从教室到区教育办公室的带头人的培养，以应付这一挑战。为此，已经拨款 1 亿美元向全国的学监、公立、私立学校校长提供提高素质的进修机会，最终目标是达到全系统的提高，并通过吸收新技术建立一种优良表现的教育环境。做法是每一个州可以提出一份代表全州广泛性的联合申请。项目目标是到 2003 年遍及所有 50 个州的教育行政机构。

（3）图书馆：1.4652 亿美元

向美国、加拿大和世界各国的公共图书馆捐赠计算机和网络设备，以打开通向数字化的大门，特别是在低收入地区。（详细活动见本章最后"盖茨学习基金会"内容。）

（4）西北太平洋地区：2.3173 亿美元

主要范围是基金会所在的华盛顿州和俄勒冈州。资助广泛的社区项目。从资助的数目可以看出盖茨基金会对其所在地情有独钟，特别是西雅图的金县（King County）。捐资范围极为广泛，以医疗、教育、计划生育、住房建设为主，数目从数千万美元到几千美元不等。其中有特色的一种是资助某个机构的"集资运动"，如西雅图的青年会青年发展中心项目、西雅图湖边学校等几家学校都接受过这种资助。

（5）特殊项目：1.5060 亿美元

指以上诸项以外的特殊项目。例如马里兰州的奈尔逊·曼德拉之友基金会的与艾滋病作斗争项目，得到上千万美元的捐赠。麻省史密斯学院得到 100 万美元，用于通过 5 学院联合委员会建立非洲学，为期五年。[①] 这些资金一方面用以资助每年 5 名来自非洲各大学的年轻教师到此 5 所学院进修 4—9 个月，鼓励他们回国发展非洲

---

① 5 学院联合委员会已经存在 15 年，是公认比较成功的非营利教育联合体。由麻省几家私立文科高校组成，包括 Amherst, Hampshire, Mount Holyoke, Smith College, University of Massachusetts。

的高等教育，协助非洲国家应付全球化的挑战；另一方面在这几所大学中发展美国的非洲学，使美国学者与非洲学者在交流中了解新情况，开阔视野，更新观念。

此外，还有对联合黑人大学基金以及一些个别大学和个人奖学金及研究项目等的资助。

其他还有 10 万美元以下的一些小型捐赠，其中有特色的例如：5 万美元给华盛顿州执法纪念基金，用于纪念因执法而殉职的官员，以引起其遗属和公众对他们的尊敬；给联合各部落印第安人基金会的捐赠；给金县的艾滋病患者和 HIV 病毒携带者以直接的服务；给某地艾滋病基金会制作电影；给全国黑人医生协会在一百周年纪念时举办关于非洲裔美国医生的贡献的图片展览；以及给社区医院添置车辆计划，用于接送贫穷的老年人和残疾人就医等等。

3. 盖茨学习基金会

盖茨学习基金会（Gates Learning Foundation）前身为盖茨图书馆基金会，是盖茨图书馆创意（Gates Library Initiative，简称 GLI）的核心部分，这项创意旨在使美国和加拿大的低收入人群也能获得计算机、网络和数字信息。广义是支持一切足以填平对技术的获得权之间的鸿沟的措施。GLI 不属于微软公司，是盖茨夫妇私人创办的非营利组织。但是微软公司是其合作伙伴，直接向各图书馆捐赠软件。

该基金会有两个重点：美国和加拿大的公共图书馆和盖茨教育行动。后者首先在华盛顿州进行在教师中普及电脑的工作。GLI 的最终目标是要在美国和加拿大几乎所有公共图书馆普及电脑。近期目标是 5 年之内在一万家公共图书馆普及，由近及远。通过与州图书馆系统建立伙伴关系进行捐赠，而不直接接受单个图书馆的申请。各州内单个图书馆申请资助的条件是：其所在州已经与 GLI 建立伙伴关系；是州图书馆管理机构承认的公共图书馆；图书馆所服务的地区的贫困居民超过 10%（根据 1990 年美国人口调查的标准）；以前没有接受过 GLI 资助。在选择资助的州时，贫困人口多的优先。迄今已捐赠的有亚拉巴马、路易斯安那、密西西比、阿肯色、肯塔基州等的 1300 多家图书馆，到 1998 年共捐款 2150 万美元。根据 1997 年美国人口调查统计所公布的贫困人数次序，第二轮入选伙伴州为：亚利桑那、加利福尼亚、佛罗里达、佐治亚、爱达荷、密歇根、蒙大拿、纽约、俄克拉荷马、南卡罗来纳、田纳西和得克萨斯，于 2000—2001 年实行。第三和第四轮也已排好，计划于 2003 年实施完毕。

捐赠的内容首先是计算机硬件和软件，包括网络服务器、学习材料等。计算机多少以及服务器的先进程度视各图书馆服务地区的人口密度而定。总之可以使人口分散的最偏远地区的小图书馆也能得到最新的信息。

盖茨认为公共图书馆比学校图书馆更重要，因为覆盖各种年龄各种职业的人群。根据美国全国教育中心的一项调查，1997 年 12 月，将近 45% 的家庭有人去过公共图书馆，有 18 岁以下的孩子的家庭这一数字达 61%。更重要的是，公共图书馆体现了美国全民终身有机会学习的民主传统。

除图书馆之外，盖茨学习基金会下属还有一个机构是盖茨技术获得中心（GCTA），其任务是向基金会的负责人和工作班子提供最新技术资讯，并为图书馆活动进行研究开发，提供技术帮助和培训以及网络设计和运用。GCTA 保证任何接受 GLI 资助的图书馆不会被剥夺获得信息的权利。在这方面已经建立了有效的机制，在给每一家图书馆的捐赠中都包括设计好的工作站软件和相应的硬件设备，随时都能获得新的信息，另外在人员培训中也包括此项内容。目前使用的软件，除英文以外只有西班牙语。

没有规定有关图书馆一定要用微软的软件。只是微软公司为所有捐赠的计算机免费安装好软件，图书馆管理员可自行决定是否使用。由于网络宽带费用极高，有时高达一家图书馆预算的 10%。现在有一项普遍服务基金，由国会批准出资，联邦通讯委员会运作，主要是帮助图书馆和学校的联网和资料费用打折。但是即使这一计划能够实行，有些偏远地区和农村也缺乏高速信息公路，这仍是一个问题。

无论数目多大，基金会的资助都不能代替州政府和当地的企业对公共图书馆的资助。为持续进行这项计划，需要当地许多合作伙伴帮助。类似当年卡耐基开创公共图书馆之后各地纷纷响应，继续投资于其开创的事业。盖茨图书馆项目只是对普及计算机和网络化起开创作用，并希望以此带动其他公、私部门都来支持公共图书馆，不仅是高技术，还有建筑的维护、书籍、人员等。

盖茨学习基金会还有一项"教师带头人"计划，该计划为学校教师提供机会学习和思考如何在课堂上把高技术融入教学课程。为此，给教师开设主题研讨会、在电子邮件中讨论他们的经验等等。做法是由学校挑选五至七年级的优秀授课教师，填写申请书，承担一定义务后参加此项计划。先在华盛顿州开始。1997 年暑期已有华盛顿州各地的 27 名教师参加 5 天的综合培训班和研讨会。这些教师种族和经济背景不同，其所来自的学校公立、私立、大小、知名度都各异，但是有一点是共同的，就是对技术有浓厚兴趣，并在本校是骨干教师。

一开始每人发一台手提电脑，边学习边思考如何在教学中使用高技术。通过电子邮件和其他形式的讨论，他们逐步形成对这一计划的任务的概念。然后建立一种模式带回到他们的课堂去进行试验。

1998 年有 154 名教师参加了 5 天培训班，由第一期培训过的 27 名教师指导。到 9 月开学时他们就把技术模式带回课堂。之后所有的教师都参加用高技术授课对学生学习效果的评估。这项工作每年都继续进行。

2000 年该基金会并入盖茨基金会。

比尔·盖茨

比尔·盖茨和梅琳达与非洲妇女座谈

第七章　社区基金会

关于社区基金会的特点和概况，第三章已有叙述。

美国全国各地社区基金会林林总总，但是其主要资金来源不外乎两种：本地区负有声望的企业家和以社区为家的默默无闻的普通居民。一般发起人多为当地社会名流。他们出面创办、制定宗旨，使其有一定威望，有的还提供相当可观的启动资金。然后，其他普通公民跟进，或作各种捐款，或立遗嘱捐遗产，数目可大可小。典型的例子如 1930 年一位公立学校教师以其全部遗产一万余美元捐给哈特福德基金会。还有一位远居他处的人由于曾在印第安纳波利斯投资赚了一笔钱，听说该地成立了社区基金会，就寄来捐款 30 万美元。但是除了少数特别成功的之外，社区基金会"取之于民，还之于民"的观念还不能深入人心到足以在本地区募集足够的运作资金。大多数情况下需要做艰苦的宣传工作。

几家有名的、历史悠久、资产雄厚的社区基金会，如纽约社区信托基金（New York Community Trust）、克利夫兰社会基金会（Cleveland Community Foundation）、芝加哥社区基金会、波士顿社区基金会、印第安纳的利里社区基金会（Lilly Endowment in Indiana）、密歇根的默特社区基金会（Charles Stewart Mott Foundation）加上 70 年代成立的旧金山、80 年代成立的马林（Marin Community Foundation）等社区基金会，占有了全国社区基金会总资产的 50%。它们对当地的经济、社会和文化的发展有着相当大的影响。例如纽约社区信用社支持在纽约州围绕纽约市的三个郊区成立联合基金会，解决纽约的能源、市政建设和犯罪等一系列问题，确实起到了市政府起不了的作用。它们还可以成为"种子"，带动当地发展出许多小的社区基金会。有时大公司与若干社区基金会联手促进当地的福利事业。那些小的、零散的作用更是不胜枚举，例如小区的居民集资改善本区的下水道，或为加强安全保卫雇用警察，或为本区的学校捐助礼堂等等。捐赠者与基金会的决策无关，这是社区基金会比私人基金会具有更大的公共性的特点之一。但情况也不完全如此，为了吸引可能自己成立家庭基金会的资金或遗产，不少社区基金会设立捐赠者意向基金（donor-advised funds），即捐款人可以指定某一笔钱的用途，由基金会代其操作。例如有人因亲人死于癌症，在本社区捐款建立癌症研究所，或有人遗嘱将遗产用于资助芭蕾舞团等等。[①]

一、发展历史

1. 1914—1929 年

最早的社区基金会成立于俄亥俄州的克利夫兰。其特殊背景是克利夫兰的基督教的领导层决心把教会的活动与一般慈善活动分开，为此，于 1911 年建立了一个新的组织"大克利夫兰教会联合会"，后来改名为"大克利夫兰教会联系理事会"协调各教会的慈善募捐活动。此前，犹太教联合会也已经部分实施了这一做法，天主教联合会也于 1919 年照此办理。克利夫兰商会于 1913 年带头成立了"慈善与公益事业联合会"，主要监管本地区非宗教性的公益活动，并从事必要的集资。与宗教界领袖不同，作为企业界人士，他们强

---

① 详见 Richard Magat, ed., An Agile Servant: Community Leadership by Community Foundations, The Foundation Center, 1989, Chapter 1。

调专业性和企业化管理，而不是宗教献身精神。

在这一背景下，1914 年成立的"克利夫兰社区基金会"，成为社区基金会的鼻祖和榜样。由于这一事物是适应当时的需要而水到渠成出现的，因此在全国各地很快如雨后春笋般建立起来，其中以中西部和东北部接受最快。中西部是因为其公民文化特别适合，东北部是因为公益事业发达最早而最有基础。1920 年，美国银行公会信托部专门成立了一个新的组织——"社区信托基金委员会"——协助办理基金会事宜。克利夫兰基金会进行社会调查的工作方式在中西部许多城市也得到了仿效。例如芝加哥哈里斯信托投资与储蓄银行的老板哈里斯父子于 1915 年出资建立了社区信托基金并负担其初期费用，同时发起进行一项关于"芝加哥的美国化服务"情况调查，这是当时争议很大的关于移民归化的问题，这项调查使该基金会在当地名声大振。1918—1922 年，在中西部地区进行了其他许多比较有影响的调查，涉及题材很广，如青年女工的住房、儿童的家庭照顾、监狱条件等问题。

在东北地区，由于已经有公益事业的基础，社区基金会被当作私人基金会的一种运作机制。最突出的例子是纽约社区信托基金，该组织成立于 1923 年，其第一任会长就是克利夫兰基金会的创办人弗雷德里克·戈夫（Frederick H. Goff）的特别助理拉夫·海斯（Ralph Hayes），其运作方式与克利夫兰基金会不同，着重在收集和管理用于某种特殊目的的资金，但使用范围不限于纽约；捐赠者可以指定用途，由基金会运作，通常有一定年限。关于调查研究工作，由于已经有许多现成的组织，因此这里的社区基金会更多地通过资助其他组织进行工作，例如哈特福德基金会支持"社会代理机构理事会"（Council of Social Agencies）进行多项社会调查。到 1930 年时，"波士顿常设慈善基金会"资助的私人组织达 117 个，拨款达20 万美元，其重要的作用是协调波士顿及其邻近地区的多种私人慈善组织的工作。它要求接受其援助的组织都要把自己的工作与整个社区工作联系起来考虑，并且采取统一的会计制度。

2. 大萧条及"二战"以后

1929 年以后的大萧条对社区基金会打击很大。显而易见的是许多人破产，即使略有余钱的也缺乏安全感，不敢慷慨解囊，还有就是银行失去信用。1933 年，美国银行公会信托部下属的社区信托基金委员会停止工作。银行家在社会上也不再是可信赖的公众领袖形象。据不完全统计，从 1914 年到 1939 年成立了 91 家社区基金会，到 1949 年名义上还存在的有 66 家，而资金达到起码的运作水平 20 万美元的只有 35 家。[①]

"二战"结束后，社区基金会又逐步有所复兴。此时与战前的情况有很大改变：首先，政府承担的福利部分大幅度增加，并且机制和制度日趋完善；其次，劳工权利增加，工人的生活水平有较大的提高和保障，因而对社区文化生活的需求在质和量方面都有所变化，同时他们也开始有能力进行捐助；再次，"二战"的经历使美国人爱国主义意识加强，在某种程度上打破了宗教和种族的隔阂，也加强了共同建设社区的集体意识。

在这种情况下，社区基金会既多了资金来源，又有更大的需求，因而有新的发展。在管理上不再依靠银行，而是依靠所谓"社区规划领导"，为此单独成立了独立的社区福利基金会与信托投资全国委员会。在 20 年代就已开始但未能发展的"社区金库"（community chests）在新的条件下兴旺起来，成为社区基金会一种普遍的集资方式，代替过去的银行的功能。另外一些基金会不采取这种做法而宁愿自己独立募款，独立经营，自己决定项目而不是通过已有的组织

---

① 详见 Richard Magat, ed., An Agile Servant, Chapter 1, p. 32。

进行，例如匹兹堡、费城和1949年成立的旧金山基金会等。不论采取何种形式，这一时期社区基金会有长足发展，到1960年，在东北部和中西部比较富裕的城市社区基金会几乎成为控制社区生活的私人机构的核心。

3. 20世纪60年代以后的变革

社区基金会到20世纪60年代中期在数目上和总的资产上都达到高峰，之后有大约15年的相对停滞期，到80年代又发展起来。60年代停滞的原因是新的形势变化迫使社区基金会有较大的变革和改组。那个时期是美国要求平等的民众运动的高潮，大家都很关注一些社会问题如妇女解放、黑人抗议、扶植贫困，以及新的社会问题如大规模的新移民、环境污染、犯罪率升高等等，旧的社区福利工作的内容和观念都已不能适应，需要有一个大的转变。其中一些大的基金会因财力充足、独立性较大（不受捐赠者和受援者的制约）、有较强的领导和工作班子，很快转变工作方向适应新形势，而多数小的基金会就无力迅速完成这一转变。前几章提到福特基金会60年代在社会改良方面起了不小的作用，社区基金会向关注社会改良方面转变在很大程度上正是受到福特思想上的影响和财力上的帮助。例如最早转变的堪萨斯市信用社与基金会协会就具备上述有利条件：拥有1200万美元资产（1961年），有一位强有力的主任，并得到福特基金会125万美元的项目资助。其运作方式是开放式的，通过资助其他组织进行工作。这种方式随后在其他地方也推广开去。如芝加哥社区信用社、西海岸旧金山基金会、东海岸波士顿基金会都以不同的方案贯彻这一开放的工作方式，推动本地区社会改良工作。

这一转型在获得赞同的同时自然也引来批评。在一个时期内，变革使一部分传统的捐赠人裹足不前，因为他们感到新的基金会扩大了的目标与自己的期望距离较远，为数不少的中产阶层白人散户对于强调扶助黑人的主题还不能接受，而且由于大规模的项目增加，大企业主的大笔捐赠处于中心地位，散户们感到自己被边缘化，从而削弱了那种传统的集体主人翁感。再加以客观上 70 年代初期出现的滞胀，使股票价格跟不上通货膨胀，因此一段时期内社区基金会的资产规模呈停滞状态，发展受到限制。

1969 年税法改革以及围绕这一问题所进行的多年国会辩论和舆论的关注对私人基金会加强了限制，相对说来，对社区基金会比较宽松，因为后者有比较容易受监督的领导机构和专业工作人员。到 1976 年具体落实该税法涉及基金会的条例出台后，对社区基金会的政策在以下几个方面比私人基金会明显宽松：其捐赠人可以享受更大幅度的减税；对赞助对象限制较少，可以包括个人、未注册的团体，甚至某些营利性项目；没有每年最低捐助额的限制，这样便于根据实际需要灵活掌握拨款的最佳时机；政府有关部门对它的审查也较松，免去繁琐的报告程序。另外，全国性的私人大基金会如福特等也把推动社区基金会实现某些社会改良项目纳入其工作，提供资金和咨询。因此，在 70 年代末 80 年代初，社区基金会又有了较大的发展。

70 年代，默特基金会提出四大宗旨成为社区基金会普遍的工作内容：第一，建立接收经常性的不加限制的捐款制度；第二，对随时出现的、经常变化的社区需求作出回应；第三，为兴趣不同的捐赠者提供渠道和服务；第四，在社区中起资源提供者、经纪人和触媒的作用。[1] 在有些公益家心目中社区基金会等同于民间立法机构，可以确定本社区的工作重点、安排日程，起到地方政府所不能起的作用。实际上，60 年前，克利夫兰基金会创办伊始就开始的社会调查工作也是指向这一目标，不过当时没有条件大规模普及。

---

[1] 详见 Richard Magat, ed., *An Agile Servant*, Chapter 1, p. 41。

二、个案例证

（一）克利夫兰社区基金会

1914 年克利夫兰信托公司总裁弗雷德里克·戈夫发起成立克利夫兰社区基金会，被认为是社区基金会的先驱，戈夫本人也有"社区基金会之父"之称。因为他首创了一种不同于以前任何公益机构的模式，这一模式也有别于其他同时兴起的私人基金会。戈夫本人是学法律出身，曾任老洛克菲勒的法律顾问，对塞奇等基金会也很有研究，吸收了很多大基金会的经验，但是他创办的社区基金会又与之有鲜明的区别。

戈夫规定克利夫兰社区基金会的性质是"私营的无教派的为公共事业服务的组织"，强调灵活性和超越信仰的合作，资金应用于"最好地改善克利夫兰地区居民的精神、道德和物质水平，不论其种族、肤色和信仰"[①]。他一开始提出两个具体目标：第一，在集资方面要有经常性的捐赠，而不是每年进行募捐活动；第二，在花钱方面要建立有代表性的组织负责。接下来正式成立了分配委员会，由五人组成，两名由克利夫兰信托公司推选，其余三名由克利夫兰市长、区法院高级法官和基金会所在地库亚霍加县的遗嘱检验法官各推举一人。在完成法律和组织手续之后，戈夫立即着手进行一系列颇具规模的调查，涉及救济机构、公立学校、娱乐、刑事司法等方面。他使用信托公司和他私人的钱聘请高水平的专家从事这项工作，调查组的负责人是伯恩斯（Allen T. Burns），他曾领导塞奇基金会著名的匹兹堡调查小组多年，调查产钢地区的劳工状况，并提出建议。在他领导的克利夫兰调查小组中还有后来成为小罗斯福智囊团成员

---

① 详见 Richard Magat, ed., An Agile Servant, Chapter 1, p. 26。

的政治学教授雷蒙·默里（Raymond Moley）等许多全国知名的专家，并得到诸如慈善联合会、公立学校系统和律师协会等组织的合作。这项调查的目的是使公众了解现状从而引发他们要改变某些现状的要求。调查组认为，不论是学校、居民管理机构还是法院，一旦知道公众要求改变现状，便会努力试图改变。通过这种调查，社区基金会对捐赠方有了吸引力，并在全社区建立起了威信，也就是使双方都相信这一新事物能对症下药地改善本社区的条件。

在资金管理方面，早期的社区基金会都是委托一家或数家银行管理的。克利夫兰基金会本是克利夫兰信托公司创办的，其资金就由该公司管理，设专门的部门和账户，并有专人负责业务咨询。基金会成立以后的近40年中，大体上沿用根据各方申请拨款的老模式。但是随着美国中部地区作为老工业区的衰落，克利夫兰市在经济上也日益败落下来，人口减少，贫困增加，污染严重，种族问题尖锐化，民权运动高涨。在这种情况下，社区基金会也有难以为继之势。与许多基金会一样，它经历了革新和复兴的过程，并得力于几个强有力的负责人，其中之一是诺顿（James Norton，又名 Dolph Norton）。

诺顿于1949年获哈佛大学政治学博士学位之后，在南方一些大学任教，1962年到克利夫兰基金会任执行主任。他一上任就着手改革，在福特基金会领导人的鼓励和资助下，进行彻底改组，成立"大克利夫兰联合基金会"（The Greater Cleveland Associated Foundation，下简称"克联"）。"克联"的宗旨为：鼓励对社区社会福利问题的研究和提出解决方案；制订就这些方案采取行动的优先次序；资助为解决这些问题进行的研究、探索、试验以及其他项目；向那些缺乏专业支持、在困难条件下运作的信用社和基金会提供专业工作人员。诺顿的整顿措施之一是建立管理制度和雇用专职工作班子。这对现在的大多数基金会来说是当然之事，但在当时的社区基金会却是新事物。他先创造了实习生制度，即从外面各种机构中聘用不同专业的人员,在基金会轮流实习一年。这样,既开辟了人力资源,又使基金会得以吸收各种新的思想和经验,改变闭塞状况。另外,"克联"成为在这一大地区范围内通过民主机制来确定基金会的目标和妥善使用其资金的协调组织,几乎与一级政府有相同的功能。在实践中,诺顿和他的同事们利用"克联"建立与当地企业家的联系,并且第一次与黑人社区的领袖联系,直面种族隔离、公立教育缺失、就业机会不足、青少年犯罪以及其他棘手的城市问题,并提出了积极的行动方案。几年以后,福特基金会实施资助鼓励黑人选民登记运动,"克联"也从中争取到对本地区黑人选举的资助,结果 1967 年斯托克斯(Carl Stokes)当选为克利夫兰第一任黑人市长。"克联"又对他实施的项目给予资助,而且第一年捐款 68000 美元供他聘用一名公关顾问。此外,"克联"还推动各种企业和社区机构制订和实施本市经济开发计划,取得不同程度的成功。

"克联"于 1967 年并入克利夫兰基金会,诺顿继续担任执行主任至 1973 年。诺顿对社区基金会应起的作用和管理机制的一套想法,例如带头性、开放性、多样性、要对新事物承担一定的风险以及建立健全的管理制度和人员等等,逐步为其他社区基金会所采用,现已成为社区基金会通常的运作模式。因此他有社区基金会先锋之称。

1974 年,沃兹沃思(Homer Wadsworth)接替诺顿为基金会主任。在他任内,基金会有较大的发展,除了传统的健康、教育、社会服务等项目外,增加了对文化艺术的资助,并首次聘用了艺术项目负责人。在此之前,克利夫兰地区长久性的博物馆、交响乐团、剧院和社区跨文化剧院,还是在 1914—1918 年间建立的。70 年代克利夫兰基金会开始了"第二轮艺术浪潮"活动,首先是于 1975 年捐赠 12 万美元成立克利夫兰芭蕾舞团。从 1974—1978 年间,基金会平均每年在艺术方面的捐助为 82.5 万美元。但是对于众多新老非营利的艺术团体来说,这一数字是远远不够的。为了避免向无底洞中投钱，并避免捐赠对象的依赖性，基金会采取了几种做法：其一，给一些团体"种子基金"，然后以各种方式协助他们作长期规划和经营管理；其二，请企业家做艺术团体的顾问团，向其负责人和艺术经纪人传授经营之道，与此同时，使企业家们对艺术界有所了解，体会到它们对本地区的重要性，从而为之慷慨解囊；其三，推动"挑战捐赠"。就是有关团体在申请资助时承诺自己按一定比例筹到相应的款项。一个成功的例子是，1978年克利夫兰基金会帮助本地区7家原来相互没有接触的艺术团体组成非正式的联合体，各自制订5年计划的预算，按1:3的比例向国家艺术基金申请"挑战资助"（即国家基金每捐1元，自谋3元）。7团体联合提出的申请共214.8万美元，自己集资近700万美元，结果都实现了。其中大部分来自当地企业界。这一成功事例大大促进了艺术事业的发展，而且"从此打开了公司的钱柜"[1]。在以上成绩的基础上，经过几年的协调、组织和说服工作，基金会促成了克利夫兰戏剧广场中心的建成，包括几家俄亥俄州最大的剧院和剧场的恢复修建，预算共3700万美元。1980年克利夫兰基金会带头捐资71万美元，之后50家大企业共捐资1100万美元，联邦政府拨款350万美元，克利夫兰县匹配同样数目的款项，俄亥俄州政府拨375万美元，其余由11家基金会和数百名个人捐款得来。1984—1988年，克利夫兰著名的交响乐团、芭蕾舞团和俄亥俄大湖节日表演团都有了自己的演出基地，开始稳步发展，美国各地和国外的著名艺术团也来此演出，使这一地区在艺术上重现辉煌。

截至1998年底，克利夫兰基金会的资产为14.59346亿美元，列排行榜第30名[2]。

---

[1] 克利夫兰基金会艺术项目负责人多伊尔（Pat Doyle）语，见 An Agile Servant, p.258。本节有关情况及数字依据 Richard Magat, ed., *An Agile Servant*, Chapter 19 "Cleveland: Arts Renaissance", pp. 251–260。

[2] *The Foundation Directory*, 2000, p. xi.

（二）代顿基金会[①]

代顿基金会（The Dayton Foundation）成立于 1921 年，发起人是牧师和社会工作者加兰（D. Frank Garland），他希望以克利夫兰基金会为榜样，建立一种机制，使有意捐赠者的慈善意图得到最有效的、长期的实施。俄亥俄州代顿市是美国早期中西部工业基地之一，莱特兄弟的飞机工业即发迹于此。通用汽车和全国现金出纳机（National Cash Register）两家大公司是该市的支柱，雇用了大量待遇相对优厚的职工，造就了一时的繁荣。加兰的想法得到了全国现金出纳机公司的创办人、著名的有革新思想的企业家帕特森（John H. Patterson）的支持，"思想与财富相结合"，代顿社区基金会于是诞生。帕特森家族共出资 25 万美元作为启动资金。开始规模不大，首要宗旨是"援助最需要的人"，头两笔捐赠是给一家小儿麻痹疗养中心和一家孤儿院。除"最需要的人"之外，二三十年代的资助领域一部分是直接地"鼓励有益的工作"，如新成立的代顿艺术学院及其举办的一系列音乐会，直至 1933 年代顿交响乐团的成立；另一部分是加强社区领导，其中主要对象之一是代顿研究协会，其主要工作是研究税收问题和评估市政府的工作。这方面特别值得一提的是 1927 年对该地区的蒙哥马利县选举委员会的调查，因为该委员会工作不力，且有受 3K 党影响之嫌。代顿研究协会的工作引起全社区更好地监督选举工作，间接地也对种族主义有所制约。大萧条和第二次世界大战给基金会的发展带来困难。1939 年左右在这一地区存在的 91 家社区基金会在后来 10 年中关闭了 25 家，所以代顿基金会

[①] 这一部分的资料综合自代顿基金会的两份报告：*The Vision and the Promise: 75 Years of the Dayton Foundation, 1921–1926*; *The Dayton Foundation 1997–1998 Report to the Community*; Richard Magat, ed., *An Agile Servant*, Chapter 12 "Dayton Foundation" 及 2001 年 11 月代顿基金会会长墨菲在本书作者采访时的口述。

能维持下来已是一大成绩。它还在大萧条期间尽其所能贯彻其"援助最需要的人"的宗旨，例如负担公立免费牙科门诊；在"二战"期间负担 700 名父亲在军队、母亲在工厂、无人照管的儿童课外活动的费用等等。"二战"以后，基金会继续支持对本社区问题的调查研究工作，有些成果有深远影响，例如辛克莱（Sinclair）社区大学在 1961 年曾一度处于难以为继的十字路口，经过基金会资助的调查研究，确定了它的方向：重点教授就业机会比较大的学科，之后果然兴旺发达，现在不但是代顿地区有名的社区大学，而且它的一套既培养专科实用人才，又与正规大学衔接的制度现已成为美国社区大学的典范之一。

60 年代，随着计算机的发展，制造业开始萎缩，代顿市在调整中出现大量失业人口，失去了昔日的繁荣。代顿基金会也随之萎缩，因为社区的居民失去信心，减少了对本地的关心，捐赠自然下降。更突出的是种族问题造成的教育危机。代顿市原来种族隔离比较鲜明，70 年代开始用校车送学童消除种族隔离的做法引起当地严重的争议和冲突，白人家庭纷纷搬离市区，致使学生数目急剧下降，从而导致教师失业，整个教育界士气低落。另外，在 70 年代以前，代顿的主要事业经费相当大的部分依靠联邦政府拨款。70 年代由于经济进入滞胀，这部分经费来源逐渐枯竭，此时代顿基金会在自身复兴的同时填补了这一空缺。

有两个客观因素促成了代顿基金会的复兴和发展：一是经济开始走出谷底；二是消灭种族隔离已经成为全国的法律，反对的势头逐渐平息，当地的社会主流重新愿意为振兴教育出资，市议会通过新的增加教育税法，受到企业家支持，教育开始好转。而对基金会的转机起决定性作用的是 1979 年任董事长的史密斯（Frederick C. Smith）。他看到了使"沉睡"的基金会重新发挥作用的时机：正在复兴的企业界企图为教育事业出力，需要一个运作机制，而当地最大的校区也需要这种支援的渠道。基金会需要找到有意义的用武之地，而这一领域正好可以大有作为。他说服董事会，聘请了一位与他想法一致、对代顿情况熟悉、有社会基础、有管理经验的主任巴滕斯坦（Frederick Bartenstein），这是基金会第一位全职执行主任。他们二人进行系列午餐会促进企业界、教育界以及其他潜在的捐赠者和接受方的沟通；又于1982年建立代顿储蓄金库，接受个人小笔捐赠，无论数目多小，来者不拒；1985年成立了"代顿—蒙哥马利县公共教育基金"，由代顿基金会管理。这样，在9年期间，基金会的资产从600万美元增至4500万美元。从1972年起，基金会的董事会开始向黑人和妇女开放，管理和观念进一步民主化。到1988年，经过调查，认为可以在黑人居民中开放捐赠来源，于是又设立"非洲裔美国人社区基金"，由基金会先出第一笔"挑战赠金"5万美元。这一基金完全由黑人管理，按与代顿基金会匹配50%的原则完全由黑人捐赠，到1996年资产达100万美元。

随着资产的增加，基金会的作用也有所扩大，在当地的威望日益提高。在史密斯领导下，它成为联合社区各方人士研究问题、提出解决办法的媒介。他们关注的首要的领域还是教育。在这方面一项有全国影响的贡献是：在80年代美国全国教育改革浪潮中一份引起全国注意、历数全国教育滑坡现象的著名报告《国家危矣》（A Nation at Risk）就是代顿的研究报告之一。代顿的这一举动不但得到当地的支持，一开始在募集资金方面比较顺利，而且得到全国公共教育基金会的关注，也曾给予资助。

"代顿—蒙哥马利县公共教育基金"以发展公共教育为其中心工作。负责此项工作的都是有经验、有创意的专门人员。一项重要的工作是提供讨论教育的论坛，吸引本社区对教育的关注，组织报告会、讨论会等，形成各方人士得以就教育问题交流看法的讲坛。在俄亥俄州议会就某项有关教育的措施进行立法讨论时，可以提供专业咨询、帮助组织各种讨论会权衡利弊，以及帮助各学校做宣传公关工作等，促使通过有利于发展教育的立法。在公共教育中最有创造性和最成功的是"课堂项目"资助。这是给教师个人的，凡教师有新的教学计划而不能从本校获得所需经费者皆可申请，经审查批准后，每项计划最高可得 500 美元补助，而且不通过任何中介，直接把钱付给教师本人。基金会这一创意的主导思想是认为促进公共教育的事业要获得成功，首先要对教师有吸引力，如果教师对此不感兴趣则将一事无成。果然这一项目大大鼓舞了教师的士气，促成了许多改进教学的建议和实验。之后这一项目发展到资助中小学校长的新计划，也很成功。从鼓励教师改进工作派生出来的是优秀教师奖励计划，每年给 10 个校区各 1000 美元奖金，奖励教学突出的优秀教师，并在一定场合予以公开表扬。起初这一措施引起教师工会和教学行政当局两方面的疑虑，后确定了由教师代表组成评审委员会的制度，平息了争议，也取得了良好的效果。

巴滕斯坦总结教育基金的三项主要成果是：1988 年 6 月，代顿的选民以绝对多数通过了延长 1983 年的教育税，还通过了 950 万美元的新增税；代顿当选为全国五个校区之一，参加另一家基金会—安妮·凯西基金会—发起的"创造新的未来"项目，将在 5 年内在代顿花费 2100 万美元，用于协调对"前途危险"的少年的工作；代顿市能够聘用并留住一位全国知名的学监，原因之一是基金会能使这位学监绕过许多官僚手续，直接与本地区的领导接谈。

进入 90 年代，在新任董事长丹尼斯（Tom Danis）和会长（前称"执行主任"）墨菲（Darrell Murphy）领导下，基金会基础进一步扩大。管理委员会由 9 人增至 15 人，下属十几个基金资讯委员会，有来自本地区各个居民区和各界的 300 名代表参加，成为名副其实的"社区"基金会。它的功能完全是媒介和代理，一方面传递需求的信息，一方面为捐赠者代为管理和使用资金。规定了各种生前、死后、长期、短期的捐赠方式，捐款人自己可以选择不同程度的介入——从授权基金会酌情处理，到每年都自己指定具体项目均可。基金会的工作人员可提供各种咨询，并在现行法律中尽量为其争取最佳的免税条件。基金会还向各种非营利机构传授集资的技能和代为管理经营其所募得的资金。

90 年代的主要关注点是失学儿童和失业问题。一项比较成功的项目是帮助靠福利金生活者就业，其做法是：由基金会出一笔"匹配资金"，会同当地政府及其他方面共同集资建造了一所大楼，成为新就业中心，其中有供各种职业培训上课用的课堂、报告厅和演出厅，也有大量的办公室租给全市各种用人机构（包括政府单位和私人公司）作为招工办公室。这样，求职者和招工者可以有一个沟通供需信息的中心，大大节省奔波的时间和费用。任何单位都可租用场地作短期职业培训。基金会本身很快就可以从租金中收回建设资金。

截至 2001 年，代顿基金会的资产已有 2.3 亿美元 [①]。

（三）加州的几个基金会

加州是社区基金会的大州。全州共有 3000 个各种类型的基金会，每年捐给非营利组织的资金为 12 亿美元。其覆盖领域有：教育、医疗、服务、艺术、环境等。其中有著名的私人基金会如帕卡德、欧文、哈斯等；随着现代高科技产业的发达，也出现了一批公司基金会。社区基金会中大的起骨干作用的有 25 家，分散的小的有 2500 家。

1965 年成立了北加州捐献者协会（Northern California Grantmakers，以下简称 NCG），是本地区基金会和其他捐献者的协会，旨在协调

---

① 此数字系墨菲回答本书作者问时所说，准确数字尚未公布。

各基金会的合作，并帮助他们了解本地区的问题。现在该组织联系和支持的公益组织有 140 家，其捐资的总数每年约 10 亿美元。其董事会组织成员有：旧金山基金会、加州福祉基金会、加州保健基金会、加州保护消费者基金会、圣克鲁斯社区基金会、休利特基金会、妇女基金会、太平洋煤气与电力公司、哥伦比亚基金会、所不拉脱家庭基金会、海伊—斯卡提那基金会、罗森堡基金会、利维·斯特劳斯基金会、花旗银行政府与社区关系组织。

协会的任务有二：一是提高公益事业的效能；二是加强公益组织及其所投资的非营利组织、政府、企业、媒体、学术界和公众的联系，同时提供各基金会交流的讲坛。这种交流合作可以产生联合资助的有深远影响的大项目。1998 年的项目清单中有：

• 艾滋病专题小组：包括防治、公共政策、重新制定战略、宣传讲坛等；

• 艺术贷款基金：帮助中小艺术团体渡过暂时难关；

• 紧急基金委员会：为非营利服务组织提供短期应急无息贷款；

• 北加州公民地位计划：帮助合法移民申请加州公民地位，并协助和鼓励他们参与本州公民活动；

• 北加州全国服务专题小组：为北加州向全国匹配资金捐献者提供中介途径；

• 共享基金计划：NCG 与《旧金山纪事报》以及几百个非营利团体和 9 个县的社会服务部门合作，为需要者提供紧急住房以及其他低收入和老弱病残者的急需；

• 青年暑期计划：提供小量捐助以丰富和提高湾区 30 万青少年的暑期生活。[①]

以下分别介绍几家社区基金会：

---

① 材料来源于 NCG 向作者提供的简介。

1. 加利福尼亚社区基金会

加利福尼亚社区基金会（California Community Foundation，简称 CCF）成立于 1915 年，为克利夫兰之后的第二家社区基金会，其创办人为洛杉矶银行家萨托里（Joseph Sartori），也是克利夫兰社区基金会创办人戈夫的好友。不过该基金会在很长期内只作小型捐款，不为社会所重视。基金会成立 65 年累积资产只有 1700 万美元。到 1980 年才进行彻底改组，一跃成为全美国知名的有特色的社区基金会，并自成一种典型。其转折起因于基金会理事会的一名负责人谢克里（Jack Shakely）的一篇文章，批评 CCF 常年工作因循守旧，缺乏创新，因而没有起色，并以之与旧金山基金会作对比。当时的 CCF 管理委员会会长就把谢克里请到洛杉矶来，说服管理委员会聘他为 CCF 的执行主任。谢克里就任后进行了一系列的整顿，开始把工作重点放在拉美裔移民问题上。因为加州，特别是南加州是墨西哥和其他拉美移民集中的地方。他们对建设加州做出过很大的贡献。加州既需要拉美的劳动力，又担心大量移民带来的问题。随着美国经济繁荣或不景气，对移民的政策也时松时紧，政策紧时，非法移民的数量就大大增加，造成更严重的问题。1986 年，国会通过《移民改革和控制法》，一方面增加边境巡逻，杜绝非法移民，另一方面对自 1982 年以来连续居住在美国的非法移民实行特赦，允许其成为合法居民。这部法律基本上涉及的是墨西哥移民。谢克里过去曾参加和平队到哥斯达黎加工作，对拉美比较熟悉。根据有关的研究报告预测，到 2010 年 60% 的加州居民将是少数族裔，其中 2/3 是拉美裔。由于实际上非法移民是无法杜绝的，大量此类移民享受不到任何医疗保险之类的福利。所以，谢克里及其同事认为新移民法的通过给了 CCF 一个千载难逢的机会在洛杉矶发挥巨大的作用。其工作有以下内容：经常召开拉美裔居民代表和企业家、私人基金会等的座谈会，以了解需求；设立各种帮助拉美裔居民的基金，例如建立专为难民服务的免费医疗中心、资助学校、资助艺术家等；对根据新移民法可以转为合法的拉美移民所需的申请费用给予资助；资助一份最大的西班牙语日报《民意》。

CCF一项重要的创举是建立新美国人基金（Fund for New Americans）。这是谢克里的创意，这个基金与一般赠款的做法不同，是采取贷款方式。谢克里认为这样做与单纯赠与相比，其好处是：一方面基金会的有限资金能得以回收，另一方面使接受者有自尊，感到受到信任，并且通过正常途径很快融入社会生活的主流。但由于这一做法很不寻常，因此阻力很大。通过谢克里的努力，CCF首先找到了加州"太平洋保险银行"同意合作，然后说服董事会先拨款50万美元。CCF历史上最大的一次性拨款是15万美元，所以要董事会通过这一方案也颇费唇舌。谢克里根据自己的计算，得出需要100万美元方能满足所有移民的需求。其余50万美元则通过向其他非营利机构募捐凑足。具体做法是把100万美元资金存入太平洋保险银行，由银行负责培训人员向应该转化身份的移民宣传解释贷款的意义、帮助其填写申请表、审查其是否符合条件，然后以10%的低息给家庭或个人发放贷款，两年以后归还。在实践中最难的部分是贷款部分。CCF于1987年7月召开记者招待会，正式宣布启动这一项目，并委托若干家非营利机构代为办理申请事宜。但是开始相当一段时期申请者寥寥。原因一是规定的申请人资格条件过于苛刻，不符合移民的实际状况（例如对其偿还能力的估计等）；二是没有考虑到文化因素，许多拉美人不习惯向银行等机构借款，而习惯于朋友间互借；三是不少移民有种种顾虑，不愿如实回答表格所设计的过细的调查问题。经过调查研究，CCF调整了贷款条件，加强了宣传，到后期申请才开始踊跃起来。到一年期满截止时，共发放1606项贷款，总计53.84万美元，比原来预计的3000—6000项相差甚远，所筹得的资金尚余60万美元。一部分退还原捐赠者，另一部分留下转入其他项目。

这次尝试就直接效果而言，被认为成功和失败参半。原因主要是经验不足，对移民问题的复杂性和移民的心理估计不足，还有美国当时在中美洲的政策是一个在国内有争议的问题，许多非法移民是为政治所迫，CCF 的做法是以承认新移民法为前提的，这本身就不为一部分拉美流亡者所接受等等。但是就已经接受贷款的部分来说，效果是成功的，数目虽小，却是雪中送炭，后来的归还率大大超出预期。对基金会而言，这是一次成功的创新，不但开创了一种新的资助方式，而且为以后此类大额拨款开了先例。后来，CCF 又为社区一项艾滋病项目捐款 50 万美元，与福特基金会相同。①

2. 旧金山基金会

旧金山基金会（The San Francisco Foundation）成立于 1948 年。到 80 年代，它与克利夫兰社区基金会和纽约信托基金并列为最大的三家社区基金会，当时资产有 4 亿美元。它的章程规定范围为湾区的几个县市。章程上还规定，如果捐赠者的意愿"不可能、不实际、不必要或不适宜执行"，则基金会的分配委员会有责任修改基金会的条件。这样就使基金会有一定的灵活性，不像有些社区基金会那样受制于捐赠者的指示。它早期主要资助本社区的社会福利，后来逐步扩大范围，涉及机会平等、住房、就业、法律帮助、教育、环保和发展居民组织等领域。70 年代后换了执行主任，采取更加积极的态度介入有争议的问题，例如支持反对在加州沿海钻油井的诉讼、在住房和就业方面进行反歧视的斗争，争取改善监狱条件等。70 年代以后，这一地区是美国新的发展地区，居民成分、文化、生活方式等特别多样化，问题和机会都属前沿性质，基金会的工作也反映

---

① 资料大部分来自 *An Agile Servant*, Chapter 11，以及 CCF 散发的工作报告。

了这一特色。

3. 硅谷社区基金会

　　硅谷社区基金会（Community Foundation Silicon Valley）是近年来随着硅谷的兴起而兴起的基金会。它并非完全新的基金会，最早成立于 1954 年，启动资金 50 万美元。不过长期以来没有很大作为，也没有专职工作人员。该基金会真正发展起来、产生较大影响是在1980 年之后，也就是硅谷作为电脑基地繁荣起来之后。在新的形势下，硅谷居民陡增，出现许多新问题，于是当地人想起利用现成的社区基金会，给它注入新的活力。首先向当地大私人基金会休利特—帕卡德基金会请求帮助，从 1980 到 1989 年，资金发展到 1000万美元，于 1989 年底第一次聘用了一名专职主任。基金会的发展与硅谷的发展是同步的，一方面有许多新富，手中的钱需要有个值得的去处；另一方面又出现许多新的社会问题和需求，还有减免税的吸引力。到 1998 年基金会资产已达 2.5 亿美元。年支出大约 7000万美元。其捐献有两类性质，一是捐款者指定用途，一是无限制的。前者多为个人，后者多为公司企业捐赠。资金数量虽然不少，却是本地区唯一的一家社区基金会，而且其中 70% 的捐助是捐款人指定用途，所以工作范围只限于本地区，无力顾及全国性的问题。

　　与其他社区基金会一样，硅谷社区基金会主要工作还是面向社区民众，帮助困难户通过自立走出困境。不过根据硅谷的特点，高科技服务处于首要地位。许多捐款人，特别是年轻的一代，愿意为学校建设科技项目。有一个情况是，硅谷虽然以高收入著称，但是还有为数不少的低收入非科技人员，即各类服务行业的劳动者。由于此地物价与房租高于其他地区，对于低收入者来说，生活特别困难，所以特别需要帮助。整个硅谷社区到 20 世纪末约有 120 万人口，比旧金山还大，在加州位于第三。许多人在这里工作，但住不起房子，只能每天跑长途上班。根据硅谷的物价水平，一个单身汉的最低工资应该是 15 美元 / 小时。基金会一直致力于提高最低工资的活动，资助民间团体向议会游说，截至 1999 年，妥协在 8 美元 / 小时。又如许多人得不到医疗保险。基金会于 90 年代初出资对这个问题进行研究，并向保险公司提出建议，与他们磋商，最后就一项可行的计划达成协议，由他们去实行。作为基金会，它的关注面比较广，一般不资助个别学者就某个问题写书或报告。但是捐款人指定用途的款项经常这样做。例如有人对美国与朝鲜的关系感兴趣，基金会就帮他到大学找这方面专家作研究。这种特殊关怀五花八门，例如有人特别担心土地盐碱化威胁地球的未来，于是捐款专门研究防止土地盐碱化；有人捐款研究糖尿病；有人要在埃塞俄比亚建一所医学图书馆，基金会帮他找与该国政府关系好的人士落实此事。还有人甚至要出钱在北极建立研究中心。他们之所以不直接给捐助对象而要通过基金会，主要就是因为给基金会的捐款可以免税，并且可以取得必要的服务。随着硅谷的急剧繁荣，捐款也可望大幅度上升，但是个人色彩也会更浓，因为发财的年龄越来越低。

该基金会的工作方式与其他社区基金会大致相同，主要是发现与民众切身相关的问题，组织讨论，提供服务和资讯，包括资助研究机构就有关课题进行研究，并提出解决问题的方案。以一项资助儿童的活动为例：基金会拨款 2.5 万美元，要青少年自己决定用途。孩子们自己成立了 30 个青少年组织填写申请。结果提出要求建一个游乐场和举办一次音乐会，资金不足部分由基金会组织他们通过课余工作筹集，例如其中一项为老年人洗内衣。这样做的效果很好，既培养了他们对社区的责任感，又满足了他们游乐的要求。

在硅谷基金会管理下有以下多种基金：

· 一般目的基金：这是多种基金中最为灵活的。捐款人不指定特殊用途，由硅谷社区基金会管理人员根据每个时期社区的需要决定用途，可以是解决燃眉之急，也可以是为长远的福利着想。

• 特殊关注领域基金：捐款人可指定一个领域，如教育、环境、艺术、青年等，然后委托基金会人员确定在本领域内的具体项目。

• 捐款人意图基金：由捐款人指定捐赠对象，如果需要，基金会人员可提供咨询或建议。此类捐款省去许多手续和管理成本，一般持续到捐款人一生，也可延续到下一代。

• 学者基金：捐款人可创立一项学者基金以完成某个特定的教育目标、支持与自己有关系的学校或其他学校，捐款人可以参与选择过程。

• 指定基金：捐款人指定受惠组织、事业或个人。这是一次性的捐献，但可以启动一项持续性的每年捐一定数目的项目。

• 支持组织机构：捐款人与硅谷社区基金会合作建立某种组织，由基金会在一个独立的董事会领导下进行管理。如果捐款人意欲成就一项跨越几代人的事业，也可以捐上百万美元的资金成立有关组织。

• 公司伙伴：基金会的工作人员协助捐款人的公司建立并管理一项公司公益事业。基金会已经与硅谷地区的许多公司有过许多此类合作，提供各种服务。

1998 年基金会根据对本社区的居民和捐资者的问卷和采访调查发表了一份报告，指出该社区有 80% 以上家庭作过慈善捐献，高于美国的平均数。总的捐资数约占年收入 2% 强，与全国平均相同。关于捐献的动机，最普遍的是公民义务感和道义责任感。具体的说法有：硅谷是一个有很多发展机会的地区，自己愿意对它的发展有所参与；对社区作出回报，并期待能影响其变化是一种乐趣。有人明确表示，如果你相信资本主义，不希望靠政府解决问题，那么私人捐献和"志愿主义"就是题中之义。还有人表示，当代硅谷的居民其实离野蛮只隔了一代，必须把主要的原则和价值观传给下一代，才能推进文明，否则就只有沦于极端傲慢和贪婪。另外许多人都愿对某种创新做出贡献，各自选择不同的关注点。

基金会总结硅谷地区有利于基金会发展的条件是：居民对社区的价值有较强的信仰，多数家庭有捐赠的习惯；对社区抱有较高期望，希望有所改善，不安于现状；有强烈的以自己的力量影响社会的欲望；本地区经济具有较强的增加财富的能力，从而创造扩大捐赠的机会，例如股票增值等等。

不利条件是：居民独立意志较强，难以接受基金会的意见；由于是新的社区，缺少公益事业方面的领袖人物和志愿工作者；居民来自各方，有相当一部分家庭是缺乏捐赠和慈善行为传统的，许多富有之家属于低捐赠户；还有一部分捐款流出本社区。①

据基金会的负责人解释，造成以上不利条件的原因是，硅谷的人员来自四面八方，且流动性较大，对本地区缺乏归属感，不像其他传统的社区居民那样有较强的建设家园的观念，因此对向基金会捐款没有那么积极。不少人有了余钱就寄回故乡，例如中国人的传统做法就是如此。但是所有人都关心子女的教育，基金会就以募集教育资金为重点，设立奖学金是一项受欢迎的工作。另一项特殊工作是促进文化融合与参与。由于硅谷人员的国籍和种族特别多样化，文化背景各异，居民之间文化交流、相互理解和适应成为需要注意的问题。②

硅谷社区基金会自己确定的 7 点"给予和自愿精神的硅谷文化"概括了该基金会的共性和特性：

• 我们相信将所得返回社区至关重要；

---

① Giving Back, The Silicon Valley Way: 1998 Report on Giving and Volunteerism in Silicon Valley.
② 以上情况主要来自 1999 年 5 月硅谷基金会负责人与作者的谈话。

- 我们像社区的投资者一样思想和行动；①
- 我们在作出给予的决定时有极强的独立性；
- 我们的联系超越硅谷，影响着我们的给予；
- 我们与工作有坚固的纽带，影响着我们的给予和志愿精神；
- 我们对硅谷的期待甚高而又心情复杂；
- 我们的潜力还远没有得到充分发挥。

---

① 意思是对待无偿的捐赠与有偿的投资一样积极、认真。

旧金山社区基金会发展和改善低收入者托儿所

2001 年 11 月作者走访代顿社区基金会，左二为会长史密斯

旧金山社区基金会的活动之一：奥克兰圣安东尼地区的社区工作者获 1997 年 "科什兰公民团结奖"，奖励他们建立食品合作社的成绩。科什兰为旧金山社区基金会的创始人

第八章 运作型基金会

运作型基金会（operating foundation）与捐赠型（grant making）基金会（即独立基金会）不同之处在于它主要是自己做项目，而不是捐赠给其他个人或非营利组织做。从这个意义上说，它本身有些像研究所。在税法上，它比独立基金会享受更为优惠的待遇：不必交财产盈利税，没有每年必须支出的定额款项。事实上，在20世纪初现代基金会兴起时并无此区别，一家基金会往往捐赠与运作兼而有之，在发展过程中各自向不同方向倾斜。到1969年的新税法才通过不同的收税待遇将基金会明确归类。此时，各基金会可以自己选择归于哪一类。最早成立的塞奇基金会从40年代末开始转向运作型基金会。所以在本书中将其前半期放在第五章，后半期放在本章叙述。

一、塞奇基金会（后期）

从一开始，塞奇基金会就是捐赠和自己运作并行。最初40年的支出共2100万美元，其中900万美元是捐赠款，1200万美元用于自己的研究和其他工作。1947—1948年，董事会作出决定，结束一切捐赠，成为纯粹的运作型基金会。自此以后的工作就是从事自己选定的项目研究。所以刚好可以以20世纪的前期与后期为基金会的发展分期划线。

如前所述，塞奇基金会一向重视社会科学，"二战"后随着形势的复杂化，更加强调发展社会科学，以之为达到"更为明白和理性的社会政策"的手段。为此，基金会在纽约的总部设立了一所研究中心，供社会科学工作者作研究，特别是合作研究。同时也支持其他符合其目标的研究项目并为其出版研究成果。其所致力的项目与美国社会的发展密切相关，以下举其要者以见一斑：

1. 行为经济学研究

与斯隆基金会合作发起行为经济学研究，其目的是加强经济理论在经验成果方面的准确性。具体课题有：储蓄、劳动市场运行和通货膨胀的行为取向、金融市场如何背离市场效率原则、法律与经济学、行为金融学、宏观经济学、公共商品供应中的公平的价值等等。这些都是在战后新形势下美国经济中遇到的新问题。

2. 种族问题

种族问题始终是美国社会学者重点关注的问题。但是 20 世纪后期与前期内容有所不同，重点不是种族歧视问题，而是研究如何改进不同种族之间的交往质量。由于民权运动的成果，不同种族进入主流社会的机会增多，互相接触、交往和竞争的机会也大大增加。许多族裔对"同化"有所疑虑，他们不再把与美国主流文化同化视为当然，而愿意保留自己原来的文化。另外，美国在 80 年代与 90 年代大量涌入拉美和亚洲移民。他们较之欧洲移民自然适应的困难更多一些，早期欧洲移民融入美国的经验对他们不尽适用。塞奇基金会认为，这些问题处理不好容易引起新的种族冲突，破坏作为民主制度基础的容忍和社会接纳的原则，并可能影响美国社会的稳定。社会科学应该在考察文化差异所产生的影响、研究如何创建一个互相容忍和理解的氛围方面起重要的作用。为此，基金会设置了两项课题：（1）文化接触中的社会心理；（2）移民研究。

对新移民的研究对象集中在第二代，特别是在他们从学校到工作的转折关头，对各种做法的成败经验作细致的调查研究。除了研究，还有一些行动项目，如在密歇根大学开展一项行动项目，帮助少数民族本科生克服种族成见造成的后果，并改进学业。这两项课题的研究以社会心理学理论为基础，以对有关种族文化的了解和分析为依据。其成果是产生了一批有价值的著作和在广泛调查基础上的研究报告。

3. 贫富悬殊的问题

这也一直是各大基金会关注的主要问题。在 90 年代尽管美国经济强劲，一些内地城市少数民族的失业率还是居高不下，或者总是停留在最低工资的工作岗位，为此，塞奇基金会设立以下三个主要研究项目：

（1）城市不平等问题。这是塞奇基金会 90 年代最大的一个项目，全国 15 所大学 40 余名学者参加了这项研究，耗资约 400 万美元，由塞奇和福特基金会各负担一半。总共对亚特兰大、波士顿、底特律和洛杉矶的 8000 名非洲裔、西班牙语裔、亚裔和白种居民以及 3200 名雇主进行了采访，对劳动市场供求双方的情况和态度都收集了大量数据，可以作为相当一段时期内有关这个问题的依据。该项研究对四大地区的城市劳动市场、居住隔离状况和同一种族中不同阶层之间的互动做了详细图解。答案之一是近十年来的经济改组大大提高了对教育水平的要求，而多数内地非熟练工人缺乏必要的训练。但是更主要的还是种族壁垒，特别是某些雇主的偏见，不愿雇用少数族裔。许多雇主有强烈的种族偏向，不愿做任何职业培训。其选择顺序依次为：白人、西班牙语裔、黑人妇女、黑人男性。还有城市少数民族工人不愿到郊区就业，因为害怕在分散的郊区种族歧视更严重。关于这个问题，塞奇基金会有几名常驻研究人员进行追踪研究，出版一系列专著。为鼓励青年学者做这个题目，还设立了论文竞赛的奖金，已经有多名学者得奖。

（2）劳动的前途（The future of work）。这一项目是与洛克菲勒基金会从1994年开始的，资助了许多有关贫富悬殊扩大根源的研究，对于教育水平较低的工人处于不利地位这个问题，过去各基金会一直致力于改良教育制度以跟上经济发展。塞奇的这一项目从另一个角度提出可能的解决办法，即研究如何增加不经过培训的非熟练工人的就业机会，例如创建公共部门的工作岗位、工资津贴、交通补助、分享工作岗位、减免所得税等等。还有对增加供应（通过教育提高劳动力素质）和增加需求（通过增加非熟练劳工的就业机会）两种政策的效益作比较研究。

（3）阅读能力（literacy）。该项目原来由1988年梅隆基金会发起，旨在研究如何提高美国的基础教育水平。重点对象是家庭条件比较差、成绩不好的学生。塞奇基金会起初只是起顾问作用，自1992年起，应邀成为积极的合作伙伴，梅隆基金会继续负责资助项目所需资金，塞奇基金会则协助引导方向、提供工作人员和监督各项活动。从那时起，方向有所转移，现在主要集中在对教学方法、经验和内容的评估，以及师资培训上。在一些大中学资助各种建立好学氛围、鼓励学生提高学习自觉性的方式，并资助对小学生开展课余活动的效果的研究等等。这一项目称"第五维度"（the fifth dimension）。现在不但在美国一些州实施，在墨西哥、澳大利亚、俄罗斯、意大利和瑞典都有这种"第五维度"基地。基于这一经验，加州大学的总校长已经决定提供资金在所有加州大学的校园设立这种模式的教育项目。

基金会还在印第安纳大学设有一个跨学科小组，进行一项称作"评估工作现场刺激"的课题。内容是让一批近乎不及格的中学生通过一种特殊设计的计算机程序进行学习，体验某些职业，如出纳、顾客接待员、旅店经理、护士长等，学习解决工作中有关问题，同时提高基本文化知识和交流能力。研究小组的任务是，为评估这些学生在非课堂环境中的学习成绩设计出适当的工具和程序来。同样项目也在匹兹堡大学进行，称作"刺激工作"，考察并分析用这种计算机刺激方式可能学到的认识能力和社交能力，再进一步研究这种刺激方式如何用于课堂并加以推广。

此外，基金会还在布鲁金斯学会设项对公众对美国政治制度日益失望的情况进行深入研究，特别是两大党各自推行其思想和政策的方式，及其对社会政策和选民心理的影响，总的落脚点是这种党派斗争对社会弱势群体的影响。

二、卡耐基国际和平基金

老卡耐基的基本关注点之一是人类和平。为此，他创立了四个基金会、三座和平宫，提出了各种有关建立国际争端的裁判机构的建议，包括世界法庭和国际警察部队。他个人在这方面的捐款是思想、组织和社会行动的结合。在纽约的卡耐基基金会成立之前，他于 1910 年捐资 1000 万美元建立卡耐基国际和平基金（Carnegie Endowment for International Peace），总部在华盛顿。这是世界上第一个致力于和平问题研究和推广世界事务知识的公众教育机构。卡耐基自称建立和平基金会的目的是为"加速消灭国际战争这一我们文明最大的污点"。第一届董事会有 28 名成员，都是当时美国企业界领袖人物和其他社会名流，其中还包括当时的国务卿福斯特（John W. Foster）[①]，塔夫脱总统为名誉会长。第一届会长罗脱和 1925

---

① 福斯特为后来美国国务卿杜勒斯的外祖父，曾在甲午战争后中日谈判签订《马关条约》时任李鸿章的顾问。

年继任的第二届会长巴特勒（Nicholas Butler）后来都曾获诺贝尔和平奖。前者是与中国有关的《罗脱—高平协议》的当事人，后者是1928年《凯洛格—布赖恩非战条约》的制定者之一。第一届董事会确定该基金会的宗旨是："研究战争的根源及如何防止的实际方法；帮助国际法的发展；扶植有关国际事务的教育；促进世界各国人民之间的友好关系。"随着时代的变迁，其工作内容发生变化，对其宗旨的描述不断变化，规模也不断扩大。1980年公布的资产是5000万美元，1999年底的资产是2.736543亿美元，当年支出1300万美元挂零。①

基金会成立之初分三个部门，其分工是：（1）协助发展国际法和解决国际争端；（2）研究战争的根源和影响；（3）促进国际谅解与合作。除华盛顿总部外，在纽约和欧洲都设有办事处。欧洲办事处在巴黎，负责人是国际和解协会发起人和会长康斯坦男爵。卡耐基和他那个时代的美国国际主义者都相信，只要有更强有力的国际法和国际组织，战争是可以避免的。这种理想为第一次世界大战所粉碎，但是他们还是没有丧失信心。"一战"后卡耐基是国际联盟的热诚支持者，但是他于1919年去世时没有看到美国国会否决国联以及此后的国际纷争。

两次大战之间的一段时期，卡耐基国际和平基金加倍努力于促进国际和解，资助了几项欧洲复兴计划，支持各种国际组织，还创办了海牙的国际法学院。在此期间完成了几种巨型丛书：22卷本《国际法经典著作》、150卷本《世界经济和社会史》（由加拿大著名史学家肖特维尔［James Shotwell］主编，共450名作者合作完成）、25卷本《加拿大—美国关系史》，以及美国宪法和《独立宣言》多国语言的译本。它还在英、法及其他国家的大学设立或资助美国史

---

① 数字来源于卡耐基国际和平基金工作人员向本书作者提供的1999年底向税务局的报表。

教学，向其他国家图书馆捐赠大量美国图书，并向美国图书馆提供描述其他国家的图书，在各大学校园建立国际关系俱乐部，主要在美国，也包括一些拉美和亚洲国家的大学。"二战"前，在促进人员交流、资助教师和学生的交换等方面也起了先驱作用，现在这种交流已不足为奇。

第二次世界大战以后，董事会进行改组，定为 27 人，3 年重选一次。战后第一届董事长是杜勒斯，董事有艾森豪威尔、大卫·洛克菲勒和后来 IBM 的创始人沃森（Thomas Watson）。50 年代的研究重点之一是国际组织，在 20 个国家资助研究小组研究该国在联合国的经验，帮助这些研究报告向有关方面发行。1953 年在纽约联合国广场竖起了一座 12 层楼的卡耐基基金会国际中心，目的是为其他目标相同的非营利性组织提供场所和设备，进行与国际事务有关的工作、会议和交流。基金会自己的总部仍在华盛顿。这一时期冷战加剧，卡耐基国际和平基金发起了对苏联问题的新的研究计划。从成立到 1956 年累计支出了 350 万美元。

基金会 1960 年成立 50 周年时发表正式声明，提出指导思想增加了"自由和正义与避免战争同样重要"的内容。鉴于 60 年代出现了许多新独立国家，卡耐基国际和平基金自 60 年代后的一项重要项目是培养新兴国家的年轻外交官，20 年中培养了 250 人。为了便于与联合国的机构加强联系，基金会将驻欧洲的机构从巴黎迁至日内瓦，在那个时期成为欧美就国际问题进行对话的中心。还创办了《国际和解》学报，成为国际关系领域一种颇有影响的刊物。

20 世纪 70 年代初，在税法对不同类型基金会分别对待时，卡耐基国际和平基金选择定性为运作型基金会，于是停止了对其他机构的捐赠活动，全部资金用于自己加强研究，或与其他机构进行合作研究。聘请的常驻研究员在 20—30 名，来自各种职业背景，如政府、新闻、法律、学术和公共事务等，大多对外交事务有第一手经验。除资深研究员外，还有给高年级研究生的一年研究奖学金，每年 12 名。经费一部分来自基金会本身，一部分接受其他方面的捐赠，有时与其他基金会共同资助某一项目。1980 年的资产是 5000 万美元。研究的课题有国家安全和军控问题、伊斯兰教的政治影响、美日关系、南亚和波斯湾的发展形势、私人银行的国际作用、关于经济秩序的南北争论的前途、美加关系以及美国行政和立法机构在制定外交政策中的作用等。70 年代另一项重要的措施是把原来资助创办的季刊《外交政策》（Foreign Policy）完全收购过来，成为卡耐基国际和平基金的独家刊物。这份杂志与纽约外交委员会出版的《外交》（Foreign Affairs）杂志齐名，并且以多种文字在许多国家出版。该杂志现已改为双月刊。

90 年代进入后冷战时期，卡耐基国际和平基金的关注重点也有所变化。它的宗旨的新的提法是："促进国家间合作，推动美国积极参与国际事务"，"通过调查研究、出版、召集会议等活动，以及通过建立新的机构和国际联络网，探讨制定新的政策的可能性。关注的范围遍及世界各个地区，以及政府、企业、国际组织和公民社会之间的关系，重点在于促成全球性变化的经济、政治和技术力量"。[①]1992 年发起了关于外交政策新形势的研究，包括由前驻华大使洛德主持的"改变我们的作风：美国和新世界"和前助理国务卿霍尔布鲁克主持的"总统选举备忘录：以目的制约手段"课题。这两人分属共和党和民主党，这种安排旨在从不同党派的角度共同检验政府政策的运作。20 世纪最后 10 年卡耐基国际和平基金的工作出发点是基于这样的认识："我们仍然面临着强权政治和传统的安全威胁，但全球化趋势中复杂而经常出现的冲突性影响正在改变国际关系的法则和地缘政治的策略。许多地区的权力和影响力正在向非

_____

① 根据其散发的指南 *Guide To Policy Experts, 2001–2002*。

国家性的角色转移，包括跨国公司、非政府机构和犯罪联盟。这些重大的变化对国际的安全和人类的福利有深远的影响。"① 具体有三大领域：

（1）全球政策。回应全球化进程中出现的经济、政治和技术变化对政策的挑战。研究的课题包括大规模杀伤性武器扩散、信息革命的后果、民主和法制的建设、不平等和经济改革、私人企业的国际作用的变化。研究的角度是把传统的安全考虑如军控问题与新提上日程的全球性问题结合起来，并对特殊的跨国问题提出新的政策建议。

（2）俄罗斯与欧亚。这是鉴于冷战结束后出现了"思想传播和体制建立的独特机会"发展起来的项目。1993年卡耐基国际和平基金在莫斯科成立了卡耐基俄罗斯与欧亚事务莫斯科中心，这是俄罗斯第一家完全独立的政策研究机构。该中心的宗旨自称是"为公共政策问题的辩论提供一个受到尊重的、中立的讲坛"。中心有40名工作人员，除主任外都是俄罗斯人，运作方式基本上是华盛顿的卡耐基国际和平基金的翻版，研究课题也大部分是两边合作进行。其中重点之一是防止核扩散，这一项目开始于1984年，莫斯科中心成立后大部工作转移过来，与美国及世界其他地区的学者合作进行。其他课题有：美俄关系、国际移民、民族与种族问题、地区冲突等。中心出版的一份俄文季刊《赞成和反对》，吸收来自俄罗斯和欧亚地区的稿件。

90年代重点讨论的课题之一是刺激核不扩散的动机，亦即如何使有核国家不出售核武器、无核国家不想发展核武器。它的一份研究报告中提出难以确定的问题：要制止俄罗斯进行核武器扩散，是允诺太空合作还是威胁进行制裁更有效？1993年，卡耐基国际和平

---

① 见2000年散发的中文说明《卡耐基国际和平基金》。

基金在莫斯科建立的这个中心也是 15 年来该基金在海外建立的第一个中心。其任务主要是在俄罗斯和前苏联地区组织有关核不扩散的研讨会，并举行一系列记者招待会以及与在莫斯科的记者共同举行圆桌会议，以扩大对这个问题的宣传。莫斯科中心的作用之一就是使俄罗斯的有关专家得以与国际反对核扩散的圈子建立联系，扩大眼界，建立共同的目标。该中心与纽约大学战争、和平与媒体中心驻莫斯科办事处合作出版关于核不扩散的俄文期刊，多数为翻译英文文章，免费向有关专家和记者发放。同时也利用互联网与几十名俄罗斯记者建立联系，作为建立关于核不扩散网络的开始。这一项目也通过美国有关刊物提供俄罗斯人对待限制核武器条约以及与美国进行核不扩散合作的态度。总之，卡耐基国际和平基金对俄罗斯最关心的是制止其扩散核武器。

（3）中国。这是鉴于中国在国际生活中许多方面的作用日益重要，从 2001 年 10 月才开辟的新项目。现任会长杰西卡·马休斯（Jessica Mathews）在宣布设立此项目时称："中国在快速进行经济改革的同时，国内局势面临紧张，政治面貌正在变化，并继续强调军事力量。西方国家需要更好地了解这些驱动力。卡耐基国际和平基金发起这一项目旨在发挥带头作用，提供对这一地区的新的深入了解和分析。"基金会董事、资深中国问题专家，最早与中国建立联系的法学教授孔杰荣（Jerome Cohen）为该项目的总策划，原兰德公司军事战略研究员史文（Michael Swaine）与美籍华人裴敏新担任项目领导，史文同时负责安全课题。研究的课题有：

• 民主与法治问题，特别着重于经济发展和政治改革之间的重要关系；

• 与中国有关的区域安全问题；

• 亚洲和中国与防止核扩散核军备控制有关的问题；

• 互联网如何影响中国政府的行为方式。

卡耐基国际和平基金目前在中国的合作单位是北京中央党校国际战略研究所和上海社科院法学所。与前者签订了一项 3 年合作研究计划，主题是中国进入 WTO 之后对中国内外政策的影响。在此之前双方已经完成了信息革命对中国政府行为的影响的第一阶段研究。与上海社科院法学所也签订了 3 年合作研究计划，主题是关于法制改革的一系列个案研究，包括法律职业队伍的成长、法院的司法程序和行政管理等。研究成果将在上海与华盛顿的学术会议和刊物上发表。基金会还在与其他中国学术机构探讨进行联合研究的可能性。①

三、查尔斯·凯特林基金会

查尔斯·凯特林基金会（Charles Kettering Foundation）成立于 1927 年，在俄亥俄州注册，总部在代顿市，创办人查尔斯·凯特林（Charles F. Kettering, 1876—1958）。其最初的宗旨很简单，就是"开展科学研究以造福人类"。董事会连凯特林本人一共只有 3 人，其余两人都是凯特林的好友，一位是一直为凯特林理财的搭档，负责基金会财务，一位是律师，负责基金会法律事务。凯特林自任会长至 1942 年，之后由其子尤金·凯特林（Eugene Kettering）接任，他自己则仍以副会长的身份继续在基金会积极工作直到 1958 年去世。与其他基金会不同的是，该基金会创办之初并未投入固定资产。在俄亥俄州政府注册的文件上关于资金来源的提法是："接受查尔斯·凯特林以赠款、遗产或不动产的方式直接付给或从其收入中扣除的资

---

① 见 2000 年散发的中文说明《卡耐基国际和平基金》，以及基金会的《新闻公报》（News），2001 年 10 月 22 日。

金。"[1] 在相当长的时期内，基金会的资金来源完全是凯特林的个人财产，由他本人根据每年的工作预算批准拨款。

查尔斯·凯特林是以发明家的身份载入史册的。20 世纪的一二十年代是美国实用科学技术新发明蓬勃发展的时期，而且俄亥俄州、伊利诺伊州这一带发明家辈出，蔚然成风。例如飞机发明者莱特兄弟就在代顿，爱迪生在底特律。商店里最早的出纳记账机发明者帕特森也在代顿附近，他创办的全国现金出纳机公司（NRC）至今仍是俄亥俄州最大的企业之一。这也是凯特林第一家正式工作单位。凯特林生于俄亥俄州的一个农家，一个流传甚广的故事是，他少年时把为邻家农场收麦子挣得的第一笔钱 14 美元用来买了一部当时尚未普及的新事物电话机，专为拆开来研究以满足好奇心，从此开始了他的发明生涯。他以当电话接线生和教员半工半读完成了大学教育，1904 年以工程师学位毕业于俄亥俄州立大学后就在 NRC 工作，也是在这里开始了他最早的重要发明——在出纳机上装上一个很小的电动机，使之由手摇变成自动，从而迅速普及到全世界。在 60 年代被电子计算机替代以前，这是全世界最普遍使用的商业出纳机。

凯特林一生的兴趣就在研究和发明，他的发明都直接与生产有关，常常貌似平常，却在关键时刻解决关键问题，将生产力大大推动一步，对美国以及世界的工业和生活方式现代化都有深远影响。在他去世时已拥有或与人共同拥有 140 项专利（一说有 200 项），在当时仅次于爱迪生，他还拥有 30 多家大学的荣誉博士头衔。他的发明中影响最深远、有划时代意义的是汽车自动启动机。在此以前，汽车只能用笨重的金属曲棍手摇启动，不但费力而且危险，常常反弹伤人，甚至致死。凯特林受到自己发明出纳机电动装置的启发，

---

[1] 凯特林基金会 1927 年 6 月 11 日在代顿市注册文件，来自凯特林基金会向本书作者提供的档案。

发明了汽车发动装置。最初试用于凯迪拉克汽车，一年以后通用汽车公司聘任他为副总裁兼研究部主任，他在此任职47年直到退休。有了通用汽车公司的雄厚实力，他得以不断改进并大规模生产电动启动机。此项发明标志着汽车工业的革命，从此汽车不再是昂贵的"富人的玩具"，而是可以普及的交通工具，连妇女也能驾驶。在他领导下，通用汽车公司的研究部完成了其他多项重大发明和创新，如快速干燥的汽车喷漆、汽油中加铅以解决凝固问题等等，大大推进了汽车工业。

其他许多我们今天习以为常的生活必需品，都与凯特林的发明有关：如氟利昂的运用，从而有了冰箱和空调；火车柴油发动机；保险玻璃；最早的飞机综合燃料……他的名言是："一个人必须有足够的聪明的无知（intelligent ignorance），才能与时共进。"他坚信勤奋加聪明加科技进步就可以使世界变得更美好。这一信念被称为"凯特林主义"。他不但自己有发明的天才，而且深信通过集体合作能够产生新思想，并将这种信念在广泛领域中付诸实践。

基于这种理念，凯特林基金会前期完全专注于科研，实际上就是几个实验室，直到凯特林逝世之前完全是他一手领导，以他的意志为转移。基金会并没有专门的办公处，最初连实验室也设在凯特林的家中。1953年他把这所房子捐给附近的安提阿克学院（Antioch College），之后一段时间，凯特林植物研究所就设在该学院。各实验室和研究所每年向凯特林提出工作计划和预算，由他认可后从自己的资产中拨给。这种做法差不多延续到1958年凯特林去世。

1938年左右，基金会的董事会开始逐步扩大。最初的董事会成员大多数是科学家和工程师，与老凯特林一样对科技造福人类深信不疑。1942年由其子尤金·凯特林任会长，老凯特林自任副会长，实际上还是起决定作用。老凯特林去世后，尤金的儿子——查尔斯·凯特林二世——也参加了董事会，并任副会长。1967年尤金因车祸去世，老凯特林的女婿隆巴德（Richard Lombard）接任会长至1969年，所以到那时为止，基金会的家族色彩还是很浓的。直到1969年原 NRC 副总裁罗伯特·考勒（Robert Choller）接任会长，基金会才有了全职会长，组织和工作走向了正轨。1981年考勒去世，由大卫·马休斯（David Mathews）接任会长至今。所以凯特林基金会一共只有过两名全职会长。这两名会长的思想都对其工作有较大影响。

最初阶段基金会的绝大部分资产都是通用汽车公司的股票，在老凯特林去世之后，董事会决定改变挂靠在通用汽车公司一家的状况，将大部股票出售，转为分散投资。基金会的运作和管理也转变为公司型。1969年新税法实施后定为运作型基金会。1976年，凯特林基金会成立50周年和查尔斯·凯特林百年诞辰时，会长考勒宣布，到那时为止，基金会已经累积用去1亿美元。1981年马休斯接任时资产约1500万美元，2001年资产在2亿—3亿美元之间，视股票市场的升降浮动。总之凯特林基金会的章程和运作方式更接近研究所。不过虽无法律规定，每年也至少花掉5%以上用于研究。研究并非学院型的，而是致力于解决实际问题。

（一）各阶段的具体活动

1. 1927—1958 年

老凯特林主事时期，以自然科学研究为主，并且集中在植物学和医学，这点与早期的洛克菲勒基金会有类似之处，这期间创办了几家重要的研究所：

（1）凯特林植物研究实验室（C. F. Kettering Research Lab-Plant Science）。设于俄亥俄州，先在代顿地区，后搬到附近的安提阿学院内。主要研究植物的光合作用，以最终找到粮食大幅度增产的捷径。这是凯特林青年时期就开始的梦想，即要探索"草为什么绿"

的秘密。他认为如能找到答案，就可以根本解决人类的饥饿问题。他知道这是一个长期的问题，一代人解决不了，因此曾经对实验室的年轻人说过，要他们多生孩子，子子孙孙继续研究，这可与"愚公移山"精神媲美。因此，凯特林对此实验室的投入最大。尽管这个问题尚未最终达到凯特林理想的结果，但是这一研究开启了利用太阳能的探索。

（2）斯隆—凯特林研究所（Sloan-Kettering Institute）。设于纽约，从事癌症研究，至今是美国最先进的癌症研究所之一，不过已脱离凯特林基金会而独立出来。

（3）南方凯特林实验室（SRI-Kettering Lab）。设于亚拉巴马州的伯明翰，也是研究癌症的。

（4）凯特林磁场实验室（Kettering Magnetics Laboratory）。设于代顿。

这些研究所和实验室都聘有世界一流的专家负责，不一定都是美国人。除研究所外，还支持其他机构，包括一些大学的有关项目研究。

另外一个领域是教育，也是侧重在理科，主要是设立化学、物理和生物专业的奖学金和资助建造科研大楼。

根据 1961 年的年度报告，此时基金会的总资产为 7400 万美元，当年收入为 300 万美元，用于上述诸项的支出为 220 万美元。

2. 1958—1970 年

老凯特林逝世后由其子尤金主事，任董事长兼会长。尤金于 1967 年去世，由考勒任董事长、隆巴德任会长至 1970 年。尤金对教育比较感兴趣，在这一阶段基金会的工作重点开始从科学转向教育，不仅是资助生化物理的学生，更是主要研究教育思想，分中学以上和中小学课堂教学两方面。1968 年以后扩大到对学校教育这一观念的研究。在他任期内5年中对教育拨款200万美元，大多用于教育改革项目，包括公立中小学教育、公民参与公众事务以及世界和平问题。基金会所属机构如教育活动发展研究所（简称 IDEA）、查尔斯·凯特林研究实验室及其衍生机构凯特林科学研究集团等都接受了大笔资金。60年代是美国校园学潮迭起的时期，基金会认为大学校园需要加强管理，为此拨款100万美元用于研究这一问题的项目，其研究成果得到教育界广泛应用。

自然科学与社会科学相结合的问题也进入基金会的视野，为此，基金会拨款400万美元，支持一些机构发展新的课程，例如美国教育研究理事会的社会科学项目，社会科学教育联合会的研究工作，在一家理工学院为文科学生设两年制的自然科学课程，通过跨学科的努力改进大学的教学和管理质量，在一家大学建立迟钝学生计划，以及美国高等教育协会领导的改进校园交流的计划等等。

这个时期美国的技术突飞猛进，但一流的工科学院太少，跟不上发展的需要，有鉴于此，凯特林基金会出资80万美元，通过工科教育委员会建立一个项目，内容是让一所一流的工业大学与一所排行较低但有发展潜力的工业学校结对互助。这是基金会给外单位最大的一笔赞助款。有两家主要的州立大学的工学院参加了这一项目，双方对合作的结果都很满意，并大力推荐将这种结伴经验予以推广。

这个时期自然科学的项目仍然继续，除原来的几家实验室和研究所继续维持外，于1962年带头向科罗拉多州博尔德地方新成立的全国大气研究中心捐赠最早的年度奖学金，共培养了15名大气科学中各种专业的博士生。这项奖学金延续至今，不过凯特林已停止捐赠，其资金来自别处。同样地，基金会也给纽约州立大学大气科学研究中心捐款20万美元供学生作实地考察，鼓励科研机构把学生的实地考察作为经常性教学计划的一部分。到1970年左右，已经建立了若干这种模式的科研小组，后来凯特林也不再资助。

早期在基金会资助下的一些创新取得了成果，有些已经得到推广，成为该行业普遍承认的常识，例如师范教育中的微观教学法，南方（癌症）研究所发现的对待癌症的新办法，以及为角膜移植病人的修补术，现已广泛运用，使许多人免于失明。

这个时期开始关注的新领域是公民参政问题，这将成为 80 年代以后基金会的中心问题。另一领域是国际和平，开始参与美苏达特茅斯对话（下面将详述）。

3. 1971—1980 年

这一阶段是罗伯特·考勒主事时期。考勒原是 NRC 的副总裁，1957 年参加凯特林基金会的董事会，1967 年任董事长，1971 年辞去公司职务，任凯特林基金会第一任全职会长（以前的会长都是兼职），1981 年去世。考勒是企业家和组织家。他对基金会的主要贡献是建立起正规的组织和工作程序，开始有年度报告和一套工作班子。在结构上从分散到统一，根据新的观念招聘工作人员，建立研究助手和常驻研究员制度，实行新的管理制度，全部电脑化。

此时期基金会工作内容兼顾科学研究、教育和治理（governing）三方面。原来的植物实验室继续进行，并建立了国际关系项目。在这期间的国际关系很大部分集中在科学交流方面。1972 年基金会支持布鲁金斯学会关于南北关系和食物短缺以及经济发展的研究。1976 和 1977 两年中基金会的国际事务项目与海外发展委员会（Overseas Development Council）合作，同亚非拉的一些人物讨论粮食发展问题。在此基础上，基金会于 1979 年赞助召开发展中国家科学决策者会议，讨论促进美国和这些国家科学界合作研究的问题。另外还与苏联和加拿大等国科学家合作进行旨在促进粮食增产的植物研究。

教育方面重点进一步向公众教育转移，设立国内政策协会

（DPA）、全国问题论坛（NIF）、公民联盟和学校社区联系计划、探索公众政策教育的新机会等等。

治理方面的重点项目是公众参与政治和政府如何解决问题。主要课题有：

- 公民素质计划：研究下一代人的能力；
- 科学与民主：研究决策中的问题；
- 公民、专家、决策者之间的三角关系。

根据 1970 年的报表，1960—1970 年的 10 年中累计用于教育项目 2272.57 万美元，占 50.68%；科技 1627.45 万美元，占 36.30%；行政管理 305.32 万美元，占 6.81%；其他 278.52 万美元，占 6.21%。其中行政经费是在考勒接任后因实行正规化管理而大幅度增加的。马休斯接任后大力精简行政机构和人员，又有所下降。以上数字中虽然教育占最大比例，但是前面已经提到，教育的资助主要在理、化、生物和某些工科。到 1980 年，当年支出共 756.57 万美元，其中科技为 249.52 万美元，指现有的实验室，再加 42 万多美元的探索性研究，共占 38% 强；其次是教育 172 万美元，占 22.7%，所以这一时期的重点还在科技。其他项目还是在起步中。

4. 1981 年以后

1981 年马休斯时期开始。大卫·马休斯自 1981 年接任会长至今。在这期间基金会彻底从自然科学转到社会科学。中心议题是通过公众参与加强和改善美国的民主。另外，国际关系领域也有所发展。

马休斯是美国南方人，生于亚拉巴马州，在亚拉巴马大学获得历史和古典希腊文学学士学位，在哥伦比亚大学获美国教育史博士，然后回到亚拉巴马大学任教，四年后被任命为该大学校长，时年 33 岁，为当时美国最年轻的大学校长，当年当选为美国十大杰出青年之一。1975 年任福特政府的卫生、教育、福利部长。两年后又回到亚拉巴马大学校长岗位，1981 年卸任后任凯特林基金会会长至今。他在政府任职时对美国民众对政治的冷漠深有体会，认为这是对美国民主最大的威胁。因此在基金会的工作中特别关注美国民主与公众的关系的研究，归结到一点是：要让民主真正起作用需要什么条件。从马休斯的经历可以看出，他是学者型的人物，有较强的理想主义和使命感，对美国的民主制度有坚定的信仰，又对其出现的问题有很深的忧患意识。凯特林基金会可以说是他最后的职务。他就利用这片天地根据他本人对民主的思想设立了一套中心课题和研究方法。由于他本人是学者，兴趣在研究，所以在他任职期间基金会的工作也特别强调研究。

与洛克菲勒基金会一样，凯特林基金会也走过同样的途径：最开始认为科学技术可以造福人类，后来看到高度工业化以后的许多社会问题不是自然科学能够解决的，例如非洲这么多人挨饿，绝不是由于植物品种不够优良，世界粮食产量不够，于是工作逐步转向上层建筑领域。这一转变是逐渐的，也是有阶段的。凯特林基金会的转变非自马休斯始。有几位重要的董事对它有较大影响：著名评论家、社会改良思想家和活动家、《星期六晚评论》的主编卡曾斯（Norman Cousins）自 1967 年任基金会董事，他对基金会的注意力转向政治和国际事务起了很大作用；盖洛普民意测验的创始人盖洛普（George Gallop）在 50 年代末加入董事会，提倡对公众态度的了解，包括政治和教育的态度；著名民意调查专家扬克洛维奇（Yankelovitch）曾任基金会董事，现在虽然离开董事会，但仍是基金会的会外研究员。马休斯上任后继续并加强他们所开启的思路，与政府及非政府组织建立广泛的联系。与盖洛普不同的是，马休斯不太重视民意测验，而是着重于了解普通人怎样想，不是泛指分散的个人，而是组织在社区中的公民。根据这一指导思想，基金会决心结束植物光合作用研究的项目。之后的前两年，把用于这一项目的每年200多万美元付给一家全国性的研究企业巴台尔公司（Batelle）①，委托其继续进行研究，两年后成绩不大，遂正式结束这一研究所，把房产捐给安提阿克学院。几家癌症研究所也独立出去。凯特林基金会彻底结束自然科学项目，完全转到公民政治领域。问题更加集中，更强调公民参与，不但是内政，还有外交，即所谓"补充外交"，此时开始探索并实现与中国的对话。

基金会在20世纪最后20年的工作都是贯彻马休斯的指导思想。马休斯强调要继承发扬凯特林的探索创新精神，包括着眼于根本性的大问题，要找出"问题背后的问题"，关注与公众生活有关的实际问题，并将研究的成果供公众使用。不过这一精神和传统运用的对象不是物理化学，而是社会人文，他称之为"政治制度的化学"。政治的含义不是单指政府，重点是公众如何解决他们共同的问题，可以是通过公民间的合作，也可以通过政府机构。归根结底是要回答这样一个问题：在新的世纪中如何使民主制度起应有的作用。他所列出的当前美国的主要问题是：公民对自己的生活有失控感，对各种与自己切身有关的机制如经济、司法、教育、政治乃至医疗福利都无法左右，于是滋长了愤世嫉俗的倾向；各种社会痼疾如毒品、暴力犯罪等有增无减，似乎专家、警察、政府都无能为力；人民对本应为自己服务的政府机构日益疏离。所有这些问题仅仅指责政府与政客是没有用的，民主制度的基础是一种特定的政治文化，要依靠一个民主的公民社会、活跃的公众生活，通过各种公民组织和公民实践来解决共同的问题。总之，就是"公民参与"。

围绕上述中心思想基金会设立了以下几个经常性的项目：

---

① 巴台尔公司是美国一家著名的全国性大规模承接研究项目的公司。政府或任何私人企业、机构都可将必要的经费交给它，委托其进行研究，一切人员、设备、组织工作等都由该公司负责。

（1）公民与公众选择。这个问题首先是研究"个人"如何成为"公民"，负起参与解决共同问题的责任。为此，基金会提出一项课题"公民与政治：来自美国大街的看法"，委托华盛顿的一个小组进行研究，并提出报告，其结论是，美国民众是对政治程序有疏离感，但并非完全冷漠，如果他们感到自己能够起作用，就会参与。一般人对于自己参与作出选择的事物比对别人代自己决定的事物责任感要大得多，因为选择本身就是一种责任。所以，基金会就把帮助公民在各个领域内起作用视为自己的中心工作，提倡和推动公众参与对公共问题的选择。而促使其作出明智的选择最有效的途径就是"思考"。为此，基金会大大加强了70年代已经设立的NIF，并使之系统化。基金会并不直接主持这种集体思考，只是出版这方面的研究著作，供全国各种教育和公民组织进行思考和讨论之用，现已有上千个团体用基金会的出版物，形成NIF网络。基金会与全国20多个研究机构有合作或委托研究关系，这些研究机构也提供公民讨论的讲坛。

（2）社区政治与领导。这项研究要回答的问题是：公民如何更有效地合作解决本社区的问题。社区是公民生活的第一线，许多切身问题的解决关键在于合作。但是单靠大家坐在一起思考作出集体选择还不够，要进一步发掘所有与健康的公众生活相联系的机制和实践，然后找出如何在公众生活削弱时改善和加强这些机制。研究的结果认为，最重要的是促使公众生活真正"公众化"，也就是鼓励尽量多的人参与，而不是旁观。在这一领域内的合作对象就是各社区内有志于为活跃本社区的民主生活出力的团体和社区机构。

另一项工作是研究社区领袖与公众的关系。所谓公众领袖就是民众中的积极分子，在不同的领域内能起带头作用，有能力加强公众生活的人。基金会与社区的领导组织合作，帮助培养此类公众领袖，多多益善。

（3）公众与公立学校。公立学校是社区机构中重要的一环，理应得到公众的支持和关心。但是现在情况正好相反，普遍趋势是公众日益疏离公立学校。所以，基金会的这项研究是设法把公立学校的改革与社区建设结合起来，把公立学校提上本社区的政治议程。

（4）管理机构、专业人员与公众。这一项目是针对此三者互相脱离的现象：管理机构与专业人员脱离，因而政绩不佳（即外行领导）；专家又脱离民众；民众则对二者都失去信任。在这一项目下，基金会有以下关注点：

• 新闻界。鉴于媒体在公众心目中已经成为背离其公民角色的职业政治阶层，基金会致力于新闻教育研究，并与社区组织和新闻团体合作，探讨新闻界和公众在解决社区问题中各自应起的作用。

• 学术界。设法改进学术研究和高等教育与公众需要脱节的问题。提出的问题是：高等教育要成为振兴美国公众生活的有效参与者需要进行哪些改革？基金会印行一种年刊《高等教育交流》，组织各高校的师生就学院与公众的关系问题展开讨论。

（5）公众与政府的关系。这一问题与以上几个都有关联，单独列出是因为在众多的"脱节"中最突出的是公众与政府的疏离。这一项目提出的问题是：在处理政策转变中公民与政府官员如何建立更加有成效的关系？也就是如何促进官与民的相互理解，克服"他们"和"我们"的鸿沟。这一项目的目的是一方面使公民理解政府官员在促成政策转变中所面临的困难，一方面使政府官员更好地倾听公众的意见。同时，进一步研究现有的沟通途径之不足，找出相互隔阂的原因。在这一项下，NIF 每年选出 3 个全国性的重要问题，促进广泛讨论，找出公众与政府在这个问题上不同的反应和想法。研究的结果通过电视台的公共频道（PBS）的霍夫曼专题"公众之声"传播，并向国会议员和政府有关官员报告。另外还研究由地方和社区选举产生的官员如何加强与本地公众的联系，使他们明白，不仅需要多沟通，更重要的是实地改善当地社区生活。基金会就如何开展这方面的实践举办专题讨论会。

以上各个项目都是围绕着如何改善美国民主这一议题，以公众参与为中心，互相关联，互相补充。根据马休斯本人的兴趣特点，基金会的研究性大大加强，又由于基金会地处内地，远离政治中心，对有关民主的问题的讨论往往比较超脱，突破主流的禁忌。例如 80 年代初，早在美国学术界关注之前，就开始讨论堕胎问题。又如"9·11"事件后不到一个月，当美国民众爱国热情高涨、战斗气氛很浓时，在 NIF 例会上马休斯就鼓励大家畅所欲言，谈出心中的忧虑。会上的发言大多强调深入探讨事件根源的必要性，要停止仇恨的恶性循环，发扬基金会"持续对话"的传统，寻找与阿拉伯世界对话的对象。对于美国所表现出来的舆论一致，也有不同的看法，有人认为这是反常现象，不一定都是真实的，有人认为现在才是美国民主受到考验的时候，还有人提到美国人应多了解其他国家人民的苦难，问一问：为什么有人那么恨我们，等等。不过凯特林基金会绝非激进改良派，而是冷静思考派。其工作方法是，一部分研究由少数常驻研究员进行，大部分课题是会外人员做，现已有一个全国各地 200 多名合作伙伴的联系网。其中有的是基金会出资委托研究，有的是对方本身的课题与基金会合作，还有其他基金会和单位出钱委托凯特林进行研究的。基金会定期就特定课题召开有关人员的会议，进行交流。

基金会认为自己工作的成绩是研究成果为有关方面所用。例如关于教育的报告全美有 5000 家教育研究机构都在用，还有美国最有名的妇女组织妇女选举联盟与基金会有联系。有的书是公开发行在书店出售，有的是专题书，直接以低价售与主动索要者，例如《美国在世界的作用》一书十分受欢迎。还有不少关于妇女儿童的书也是如此。与政府的关系，多年通过应邀向国会和政府官员提交报告，或口头提供有关情况。这方面一直需求旺盛。有些出版物译成多种文字，现有塔吉克斯坦、西班牙、俄罗斯、罗马尼亚、阿拉伯等十几种语言，但未有中文。

（二）国际关系项目

基金会的国际关系项目开始于 20 世纪 50 年代末。对此起关键作用的是卡曾斯。他是五六十年代美国反对核武器运动和促进美苏缓和中的一位世界闻名的人物，著名的美苏非官方的"达特茅斯对话"（Dartmouth Dialogue）就是他发起的。最初由福特基金会赞助，始于 1960 年。卡曾斯于 1967 年开始任凯特林基金会董事（1967—1987 年），在他影响下，凯特林基金会自 1969 年第 5 届达特茅斯对话起开始参加。1972 年以后，福特淡出，凯特林成为该对话的最主要赞助者，参与该对话也成为基金会国际工作的重点内容。

达特茅斯对话产生的背景是冷战高潮，也是美苏双方都有意探求缓和之时。1959 年美国 U2 飞机被苏联击落，导致刚开始的美苏解冻中止。艾森豪威尔向卡曾斯说：我此刻不能和苏联谈，但应该有人去谈。于是，在福特基金会赞助下，由卡曾斯和其他一些美国社会名流会同苏联知名人士开始了非政府性的对话。第一次会议在美国新罕布什尔州达特茅斯举行，由此得名。凯特林既然是研究性的组织，在参加后就致力于研究一种不同于通常的非政府性外交（如谈判、斡旋、秘密传话等）的新的对话形式。其独特形式是常年进行持久的对话，双方坐下来共同设想各种可能的情景，讨论如何避免核战争。70 年代双方开始就具体问题组成各种小组分别会谈，研究如何增加对各自政府的影响。80 年代建立了两个专题小组——地区冲突问题和核武器问题，由双方熟悉情况的、能提出解决方案并可能对政府发生影响的专家进行规范化的持久会谈，日程也逐步升级。直到冷战结束，这一对话差不多每年进行，一直未中断。苏联解体、冷战结束，美苏之间的达特茅斯对话也告结束。不过这一经验和方式又运用到关于美俄新关系的对话。从这里派生出两项重要的活动：其一，关于地区冲突的专题小组转到以塔吉克斯坦内部的冲突为主题；其二，以1988年第16次对话的主题"公民社会"为基础，2001年在美国和俄罗斯各自举行了100个论坛。双方共举行过17次全体会议，在设置了专题小组的20多年中举行过50多次小组会议。

通过这些年的对话，在美国和俄罗斯都涌现了一批对冷战深有体会并从对话中获得经验的人士。这批人包括美加研究所所长阿尔巴托夫，远东研究所所长、后来曾任俄罗斯总理的普利马科夫，以及后来任俄罗斯杜马副议长的鲁金等。这批人在戈尔巴乔夫时期和苏联解体之后都在外交政策中发挥了一定的作用。现在把这些经验用于独联体的一些国家之间，以及一国内部的派别之间。自1993年起，凯特林基金会的国际项目负责人桑德斯（Hal Saunders）和俄罗斯的普利马科夫共同带头，在塔吉克斯坦的对立的两派之间促进对话，维持内战结束后的脆弱的和平。塔吉克斯坦的对立双方都利用凯特林基金会的研究成果重新建国。从1993年至2001年，塔吉克斯坦内部两派的对话已进行了32次。

达特茅斯对话的经验也运用于中国。基金会自1985年起与中国建立了联系。最初对象是中国社会科学院美国研究所，之后扩大到其他研究所，包括北京战略研究所（后改名为中国战略研究所）。美国方面主要参加的是美中关系全国委员会（详见第十章）。

关于国际方面的研究课题有：我们从与其他国家的民主实践以及其他社会中的持续对话中了解到、学习到什么。基金会不在国外进行工作，并且认为美国许多组织热衷于"出口民主"是一种错误。但是许多国家存在着与凯特林基金会在美国的合作伙伴同样的组织，例如波兰、南非以及一些南美国家的组织致力于在本国建立新的民主制度的基础。这些组织在一起开会，建立了公民社会交流联合体以促进合作，基金会也与这些组织合作，每半年该联合体中3个组织派人到凯特林基金会来常驻，交流经验，共同研究。基金会自90年代起接受国际研究员，一般为期半年。另外，以已故会长隆巴德的名字设荣誉研究员位置聘请国外资深研究员作2—3个月访问。

安德鲁·梅隆之子：保罗·梅
隆（选自基金会理事会50周
年纪念刊物）

华盛顿国家艺术画廊，由安德鲁·梅隆于1937年捐赠，1941年开馆（选自基金会
理事会50周年纪念刊物）

查尔斯·凯特林

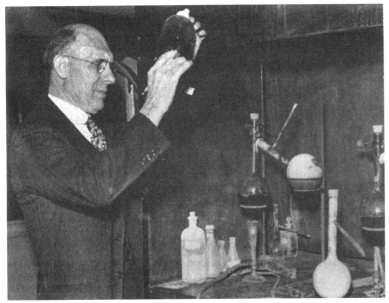

查尔斯·凯特林在实验室

作者在凯特林基金会总部院中

安提阿克学院的凯特林实验室

第九章　国际工作

一、概况

正如第一章所述美国公益事业的历史源远流长，美国的对外援助也历史悠久，大体可分为以下几个阶段：第一阶段从立国到 19 世纪末，那时美国对外援助主要是救灾，有政府行为，也有教会行为，大多是临时性的，只是少数教会开始步欧洲后尘，在海外建立长期的学校和医院。第二阶段从 20 世纪初到 30 年代末，随着美国的工业化发展和国力强盛，外援也日益增加并开始系统化。一部分是政府行为，主要是救济第一次世界大战的受害者；一部分是慈善机构的活动。也就是在这个阶段，洛克菲勒基金会和卡耐基基金会诞生，开始有组织的对外援助活动，另外如教友会和犹太教的慈善组织也加入此行列。第三阶段从"二战"开始一直延续到"二战"后整个冷战时期。在"二战"中，美国成为首要的对外援助国家。"二战"后，美国的外援更有了特别重要的意义：一是作为超级大国和"自由世界"领袖，全球任何角落都与它有利害关系；二是前殖民地国家纷纷独立急需援助；三是在冷战的背景下，一切都注入了与共产主义争夺的因素。对外援助的主导者当然是政府，而教会和私人公益组织，特别是基金会的国际活动规模也空前扩大。这个时期在绝对数字上人道主义救援仍然占据最大比例，但是对外活动的领域绝不止于此，还包括文化、教育、安全、国际和平等课题，后一部分的重要性日益上升，对资助对象和地区的选择上也由于冷战的背景而掺入更多的政治考虑。第四个阶段可以从 1990 年冷战结束后算起，此时的大背景是全球化趋势加速、前苏联和东欧国家的政治和经济转型、南北贫富悬殊更加尖锐化和种族冲突的加剧。

本章的主题是评述从第二阶段到第四阶段基金会在国际上的活动和作用，也就是差不多从 20 世纪初开始至世纪末。私人基金会的国际活动是独立于政府的，但是在每一个阶段都与大的历史背景以及美国的处境、政府的战略方向分不开，有着自觉或不自觉地与美国的对外政策默契配合的一面，冷战时期尤其明显。其活动特点大体上也可以分为三阶段：

（1）在早期，基金会主要关注国内，只有极少数关注国际，如洛克菲勒基金会从一开始就以"造福全人类"为己任。在那个阶段海外工作的性质仍与基督教的世俗化有关，以治病救人为主，同时传播西方文明，政治性较弱。

（2）"二战"后，在延续原来的宗旨的同时，加强了政治意识，这与美国的超级大国的全球地位和冷战的背景密切相关。例如加强了关于和平与战争以及其他国际问题的研究，而且常落脚在政策建议上，对第三世界的工作也掺入了与政府配合与合作的成分。

（3）大约从 80 年代以后（略早于冷战结束），随着全球化的潮流，参加国际工作的基金会迅速增加，项目多半与全球共同问题有关。一个突出的新现象是基金会大力资助联合国及其下属机构以及在国际上涌现出来的各类非政府组织（NGOs）。另一个现象是几个大基金会联手资助某一领域的国际项目的做法日益时兴，例如环境、人口、某些流行病等领域。这说明对人类面临的共同问题的共识程度提高了，同时其活动自然更有成效。这种情况正在发展，预计在新的世纪中，大基金会将在国际上找到自己新的地位。

美国几万家基金会绝大多数还是专对国内的，面向世界的占很小比例，但绝对数字也有上百家，且都是名列前茅的大基金会，因此在捐赠数字上比例不小，在国际上产生的影响又大于它的捐赠数字，而且其趋势是日益加强和扩大。美国基金会中心 1990 年和 1994 年分别对 33000 家和 39000 家基金会进行统计，又分别对 821 家和 2010 家基金会的 1 万美元以上捐赠项目进行分析，得出基金会的国际工作有几个特点：

（1）独立的大基金会是国际活动捐赠的主力。1994 年 95% 来自独立大基金会，其中 75% 来自资产超过 2.5 亿美元的基金会。一般说来，规模越大的基金会，其国际捐赠的比例越高，反之，小基金会比较内向。以 1994 年的数字为例，海外捐赠占其全部捐赠 1/10 以上的有 153 家，共达 6.25 亿美元，占所有基金会海外捐赠资金的 95%。这些基金会老、中、青都有。最老的是卡耐基和洛克菲勒，最新的有 1991 年成立的中欧大学基金会（即索罗斯系列基金会之一）。捐赠数字最大、对国际活动一贯积极的是：福特、洛克菲勒、麦克阿瑟、凯洛格、梅隆、卡耐基和洛克菲勒兄弟基金。其中福特遥遥领先。它在全世界都很活跃，在 16 个国家有办事处。凯洛格基金会在 1990 年至 1994 年海外捐赠从 2700 万美元升至 5600 万美元，增加了一倍以上。增加部分主要是拉丁美洲和加勒比海以及南非地区。它在 4 年中总资产增加了 3/4，达 60 亿美元，几乎赶上福特基金会。其余还有皮尤慈善信托基金、默特、休利特等基金会。

（2）新成立的大基金会比例日益增加。根据 1994 年的调查，1970 年以后成立的基金会的国际捐赠占总数的 1/4。其中引人瞩目的是麦克阿瑟和索罗斯。此外 80 年代以后成立的年轻基金会海外捐资在 100 万美元以上的还有林赛（Lincy Foundation，1989）、莫莉亚（Moriah Fund，1985）、安嫩伯格（Annenberg Foundation，1989）基金会，以及可口可乐、AT&T、IBM 等三家公司基金会。

（3）90 年代的趋势是对海外的直接捐赠增长超过对美国国内的国际项目的捐赠，1990 年至 1994 年，前者增长数字是后者的 5 倍。

这一趋势由最大的基金会带头，最大的前 10 名基金会这一数字是 7 倍。尽管如此，绝对数字还是美国国内得到的占大部分。

（4）以地区论，最大的捐赠对象在拉美和黑非洲，南非居首位。

（5）以领域论，在美国内部主要资助对国际和平与安全问题和国际发展的研究；在海外，冷战时期的和平与安全项目在冷战结束后骤减，而重新侧重于卫生、人口和教育等项目。不过不同地区重点有所不同：在中东欧、亚洲和拉美经济发展项目是第一位；在南部非洲主要是卫生和计划生育项目；和平与安全问题在中东占首位，其次是中欧；公民社会问题在中欧占首位；社会科学项目在拉美是三大优先项目之一，卫生和计划生育在亚洲也占重要地位。①

各大基金会的国际项目有许多重叠，而且也常合作进行，所以本书把前面几章个案介绍的基金会的国际部分集中在本章叙述。有的基金会主要是进行国际活动，如索罗斯系列基金会和卡耐基国际和平基金，其活动已经在前面叙述过，本章不再重复。国际项目的内容比较丰富，大体上可分为在美国国内和在海外两大类。

二、美国国内的国际项目

在美国的国际项目主要是资助关于国际问题、对外政策的研究工作以及培养这方面的人才。

1. 建立国际关系和外国研究的学科，支持研究机构、组织或协助与对外战略和政策有关的课题研究及成果的发表

（1）"二战"之前

在这方面的先驱当属洛克菲勒基金会。洛克菲勒基金会从一开

---

① *International Grantmaking: A Report on U. S. Foundation Trends*, The Foundation Center, in cooperation with the Council on Foundations, pp. xi–xii.

始从观念到实际工作范围就是国际化的。它对战争与和平的问题十分关切。自20世纪30年代开始重视社会科学起，国际关系、经济和行政管理并列为其三大重点之一，其宗旨是："在有争议的问题中促进各国人民相互了解；在友好地解决国际争端中树立和发挥专家的作用。"[①] 基金会为此目的资助长期的、超脱于利益考虑的研究项目。最早资助的组织有美国外交政策协会的研究部[②]、太平洋关系学会美国理事会、国际联盟下属的财政委员会和日内瓦研究中心[③]。基金会选中这几个机构一是其本身重要，二是由于当时造成国际紧张局势的原因多与国际贸易和关税政策有关，这些机构研究的项目也多在这方面，特别是国联对这一问题研究最为深入。洛克菲勒基金会防止"二战"发生的目的没有达到，但是在其开创性的努力下，美国和其他国家关于国际关系的研究确实发展起来了，这些资助在战争爆发后仍然继续。

1939年，在欧战爆发而美国尚未参战的关键时刻，洛克菲勒基金会主动向政府提出，愿意出资建立一项题为"战争—和平研究计划"，集中全国最优秀的专家研究形势，提出对策建议。国务院表示欢迎，愿意在不加干涉的条件下予以合作。这一项目通过纽约外交关系委员会进行，持续到1945年"二战"结束，洛克菲勒基金会独家出资共60万美元，每年都提出报告，形成系列，当时不发表，只

---

① "The President's Review", *The Rockefeller Foundation Annual Report, 1936*, pp. 32–36.

② 外交政策协会（Foreign Policy Association）成立于1921年，宗旨是"研究一切对美国有影响的国际问题，并把结果告知最广泛的美国人民，以使公众对外国问题有所了解"。它实行会员制，在30年代时会员遍及全美各州和世界20多个国家，经费主要靠会员会费和捐款，总部在纽约，设研究、出版和广播等部门。它与后来比较知名的外交关系委员会（Council on Foreign Relations）不是一回事。

③ "一战"后的国际联盟总部设在瑞士的日内瓦，这里就成为国际信息中心，由于美国没有参加，信息就不那么灵通，有一些在日内瓦的美国侨民就自愿向国内有关方面以通函的方式传递信息，以补此不足。到1930年组织起来成立日内瓦研究中心，正式出版两份刊物，发表最新的信息和对当前问题的看法。*The Rockefeller Foundation Annual Report, 1933*, pp. 262–263.

提交政府有关部门供参考。所提出的意见不但为国务院，而且为国防部、海军部和财政部所采纳，与战后的实际外交政策基本吻合，诸如欧洲复兴的重要性、外援、支持民族独立运动防止其倒向共产党，以及建立国际金融机构（1941年的报告中就曾提出此意见）等都已在其中。如会长福斯迪克所说："这一项目实际是一次调动全国的智慧协助外交政策的大动员。"①

"二战"期间，特别是"二战"后，美国有关外交政策的"思想库"蓬勃发展，其工作无不得到基金会的资助，而且有些重要的思想库的成员和基金会也有所重叠。其中最权威、对政策影响最大的当属纽约外交关系委员会及其刊物《外交》（以前称《外交季刊》）。它和几大基金会的关系也最密切，除大企业的直接资助外，基金会是其主要资金来源。它与基金会之间的人员交叉重叠也最明显。以1961年为例，委员会的全部收入中基金会捐助占25%，其理事中卡耐基董事会成员占10名、福特10名、洛克菲勒12名。1964年该组织的会长（Chairman）是约翰·麦克洛埃（John Mcloy），他同时也是福特基金会董事长和洛克菲勒基金会的董事，其主席（President）里斯顿（Henry Wriston）是卡耐基基金会的董事，而两位副主席之一就是大卫·洛克菲勒，其他各部负责人也交叉甚多。

洛克菲勒基金会还有一项与"二战"有关的特殊的有远见的举措："二战"爆发前几年，德国开始法西斯化时，洛克菲勒基金会以抢救欧洲人才为己任，为此专门立项，拨大量资金，帮助欧洲杰出的科学家和其他知识分子逃脱希特勒的虎口并给予适当安顿，使他们得以继续其研究工作。在战争临近结束时，洛克菲勒基金会又设专项帮助培养战后各科教、文化领域的领先人才。这也是吸取"一战"的教训，因为战争使知识精英流失，战后很多学科不能及时恢

---

① Raymond B. Fosdick, *The Rockefeller Foundation*, 1952, p. 220.

复，使学术发展出现了一个停滞期。另外，战后各国的复兴工作也需要大量建设人才，这一举措效果很难从数量上来具体评估，但是其远见和及时是不容置疑的，包括爱因斯坦等一批后来的诺贝尔奖获得者在内的数以百计的杰出人才都是受惠者。此举对全世界的科学发展都有重大意义，当然得益最大的是美国。

（2）"二战"结束后

这一时期在国际上的主角是福特基金会。福特基金会在 1950 年改组振兴，确定工作方向，在五项重点工作中第一项就是"和平问题：促进国际间的理解，包括加强联合国及其所属国际机构间的沟通"。（重视联合国是基金会所共同的，战后洛克菲勒的资助多通过联合国进行，联合国下属机构诸如卫生组织、教科文组织等都是资助对象，卡耐基基金会也是如此。）此时国际工作的政治色彩较浓，而且更加明确重点在争夺第三世界。与洛克菲勒基金会一样，福特基金会支持过许多大规模的研究外交政策的项目。其所关注的题目之一是关于现代武器和军事技术对国际事务的影响。鉴于美国专门从事战略研究的兰德公司、防务分析研究所等机构都与美国政府有关，所以这些机构的研究成果常使欧洲人怀疑带有倾向性，认为是为了配合美国的战略需要，因此福特基金会决定出资建立一所国际性的战略研究所，地址选在伦敦，这就是著名的伦敦国际战略研究所。该研究所为私人性质，不受任何国家政府控制，其董事会和工作人员都是国际性的，并包括文职、军事、学术、宗教等各界人士，东西方国家，包括苏联和中国都愿提供资料数据。它每年公布的世界战略形势报告已成为国际公认的最权威的报告之一。这是福特基金会一大得意杰作。[①]

60 年代，美国在外交上遇到两大难题，一是与欧洲盟国的关系

---

① Joseph Slater, "Oral History", *Ford Foundation Archives*, Box 42–43.

产生裂痕；二是对中国的不承认政策越来越难以为继。1962 年福特基金会资助美国著名思想库之一大西洋理事会建立这两个项目的研究，各出资 40 万美元。（关于对华政策的研究详情见第十章。）

1940 年成立的洛克菲勒兄弟基金①，一开始就以国际问题为重点。1956 年它带头进行了一项规模宏大的工程，集中了一百多名各个领域的一流专家、政府官员和企业家共同就美国内政外交各方面的问题进行全面深入研究，历经 4 年，写出对策性的报告，于 1961 年集合出版成书，题为"美国的前景—洛克菲勒专题小组报告"，小标题是"美国民主所面对的问题和机遇——从外交政策、军事准备、教育以及社会经济事务诸方面看"。会长劳伦斯·洛克菲勒撰写的前言称，该研究计划的目的有三：第一，定出美国今后 10—15 年中将要遇到的问题和机遇；第二，澄清在应付这些挑战时应作为指导思想的国家目标；第三，建立一种概念和原则的框架作为国家政策和决定的基础。关于这一举动的背景，简单地说，就是 50 年代中期，在美国人心目中苏联和共产主义势头正旺，第三世界又在兴起，全球性争夺将全方位地展开，美国面临严峻考验，必须深思熟虑确定正确的战略和策略。所以此书的总序开宗明义第一句话就是："我们之所以参加这一研究计划，是因为我们确信美国已到了历史关键时刻。"研究成果共有 6 大报告：《世纪中对美国外交政策的挑战》《国际安全：军事层面》《20 世纪的对外经济政策》《对美国的经济和社会层面的挑战》《追求卓越：教育与美国的未来》《民主理念的威力》。每一份报告都是由专家小组集体创作，面面俱到，既有理论，又有资料，最后有对策性结论，都能独立成册。从 1958 年到 1961 年分 4 次陆续发表，然后再集合成书。从开列的名单看确实是名家荟萃，集中了当时美国的精英智慧，在美国的特定情况下，就算是由政府

---

① 洛克菲勒兄弟基金成立于 1940 年，由小约翰·洛克菲勒的五个儿子把他们原来各自的基金合并在一起而成，为第三代。它与洛克菲勒基金会无关。

部门出面召集，这也是很难做到的。[①]

2. 帮助美国人了解外国，建立对外国研究的学科，特别是东亚研究

促进国际了解是一些大基金会的宗旨之一。对美国说来，了解欧洲不是问题，主要是对第三世界的了解。在这方面基金会的贡献比较显著。起带头作用的还是洛克菲勒基金会与福特基金会。

美国对西方以外的文化的了解和研究起步较晚，对东亚比西亚更晚。这里"东亚"的重点第一是中国，第二是日本（指研究对象，并非指外交重点）。过去，美国的"东方学"指的是中近东—希伯来和波斯文化所覆盖的地区。最早对中国的介绍来自19世纪的来华传教士，谈不上学术研究。欧洲的"汉学"传入美国大约在"一战"以后，学术界开始重视中国是在20世纪20年代末，洛克菲勒基金会是其开创的推动者。若以1950年为界，前期的远东和中国研究主要支持者是洛克菲勒基金会，那么后期就是福特基金会唱主角。由于时代背景不同，福特基金会对中国研究的资助侧重在当代，特别是共产党领导下的中国，其动机也较少理想主义色彩而更多出于现实考虑，因此它把对东亚的研究归入社会科学领域的国际关系学科。关于这两家基金会资助中国研究的详情见第十章。

洛克菲勒基金会出资在哥伦比亚大学的国际学院建立俄罗斯研究所。卡耐基基金会自1947年起资助13所大学加强欧洲、日本、近东和东南亚的教学和研究，其中最大的一笔是74万美元用于在哈佛大学建立俄罗斯研究中心。著名的美国人大会（American Assembly）附属于哥伦比亚大学，每年开会研究国际问题，主要资助者是卡耐基基金会。美国以外的国际研究也得到资助：日内瓦国

---

① Rockefeller Brothers Fund, *Prospect for America: The Rockefeller Panel Reports*, Doubleday, 1961.

际事务研究院一开始得到洛克菲勒大量资助，伦敦皇家国际事务研究所多年来赖洛克菲勒、卡耐基和福特三大基金会的支持而维持。

此外还有一些特殊项目。例如福特为鼓励美国与外国人员交流和互相了解的项目，其工作规模相当大，形式多样化，其中包括创办刊物《美国视角》向全世界散发；资助美国和第三世界一些国家的农家孩子在对方相应的农场和家中工作和生活一段时期；研究苏联的计划，雇用苏联难民撰写相关的小册子，题材极为广泛，从历史到现状都有，其中包括冷僻的历史文化专题，并开办了契诃夫出版社，成为当时苏联以外最大的俄文出版社，出版流亡者的著作、译著和俄罗斯古典作品。不过后来由于福特基金会停止资助，该出版社不复存在。

另外，大量资助美国学生研究中近东和苏联东欧以及非洲，包括资助美国的大学设立有关地区的研究项目或机构，以及到这些国家去学习或考察。美国的非洲研究就是福特基金会50年代资助创办的，至今美国非洲学会仍是它经常资助的对象。它还出钱委托美国学术团体理事会（American Council of Learned Societies，简称ACLS）组织出版一系列亚洲小语种的字典和读物，包括乌兹别克、老挝、维吾尔语等语言，还有一些鲜为人知的语言如印度的泰鲁古语等。此外许多研究非洲、东欧、中东和远东地区的刊物都得到福特基金会的资助。

除了研究性质的思想库之外，基金会还资助一些从事国际交流活动的组织，与三大基金会都有关系的比较重要的组织有：国际教育学会（The Institute of International Education，1919年成立，《1946年富布赖特法》通过后，得到大幅度发展）、非洲—美国学会（The African-American Institute，1953年成立，从事与非洲的交流）、非洲联络委员会（Africa Liaison Committee，1959年成立，附属于美国教育理事会）等。

三、海外工作

基金会在美国以外的工作一种是属于扶贫和援助发展性质，一种属于文化交流性质，但有时又有交叉重叠，很难截然分开。为方便计，试分类叙述：

1. 慈善性质的援助项目

早期的援助目的比较单纯，例如洛克菲勒基金会一开始就在一些贫穷地区研究防治流行病、推广农业品种改良研究以及福特基金会的绿色革命项目等。在广大亚非贫穷国家取得独立之前，这种项目基本上以人道主义和科学研究的目的，把"全人类"作为总体来考虑，较少政治成分。后来第三世界的国家纷纷独立，这类项目仍继续进行，一个世纪以来经久不衰，不过有的与有关国家政府合作，帮助落后国家获得美国的技术知识，有的主要与联合国下属的有关组织如国际卫生组织、发展署等合作进行。到世纪末又有新的基金会参加进来，如盖茨基金会在全世界，特别是非洲贫困国家进行防治艾滋病的项目等。这些在前几章基金会个案中已经介绍过，此处不再重复。战后各大基金会在海外更多关注造成第三世界贫困的根源问题，例如洛克菲勒和福特基金会在 50 年代推行"绿色革命"；60 年代许多基金会关注人口急剧增长所造成的问题，比如健康和教育问题；1971 年福特基金会首先资助联合国卫生组织 100 万美元研制避孕药。

卡耐基金会为其章程所限，其海外活动仅限于曾为英属的地区，它是最早在非洲进行扶贫的基金会，于 20 年代中期即开始，不过它的关注是南非的贫苦白人。它的一项重要工作是于 30 年代完成对南非贫苦白人状况的深入研究，提出报告。

从 40 年代起，凯洛格基金会在拉美开展医疗卫生工作，主要集中在培养医生、护士和社区医务工作者方面。

2. 援助第三世界国家综合发展

这种发展多数需要通过有关国家政府和当地的机构配合，援助内容是综合性的，以教育为主，以期经过一段时候达到有关国家自立的目的。在选择对象方面与美国的战略利益有密切关系。

福特基金会1953年设培训与研究部，其主任明确表示，培训人才的宗旨就是"在海外直接或间接推进美国的利益"[1]。1952年的一份文件称，基金会决定海外项目集中在中东和亚洲，因为这些地区有许多新兴国家处于苏联共产党领域的边缘，如果这些国家"民主失败"的话，就意味着世界共产主义加强，发展中国家的战争危险就会增加。"如果印度走了中国的道路，整个亚洲就要分裂为二，也许自由世界将无可挽回地失去它"，为此应该大力培养印度和巴基斯坦未来的领袖人物。基金会会长霍夫曼认为印度是中国的"软腹部"，并且有希望走民主的道路。[2] 根据这一认识，福特基金会的海外工作最早从中东开始，因为这一地区的国家最早独立，而且是与苏联争夺的主要地区。另一早期对象是印度，而且是长期的重点。1951年尼赫鲁与霍夫曼举行会谈后，协议由福特基金会资助印度改良农业，其中包括派遣1500名印度社会工作者下乡，推广较为先进的技术，例如轮种、改良工具、灌溉、修路、施肥、卫生设施，以及教给妇女现代烹饪、缝纫技术和卫生习惯等等。这一计划获得成功，后来在全印度推广，为60年代的绿色革命打下基础。

为了协助当地政府和有关机构制订发展计划，由福特和洛克菲勒基金会共同出资成立海外发展理事会（Overseas Development Council，设在华盛顿），人员与三大基金会有不少重叠，其主要工

---

[1] Edward H. Berman, *The Ideology of Philanthropy*, pp. 56–57.

[2] John B. Howard, "Oral History", *Ford Foundation Archives*, Box 4–5.

作是资助与第三世界国家发展关系重大的课题研究及其成果的发表，以此来帮助受到跨国公司和跨国机构资助的国家制订发展计划，理事会认为这样比双边援助有效。这项工作最突出的成绩在于收集和散发有关信息。另一个同类性质的机构海外发展研究所（Overseas Development Institute，设在伦敦），由福特基金会与世界银行负担，作用基本相同。亚非拉的社会科学学科的建立和有关院校、研究所在形成的初期大多得到过基金会的支持。

50 年代，福特基金会是拉美国家社会科学研究的最大的资助者。其中经济学居第一位。在亚洲，福特基金会通过哈佛、加州伯克利等大学，或直接资助有关国家的大学培养巴基斯坦和印尼等国的经济学家，传授制订发展计划的方法等。苏哈托执政初期许多政府经济计划部门的高级人员在美国学习过。

此外，福特基金会于 1950 年起设立"难民工作"项目，在此项目下，有两笔大的捐赠：300 万美元给 15 个私人机构，通过联合国难民事务高级专员工作，以"最终解决欧洲难民问题"；400 万美元给东欧基金，这是福特基金会于 1951 年创办的机构，旨在帮助苏东国家流亡在美的 10 万难民，主要内容是帮助这些难民在波士顿、纽约等六个城市安家落户，称"融入社会"计划。

70—80 年代，福特基金会在第三世界的重要项目有印度的产奶工程、女厨工程、帮助和保护"自我就业"（指家庭手工艺）妇女等，都是主要以贫苦妇女为对象，并与印度政府和有关团体合作，取得较为显著的成绩，既帮助大批妇女解决生活问题，又提高了她们的社会地位。在孟加拉、苏丹、肯尼亚、埃及都有类似的因地制宜的针对特殊群体的扶贫自救项目。

3. 文化传播工作

在 20 世纪前半期，文化传播工作是各大基金会的宗旨"传播知识"的延伸，同时也体现了美国中心论——相信自己是先进文化的代表，要以科学和理性教化落后地区和民族。在同一主题下，洛克菲勒与卡耐基基金会各有侧重。

（1）"二战"之前

从一开始，洛克菲勒基金会海外工作的第一重点就是中国，于成立的第二年（1914年）就派人来中国。从1915年到1949年对中国的教育作了大量的捐赠和扶助，其中最有名的就是协和医学院及其附属医院（详见第十章）。

洛克菲勒基金会自1917年开始设立个人奖学金给外国人到美国留学。1924年基金会成立国际教育部（International Education Board），以改进在美国本土对外国教师的教育。为此，对哥伦比亚大学师范学院的国际研究所给予大量资助，在各国留学生中最突出的也是中国学生。1925—1928年间毕业的中国教师超过200名，学习的主要课程之一是"中国教育应如何改造"。这些人回去后大多在各大学和政府部门任高级职务。

卡耐基基金会的工作最早从非洲英属殖民地开始，一方面是国内黑人工作的延续，一方面也与英美特殊关系有关，从1925年首先资助在肯尼亚建立第一家师范学校起，这一事业在东非、中非、南非持续至今（仅"二战"期间被迫中断），不论是在非洲建学校或是资助非洲人到美国学习，主要是接受与美国黑人一样的职业培训，后来延伸到帮助英国有关官员到美国来见习这一教育思想的实施，以便用于非洲殖民地。

（2）"二战"结束后

美国鉴于自己在世界的新的角色，认为当务之急是加强外界对美国的了解。从消极方面说是解除各方误解和疑虑，从积极方面说是大力宣扬美国制度、文化，推行美国的价值观。这是知识精英与决策者一致认同的。为此，美国建立了国家新闻总署（即USIA，现已撤销），并通过了一系列法案，其中包括《美国宣传与教育交流法》（或称《史密斯—蒙特法》）和著名的《1946 年富布赖特法》，后来又有 1961 年的《富布赖特—海斯法》加以完善，大力开展对外文化交流活动。但是这些活动与项目从一开始就缺资金，因此《史密斯—蒙特法》专门规定国务卿应该"最大限度地利用私人机构提供的方便"[①]。此类工作原本就是基金会的题中之义，所以在政府的需要下，基金会自然积极主动配合。

① 协助富布赖特计划。美国的富布赖特计划现在已世界闻名，而基金会在其中的作用，却不一定广为人知。事实上此项计划从启动开始就有赖基金会的资助。计划刚一宣布，政府资金一时难以到位，而各方申请已经纷至沓来，此时卡耐基与洛克菲勒基金会慨然应允先资助头 6 个月的经费，使各项协议得以及时签署启动，条件是在此以后国务院就要接手。之后福特和亚洲基金会等陆续进来，对富布赖特项目多有资助。事实上，富布赖特计划赖以推行的几家机构之一的国际教育学会，就是卡耐基和洛克菲勒基金会于 1919 年资助成立的，此学会在富布赖特计划之后又发达起来，在福特基金会的资助下在芝加哥、旧金山、休斯敦、丹佛等地建立了分支机构，进一步实施富布赖特计划。《富布赖特法》又名《教育交流法》，不过其主要内容是促进外国人对美国的了解，或是派教员出去，或是接纳留学生到美国。派留学生到国外学习也有，但比例极小。

② 加强英语教学。1957 年，在富布赖特计划下，由福特基金会出资在安·阿伯的密歇根大学设立"教外国人英语"专业，授予硕士学位，并建立应用语言研究所。此外，从 50 年代到 60 年代，福特、洛克菲勒、亚洲基金会与富布赖特计划合作，在中东、东亚、南亚、非洲的十几个国家和中国台湾地区都建立或加强了英语教学

---

① Walter Johnson & Francis J. Colligan, *The Fulbright Program: A History*, The University of Chicago Press, 1965, p. 35.

基地。1960 年，意大利政府要求富布赖特委员会派英语教员到意培训英语教师以提高英语教学，福特基金会应富布赖特计划之请，出资与康奈尔大学合作派出教员。

③《富布赖特—海斯法》。1959 年，福特基金会受国务院委托，组成大学与世界事务委员会，研究"美国大学在国内外的活动及其与其他机构的关系"，这一委员会进行了一年多的调查研究，写出一个很长的报告，提出改进意见，并代拟了国会的有关法案，最后于 1961 年由国会通过，即《富布赖特—海斯法》，这是在总结富布赖特计划实施十几年的经验基础上的修正法案，至今有效。

过去，美国的文化传播主要是向不发达地区，战后出现的新情况是首先需要加强西欧对美国的了解。在这方面，基金会介入了以下几项主要工作：

① 萨尔斯堡研讨会。1947 年由一名哈佛大学的奥地利研究生发起，认为战后特别需要重新建立起欧洲各国之间以及欧美之间的思想交流，此意见深得洛克菲勒和福特等基金会的赞许，从 1947 年夏开始，为期数星期，设各种专题请美国教授讲课，各国青年学生或教师、研究人员都可报名参加。办了几年之后，成为常年的项目，内容及人员也有所扩大，至今仍在继续。

② 在英国传播美国学。20 世纪 50 年代，洛克菲勒基金会协助富布赖特项目在英国举行系列讨论会，主要由美国教授给英国教授上课，总题目是"美国与大西洋共同体"，然后再由这些英国教授在各自任教的学校开设有关这方面的课程。参加的有 63 家英国大学的教师，据说这些教师在参加后都认为这样的学习很有必要，过去自以为对美国历史已经足够了解，现在方知还很无知。这一系列会议进行了 3 年，第 4 年正式成立英国美国学会，洛克菲勒基金会继续资助其活动，包括资助英国留学生到美国学习等。作为美国文化的发源地的英国的高级教授，居然承认自己对美国了解不够，并且在

英国能把"美国学"作为独立的学科而成立学会，这是战后的新鲜事物，令美国人颇为得意。[①]

③ 美欧交流项目。1961 年，福特基金会与美国学术团体理事会合作，五年为期，设立美欧交流的项目，其内容包括欧洲人来美学习的奖学金、在欧洲各大学设立美国学的点以及向图书馆捐赠书籍、胶卷等。还出资 100 万美元创办"拉斐德奖学金基金"专门资助法国学生来美学习。

4. 在第三世界发展文化教育

实际上，这也是传播文化的一部分，不过内容有其特殊性。战后，各大基金会本身以第三世界为工作重点。主要内容仍是教育，其目标更加明确是以西方的理论影响其发展道路，认为"如果这些国家能熟悉西方社会科学所积累的经验和知识，就有助于在制定社会政策中避免犯错误，建立比较高效率的行政机构，并更快形成公民责任感"[②]。更加直接的目标是培养能与美国合作并能维持这些国家的稳定性的新兴国家领导人。在这一思想指导下，福特、洛克菲勒和卡耐基三大基金会与世界银行和美国国际发展署等机构密切配合，开始了在亚非拉国家发展教育，特别是高等教育的大规模计划。

1957 年卡耐基基金会在一份报告中明确提出，非洲的新的重要性就在于处于共产主义和民主制度的争夺之中。1959 年卡耐基基金会应美国教育理事会主席之请求，正式将基金会的非洲联络委员会与理事会联合起来，以便更有效地进行与共产党争夺非洲的工作。60 年代福特与洛克菲勒在非洲有些项目卡耐基基金会也部分地参与。

---

① Walter Johnson & Francis J. Colligan, The Fulbright Program, pp. 128–130.
② 1948 年洛克菲勒基金会工作人员的内部通信中语，转引自 Edward H. Berman, The Ideology of Philanthropy, p. 79.

1958 年 5 月，卡耐基基金会在西弗吉尼亚召开讨论非洲工作的重要会议，参加者有各大基金会、美国政府有关部门和大企业的代表，还有名教授专家、英国驻联合国托管委员会代表等。这次会议对取得对非洲的工作的共识非常重要，而且克服了英国反对美国插手其前殖民地的阻力。英国意识到诸如尼日利亚等国独立在即，即将成为与苏联争夺的对象，自己又无力包下来，只得靠美国。事实上，英国管理非洲殖民地教育的机构相当一部分资金就来自卡耐基。1960 年，卡耐基又资助美国哥伦比亚大学的师范学院建立"非—英—美师范教育项目"（Afro-Anglo-American Program in Teacher Education），通过招学生和派教员等途径使美国的教育原则能逐步渗入前英属非洲国家的教育网络。之后这一组织改组成为非洲师范教育协会（Association for Teacher Education in Africa）。

　　三家基金会既有合作又各自有所侧重。在非洲，共同的重点是尼日利亚的伊巴丹大学，其所得资助远远超过其他学校。1963 年又成立东非大学，从策划办学方针的决策到资金的安排，都是三大基金会与美英有关部门及世界银行和东非三国的代表在意大利举行联席会议决定的。在亚洲，重点是菲律宾大学以及泰国曼谷的三所大学。在拉美，重点是哥伦比亚的瓦莱（Valle）大学。此外，设多种名目的奖学金资助亚非拉学生来美学习，特别是选拔外国学生领袖来美，以建立与美国学生团体之间持久的关系。还有一项工作是推动哈佛、芝加哥、斯坦福等大学对亚洲和拉美国家的高校的改造和建设发挥作用、培养教师、传播理论等等。在这些方面，福特基金会出手最大，有时一次就拨款上千万美元。

　　1970 年，鉴于过去援助第三世界的方式收效不理想，几大基金会带头召集主要捐献组织在意大利举行了一系列会议，成果之一是 1976 年出版的两卷本书《高等教育与社会变革：在发展中国家有希望的实验》，总编为洛克菲勒基金会前副主席汤普森（Kenneth W.

Thompson），各地区人士组成的小组负责有关该地区部分，其内容代表与会者的共识，即发展中国家需要"非正式"教育。自此，基金会资助重点即转到"非正式"教育，富布赖特参议员也参与其事。

亚非拉的社会科学学科的建立和有关院校、研究所在形成的初期大多得到过基金会的支持，包括中国在内。50 年代，福特基金会是拉美国家社会科学研究的最大的资助者，其中经济学居第一位。洛克菲勒基金会还与富布赖特计划合作在智利建立美国研究所。在亚洲，福特通过哈佛、加州伯克利等大学，直接资助有关国家的大学培养巴基斯坦和印尼等国的经济学家，传授制订发展计划的方法等。苏哈托执政初期许多政府经济计划部门的高级人员在美国学习过。

在非洲，福特与洛克菲勒基金会共同大力资助尼日利亚社会与经济学院和与之相关的伊巴丹大学的经济系、政治学系和社会学系，同时选拔优秀社科人才到美国一流大学学习，基本上集中在哈佛、芝加哥、密歇根和斯坦福等少数几所大学。东非大学全体教职员中2/3 曾是"洛克菲勒学者"并接受洛克菲勒的讲学资助金。高级人员中则占 80%。20 世纪末，洛克菲勒基金会又启动"教育为发展"20年规划，预算 1.25 亿美元，在东南亚、拉美和南部非洲 12 个国家中选一批大学，重点资助其农业、公共卫生、医学和社会科学的科系。

福特基金会在非洲卷入最深。60 年代在刚果共出资 300 万美元建立政治行政学院，研究刚果社会，培养行政人才。甚至还支持过设在坦桑尼亚的培训葡属非洲殖民地政治难民的学校，引起与葡萄牙政府的纠纷。

福特基金会于 1953 年对缅甸佛教的资助足以说明其海外文化工作的规模，以及文化与政治的联系。1952 年，吴努政府向福特基金会提出要求资助建立一座高等佛学研究院，作为迎接 1954—1956 年举行的第六届世界佛教大会（这是佛教界的一大盛举，据说是释迦牟尼去世后2500年来的第六次）的宏大计划的一部分。[①] 其中包括组织学者把大量写在橄榄叶上和刻在石碑上的巴利文佛经译成缅甸文。建这座学院的功能之一就是储存这些经文和为译经的学者提供场地。吴努政府还表示，弘扬佛法，加强佛教对全体缅甸人的凝聚力以抵制共产主义影响，是缅甸政府的国策。但是如果向美国政府求助，由美国政府派出的援助机构援助"异教"，将会在美国国内政治上引起不便，所以求助于福特基金会。福特基金会派出代表到缅甸进行实地调查后，不但赞成资助该学院的计划，而且还主动建议应建立一所包括图书馆的学校、训练图书馆管理员以及捐助图书、缩微胶卷设备等。于是，董事会通过拨款25万美元，该计划称"巴利计划"。

80年代，中国改革开放以后，福特基金会以之作为海外重点之一，并且是迄今为止唯一正式获准在中国设办事处的美国基金会（详见第十章）。

四、后冷战时期

这个时期应从1990年开始。不过基金会的关注方向有些新的趋势从80年代已经开始。

从1984年至1994年的10年间，美国基金会对国际活动的捐赠在总数中的比例翻了一番，从5%升至11%。若以1000家最大的基金会为基数，则用于国际活动的捐赠实际增长率为18%，高于全体基金会的各类捐赠的总数的增长，而与它们自己的捐赠总数的增长

---

① Dwight Macdonald, *The Ford Foundation*, pp. 66–68. "大会"可能指佛教所谓的"集结"，关于历史上几次"集结"的问题，佛教各派有不同说法，这与本书主题无关。

一致。由此可以证实，美国基金会的国际活动的捐赠是在不断增长的。老基金会的活动有增无减，其中卡耐基基金会打破原来的局限，在国际问题上的分量有较大的增强；新的基金会如麦克阿瑟、索罗斯和盖茨等大户也参加进来。公司基金会的国际活动也显著加强。根据 1995 年的一项调查，24 家有海外业务的公司的公益捐赠款中14% 用于国际项目。只是由于致力于国际活动的是少数大基金会，而小基金会每年在大量产生，冲淡了国际活动在总数中的比例。[①]

（一）国际活动加强的原因

20 世纪最后二三十年有几个特点形成了基金会国际活动加强的动力和有利条件：

（1）在全球化的潮流下，由于互相依赖，更多人有国际眼光，"国际"与"国内"的界限日益模糊。对于和平不可分割的意识更得到加强。有一些已经得到公认的跨越国界的问题——其中最主要的是"可持续发展"，在此项下，资源、环保、世界卫生、人口等都可纳入——各基金会对此都以不同的方式予以关注。

（2）东欧剧变、苏联解体，出现了新的需要和机会，基金会纷纷进入；同时南北差距不但没有缩小，反而更加尖锐化。此时美国等发达国家政府的外援对前苏联和东欧国家增加，对第三世界减少，基金会更有必要加以填补。

（3）世界各国非政府性组织的发展引人瞩目，还有一些慈善组织国际化，成为基金会在各国进行活动的得力助手。

（4）90 年代美国经济的持续繁荣使各基金会的资产增值幅度较大，其捐赠数也相应大幅度增加。同时，全球化产生了一批富有的

---

① *International Grantmaking*, pp. xi, 1.

国际企业家，增加了进行公益捐赠的财富来源。

（5）高科技和交通的发展可大大减少捐赠渠道的成本。

另一方面，全球化带来更大的收入不平等和流离失所，增加美国和其他发达国家的经济不稳定和社会问题。这样，国内问题需求的增加会影响国际捐赠的总资金。当然，从 2001 年开始的经济衰退必然影响基金会的资金来源。在资金缩水之后，各个基金会如何调整其优先次序，需要过一段时间才能看出来。

（二）地理重点的变化

最明显的新重点地区是中东欧和俄罗斯，还有中国和亚非拉经济新兴国家如南非、阿根廷、智利、印度、越南、尼日利亚、墨西哥、巴西等。不同的基金会各有不同的关注点。关于和平问题，显然中东欧、俄罗斯和热点冲突地区成为新的重点。各大基金会不约而同地加强资助的新领域，大的方面有民主化、市场经济和可持续发展。其包含的内容很丰富，包括法制建设、行政管理、妇女问题、有关人员培训等等。在不同地区具体项目的重点也有所不同。总的来说，福特基金会还是出手最大，它 90 年代因资金充足，决定进行对海外有长期影响的投资，于 2000 年根据六七十年代的经验，拨款 3.3 亿美元设立国际奖学金，以 10 年为期，帮助那些条件差的地区挖掘和培养领导人才，主要是那些"不像美国那样得益于全球市场的国家"。这是福特基金会有史以来最大的一次性拨款。它资助世界上任何地方处境"不利"的群体中显示出领导才能或学术前途的个人读 3 年研究生学位；制定一套确定何谓处境不利的标准，并提供激励接受人回本国服务的手段。该项目自 2001 年开始执行，主要在基金会有办事处的国家运行。另外还有一笔 5000 万美元的拨款，供帮助境遇不利的本科生，以便增加该项研究生奖学金的生源。这一计划估计在 10 年中可培养至少 3500 名研究生。

现在对不同地区分述如下：

1. 前苏联地区与东欧

显然这是冷战后最突出的新重点地区。各基金会在这个地区的资助是西方发达国家朝野各方面在这一地区积极活动的一部分，其中心任务是帮助这些国家完成转型，提供建立市场经济和民主机制所需的资金、咨询和人员培训。卡耐基基金会的一份报告中的一段话可以代表共同的指导思想：

> 一个民主和强盛的俄罗斯对本地区的稳定至关重要，因此俄罗斯走向民主还是独裁不是无关紧要之事。孤立它，或是利用其目前的弱点否定它的合法利益都是缺乏远见的。既然现在对俄罗斯实施类似马歇尔计划的援助不现实，西方对其发展的影响力也是有限的，就应在力所能及的范围内对它采取鼓励、支持和耐心的态度。[①]

在这方面索罗斯系列基金一马当先，无论是资金提供还是活动范围都是独占鳌头。索罗斯本人对东欧有特殊的情结，"开放社会"是其坚定的目标。相关情况在索罗斯个案中已有详述。以 1990 年为例，当年东欧国家各组织直接接受美国基金会捐赠总数为 820 万美元，其中 60% 为索罗斯系列基金所捐。福特、洛克菲勒兄弟、梅隆、马歇尔、默特等基金会在东欧剧变后也立即开始设立关于东欧的特别项目。与索罗斯不同的是，它们大多通过美国的有关组织实施，而不是直接给当地的对象，之后对当地的直接资助的比例逐步

---

① 摘自卡耐基基金会 1999 年网页。

增加，但间接的仍占一半以上。90 年代最初的几年参与这一地区活动的基金会迅速增加：1994 年匈牙利有 20 家（1990 年只有 4 家）、斯洛伐克和波兰各 17 家、捷克 10 家、俄罗斯 15 家。①

在戈尔巴乔夫执政期间，当时卡耐基基金会的会长利用其与苏联科学界的长期关系与戈氏建立联系，并发起了美国的被资助人与苏联同行之间广泛的合作项目。苏联参加者中包括戈尔巴乔夫改革的重要谋士。在此期间，还推动对苏联出现的新形势以及美苏关系可能发生变化的前景的专题研究，许多研究小组是美苏学者合作的。据卡耐基基金会会长汉堡称，这些合作研究对苏联的"新思维"及随后出现的国际关系的重大变化有所贡献。② 其长远计划是继续帮助俄罗斯及前苏联其他地区 4 个部类的领导同美、欧以及其他国家的同行对关键问题进行经验和专业知识的交流。这 4 个部类是：企业界、决策者、军方高层人士和知识界。另一方面，基金会也在美国促进对前苏联地区的了解，以便决策能从该地区实际情况出发，同时通过资助有关研究机构和院校培养下一代专家。

帮助前苏联的高等院校、研究机构和图书馆进行改革和现代化，特别是人文和社会科学及其知识分子，是基金会关注的重点之一。为此，卡耐基与麦克阿瑟以及其他基金会合作，对这一地区社会科学和人文学科的需求作出评估，再研究如何行动。

从以下资助的项目中可以看出各基金会在这一地区所关注的问题，最集中的还是民主建设和可持续发展：

• 政治管理、民主机制、民主与市场发展（福特、默特、皮尤）

• 公民社会——发展公民组织与公民技能（福特、洛克菲勒兄弟、默特、马歇尔、麦克阿瑟）

• 可持续发展——环境、资源（洛克菲勒兄弟、默特、马歇尔、

---

① International Grantmaking, *The Foundation Center*, p. 54.

② David Hamburg, *President's Report, 1993*.

促进相互了解基金）

- 世界安全、跨国关系、解决冲突（默特、休利特、洛克菲勒兄弟、琼斯）
- 非营利部门（洛克菲勒兄弟、默特）
- 企业培训（梅隆）
- 改善大学图书馆、艺术图书馆（梅隆、格蒂）
- 保存艺术文物及古迹（克雷斯）

其他还有一些个别的项目如俄罗斯的酗酒、犹太人和前苏联的人权问题，以及对某些学科的合作研究、发放奖学金等等，不再一一列举。

2. 拉美地区

就投入的绝对数字而言，拉美占第一位。这个地区几十年来一向是美国基金会资助的重点，所以冷战前后并没有质的变化，不过绝对数字增长还是比较显著。除了几家老基金会的长期项目外，从80年代起，休利特、麦克阿瑟基金会投入较大，以墨西哥和中美洲为重点。各基金会在这一地区的捐资总数从1990年到1994年增加了一倍以上，从3150万美元增至6800万美元，其中贡献最大的是凯洛格（2600万美元），其次是福特（970万美元）、洛克菲勒（800万美元）。就关注的领域而言，90年代增长最显著的特殊领域与东欧一样，是市场经济和民主建设，包括法制、政治和经济改革，因为拉美一些国家此时也在经历某种转型。另外可持续发展和生育健康也是重点发展的领域。凯洛格和福特的覆盖面都比较广，传统的医疗、教育、农业和新的人口、资源和政治制度等都有。其他一些特殊项目有保护玛雅森林（麦克阿瑟）、美墨边界问题（卡耐基）、保护科尔特斯海域的渔场（帕卡德）、厄瓜多尔与亚马孙的热带雨林保护（公共福利基金会）等。[①]

3. 非洲地区

60年代以后美国基金会在非洲的活动的新高潮始自80年代中期，即南非反对种族隔离运动高涨并得到国际关注之时，主要集中在南非，兼及其他南部非洲地区。这个时期非洲局势特别混乱。各基金会加强援助是基于这样的认识：这些国家如果再进一步下滑，将成为传染病、仇恨、暴力、恐怖主义、环境破坏和大规模难民的传播源。所以对贫困国家进行"创造性的干预"，帮助其建设性的发展不但是人道主义的道义需要，而且是全世界自己的利益所在。

援助项目多半围绕着解决种族隔离造成的不平等现象，加强公民社会，并帮助培养各种岗位的南非黑人领袖。1990年曼德拉获释，南非国大党合法化之后，基金会在这一地区更加积极，1994年曼德拉政府上台后，又产生一个高潮。根据1994年的数字，有27家基金会在南非有项目，捐赠总数为2639万美元，绝大部分来自少数几家，它们依次为：凯洛格、福特、洛克菲勒、开放社会、凯瑟家庭、梅隆、默特、创世纪（Genesis）、卡耐基与麦克阿瑟。有5家在南非有常驻办事处，它们是福特、凯洛格、默特、开放社会——南非基金会以及南部海岸基金会。

除南非外，在这个地区接受少量捐助的还有尼日利亚、肯尼亚、莫桑比克、津巴布韦、纳米比亚、斯威士兰、博茨瓦纳等国，不同的基金会有自己特殊关注的国家，以福特的覆盖面最广。资助的项目包括民主教育、法制、人权、妇女（包括妇幼卫生、妇女权利、受教育机会和妇女骨干的培养）、医疗卫生、信息传播、基础教育和

---

① International Grantmaking, pp. 56–57.

高等教育，加强非营利组织，建立非洲科学工作者与美国及其他地方科学工作者的关系网，包括相应机构的合作、电子通信联系等等。对不同国家重点不同，在南非则几乎各种项目都有。①

洛克菲勒基金会一如既往以防治流行病为重点。80 年代建立国际网络对"被忽视的严重疾病"进行生物医学研究，包括瞌睡病、麻风、疟疾、血吸虫、钩虫、河盲以及儿童痢疾等。到 1987 年该项目结束时，共培养了这方面的科学人员 360 名，共拨款 1500 万美元，同时吸引了 5 倍于此的 26 个国家的"匹配资金"。另一项目是带头与其他 19 家国际捐助者共同建立一个促进妇女参加教育的小组，帮助非洲国家政府增加女生入学数和提高她们的成绩。这也是各大基金会在非洲的传统项目。在非洲人口方面的项目前面已经提到。此外，基金会还资助在意大利召开"非洲妇女教育家论坛"，有南部非洲 19 国 25 名女部长、大学校长和其他资深教育家参加，强调妇女教育问题。

这里特别值得一提的是卡耐基基金会的"第二次南非贫困与发展调查"项目。这是一个有特殊历史意义的项目。前面提到卡耐基基金会第一次在南非的调查是 30 年代初关于贫困白人移民的状况。当时有一批处于社会边缘的白种贫民，在基金会的帮助下克服了原有的生存条件，逐步融入南非社会的主流。几十年后这部分人大多变成富有阶级，并成为南非压迫黑人的统治阶级的一部分。1981 年，卡耐基基金会启动了"第二次南非贫困与发展调查"项目，这次的对象不限于单一的种族，但事实上贫困群体都是有色人种。此项工作以开普敦大学为基地，由一位著名的劳工经济学家领导。后来，一位被流放的南非的女革命者拉姆菲勒（Ramphele）解除流放后回到开普敦，也参与领导。1996 年她成为开普敦大学的副校长。这是

---

① *International Grantmaking*, p. 59.

一项范围广泛的综合研究，有南非20家大学参加，集中了各个领域、属于不同种族的专家、教师、社区领导、社会工作者等等，研究南非贫困的现状以及造成贫困的原因和过程，并提出治理办法的建议。这一调研过程本身就是培训黑人的一个宝贵机会。关于贫困的研究与土地利用、法律、食物营养、医疗卫生、教育、交通、住房、社会福利以及其他生活质量指标联系起来综合进行。研究结果表明在南非的贫困除了低收入外，与种族隔离的影响有很大关系。贫困者不只是物资匮乏，而且人格得不到尊重，危及最基本的生存，使得贫困人群不仅婴儿死亡率上升、平均寿命缩短，而且失去自尊，丧失对生活的信心，对家庭和社会都没有归属感。这一切都是种族隔离的恶果。南非的情况和问题带有普遍意义。另一方面，它的非暴力民主化过程和种族和解的经验对其他地区有很重要的借鉴意义。这一调研结果的报告在南非和美国广为散发，影响很大。

与此同时，卡耐基基金会在美国也加强促进美国公众和决策者对非洲的了解的工作，以增强美国对非洲采取建设性政策的重要性的认识。这项工作需取得政界人士的合作。为此目的，于1992年在"卡耐基科学、技术与政府委员会"下成立一个专题小组名为"全球发展的伙伴关系"，主持人是前总统卡特。

在亚洲地区，这个时期与中国的改革开放大致吻合，新的增长重点是中国，详见下一章。

（三）项目重点的变化

这个时期突出的世界性问题是：（1）可持续发展，其内涵很丰富，突出的是环境和人口问题；（2）社会转型中的问题，包括民主、法制、人权、公民社会等；（3）南北差距扩大，世界性的贫困问题；（4）与和平安全有关的新问题。这些既涉及自然科学也涉及社会和人文科学，各大基金会对此都有关注。在捐赠方法上的趋势是有更多联合项目，并且更多资助联合国的有关组织如卫生组织、发展组织、儿童教育基金、人口基金等以及联合国召开的与此有关的国际性会议。以下就几个方面举例介绍：

1. 和平与国际关系

这个问题一向是大基金会国际项目的关注点。20 世纪 80 年代，在美苏核军备竞赛激烈时，基金会对和平与军备控制的资助急剧上升。从 1982 年 1650 万美元到 1984 年 5200 万美元。此时新成立的麦克阿瑟基金会后来居上，在这一领域内占很重要的地位。美国和世界各国和平运动高涨，组织蜂起，大多数为私人赞助，到 1988 年达到顶峰。对和平与安全捐赠在 10 万美元以上的有 88 家基金会，总捐赠数为 1.27 亿美元。到 1994 年，以上数字分别降至 59 家和 1170 万美元。但是捐赠项目和出资者更加集中。1994 年有 4 家基金会占全部和平项目的 1/3 和捐款的 1/2。它们是麦克阿瑟、福特、卡耐基（纽约）和阿尔顿·琼斯（Alton Jones）。其中麦克阿瑟和福特基金会占 1994 年这个领域全部捐款的 35%。[1]

冷战后，和平和安全扩大了含义，注入了新的内容，包括民主、人权、环境等问题。福特基金会把和平与社会正义联系起来，设立"和平与正义"项目。在此项下有两个单位，一是"人权与国际合作"，办事处在纽约；二是"治理与公民社会"，在 14 个国家有办事处。这样做的思想基础是认为全球化可以成为一种世界各国为和平繁荣而合作的力量，这是一种历史机遇。但是要使这一远景成为现实，必须加倍努力为深化民主、反对歧视和建立国际合作而奋斗。也就是把和平与民主、人权、反对种族歧视联系起来。这方面的一

---

[1] *International Grantmaking*, p. 135.

个大项目是资助 2001 年 9 月在南非举行的联合国反对种族主义、种族歧视、排外主义和相关的缺乏容忍现象会议，为此福特基金会出资 1000 万美元资助 2000 年的一系列区域性准备会议，特别是非政府性组织的活动，以及 2001 年的会后活动。一部分捐款直接给联合国人权高级专员作为该项工作的筹备经费。在人权和种族问题领域内接受基金会资助的个人将出席南非反种族主义大会。会后几年中，这些人将与基金会合作使大会的"行动纲领"得以实施。[1]

卡耐基基金会的国际工作在这个时期大大加强[2]，有以下几项新重点：

防止核扩散（包括其他大规模杀伤性武器）原是传统领域，冷战结束后特别关注的新问题是：一是在前苏联地区安全储存核武器与相关材料及其监督和控制；二是化学和生物武器在全世界急剧扩散。尤其担心的是最热心的买主是破坏性最大的国家和非国家组织，包括恐怖主义组织。基金会认为今后这方面的危险地区在亚洲，因此特别资助这一地区的研究项目和军控专家对决策者的教育。在美国重点资助的机构是反核扩散中心。该中心成立于 1989 年，主持人威廉·珀特是国际政策研究教授和资深俄罗斯专家。这一中心已经成为美国最重要的专门研究核扩散问题和培养相关人才的机构。它的工作一是揭露核物资走私以及各种扩散的情况，提请国际社会注意；二是培养前苏联各国下一代的反核扩散专家，希望他们能在各自国家对制定良好的非核化政策起积极作用。除此之外，基金会还与 30 家单位，包括大学和研究机构，就核扩散与安全问题进行合作研究。从 1994 年至 1996 年的 3 年中，约 1600 多万美元用于这一项目。

---

① *Ford Foundation Annual Report, 2000*, pp. 44–48.
② 这里指的是纽约的卡耐基基金会，不包括专门从事国际项目的总部在华盛顿的卡耐基国际和平基金，关于后者的活动，已在第八章运作型基金会中介绍，此处不再重复。

关于新时期对和平的新威胁，基金会专门为此成立了卡耐基防止致命冲突小组，其任务就是确定对和平的新威胁，并研究缓减之道。基金会从众多的威胁中选定了4种作为基金会的关注重点：（1）自然资源衰竭问题；（2）领土完整与自决原则的矛盾问题；（3）达成和平之后冲突各方解决宿怨实现和解与和平建设问题；（4）对某些国家实行国际制裁的效果问题。对以上四方面基金会都资助有关机构和个人进行专题研究。

2. 文化交流

洛克菲勒基金会一贯以促进美国和其他地区在文化上的相互了解为己任。在以全球化、社会转型、相互依赖日深、动荡不安为特色的时代，基金会的重点在建立美国国内和世界一切地区跨种族、跨阶级、跨宗教之间的相互了解。这个时期的重点在拉美和非洲。为此，于20世纪90年代建立美国——墨西哥文化基金，办事处设在墨西哥城。重点是与墨西哥国家文化基金和另一家基金会合作，促进两国表演艺术、视听媒体之间的交流合作和互相研究，翻译出版相关书籍。这项工作也包括研究移民带来的问题以及美、墨两国如何理解文化多元化；在美国国内资助对拥护文化多元化传统的研究，加强互相理解；在非洲建立出版网络，通过非洲国家间的合作和发展当地的出版业解决非洲书刊危机问题；大力资助文化出版机构、广播、博物馆、艺术节等，加强建立公民社会所必需的独立的、多元化的批判声音。

特别值得一提的是，90年代洛克菲勒基金会在穆斯林地区大力资助研究人员、评论家和艺术家共同合作。1997年，在穆斯林社会的合作下，资助了一个史无前例的项目——"现代性和记忆"——举办当代9个伊斯兰国家的13名艺术家的画展，在威尼斯两年一度的艺术节上展出。

3. 可持续发展和其他综合性活动

可持续发展是新的时期最突出的重点。一部分内容已分别在各地区和基金会个案中介绍。近年来明显的趋势是资助联合国的活动。

1998年美国著名有线广播电视（CNN）主持人特纳（Ted Turner）宣布向联合国捐赠10亿美元（实际上由于直接向联合国捐款不能享受免税，因此特纳先注册成立了特纳基金会，然后再捐款），引起轰动效应。他具体的资助重点是计划生育、环境保护、帮助难民、扫雷工作以及儿童健康。他聘请的负责人都是积极推进环保和计划生育的人士。现任会长是原绿色和平组织负责人巴豪斯（Peter Bahouth）。此事引起媒体关注和纷纷报道是因为特纳名气响亮，而且一次性宣布的数额巨大。实际上特纳绝不是第一个向联合国捐助资的基金会。在他之前，联合国儿童基金、发展计划和人口基金已接受基金会大量资助，最早还是福特和洛克菲勒。联合国自己还在美国注册成立了非营利组织，例如联合国儿童基金美国委员会、美国联合国协会等在美国集资，向这些组织捐款的有大西洋、卡耐基、福特、斯塔尔、琼斯、洛克菲勒、阿特拉斯等基金会以及索罗斯开放基金、摩根慈善信托基金等，此外还有若干公司基金会。

在特纳之前，福特基金会是联合国最大的捐助者，从1951年到1997年直接间接捐助已达8000万美元，其中一半是近10年所捐。除了与可持续发展以及难民和福利有关项目外，还致力于研究联合国的机构和改革建议。甚至联合国秘书长安南在美国读学位时也曾得到福特基金会的资助。福特基金会对联合国的许多资助是间接通过从事联合国项目的非政府组织进行的，直接资助只有3500万美元，多在1970年之前。近年来大量资助非政府组织参加联合国有关会议。默特基金会也是联合国发展计划和环保基金的重要资助人。

（1）环保（或称"绿色计划"）

除了福特基金会从1972年就开始资助联合国关于环保的一系列

会议外，麦克阿瑟基金会冷战后也加入支持者的行列，它对前苏联的非政府组织特别感兴趣，曾支持莫斯科的社会——环境联盟参加联合国环境与发展会议。麦克还支持联合国教科文组织在印尼和越南的项目。对东加勒比海国家环保项目以及各种国际环保组织，也有大量投入。

洛克菲勒基金会在新时期大力投资环保。除参与资助联合国的活动外，独立进行的有特色的国际项目一是培养环保骨干，二是开发新能源。

1992年洛克菲勒基金发起建立培养下一代环保骨干的网络，称LEAD。到1997年会员有500人，包括巴西、加拿大、中国、独联体国家、欧洲、印度、印尼、墨西哥、尼日利亚、巴基斯坦和南非等国家和地区的环保项目代表。为此，另成立了一个LEAD国际集团，为独立的非营利组织，经常举办培训班，各国会员参加研讨有关可持续发展的具体问题，如环境与发展的关系、城乡互动与定居问题、土地利用与农业发展问题等。开会的地点往往选择与问题有关的国家。许多会员在本国都参加与环保有关的决策，有的进入重要的政府、工业、传媒和学术岗位，对推动环保起着重要作用。如一名墨西哥的环境、自然资源和渔业部长就曾担任LEAD培训班的教员，她手下重要岗位上的好几名工作人员都曾是培训班的学生。LEAD会员之间已经建立了互联网，可以随时交流经验和观点。90年代还制定了一个两年项目：每年在世界三大地区选9个主要国家中的15家组织合作培养下一代环保带头人才。

洛克菲勒基金会的全球环境部致力于推动研制和发展新能源，如太阳能、风力、水利、生物原料，以及可回收的物质的利用等，以替代目前污染环境的化石原料的能源。为此，于1998年成立了能源集团（E&Co），向发展中国家提供资金、技术、服务以及向能源企业直接投资，支持开发新的环保型能源。对这一集团的投入已有好几百万美元，其中包括用于评估其项目的实际效果的费用。洛氏还鼓励其他方面也向这一能源集团投资，如今已有美洲开发银行等加入。以 1997 年为例，能源集团在 15 个国家进行 27 项小型投资，因地制宜地利用当地资源进行小型新能源试验，如太阳能、地热、利用蒸汽二次发电等技术。这些项目的着眼点都在普通家庭能负担得起以及在农村能普及发电。除第三世界外，基金会在美国也支持促进环保能源的措施，鼓励汽车和建筑物使用高效能源、促进交通改革、宣传加速可回收能源的商业化。

近年来大力资助环保的还有琼斯基金会，主要对象是宣传利用清洁能源的组织和发展电池汽车的研究。

（2）人口

人口问题在美国是一个争议极大的政治问题，美国政府在联合国对待人口问题的态度暧昧，甚至阻挠其他国家和组织的关注，而一些大基金会则持积极态度，并站在前沿。介入人口问题最早的还是洛克菲勒和福特两家基金会。洛克菲勒基金会早在 20 世纪 50 年代末就关心人口问题，曾出资完成美国第一项人口组成调查报告。1974 年任基金会董事长的约翰·洛克菲勒三世提出目标称："我坚信，唯一有效的做法是以政府最高层能接受并给予足够支持的方式，把人口政策坚定地包括在总的经济社会发展范畴之内。"

如前所述，福特基金会于 1971 年就开始向世界卫生组织捐款研发避孕药，从 1972 年开始，它支持各种环保和妇女组织参加联合国与人口和妇女有关的会议。1995 年在北京召开的第四届妇女大会得到福特基金会的资助，主要是新闻报道，其中大部分通过支持联合国基金会进行，包括资助联合国教科文组织培训报道会议的记者，另外资助一些团体参加会议。

90 年代以后洛克菲勒基金会加大了支持联合国人口和儿童基金的力度，其中一项特别有创意的计划是"人口问题伙伴项目"。

1994 年联合国开罗人口和发展会议通过《行动纲领》，把生育健康权放在人口和发展的中心地位，洛克菲勒基金会为贯彻这一精神，出资建立了"人口问题的伙伴项目"，这是一项南南合作的政府间计划，由发展中国家自愿参加，第一批有 16 个国家：孟加拉、中国、哥伦比亚、埃及、冈比亚、印度、印尼、肯尼亚、马里、墨西哥、摩洛哥、巴基斯坦、泰国、突尼斯、乌干达、津巴布韦。2001年又出资 100 万美元作为两年继续活动经费。洛克菲勒基金会也号召其他组织参加捐助，旨在研讨实行持续的、有系统而有效的计划生育和生育健康措施，促进发展中国家经验交流，共享知识和信息，加强有关机构。秘书处设在孟加拉，由洛克菲勒基金会负担大部分费用，也吸收其他资金。秘书处的工作之一是收集和印发成功的经验。这一网络迄今为止已为 42 个发展中国家的 325 名有关的专职人员提供了进修的机会，其中 128 名来自 50 个非政府组织，培训内容包括安全接生、综合生育健康、预防艾滋病、青少年生育健康等。今后 3 年中还计划培训 12 个会员国的 12 所一流机构的 1000 名人员。已培训的人员还可以通过电子通信继续学习。

联合国的人口会议常常是支持和反对两派人士激烈争论的讲坛，1994 年的开罗人口会议上，麦克阿瑟基金会曾会同另一家基金会一起资助国际上赞同计划生育的宗教人士和知识分子参加会议，以对抗反对会议的穆斯林和天主教人士。1996 年麦克阿瑟基金会又给国际卫生组织全国理事会 7.5 万美元以贯彻联合国开罗和北京会议关于妇女卫生的决议。

帕卡德基金会也是支持计划生育的一大户。1997 年曾给联合国人口基金 50 万美元，用于欧洲媒体发动的在第三世界实行计划生育的宣传运动。它通过联合国人口基金间接支持其他国际计划生育组织，对堕胎持肯定态度，还支持诸如国际紧急避孕联合会这样的组织。

（3）联合国改革

90 年代，各大基金会在加大对联合国的关心和支持的同时，还支持和介入联合国的改革。在这方面福特基金会最为积极，前联合国副秘书长乌尔夸（Brian Urquhart）对此发挥了主要影响。他是全球治理委员会（Commission of Global Governance）的成员，专门从事联合国改革的研究，强调非政府组织和人士的作用。

福特基金会在这方面关注的重点是联合国维和行动问题。资助的项目有：资助国际和平学院和布朗大学进行对联合国维和任务执行情况的评估以便增进效率；同时资助联合国有关部门对吸收以上研究的成果采取行动。1991 年当时的联合国秘书长德奎利亚尔曾抱怨他到各国进行和平斡旋的经费不足，福特和麦克阿瑟基金会就带头支持加强联合国和平行动，设立了秘书长和高级官员的特别基金，资助当时到萨尔瓦多和危地马拉进行和平斡旋的旅费。1995 年福特基金会应加利秘书长的要求资助召开了 12 名前政治领导人和外交官的会议，称作关于联合国未来独立工作小组，提出了一系列改革建议，包括限制否决权的使用范围、建立独立的联合国快速维和部队，并设立国际征税制度以支持联合国的活动。得到福特、麦克阿瑟与卡耐基基金会联合支持的全球治理委员会也提出过同样的建议。

此外，福特与麦克阿瑟基金会还关注加强国际法庭的作用。福特基金会于 1995 年向联合国发展与培训研究所捐助 10 万美元以纪念国际法庭成立 50 周年，并出资在纽约大学进行一项如何把国际法引入国内司法程序的研究。麦克阿瑟基金会致力于建立永久性的国际刑法法庭，它捐助成立了以纽约的世界联邦运动全球政策研究所为基地的争取国际刑法法庭联盟，还向德保罗大学国际人权法研究所捐助 17.5 万美元，该研究所所长巴西乌尼（Cherif Bassiouni）同时也是联合国建立永久性国际刑法法庭筹备委员会的副主席。麦克阿瑟与索罗斯开放基金会联合资助巴西乌尼召开会议，敦促克林顿

总统尽快逮捕国际法庭起诉的罪犯。^①

基金会支持的非政府组织在联合国的活动常常与联合国成员国政府的主张相左。特别是联合国维持一支独立于会员国的常规军队以执行维和任务的问题，具有高度敏感性，立即牵涉到主权问题。基金会的此类行动引起某些方面的批评，认为其越界，干预了政府的事务。

---

① 关于基金会在联合国活动的资料部分摘自 "The Ted Turner Syndrome: Grantmakers Advance International Goals Through U. N. by Patrick Reilly", *CRC Foundation Watch*, Dec., 1997，部分来自各基金会的工作报告。

尼日利亚伊巴丹大学教育研究所在福特基金会资助下在农村进行文化普及（福特基金会提供）

CNN 著名主持人、特纳基金会创办人特纳（左）与联合国前秘书长安南（右）（照片选自基金会理事会 50 周年纪念刊物）

第十章　与中国的关系

　　前面讲述了美国基金会的国际工作，与中国的关系是其国际工作的一部分，而且开始很早，与洛克菲勒基金会成立同步。美国基金会与中国有关的工作大体上有以下几部分：支持美国国内对中国的研究和了解；资助中国本身各方面的发展；促进与美国的交流。在时间上又可分为 1949 年之前和之后。1949 年之前与中国关系最重要的是洛克菲勒基金会；1950—1979 年的 30 年间完全隔绝来往，不过在此期间，大基金会在美国对发展中国的研究和美国对华政策的研究做了不少工作；80 年代中国改革开放后，又开始发生联系，此时福特基金会占最重要的地位。

　　美国基金会对中国的关注有几个不同的角度：（1）作为慈善事业的一部分，因为中国贫穷落后，所以帮助中国发展与帮助其他第三世界国家属于同一性质；（2）从人文的角度出发，中国代表世界一大文明，美国人必须对它有所了解，这是早期资助美国的中国学的主要出发点；（3）从美国政策的角度看，特别是 1949 年以后，在冷战的背景下，美国完全不了解中国对整个决策不利，60 年代后推动美国政府改变对华政策；（4）推动中国改革、民主化、现代化。这是美国精英的理想，1949 年以前和 1979 年以后一脉相承，只是做法因地制宜，因时制宜，各基金会的关注点也各有特色。基金会自己有独立的宗旨和路线，并不秉承美国政府的旨意，但是它既然代表着美国精英的理想，也就代表了美国主流社会的价值观，和政府的基本方向一致，不会违背美国利益，在具体时期或问题上又不完全与政府一致，往往走在政府前面；另一方面，它比较注意顺应中国国情，不强加于人，当然也不会，也不可能逆中国政府之意而行。从一开始就是如此，例如协和医学院在 20 世纪 20 年代末就顺应当时国民政府的教育中国化政策，董事长和院长都改由中国人担任；1979 年以后在华工作的基金会就更加小心。总的说来，美国基金会在中国改革和发展以及对外学术交流、加深国际间相互了解等方面起了积极作用。为使我国读者对这一领域有一个较清晰的概念，在前几章关于各类基金会剪影中把有关中国部分剔出，放在这一章集中叙述。另外，还有少数几家规模不大、专门以中国为重点对象的基金会也在本章介绍。

一、洛克菲勒基金会 [1]

中国最早接触到的基金会是洛克菲勒，洛克菲勒基金会最早和最重要的海外工作对象也是中国。1913 年组建会议刚一开过，第一批行动之一就是派医疗小组来华考察。洛氏基金会在中国半个世纪，其负责中国工作的人员有不少对中国产生了深厚的感情，在抗日战争中曾共患难，在工作计划上也从精英而平民，尽量适应中国的国情。在中国政局动荡中他们基本上不卷入中国政治。在中国共产党胜利在望时，他们仍以为可以留下来与新政府打交道，因为他们从事的主要是医学和科学，认为在任何社会人都需要健康。所以他们在 1949 年以后的预算中还保留给协和医学院和清华大学历史、语言两个研究所的预算，到 1952 年才从账上消失。

---

[1] 详见资中筠：《洛克菲勒基金会与中国》，载于《美国研究》，1996 年第 1 期。为方便读者，这里再概括予以介绍。

（一）20 世纪前半期

1. 北京协和医学院（PUMC）[①]

众所周知，洛氏基金会在中国的一大创举就是建立协和医学院及其附属医院。事实上，老约翰·洛克菲勒在基金会成立之前就已经于 1909 年派了一个伯顿（Burton）小组来华考察中国在医疗卫生方面的需要，1914 年又先后派了两个考察组。在这 3 个考察组的报告的基础上，决定成立中华医学基金会（China Medical Board），开始以医学为中心的对华工作。它利用了原来美国教会在中国办的一家小医院协和医院为基础，组建规模宏大的协和医学院。1916 年选址动工，1921 年落成并正式命名。本书第五章曾提到，卡耐基和洛克菲勒基金会在那个时期资助美国医疗教育改革，博采欧洲各国之长产生了当时代表国际医学最高水平的约翰·霍普金斯大学医学院。协和医学院就是按照霍大医学院为蓝本"移植"过来，教学、临床、科研三位一体，一切标准向它看齐。这是洛氏基金会 20 世纪上半叶在海外工作中单项出资数最大、时间延续最长的项目。1919 至 1941 年这段时期，协和除培养医生、建设医院外，在医学科学研究方面成绩斐然，特别是结合中国特点的问题，如传染病、寄生虫和营养不良问题的研究，从中药大黄中成功地提炼麻黄素是它自认为划时代的中西医结合的成就。在这期间，协和很快成为亚洲医学和研究方法的最高标准，对日本和印度的高等医学院都产生了影响。

太平洋战争爆发后协和医院遭日军占领，受到严重破坏。1945

[①] 介绍洛克菲勒基金会与协和医学院的文章和著作甚多，可参考 Mary E. Ferguson, *China Medical Board and PUMC*, China Medical Board of New York, 1970；Mary Bullock, *An American Transplant*, The Rockefeller Foundation Peking Union Medical College, U. C. Berkely Press, 1980；John Z. Bowers, *Western Medicine in a Chinese Palace: PUMC, 1917–1951*, The Josiah Macy, Jr. Foundation, 1972；王宁：《协和医学院：洛克菲勒基金会对中国医学进步的贡献》，载于《中国文化与教会大学》，湖北教育出版社，1991。

年战争刚一结束，当时的中国行政院院长宋子文立即致函洛克菲勒基金会要求帮助尽快恢复协和的一切项目。当时的基金会会长致董事长小约翰·洛克菲勒的信中称："协和医学院的工作是我们皇冠上最明亮的钻石，我们有最强烈的义务继续支持中国的现代医学。"[1] 于是洛氏于1946年派出考察团，了解需要，决定通过中华医学基金会再拨款1000万美元。由当时协和董事长胡适任命李宗恩为医学院院长，1947年在北京和上海同时招生，之前的协和毕业生林巧稚、诸福棠、吴英恺、朱宪彝等12名校友也各自恢复了原来的职务。医院的第一批科室于1948年5月开张，学院于自1948年10月重新开学。1948年12月，最后一批1943年入学的毕业生举行毕业典礼。1949年，北平解放，不久朝鲜战争爆发，1951年1月，李宗恩致函通知洛克菲勒基金会纽约总部协和已收归国有，最后一笔拨款遂停止。

1916至1947的32年间，洛氏基金会用于创建、维持和发展协和的拨款总数为4465.25万美元。[2] 其结果不但建立了我国最早、最现代化的医学院和医院，而且培养了一批名医和高水平的医务人才，成为日后发展医学的种子和骨干，更重要的是使我国的西医在起步时就从高起点出发，而不是跟着一些普通的单以治病为目的的教会医院缓慢前进，这是有深远影响的。

中华医学基金会除协和外还资助了部分美国教会或其他组织在华建立的医科大学，如湖南的湘雅医学院、济南的齐鲁医科大学等。

2. 自然科学

中国早期的自然科学各学科的创立得力于两个方面的外援，一是庚款退款——在中国成立中华教育文化基金会；另一个就是洛克菲勒基金会。前者主要是通过教育；后者既有教育，也有直接的学

---

[1] John Z. Bowers, *Western Medicine in a Chinese Palace: PUMC, 1917—1951*, p. 215.
[2] *Rockefeller Foundation Annual Report*, 1947.

科建设。20 至 30 年代在中国资助的有生物、化学、物理、地质、考古、遗传学、农业科学（品种改良）和植物学。其中生化是与医学相联系的，突出的是 1929 年建立了燕京大学的医学预科（25 万美元），和资助清华大学建立生物楼，负担一半经费 4.15 万美元。在地质考古方面最有名的是资助周口店北京猿人的挖掘和研究，从 1927 年就参与，每年都拨款，北京猿人的头盖骨就是在协和解剖系由中外学者合作研究鉴定的。洛氏又向中国地质勘探部捐款 8 万美元，成立新生代研究所。这些资助对中国古生物学的发展有开创意义，因为当时没有一个中国机构有足够的财力进行这样大规模的野外勘探工作。在遗传学方面，20 年代初，在洛氏与中华教育文化基金会共同资助下，中国开始建立遗传学科，不断输送师生参加摩根的遗传学研究项目，使摩根的遗传学说得以引进我国。农业科学方面，1925 年开始资助金陵大学农学院与康奈尔大学农学院建立联系，进行农作物品种改良研究，卓有成效。植物分类的研究必须在世界范围内采集标本，中国的植物种类特别丰富，洛氏资助美国一批著名植物学家于 20 年代来中国与留美归国的中国同行合作，在南京、广州、北京三地建立植物分类学的研究和教学中心，开始了我国最早的植物分类学，并产生了我国著名的植物学家。

　　总之，在 20 世纪 20 至 30 年代中国开始创建自然科学的诸学科中，大多得力于洛克菲勒基金会的资助。第一代著名科学家，我国自然科学的先驱，在其工作的关键时期也大多得到过它的资助，例如裴文中、杨中健（古生物家）、陈桢、谈家桢、陈子英、吴经甫、李先闻、王绶（遗传学家）、陈焕镛、胡先骕、钟心煊（植物学家）等等，其中不少后来成为科学院院士。[1]

---

① *Rockefeller Foundation Annual Report*, 1929；John Z. Bowers, J. William Hess & Nathan Sivin, ed. , *Science and Medicine in Twentieth—century China: Research and Education*, Center for Chinese Studies, The University of Michigan, 1988, pp. 3–29, 31–50, 81–82.

3. 乡村建设与社会学

洛氏基金会在中国建立协和医学院之后，其内部就开始产生不同意见，一部分人认为以中国的贫困，这样高档的医院对广大中国人来说是杯水车薪。30年代初，面向平民的呼声日益高涨。副会长冈恩（Selskar M.Gunn）就是力主此议的主要人物。1931年和1933年他先后到中国进行了两次广泛的考察，回国后写了一系列的报告和给会长的建议书，大意为：中国政治、经济和社会局势都处于动荡不安之中，基金会在华工作难以作出长远规划，但是今后10年仍可以有所作为，主要重点应在提高广大农村人口的经济水平，"可能在这一领域内才是我们基金会在中国真正的成功机会所在"。他逐步形成一套想法，强调今后基金会的对外资助应该结合当地实际需要，为对华工作提出"鼓励特别侧重农村问题的国家建设计划"的总设想，并对审查项目的有效性制定三项尺度：（1）是否有助于发展一种能够在全国推广的组织方法；（2）是否能推动向社会传播新知识并提供实际运用的途径；（3）能否培养从事与农村有关的项目管理和研究的合格人才。此时中国也有一批有识之士发起各种农村改良运动，并建立面向实际的研究机构。洛氏抓住这一机会，拨款成立了乡村建设华北理事会作为与这些机构合作的协调组织。① 具体资助的有以下项目：

（1）平民教育运动。即晏阳初发起的著名的乡村建设计划及其在河北定县的实验。这一运动最符合冈恩提出的三项标准，是华北乡村建设理事会最重要的项目，理事会自始至终给予资助并参与计划。洛氏基金会负责人认为这是从医学到公共卫生到社会运动顺理成章的发展。其做法是大力为这一实验输送人才，定向资助一些大学的有关科系或训练班，如南京大学农业经济系、中央大学畜牧兽医系，在燕京大学法学院建立社会学系并开设训练乡村管理人才的

---

① *Rockefeller Foundation Archives*, Microfilm, Series 1.1(Project): China，"Introduction".

专业，在南开大学生物化学系开设面向农村的课程等，此外还设立特别奖学金，在协和医学院培训从事农村公共卫生的护士。从 1934 至 1939 年，洛氏为这项计划出资 150 万美元，[①] 在 1941 年太平洋战争爆发及其后极端艰苦的条件下，基金会继续资助，使部分工作得以因地制宜继续进行，并取得一定成效。

（2）帮助创建社会学（包括人类学）。这是洛氏在中国社会科学方面最大的贡献。最早在燕京大学法学院资助建立社会学系，不但为"平民教育运动"培养了人才，而且建立起学科，产生了我国最早的社会学家如吴文藻等。洛克菲勒基金会还资助西方著名人类学家布朗（Redcliff Brown）、帕克（Robert Park）、马林诺夫斯基（Malinovski）等来华讲学，并帮助中国学者赴英美学习。吴文藻在英国师从马林诺夫斯基学成归国后，在云南大学开办社会学系，其田野考察站由洛氏出资；费孝通在云南的考察工作也得到过洛克菲勒基金会资助，他影响巨大的名著《乡土中国》（*Earthbound China*）是 1943 年在洛氏资助访美期间完成和出版的。

值得一提的是，在冈恩 1934 年的报告中已经提到中国的人口问题可能是乡村经济发展的最大障碍。他还提到，基金会派到协和医学院公共卫生系的负责人经过调查认为，中国农民是可以接受避孕措施的，这与当时一般的看法不同。冈恩对此没有提出自己的看法。[②] 尽管在当时洛氏在华农村工作中没有包括计划生育，报告中提到这一问题说明他们对这个问题的认识是相当超前的。之后洛克菲勒基金会不顾美国社会的阻力，最早把人口问题纳入关注范围就不奇怪了。

以上只是几个突出的例子。洛氏在中国的活动远不止这些。它从建立伊始，对美国教会在华创办的主要大学和中学都一直给予资助，特别是日本侵华之后，每年都通过中华基督教教育联合会给予

---

① *Rockefeller Foundation Annual Report*, 1939.

② *Rockefeller Foundation Archives*, Microfilm, Series1.1（Project）: China, "Introduction".

9 所迁往内地的教会大学以紧急援助款，自 1938 至 1945 年总数为 42.5 万美元。1946 年又为这些学校返迁、复校共拨款 50 万美元。另外，如中国的英语教学和语言学研究、国家图书馆的创建（当时的馆长袁同礼与洛氏基金会有许多通信，争取其帮助）、图书管理人员的培养和图书资料的捐赠等都在关键时期得到过重要的帮助。

此外还有协和医学院的社会医学、清华大学的工学院、文学院，特别是外文系，以及燕京大学的教育系都通过华北理事会受到资助，而且这些项目的资料、研究成果和人才都通过理事会的协调互相支援和分享。

洛克菲勒基金会的一个特点是在中国几十年局势动荡中锲而不舍。特别是在抗日战争最艰苦的时期，它根据当时的条件和需要，以最可行的方式对前往内地的学术机构进行帮助。

（3）经济学方面的贡献。在这方面最重要的贡献是于 1931 年开始对南开大学经济研究所（成立于 1927 年）的持续的大力资助。第一笔捐款 7.5 万美元，抗战时期南开大学迁往内地后仍继续得到资助，到 1946 年已超过 20 万美元，这是洛氏在中国社科领域内对一个单位捐赠的最大宗。使这一研究所成为 1949 年之前中国最重要的研究实际经济问题的研究所。在 1943 至 1944 年中国抗日最艰苦的时期，还实行过"抢救"中国知识分子的项目。鉴于在内地的一批中国最优秀的教授学者生活极端艰苦而治学不懈，洛氏接受当时在重庆工作的费正清和清华大学美籍教授温德的建议，邀请一批中国著名学者到美国讲学，一方面改善其生活境遇和健康，一方面加强美国的中国学。由美国国务院出面，作为文化交流与中方负责文教的官员共同商定名单，洛氏基金会拨款给有关大学，由大学出面邀请讲学一年。此项拨款为 6 万美元。在此项目下应邀赴美的有罗常培、冯友兰、梁思成、费孝通等十几位教授，并都有一定成果。除上述费孝通完成著书外，冯友兰也得以开始与美国汉学家卜德合作翻译其《中国哲学简史》。

4. 建立和发展美国的中国学

1928 年 12 月，洛氏基金会独家出资由美国学术团体理事会发起在纽约召开美国"首届促进中国学会议"，出席的是恒慕义（Arthur Hummel，Sr.）等美国早期汉学家，并专门请来法国著名汉学家伯希和（Paul Pelliot）指导，说明当时美国汉学实属初创阶段。与会者一致强调西方对中国历史文化的无知和建立中国学的重要意义，会议通过了几项有深远意义的决议，从此中国研究进入美国的学术领域。之后几十年中洛氏对这一学科的发展做出了巨大贡献，在它的推动下，到"二战"结束时美国有十几家名牌大学建立起了以研究中国为中心的远东学图书馆，并保持至少三名以上教授远东课程的全职教师。国会图书馆的东亚藏书部——哈佛—燕京学社的图书馆等都在其资助之列。洛氏于 20 年代末大力推动对中国和东亚的研究，与它的负责人开始重视人文和社会科学的思想是一致的，其观点之一就是，增进各民族之间的了解可以有助于避免冲突，而中国代表美国人所不熟悉的一种文明，必须改变这种无知状态，因此，洛克菲勒基金会把中国学放在人文学科内而不是国际关系部分，并特意申明，主要不是为了贸易，而是为了思想的交流，美国学生应该学会同中国和日本人民进行商业和政治以外的友好合作。[①]

（二）中国改革开放之后

在与中国大陆隔绝的几十年中，洛克菲勒基金会对中国一直保持关注和兴趣。它的一部分项目移至台湾地区，例如乡村改良运动

---

① 详见《洛克菲勒基金会与中国》。

和农业研究。1966年约翰逊政府时期，美国政治气氛有所松动时，小约翰·洛克菲勒要求其属下研究如何打开美中关系僵局，提出政策建议。随后洛克菲勒兄弟基金进行了大量的研究。此时新成立的美中关系全国委员会因受到政治压力和资金短缺，有夭折之虞。洛氏基金会带头捐出了第一笔巨款，之后洛克菲勒兄弟、福特、卡耐基等基金会也陆续捐款，使这一日后在中美关系中起重大作用的组织得以站住脚，巩固下来。①

中国改革开放以后，洛氏是最早恢复与中国大陆合作的基金会。它的工作不是以国别分，而是按领域分。它所一贯关注的重点——农业、医疗卫生、计划生育，无不是中国急需的领域。从80年代起，它就在若干项目中把中国包括进来。现在在中国合作的单位相当广泛：农科院、中科院的农业政策研究所、在杭州的中国全国水稻研究所、中国环境与发展研究所、中国计划生育委员会及其下属机构、中国科技委员会及其下属机构，还有一些地方的有关机构和研究所等等。联合国、世界银行和其他国际组织在中国的有些项目它也参加。现略举一些特殊的例证如下：②

1. 太阳能发电

太阳能光电基金（SELF）是1990年成立的非营利组织，地点在华盛顿。在南非、印度、巴西都有工作点，主要宗旨是在发展中国家开发低成本能源，并帮助农村家庭用电。1993年夏，在洛氏基金会资助下，SELF在甘肃一个偏远山区农村马家垯建了100座家庭太阳能设施。这是中国农村第一个太阳能村。随后与甘肃省政府合作，在兰州成立了甘肃太阳能光电基金（GSELF），在甘肃注册

① John Ensor Harr, Peter J. Johnson, *The Rockefeller Conscience: An American Family in Public and in Private*, Scribner, 1991, p. 447.
② 以下材料都综合自与洛克菲勒基金会有关的网上资料。

为非营利组织，管理华西太阳能发电事业。第一期目标是把太阳能发电带到 14 个村的 1000 户人家，提供 20 瓦照明设备。现已完成。在洛氏资助下，SELF 与甘肃光电公司合资，持 49% 的股票，每月生产并出售可供 100—200 户照明的发电设备，主要卖给藏族牧民。设立了一项滚动基金，农民可以贷款形式购置该项设备。甘肃光电公司负责根据 GSELF 的订单安装和售后服务。该公司自成立以来已经向甘肃南部的藏族牧民售出 1000 套光电设备。这项工作在经营上也运转得比较成功。现陕西省所属的西安一家大的电子公司正要求甘肃光电公司的负责人寻找海外合资伙伴在中国建立一家制造太阳能电池和元件的大型工厂。届时甘肃光电公司以及 SELF 等都将在新的公司中持股。1995 年 SELF 的负责人陪伴美国能源部长访华，促成美国能源部和中国国家科委签订可持续性能源开发的合作协定，此项工作得到了政府的支持。等在甘肃的这一期工作完成之后，中国农业部就可以之为样板，向中国其他省推广以光电为基础的农村发电。现在光电电池的价格只有 1975 年的 1/10。

2. 农业研究

农作物改良是洛氏大半个世纪以来一贯的课题。前面提到早期与金陵大学农学院等机构的合作。中国改革开放以后，又开始在更大规模上合作。

基金会的"国际水稻生物技术"项目资助全世界各国的实验室，在发达国家有 40 所，发展中国家 80 所，在杂交水稻方面卓有成效。该项目在中国有大面积的试验田，中国农业科学家一部分在本国，一部分在康奈尔大学参加这一项目。有一个康奈尔大学——中国课题，包括两个工作室：一是"中美合作农业科学研究"，1997 年 10月在上海开始启动。主要目的是建立长期合作，支持中国的农业经济发展中粮食的可持续性生产机制。二是"在中国和美国的农业可持续性发展合作研究"，于1998年在美国伊萨卡开会。该工作室目的是寻求中美两国在21世纪在可持续性发展方面可以合作的问题，并制订研究计划，在两国寻找合作伙伴机构。目前以江苏省为试点，先行合作，研究农业与可持续性发展之间的关系。

中国与康奈尔大学合作研究的最新成果是培育出抗旱、抗盐碱、抗虫的转基因稻种。而且这些技术也可用于其他作物如小麦、高粱、玉米、燕麦、荞麦等。在增加单位面积产量的同时对环境和土地没有危害。此项技术通过洛氏基金会向发展中国家转让。中国专家用"花药"培育法大大缩短了培育高产稻种的时间，并且成功地培育出一种既高产又抗病虫害的稻种，比平常水稻可增产6%—24%。为感谢洛克菲勒基金会长期对水稻研究的支持，此品种被命名为"莱分—洛克菲勒"（Laifen-Rockefeller，音译）。

此外，洛克菲勒基金会还资助生物技术人才的培养，以中国和印度最多，越南等其他国家也于近年参加此项目。迄今已有100名人员到国外学成回国服务。

2000年12月又启动一项新项目，通过国际水稻研究所（ICRISAT）组织"水稻抗旱田野筛选"工作室，作为在这个领域内集思广益的交流中心。因为至今没有成功的例子，各国政府都不愿出钱，而洛氏认为从长远看，中国、印度等产稻米的国家严重缺水，特别需要抗旱品种，所以出资捐助此项目。这一项目使全世界许多国家的专家得以集中起来，用一切办法研究抗旱稻种。现已有50名亚非国家的水稻专家参加这一工作室，据说已经看到一些希望。

3. 计划生育

洛氏基金会对中国的计划生育从物质到精神都大力支持，因为这符合它的信念。与美国国内某些舆论不同，它认为中国的计划生育是成功的典型，并反对美国国会以中国为由削减给联合国人口基金的资金。中国计生委及有关组织与洛克菲勒基金会的"知情后的选择"和福特的"男人的参与"项目以及以曼谷为基地的避孕基金会（世界卫生组织和世界银行于1999年资助成立）都有成功的合作关系。

另一项目是帮助中国研制避孕药。其中有的项目在美国引起争议，例如中国最大的医药公司之一，上海华联制药有限公司生产RU-486避孕药已有9年。洛氏于1997年出资200万美元帮助该公司更新设备、培训工作人员，提高产品质量，经过3年的努力药品已达到可以出口的国际标准。据美国媒体报道，华联已在美国设厂生产并在美国销售，因此引起美国反堕胎人士的强烈反响和关注。

"妇女状况研究"是洛氏与美国国际开发署合作的项目，中国部分完全是洛氏出资。之后福特基金会在云南也资助了同样的项目。此项调查研究由中国人口信息与研究中心和基金会的"国际健康家庭妇女研究"课题合作进行。主要研究计划生育对中国几代妇女的影响。在苏南和皖北四县进行实地调查，收集数字资料，并于1999年完成报告，总的基调是民众基本上拥护计划生育，只是重男轻女还比较严重，并需要更方便的避孕手段。

4. 帮助中国培养和回收人才

洛克菲勒和福特基金会一样，积极主张中国留学生回国服务。由于中美高校的待遇差距太大，需要以各种办法加以资助和鼓励。洛氏于90年代初发起，在康奈尔大学设立了"中国—康奈尔奖学金计划"，鼓励中国学生归国服务。由康奈尔大学一个小组和中国的学术单位共同选人。这些学者回国在北京农大、北医等大学工作。1995年洛氏基金会与中国科技部副部长以及康奈尔大学主持该项目的杨教授等共同开会，确定这一合作计划将继续下去。之后，这一项目发展为"中国桥梁项目"，扩大到美国其他高校的中国师生，与中国高校挂钩，回国作短期教学或科研工作。同时也支持世界各国一流的科学家与中国的同行建立合作关系。至今，该项目已给出 60 项多年奖学金，资助 100 人次互访。

1998 年在洛氏支持下，美国西雅图的华盛顿州立大学与四川大学结为"伙伴关系"，为四川大学新成立的医学教育研究中心培养骨干人才。该中心的目标是要成为全国医学教育改革的人才来源。四川大学派出第一批 6 名各专业的访问学者到华盛顿大学学习 9 个月，学习的内容包括教师队伍的发展、医学教育、研究方法、标准考题库、临床技术评估的计算机化，以及为所有的中国医学院设计 7 年制的课程。等这些访问学者回四川大学后，华盛顿州立大学的教员还要到中国四川进行 3 次随访，以帮助确定研究课题。华盛顿州立大学与四川大学已经有 15 年的合作关系。此外与西安交大也建立"伙伴关系"，都是以 3 年为期，洛克菲勒基金会的中华医疗基金会给予资助。

1994 年世界银行资助中国北京大学建立中国经济研究中心，吸引国外的中国优秀经济学家回国工作。该中心还得到亚洲、福特、洛克菲勒等基金会资助。促使中国学者回国工作是一项艰巨的任务，不过在"访问学者"项下已经有不少学者到这个经济研究中心来工作。也有北京以外和政府内的经济学家到这个中心来作研究。

5. 继续资助人文艺术方面以及美国的中国研究

其中特别值得一提的是华盛顿州立大学的东亚图书馆。该图书馆是 1937 年洛克菲勒基金会资助成立的，当时规模较小，主要购置中国文学作品，到 1940 年藏书只有 2.08 万册。到 1945 年为止，这批藏书还没有正式上架出借，堆放在东方研讨会议室供少数专门需要的师生特别借阅。1946 年以后开始有正式图书馆主任，逐步正规化。洛克菲勒基金会重新大力资助，使图书馆初具规模，于 1951 年在校园内有了馆址，正式命名为东亚图书馆。到 2000 年该图书馆藏书 55.4 万册，管理电脑化，包括中、韩、日、蒙、藏和西方文字，

1921 年 9 月摄于北京协和医学院解剖楼前廊，前排左起第三人为韦尔奇医生第四人为小约翰·洛克菲勒（洛克菲勒基金会提供）

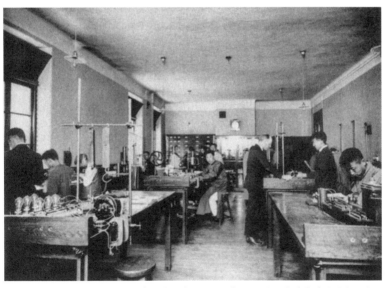

北京协和医学院医学预科物理实验室。摄于 1922 年 7 月（洛克菲勒基金会提供）

是美国唯一有全套中国二十五史资料库的图书馆。

此外在可持续性发展方面值得一提的是，洛氏于90年代初资助加拿大学者斯米尔与中国社科院、环保局和北师大的三名学者合作进行调查研究，以数据和事实写出《中国环境恶化的经济代价》的报告。该报告于1996年完成，为国外研究者广泛引用。

二、福特基金会

福特基金会与中国的关系可分为两大部分：前期以资助美国及世界其他地区对中国的研究和了解为主；后期即中国改革开放之后，直接与中国建立联系，资助有关项目和机构。

1. 关于中国研究

福特基金会1952年的工作报告中首次强调发展亚洲研究的重要性："美国要克服亚洲对美国的误解，并对该地区的成长有所作为，做到这一点的能力是与她自己对这一地区的特点的认识成正比的，同时也取决于是否有干练而训练有素的人员来推行她的意图。"报告还认为这是亚洲与世界和平的关键所在。根据这一思想，基金会建立了"国际培训与研究项目"，致力于在一些经过挑选的大学培养外国和国际事务研究的人才。这一考虑的提出还是在麦卡锡主义盛行时，是研究当代中国在美国政府中尚属禁区之时，基金会的负责人自称在当时是"逆潮流而动"，而在客观上，这项工作的成绩是为以后中美交往储备了大量人才。①

福特基金会最早介入中国的项目是1949年调查从大陆流到香港

---

① Joseph Slater," Oral History", *Ford Foundation Archives*.

的大批所谓知识分子"难民"的情况，并协助对他们的安置。1953年，资助钱穆在香港主办的"新亚书院"20万美元。1954年出资2.86万美元，供张国焘与一美国人合作撰写英文回忆录（由西雅图的华盛顿大学的泰勒［George Taylor］教授主其事）。

1953年福特基金会海外培训与研究部宣布以48.815万美元奖学金给97名美国青年从事亚洲和中近东的学习，这是最早的最大一笔对东亚研究的拨款，此后一直继续不断。前十年此项工作直接由其国际部来做，一些著名的中国学者如费正清、鲍大可、泰勒等都曾被聘为顾问。

根据美国中国问题专家林德贝克（John M.H. Lindbeck）的调查，从1959—1970年，福特基金会对中国研究的资助款达2300万美元，而这期间联邦政府的资助为1500万美元。以1967—1968学年为例：36家大学的国际研究项目接受了5800万美元的外来资助，其中3200万美元来自联邦政府，2460万美元来自基金会（其中福特一家占2130万美元），只有13.5万美元来自企业，其中对中国研究的资助福特基金会占的比例更大。[1]

1957年，苏联卫星先于美国上天之后，美国政府在震惊之余才痛感对包括苏联、中国在内的一些国家了解太少，遂由国防部拨款在一些大学建立所谓"关键国家"的语言和文化课程，从那时起，大学中大规模开展中文和对当代中国的研究。福特基金会更加放手配合，到60年代中期对这方面的研究付出一亿数千万美元之多，是战后在资助国际研究方面规模最大、紧密配合形势和政策最突出的，为其他基金会所不及。例如最有名的哈佛东亚研究中心（或称费正清中心）就是1955年由福特和卡耐基两家基金会联合出资创立的，

---

① Francis X. Sutton, "American Philanthropy in Educational and Cultural Exchange with the PRC," *Educational Exchanges: Essays on the Sino—American Experience*, Joyce Kallgren, Denis Simon, ed., the Institute of East Asian Studies, U. C. Berkeley, 1987.

当时称"中国经济与政治研究中心",福特资助经济方面,卡耐基资助政治方面。1960 年福特为该中心一次性拨款 90 万美元,以 10 年为期,项目名称是"当代中国及其背景",在 10 年中共出专著 75 部。[①] 在这一背景下,福特基金会资助美国社会科学研究理事会成立"与亚洲机构交流委员会"。1962 年以后对许多学术活动的资助即通过该委员会和美国学术团体理事会进行。

福特基金会的资助遍于十几所名牌大学,一种是直接资助"非西方语言和地区"研究项目,一种是资助其更广泛的国际关系研究机构。芝加哥、哥伦比亚、康奈尔、哈佛、普林斯顿、斯坦福、密歇根、耶鲁、麻省理工、乔治顿、加州伯克利等大学的有关研究所(中心)都在其资助之内。从 1952 年到 1978 年,对这方面的资助达 4500 万美元,培养了大批专业人才。所以美国著名记者赖斯顿说,在中美之间"解冻"开始时,一代新的中国问题专家已经成长起来,适应新的需要,福特基金会是有功的。[②]

关于对华政策的研究,福特基金会也起了先驱作用。60 年代初,美国朝野有识之士已经开始感到对华政策不能再这样僵化下去,但是在当时的政治气氛下很难公开提出。福特基金会首先于 1961 年推动纽约外交关系委员会委托密歇根大学的一家研究所在全国进行有关对中国大陆的态度的民意调查,其目的是了解政府在对华政策上可以有多少灵活的余地。结果证明,从舆论的倾向来看,政府对华政策可以松动的余地相当大。这就使国会中的死硬派以民意为说辞失去了依据。紧接着一个更大的项目是 1962 年与外交关系委员会的合作研究。当时把"共产党中国"对"自由世界"在亚洲地位的

---

① 详见 "Ten—year Report of the Director, Harvard University, East Asian Research Center", Dec. 1965, *Ford Foundation Archives*, R. 1601, pp. 67–166。

② "Responding to Opportunities Relating to the People's Republic of China, International Division(Asia and the Pacific)", *Ford Foundation Archives*, FF 033119, Box #16599.

挑战同美欧之间的"大西洋伙伴关系"出现裂痕并列为美国60年代面临的两大挑战，因此同时分别设专项研究。福特基金会对二者各出资46万美元。关于中国的课题由一批一流的中国问题专家组成，包括布伦姆（Robert Blum）、鲍大可（A. Doak Barnett）、白鲁恂（Lucian Pye）等人，该课题的指导委员会主席是前中央情报局局长艾伦·杜勒斯（Allen Dulles）。此项目共持续了5年，其成果是一套总题为"世界事务中的美国与中国"的丛书，共八本，于1967年出齐。这套书从各个角度论述中国情况和中美关系，是朝鲜战争以来第一次比较客观地叙述中国情况和提出重新审议美国对华政策的有规模效应的著作，实际上是为美国转变对华政策在精英舆论中作准备，可以看作是中美关系正常化进程中非官方的先导动作之一。其中名记者斯蒂尔（Archbald Steel）所写《美国人民与共产党中国》一书汇集了在全国各地各阶层人中所作大量民意调查，结果与前一项密歇根大学的调查大致相同，即舆论在对华关系上已经走在政府前面。根据美国的国情，这一民意调查和舆论准备十分必要，意义重大，据说从此使得极端反中国大陆的"百万人委员会"失去发言权，不能再自称代表民意。实际上这两项行动都得到当时的国务卿腊斯克的默许。这一行动再次说明福特基金会的负责人的眼光、魄力和对美国外交政策的作用。①

福特基金会还大力在其他地方推动对当代中国的研究和与美国交流研究成果。在亚洲的两个重要据点，一是台湾地区的"中央研究院"，一是日本的东亚图书馆。后者先已得到洛克菲勒基金会的资助进行19世纪中国的研究，1953年开始"20世纪中国研讨会"长期项目，也得到福特基金会在资料设备方面的大力资助，例如制作从

---

① 详见资中筠：《缓慢的解冻——中美关系打开之前十几年间美国对华舆论的转变过程》（《美国研究》，1987年第2期）一文中第13—14页，该文中"对外关系理事会"今从约定俗成的译名改为"外交关系委员会"。

我国解放区开始的整套《解放日报》的缩微胶卷就是其中之一。1961年，福特基金会拨款49.1万美元给美国社会科学研究理事会与日本和中国台湾合作进行中国研究，以5年为期，既用于分别研究，又用于互派学者和举行交流活动。在课题上台湾地区侧重外交、日本侧重内政，美国方面则主要派人到中国台湾或日本去作研究。此决定公布后，台方十分积极，由胡适亲自出面联系。而在日本却引起争议，一些报纸公开批评此举是美国意图控制日本的中国研究为美国政策服务，把日本学术界拴在与中国大陆敌对的美、台一起。特别是资助个人学者利用东亚图书馆资料作研究的方式更有收买个人、干预选题之嫌，引起部分日本学者抵制东亚图书馆。后于1964年在费正清和一些日本学者建议下，改变资助方式，改为以大学和某些研究机构为对象，对东亚图书馆则仍以资助设备资料为主，而不是学者个人。[①]

从以上情况可以看出，福特基金会自50年代以来一直在关注中国的发展，这在美国基金会中是少有的。所以，在"文革"结束、中国出现转机时，福特也是得风气之先，最早扩展有关中国的项目，积极谋求与中国有关方面建立直接联系。

事实上，在中美关系"解冻"之前，从60年代末起，福特基金会已经通过两个组织资助少量的交流活动，一是美中关系全国委员会，一是与中华人民共和国学术交流委员会（CSEPRC）。前者在中美建交之前负担两国民间和半官方交流任务，前面提到，在创始之初曾得力于洛克菲勒基金会的资助，后来其资助来源很多，不过福特基金会数目最大，在中美建交前，每年在50万美元以上。

2. 1978年以后的在华工作

1978年之后，福特基金会接到的有关研究与访问中国的资助申

---

① *Ford Foundation Archives*, R. 0375, pp. 62–66.

请陡增。它本身也加强对中国形势的研究，评估新出现的机会，审慎而积极地开展工作。在 1979 年建交后关键的一年，基金会共拨款 25 万美元给美国国家科学院、斯坦福大学等与中国进行学术交流和举行有关东北亚安全及有关中国经济贸易的国际研讨会。另外，福特基金会的高级工作人员有三次与中方的直接交谈：国际部主任罗宾逊随美国商业部长代表团访华，驻东京代表格林访问北京，以及在纽约总部接待中国社科院代表团。这些交流使福特基金会有机会与中国各方进行广泛接触，并得出印象：中国存在着真诚地与福特基金会合作、接受资助的意愿。在这一基础上，于 1979 年形成一份有关中国工作的总结报告，提出了在新的形势下帮助中国自己发动的发展和改革进行帮助的可能性，这份报告很重要，是之后福特基金会对华工作的主导思想和方针。

（1）1979 年对华工作报告（大意）

中国在贫穷和企业管理落后等方面与其他发展中国家有相同的问题，如果基金会能通过适当的项目帮助中国解决这些问题，就能大幅度增进人类福利，同时也间接对促进和平的国际社会做出贡献。但是除此之外，中国还有两大与福特基金会的宗旨有关的特殊之处：第一，中国方面已表示愿意接受帮助，以加强他们的国际关系研究机构。如果真能帮助有影响的中国人士提高对国际现实的了解，则能对中国国际决策的更加理性化做出贡献，从而有利于世界和平。第二，中方也已表示对法制改革的兴趣。基金会已经在这方面做了一些初步工作，例如准备由美国税务法专家与中国有关人士举行研讨会，讨论如何修改现有税法以吸引外资。更重要的是可以进一步帮助中国法制建设，以更好地保障个人权利。总之，中国各界都普遍存在着急切的意愿，要追回"文革"造成的损失，尽快实现现代化，打破孤立，融入国际社会。基金会有可能在中国目前的改革中帮助培养年轻一代人才，建立经济与社会发展的政策基础，取得外部世界更多的信息，并对福利、和平和人权等方面做出贡献。基金会认为，尽管还存在政策稳定性难以预料、基本上还是一党专政体制等风险，但是至少在三五年内还是值得一试。所以建议先在最需要而且最可能的领域进行小规模的项目，期望几年后形成一种中国人自己能使其持续运转的机制。

（2）与中国社会科学院签订合作协议

根据以上的考虑，福特基金会于 1979 年就开始与中国有关方面谈判合作事宜，选定的对象是刚从科学院分离出来独立建院的中国社会科学院。福特基金会选定社科院的理由是那里中国高水平的社科人文知识分子最为集中（大学则较为分散），对政策和社会的影响较大，而且代表改革的思潮（按：这是福特方面的判断）。更重要的是当时以副院长宦乡为代表的社科院负责人对国际学术交流和取得国际资助持积极态度，这在当时的中国是开风气之先的。于是，在1979 年中美建交后不久，福特基金会与中国社科院签订正式协议，促进双方重要的个人和机构的交流，宗旨是：

> 为中美学者和研究人员提供就有关的题目学习和研究的机会，这些题目将对中国实现四个现代化、增加世界对中国发展经验的了解和促进有助于和平解决国际问题的一般知识和了解做出贡献。

双方协议初步以三个领域为重点：经济管理、法律和国际关系。为此，福特基金会先拨款 40 万美元作为两年的预算，社科院方面也承诺拨出必要的预算。根据一份 1983 年的文件，1980—1982 年三年间，福特基金会实际上用于与社科院合作的资金为 60 万美元，其他中国单位为 43 万美元，再加上对上述美国机构的资助，三年内用于中国的总数为 200 万美元。从 1983 年起大约每年预算为 100 万美元。双方对此初步合作的成果都很满意。福特基金会认为这些活动符合其宗旨，总结出四方面的意义：

- 增加了社科和人文方面的学术交流，而以前的交流大多侧重理工；

- 促进了中美两个社会更加深入的接触；

- 使中国有关领域的主要学术机构参加进来，并帮助它们与美国和其他国家的同行建立联系；

- 显示了持续的私人支持国间发展而不完全依赖官方的关系的价值。[①]

在此基础上，福特基金会在中国的资助单位和项目迅速扩大。在农村脱贫方面的合作对象主要是农业科学院。在国际关系领域，1984 年基金会决定了一项 3 至 5 年的计划，拨款资助中国 8 家研究单位，帮助其骨干人员在外交政策分析、外交史、战略研究和国际经济等专业了解美国的研究方法和培训技术，同时协助更多的美国学者与这些研究所联系，或做 6 个月以下的访问学者，进行讲学、研究，或对课程和图书馆管理提供咨询。这 8 家研究所是：中国国际问题研究所、现代国际关系研究所、北京国际战略研究所、上海市国际问题研究所、中国社科院世界经济与政治研究所以及复旦大学国际政治系。为了便于操作，由福特会同洛克菲勒、鲁斯、洛克菲勒兄弟等基金会资助成立了"促进中华人民共和国国际关系研究委员会"（CIRSPRC），由若干著名的中国和亚洲问题专家组成，第一任主任是加州伯克利大学东亚研究所所长斯卡拉皮诺（Robert A. Scalapino）。该委员会每年负责遴选 16—20 名中国学者到美国学习

---

① "Discussion Paper, The Ford Foundation and China", for discussion at the meeting of the Trustees' Human Rights, Governance and International Affairs Committee, Mar. 23, 1983, *Ford Foundation Archives*, FF 033119, Box #16599. 有关福特基金会与中方谈判的经过和协议文本都来自福特基金会的档案，协议的引语也是根据英文译出的。因中方的档案不开放，无法参照核对，特此说明。

和研究，一半为资深学者，一半为青年研究人员。重点在三方面：美国政治制度，包括美国外交政策的决策过程；国际安全与经济问题；比较政治学。这项计划头 3 年的预算大约 170 万美元，其中福特基金会负担 60 万美元、洛克菲勒兄弟基金 30 万美元，鲁斯基金会 20 万美元（专用于图书馆发展），中国方面负担中国学者赴美的路费和美国学者在华费用。

以上只举国际关系一个领域为例，其他还有经济、法律等领域，到 1987 年，福特基金会对华工作年度全部预算达到 270 万美元。由于业务日益扩大，基金会感到有必要在华设立常设办事处，于 1985 年开始向中方提出，这对中华人民共和国来说是破天荒之事。经过近两年的磋商，最后通过各有关部门的审核，经国务院批准，于 1987 年 7 月 2 日由中国社会科学院院长胡绳与福特基金会会长富兰克林·托马斯（Franklin A. Thomas）正式在北京签订协议，福特基金会在华办事处于 1988 年 1 月 1 日正式设立。在此之后，很长时期中国政府没有批准过其他基金会设办事处，所以到世纪末，福特驻京办事处是第一家也是唯一的正式注册的。[①]

3. 渡过 1989 年两国交流危机

1989 年的政治风波后基金会的工作受到一些影响，但经过驻京办事处对现场的了解，顶住各种压力，坚持对华工作方针不变，在华办事处也得以继续存在。

1989 年 8 月 31 日，福特基金会的顾问芬德利（Dru Findley）提交了一份报告，题为"中国最近发生的事件对国际专业和学术交流以及相关活动的影响"。报告人对政治风波后中国与澳大利亚、加拿大、丹麦、法国、联邦德国、日本、英国、美国、欧盟代表团、

[①] 中国对外国基金会来华活动一向控制较严，进入 21 世纪以后，也只有少数几家新的基金会如盖茨、克林顿全球创意等正式注册设办事处。

福特基金会、联合国开发署和世界银行等原来有交流关系的国家和机构的情况逐个作了调查。其中有关福特基金会的情况如下：

> 福特基金会的方针是在可行和适宜的条件下继续在华活动。至于哪些项目在目前情况下能够继续，在很大程度上要看与之合作的中方机构和同事的意见。当时福特基金会在华的项目主要在四个方面：经济、法律、国际关系和农村发展。在所有这些领域，由福特基金会资助的中方派人到美国学习或研究的项目绝大部分都能继续进行，在合作研究方面多数也能如期开展，个别会议被推迟或取消。[①]

下页中 1988—1991 年的预算表可说明一定情况。

从表中可以看出，从 1988 至 1991 年的 4 年中，福特基金会在中国的活动没有减少，只是项目有所调整。除继续原来的三方面重点外，工作范围扩大到了基层，因此，在 1988 年以后增加了农村扶贫，并且在资金比例上占第一位，1990 年以后又增加了城市扶贫。有些领域的具体内容需要略加解释。

扶贫并非简单赠款，主要是根据中国改革开放以来出现的新问题和配合中国政府的需要，在决策合理化、培养急需的专业和技术人才以及吸取其他国家的经验等方面进行帮助。具体项目有：

（1）自 1985 年以来在中国的 7 所重点大学资助现代经济学的教学，包括设置硕士学位的课程、资助中国教师到美国进修和研究、举行暑期研讨会和图书馆发展等。

[①] Dru Findley, "The Impact of Recent Events in China on International Professional and Academic Exchanges and Related Development Activities", Consultant, *The Ford Foundation*, Aug. 31, 1989.

表 10.1　1988—1991 年福特基金会在华项目预算表 [①]

	1988		1989		1990		1991	
	可用资金 （万美元）	百分比 （%）	可用资金 （万美元）	百分比 （%）	可用资金 （万美元）	百分比 （%）	可用资金 （万美元）	百分比 （%）
城市扶贫					50	8	100	14
农村扶贫	210.3	37	257.7	41	177.5	27	165	23
人权与社 会公正	87.7	16	141.9	23	110	17	115	16
治理和公 共政策	13.7	2	15.7	2	47.5	7	75	11
教育与 文化	82.1	15	4.3	1	75	12	75	11
国际事务	73.3	13	143.6	23	110	17	75	11
项目支持	94.5	17	64.3	10	80	12	95	14
总　计	561.6		627.5		650		700	

（2）加强中国的重点农业大学和研究中心有关农村经济的项目。该项目的协调组织在中方是教委和一个由几家大学负责人组成的委员会，美方是国家科学院，具体由一批经济学家组成的委员会执行，为首的是普林斯顿的邹至庄和哈佛的德怀特·珀金斯（Dwight H.Perkins）。主要是支持与中国贫困地区发展有关的研究、培训与试验。

（3）有关在农村和城市贫困地区降低婴儿死亡率的项目。

（4）协助中国政府自 1983 年起在若干贫困县启动的扶植农工商联合体的项目，立项资助有关贫困地区的研究、人才培训和实验，包括资助国务院发展研究中心和扶贫办的领导人员到外国考察和进行短期合作研究，主题有贫困的定义、资助标准和程序、针对贫困地区发展的县政府组织等。关于扶贫实验，选中的地区是西南，特

---

① FY1990 and FY1991, Biennial Budget, Beijing.

别是云南，其中包括资助一名懂汉语的林业专家协助云南和邻省高地的农民进行增产的开发。1991年的重点是课程改革和师资培训。

福特基金会把法律教育和法制建设列入"人权和社会公正"这一项下，自1983年以来将其作为重点之一。中方合作者是教委和司法部。1989年以后的报告仍强调中国在思想开放、政治宽松和法制建设方面有很大进步，福特基金会除继续原来的法律教育和交流项目外，同时增加对促进司法独立和改进立法程序的资助，后一项与人大法律委员会合作。1989年中国最高法院和教委联合成立了高级法官培训中心。福特基金会资助该中心的负责人和起草法官法的人员赴美国、印度和泰国考察，并立项资助该中心培养研究生和司法研究的计划。

据福特基金会首任驻华办事处主任盖思南（Peter Geithner）称，取得这样的成绩，在当时要顶住来自美国国内的压力。福特基金会纽约总部从安全考虑，曾要求撤离美方工作人员，但是他认为一则情况并不如媒体报道的那么危险；二则在困难时期更不应该抛弃在中国的合作伙伴和中方工作人员；三则好不容易建立起来的关系，撤走容易，回来就难了。最后总部被说服，采纳了他的意见。后来，在他回国述职时，又大力陈述留在中国的必要性，说服美国科学院院长等负责人（当时美国科学院已宣布中断与中国的交流）。基金会的原则是支持中国的改革开放和发展，而不是支持哪一派。项目可以根据新的形势作一定的调整，在这个问题上必须尊重中方的合作者的意见。据他回忆，并未受到来自中方的要求福特基金会离去的压力。他认为20年来与中方合作基本顺利。

4. 随着中国发展需要调整工作重点

如上所述，福特基金会在华工作最初阶段的总的精神是支持和推动中国的改革，重点在经济、法律和国际关系三大领域。随着中国发展和改革的深入，改革的复杂性和长期性日益突出，出现了新的问题和新的需要，中国政府开始认识到调动政府以外的民间力量的重要性。与此发展相适应，福特基金会于1989—1990年间新增加了"环境与发展"和"生殖健康"的项目。与洛克菲勒基金会一样，对于中国的计划生育也一直持积极支持的态度。1994年在开罗举行的联合国世界人口会议和1995年北京世界妇女大会后，福特基金会更加强了这方面工作。1997年至2001年，人口项目的资助共270万美元。为表彰其对中国计划生育的贡献，2001年12月，中国计划生育委员会授予福特基金会"第四届中华人口奖—国际合作奖"，基金会会长苏珊·贝里斯福德（Susan Berresford）专程来华领奖。这是中国官方第一次给外国基金会授奖。①

2001年，福特基金会又增加了"教育与文化"项目。经过调整后，福特基金会目前在中国的工作集中在8个领域：（1）经济与发展金融；（2）教育改革与文化多样性；（3）环境与发展；（4）治理与公共政策；（5）国际合作；（6）法律和权利；（7）公民社会；（8）性与生殖健康。

以上诸领域有的是继续原来的项目，但内容也有所改变，例如经济方面增加了对金融的重视。教育改革与文化多样性一项是新的，而且以普及为主，例如在上海扶助社区学院和业余教育。更重要的是大城市以外的基层和偏远地区的扶贫和教育工作。以下两例足以说明其资助的性质和深入的程度：社科院贫困研究所下属"扶贫经济合作社"有一项实验是在贫困地区与境外银行合作，向扶贫对象发放小额贷款，扶助其创业，取得良好效果。福特基金会则资助社科院农业发展研究所对这一项目的实地操作、调查和研究总结，其

---

① "中华人口奖"为中国关于计划生育的最高奖项，是中共中央宣传部、国家计划生育委员会、科技部、人事部、中国计划生育协会、中国人口福利基金会等单位联合主办的，由人口福利基金会具体操作，协办单位还有全国妇联、人口学会等。

福特基金会资助中国社科院扶贫社在河北易县开展小额扶贫信贷项目的研究工作。图中养兔的妇女为成功的例子之一（福特基金会提供，袁成摄）

福特基金会与云南民族学院合作支持少数民族学生项目。图为艺术系学生在上雕塑课（福特基金会提供，李跃波摄）

福特基金会获中华人口奖

福特基金会会长（右立）接受中华人口奖，左立为联合国人口基金会主席萨迪克，后排中间站立者为中国妇联主席彭佩云，右二为中国计生委主任张维庆（福特基金会提供）

福特基金会与上海电视台联合制作 "芝麻街"

成果作为发展农村金融市场的一种典型，供国务院有关单位和农业银行等参考。另一例是云南有一个"生物多样性与传统文化知识研究会"，此研究会为纯民间组织，接受福特基金会资助，扶助少数民族教育文化和培植当地多种有利于改善生态的植物品种。在资助形式上也更加灵活和多样化，除必要的单方资助外，提倡合作负担，并增加根据突发需要的临时专项资助。

根据福特基金会驻京办事处的最新资料，自 1988 年 1 月在中国建立办事处起至 2001 年 9 月，该基金会在中国资助总额为 1.28 亿美元。

三、鲁斯基金会

鲁斯基金会（The Henry Luce Foundation）成立于 1936 年 12 月。根据 1998 年底的数字，其资产为 9.383 亿美元，排行第 49 位，捐赠排行第 63 位。[①] 它与中国有特殊关系。

基金会的创办人亨利·鲁斯（Henry Robinson Luce）是赫赫有名的新闻业巨子，《时代周刊》《生活》《财富》和《体育画报》四家各有特色的畅销杂志的创办人、老板和多年的实际主编，有"出版帝国之王"之称。他的一生富有传奇色彩，与中国和亚洲有特殊关系。他是传教士之子，父亲老亨利·鲁斯（Henry Winters Luce）为长老会牧师，于 19 世纪末来中国传教。由于他们祖孙三代都叫亨利，为方便计，称亨利一世、二世、三世。主要人物亨利二世，1898 年生于中国山东登州，到 14 岁才回美国学习，毕业于耶鲁大学。他集企业家、报人于一身，中国、教会、出版业和美国的强大

---

① *The Foundation Directory*, 2000, pp. xi–xii.

成为他一生的动力。他本人并非慈善家，对公益事业也不特别热心，但是他的独特经历对他有独特的影响：他见证了中国的贫困和苦难，使他对美国更加理想化，而美国的现实又不能满足他的理想，于是他有一种强烈的冲动，要改造美国，又要帮助中国。办杂志是他的主要手段，基金会则是辅助手段。

鲁斯基金会家族色彩很浓，而且主要体现亨利二世的意志。尽管他的儿子亨利三世从 1938 年就担任会长，但他理解自己的职务就是按照父亲指定的方向，或者按照他可能的意愿行事。直到他父亲去世之后，他于 1969 年要扩大基金会的工作范围时，还遵从着他父亲的意志，在一份报告中写道：

> 72 年前，我的祖父母……踏上中国之旅从事他们毕生的世界教会传教事业。这个基金会就是他们已经开始的事业的直接延续……鲁斯牧师毕生都在探索人的状况，并深切关怀人的一切需要。因此，可以说，今天或今后可能出现的任何社会问题，都会是他关切的范围……这种关怀在我父亲那里更加明确地表现出来。①

鲁斯基金会的资金来源也很单一，几乎就是亨利二世本人捐出的他的杂志和出版社的股份，其中大部分是《时代周刊》的。由于《时代周刊》几十年来保持高额盈利，基金会的资产也不断增加。其余个别捐赠也来自鲁斯家族：鲁斯夫人及其儿子和儿媳。鲁斯的妹妹和妹夫一开始也是基金会的积极倡导者，是董事会的积极成员。基金会创立之始，鲁斯所捐的股份估价只有几万美元，"二战"前一直规模较小，董事会人数很少，运作也很不正规。

---

① *The Foundation Directory*, 2000, p. 31.

1967 年亨利二世的去世恰好促使基金会进入一个新阶段。根据他的遗嘱，基金会接受了大笔遗产，加以股份升值，资产增加了 4 倍。此时正赶上 1969 年新税法有捐赠款不得少于其年资产 5% 的规定，迫使基金会必须扩大其业务。同时，客观上也有此需要。再者，亨利三世现在可以放手独立履行其会长职责，不必受他父亲的制约。以下数字可以说明基金会的变化：成立后第一个 10 年总共给出 15.8 万美元，平均每年 1.5 万美元；第二个 10 年共给出 250 万美元，平均每年 25 万美元。1967—1974 年期间由于市场不景气，资产和捐赠都大幅度缩减，是基金会调整巩固期，之后又回升；到 1986 年，资产超过 2.25 亿美元，当年的捐赠达 1460 万美元；到 1996 年底，资产 5.6 亿美元，当年捐赠 2200 余万美元。

其捐赠的内容体现了宗教和高等教育相结合的特点，而且具有浓厚的家族纪念性质。例如 1945 年，亨利一世去世后 4 年，基金会向联合神学院捐款 5 万美元设立以老鲁斯命名的讲座教授席位，聘请世界基督教界的教授，该讲座延续至 1967 年，基金会共捐款 27.5 万美元。[①]

随着时间的推移这种特点逐渐冲淡，不过文化教育和中国仍是其主要关注点。基金会成立伊始，亨利二世致基金会的第一封信中即指定当年捐给燕京大学 1500 美元，为纪念他的父亲，也为继续他的事业。在此以前，他本人已经捐给燕大 5 万美元，因为他父亲对燕京大学的创办曾有较大贡献，燕大有一栋楼以亨利一世命名。这笔指定的捐款数目不大，却有象征意义。它奠定了基金会的指导原则就是以中国和高等教育为重点。从最初 10 年（1936—1945）的拨款来看，前 3 名依次为：亚洲（82782 美元，其中 73332 美元是给华美协会［China Institute of America］）、美国宗教机构（59950 美

---

① Walter Guzzardi Jr. , *The Henry Luce Foundation, A History: 1936—1986*, The University of North Carolina Press, Chapel Hill & London, 1988, pp. 24–26.

元），基督教在亚洲高等教育（其中又以中国教会大学委员会为最大份额：11650美元）。所以，实际上绝大部分是与中国有关的。

1949年之后，和其他美国机构一样，鲁斯基金会退出中国大陆，但方向仍是亚洲，并且是在中国大陆周边，重点仍是高等教育和美国与亚洲有关的项目。其中与中国有关的一是1955年给台湾东海大学捐赠一座纪念亨利一世的教堂，由贝聿铭设计，于1963年建成，耗资16万余美元，成为台湾一座有名的建筑；二是1970年给香港崇基学院（现在是香港中文大学的一部分）25万美元建造图书馆，以鲁斯的妹妹伊丽莎白·摩尔·鲁斯命名（中文为"牟路思怡图书馆"）。其他还有给印尼一所教会大学建设大学中心，给菲律宾比较偏远地区的一所大学建立以亨利三世的妻子命名的文化中心，在韩国一所教会大学建立以亨利二世夫妇命名的大学教堂，以及给泰国一所大学建立教堂。

从70年代开始，规模较大的工作是促进美国和亚洲的双向了解和文化交流，重点还是中国。

1. 帮助美国人了解亚洲

这实际上也是亨利二世生前的意图。他于1965年说："20世纪后半期，对我们（美国）领导世界的考验是看我们是否能通过基本的互相了解——在思想、伦理和政治方面——使东方和西方坐到一起来。"[1] 具体项目有：

（1）鲁斯学者

从1974年开始，每年资助15名经过选拔的年轻人到亚洲考察实习一年。选拔的条件是：29岁以下、至少有学士学位的美国公民，专业不限，有希望成为领袖人物。这一项目的独特之处在于，它排

---

[1] Walter Guzzardi Jr., *The Henry Luce Foundation, A History: 1936—1986*, p. 82.

除了以研究亚洲国家为专业的人，专挑与亚洲接触较少，对亚洲并无先入之见的准备从事各行各业的年轻人，让他们在吸收新鲜事物能力和可塑性较强时对亚洲有第一手经历。这一计划强调亲身经历，原则上各自在与本行业对口的单位实习，不授学位。有一个由美国各界人士组成的高水平的评审委员会，初步选定后再经鲁斯基金会的项目负责人进行面试。选中的学者在亚洲的活动则委托亚洲基金会安排，因为他们具备必要的经验。第一个 5 年鲁斯基金会付给亚洲基金会 45 万美元，第二个 5 年 50 万美元，第三个 5 年 75 万美元。十几年来，各行各业都有"鲁斯学者"，他们被派往中国大陆、中国台湾、中国香港、日本和东南亚国家。这一计划的效果是无形的，很难衡量。其主持人认为，这一经历一定能使他们眼界开阔，对今后事业有重大影响。从长远看，有助于改进美国和亚洲的关系，也有利于美国自己文化、思想和政治的发展。

（2）亚洲研究基金

越南战争之后，随着美国从亚洲的军事撤退，政府对亚洲研究的拨款也随之大幅度减少，福特等大基金会对这方面的资助也有所转移，许多中国和东亚研究中心面临资金困难。但是，与此同时，尼克松访华，美中关系开始正常化的进程、日本经济繁荣等新形势使美国人对亚洲的兴趣陡增。有鉴于此，加之以前"鲁斯学者"项目的成功经验，鲁斯基金会的负责人与一些亚洲研究专家共同讨论后，决定把资助亚洲研究作为一项重点工作。做法是先选定 12 项最佳亚洲研究项目作为资助对象，在取得税务局同意后，一次性存放300 万美元作为亚洲研究基金，供 7 年之用。尽管直接对象是 12 家研究所，但是由于这项基金规定凡超过 7.5 万美元的项目必须是跨单位的合作项目，所以许多其他有关单位也能获得帮助。现在已经成为著名的中美关系史和美国与东亚关系史权威的孔润华（Warren Cohen）和入江昭（Akira Iryie）的研究起步阶段都得益于这项基金。

在这期间，有一批优秀著作出版，或是鲁斯基金会直接资助，或是其作者在研究工作的关键阶段曾受惠于这一基金。特别值得一提的有以下一些影响较大的著作：

《未定之秋——中美关系 1947—1950》(*Uncertain Years, U.S.—China Relations, 1947—1950*)，博格与亨利希 (Dorothy Borg & Waldao Heinirichs) 主编。1978 年哥伦比亚大学东亚研究所主持研讨会，有 30 余名来自美国各地的学者参加并提交论文。当时正值一批 30 年前的有关国务院外交档案解密，这次会议的及时召开和论文集的及时出版对中美关系史的研究起了里程碑的作用。与会的学者都得到了鲁斯资助的旅费和研究经费。

《干涉：美国是如何卷入越南的》(*Intervention: How America Became Involved in Vietnam*)，卡欣 (George Kahin) 著，1986 年出版，被认为是有关这个问题最权威的力作。作者是康奈尔大学教授，著名亚洲问题专家。他从 1976 年退休以后就研究这一课题，花了 10 年时间才完成这部书。写作过程中鲁斯基金会为重要资助者之一。

《"文化大革命"和毛以后的改革：历史透视》(*Cultural Revolution and Post—Mao Reforms: A Historical Perspective*)，邹谠著。

此项基金结束于 1982 年。300 万美元中大部分用于中国研究（82.8 万美元），其次是日本（52.95 万美元），最后是一般东亚研究（33.4 万美元）。接受的机构依次为：哥伦比亚、密歇根、芝加哥、康奈尔、斯坦福、普林斯顿等大学。

（3）华美协进会（The China Institute）

该组织成立于 1926 年，部分资金来源于退还的庚款，宗旨是促进中美了解，早期工作主要在双方的留学生中间，第一届主任是美籍华人、早期清华留美学生孟志。此协进会由亨利二世参与发起，鲁斯家族多年来一直与它有密切关系，有多人是其董事会成员，亨利三世于1976—1979年任董事长。1943年中国抗战时期，协进会经济拮据并急需在纽约设立总部。孟志说服鲁斯基金会捐赠4.9641万美元在纽约市区购置一所房产作为协进会总部的选址。当年基金会的总资产只有26万美元，这是其7年中最大的一笔一次性赠款。之后每年对协进会都有捐赠，从1944至1966年共58.87万多美元。之后仍继续，例如1974年还捐了14.14万美元。鲁斯基金会一度对协进会的工作有所不满，关系有所削弱。1982年后随着人事的变动，该组织又重新加强了向美国人展示中国文化艺术以及传授中文的活动，并与大陆、港、台都有关系。鲁斯于1984年捐赠了30万美元，以3年为期。

2. 帮助中国人了解美国

（1）中国学者项目

此项工作始于1979年中美建交之后。中国派遣到美国的学者开始增加，不过多数属于理工科，人文与社会科学方面交流极少。鲁斯基金会率先开辟这方面的工作，设立"中国学者项目"，资助中国学术单位的资深学者到美国作研究，主要在中国研究比较发达的美国大学和学术机构，以便双方得益。具体是选择了17家中国研究成绩突出的美国大学，承诺负担每年一名到该大学作研究的中国访问学者的全部费用，以5年为期（实际上有些大学不止5年）。由若干名跨学科的专家组成评审委员会进行选拔，规定每名学者在美时间不得低于6个月，并且在这一项目期内只来一次。平均每名中国学者的费用大约2.2万美元。到1988年共有91人参加此项目。美方认为这一项目的成果是：中国学者在隔绝多年后有机会了解西方的学术发展，学到新的方法和接触新思想。由于来的多为资深学者，他们回国后立即可以发挥作用；美国学术界得以直接了解中国知识分子的思想和学术界状况；更重要的是建立了个人与单位之间的直接联系，开辟了之后长期交流的渠道，特别是美国的社会科学工作者大大增加了到中国作实地考察的机会。

（2）基督教在中国

在鸦片战争之前，中美两国人的互相认识主要是通过来华传教士的双向传播。这方面文献资料极为丰富，对研究早期中美关系史有很高价值，但利用远远不够。1976年，鲁斯基金会决定拨款7万美元，3年为期，供美国研究中国的学者分析研究藏于哈佛—燕京图书馆的有关材料。其成果是费正清主编、1985年哈佛大学出版社出版的《基督教在中国：早期新教传教士的作品》。

1985年，基金会决定资助两大项目：第一大项目是拨款65万，为期7年，研究基督教在中国的历史和对中国的影响。主持人是堪萨斯大学中国历史教授裴士丹（Daniel Bays）。这一项目的成果比较突出的有韩起澜（Emily Honig）写的中国女青年会总干事邓以执传记。邓生于教会家庭，自幼上教会学校，后来在女青年会及其他教会机构工作几十年，历尽沧桑，"文革"后还继续在女青年会工作，韩起澜是在写关于上海纺织女工历史的著作时发现邓以执从事女工运动的工作的材料才去找到她的，当时她已年近九十，韩起澜抢救了极为珍贵的历史资料。另一例是密歇根大学的一位人类学家研究基督教在中国西南"花苗"少数民族中传教的历史及其影响。后者亦可说明鲁斯基金会常会资助一些"冷门"题目。第二大项目是收集散见各处的传教士的书信文章，予以编目成册。这是一项大工程，鲁斯基金会出资22.5万美元，负责人是一位78岁的资深图书馆员柯乐智（Archie Crouch）。柯本人是传教士，曾于1936—1946年在中国。他以普林斯顿大学神学院的斯皮尔图书馆为基地，带领一个

北京大学校园内岛亭（原名"思义亭"），1930年为纪念亨利·鲁斯的父亲亨利·W.鲁斯而建；1980年鲁斯基金会又出钱予以修缮，使其成为校园内社交聚会场所（鲁斯基金会提供）

鲁斯基金会捐赠的港大崇基图书馆

亨利·鲁斯

1985 年邓小平会见亨利·鲁斯（鲁斯基金会提供，托尼·路塔摄）

鲁斯基金会现任会长特里尔·劳兹
（右一），纽约"中华协进会"会长
墨菲及副会长张女士（鲁斯基金会
提供）

亨利·鲁斯与夫人克莱尔·布斯·鲁斯（鲁斯基金会提供）

伊丽莎白·摩尔·鲁斯和查尔斯·斯蒂尔曼

哥伦比亚大学东亚研究所柯蒂斯教授在纽约日本会馆演讲，这是鲁斯基金会支持的"太平洋流域研究"项目的活动之一（鲁斯基金会提供）

鲁斯基金会捐给台湾东海大学的教堂

工作班子在美国各地广为搜索，从名牌大学图书馆到最偏僻的小镇。最后出版的工具书有 750 页，名为"基督教在中国：在华教会资料汇编"（*Christianity in China: The Scholar's Guide to China Mission Resources*）。现已成为这方面的经典工具书。

前面提到，中国改革开放以后专为资助中国访美学者而成立的 CIRSPRC 得到几家基金会的资助，如亚洲基金会、福特基金会、鲁斯基金会、麦克阿瑟基金会、开放基金会、洛克菲勒基金会、卡耐基伦理与国际关系委员会以及亚洲高等教会学校联合会等等。1993 年越南外交部下属国际关系研究所向该组织提出要求，在其国内资助有关国际研究的培训计划，于是 CIRSPRC 改名为 PISA—亚洲国际研究计划。后来又扩大到蒙古和柬埔寨，之后延伸到东盟各国。这个组织是美国与中国学术交流的主要组织，在中国联系的机构包括中国社会科学院、现代国际关系研究所、战略研究所、外交学院、国防大学、北京大学、人民大学、暨南大学、浙江大学、复旦大学、中国和平与发展研究所、上海社科院、上海国际问题研究所、南开大学、厦门大学等。

四、亚洲基金会

亚洲基金会（The Asia Foundation）与其他基金会不同，不属于私人性质，是国会拨款成立的。原不属于本书讨论范围。但因与中国关系较多，故也在此略作介绍。

基金会成立于 1954 年。宗旨除一般的促进各国间的"互相理解、尊重与合作"外，专门涉及亚洲部分称：

> 认识到亚洲各国人民正在谋求分担世界责任并分享其利益，

并相信亚洲人民与美国通力合作能够促进他们的共同愿望——和平、独立、个人自由和社会进步——的实现。

之后章程中又多次提到"和平、独立、个人自由和社会进步"。这些看似普通的口号在当时的背景下却有特定的含义。首先是针对亚洲的。亚洲当时正处于反帝反殖、争取独立和建设新兴国家的潮流之中，同时又值冷战高潮，美国在亚洲与苏、中争夺的焦点是新独立的国家走什么道路的问题。所以"个人自由、社会进步"是有针对性的，与早期的卡耐基或洛克菲勒基金会笼统的"造福人类"的含义有所不同。

其活动与众不同的证据之一是1983年美国众议院在关于《公法》的决议中专门有关于亚洲基金会的条款，先对其工作予以表扬：

> 亚洲基金会……长期以来积极推进亚美友谊与合作，并鼓励和帮助亚洲人自己进行的争取更加开放、公正和民主的社会的努力；
>
> 亚洲基金会所献身的事业——加强那些致力于稳定的民族发展、建设性的社会变革、公平的经济发展以及合作性的国际关系的亚洲本土机构——是完全符合并支持美国的长远利益的；
>
> 亚洲基金会作为私人组织所处的地位，能够响应亚洲人的倡议，从事一些美国官方机构有困难或不可能进行的项目，并能迅速灵活地抓住新的机会；
>
> 鉴于亚洲基金会对美国外交政策长远利益的贡献，美国政府曾通过各种机构给予资助；
>
> 现在，为了美国的利益，为了进一步加强美亚友谊与合作，应建立一个经常性的机制以便于美国政府资助亚洲基金会继续进行的活动，同时又保持该基金会的独立性。

根据以上的认识，国会决定每年拨出一定款项，由国务卿根据与亚洲基金会达成协议的条件资助基金会的有关活动。拨款数额1983年为500万美元，1984年与1985年各1000万美元。[①]

基金会总部在旧金山，在华盛顿有一办事处，目前在亚洲14个国家和地区有办事处，其中包括1994年在香港成立的负责中国事务的办事处。在北京有非正式的办公室和少数工作人员。

中国改革开放以前，亚洲基金会的重点在东南亚，特别是南亚。60年代印度支那地区正处于多事之秋，美国开始插手该地区，亚洲基金会在那里也特别活跃。直接与中国的关系开始于1979年。第一次活动是1979年中国国务院科委主持在北京举行的计算机国际研讨会。当时在中美双方都带有突破性和试探性。牵线人是香港中文大学的陆教授。中方当时还不能直接接受基金会的资助，因此作出安排：在华费用由中方负担，基金会负担与会的美、英、澳和香港地区的计算机专家旅费，总数约2万美元。因是临时决定，所以亚洲基金会没有这笔预算，转而向洛克菲勒兄弟基金申请帮助。因是之故，洛克菲勒兄弟基金也得以派代表到中国参加此研讨会，之后也与中国建立关系。亚洲基金会出席会议的是中国项目负责人袁仁伦。他借这次机会与中国各方面进行接触。在会议结束时，中国科委负责人正式承认并感谢亚洲基金会帮助中国科学家走出孤立，了解国际计算机发展的最新情况。在科委建议下，次年又由亚洲基金会资助在美国加州帕洛阿托举行了第二次计算机研讨会。从此开始了亚洲基金会与中国的合作。这是带有突破性的，由于亚洲基金会与其他私人基金会性质不同，这项合作更有特殊意义。

基金会宣布在中国的使命是："帮助中国更有效地管理其面临的

---

① 根据亚洲基金会提供的成立章程文本。

变革和转轨，促进中国建立更有成果的、互利的对外关系"；"通过资助中国相关机构，帮助中国的发展，使之成为国际社会中负责、稳定的一员……通过对有发展前途的个人的资助，为中国培养未来的骨干力量。"基金会还认为，中国的问题只能由中国人自己解决，基金会能起的作用是赞助有关机构和个人进行朝着这一方向的努力。在中国的活动内容早期重点是美中交流、高等教育、资助中国人到美国学习和研究以及参加亚太地区的多边交流。

重点有四大领域：

（1）外交。促进中美两国外交决策机构的相互了解，并通过提供国际关系方面的培训，培养外交决策层人才。这方面合作对象主要是外交部及其所属机构。1979年资助首批青年外交官赴美进修，至1999年已向90多名外交政策领域的官员和学者提供资助，或在美知名学府进修一年国际关系专业，或在学术机构做访问学者，或参加短期考察团与美国同行进行交流。每年资助两名年轻外交官到美国弗莱彻外交学院和约翰·霍普金斯大学高等国际问题研究院SAIS进行在职培训，一年获硕士学位，并资助外交官到美国5大城市考察外交决策。

（2）行政和法制改革。为中国决策层建立高效透明的行政及法制体系提供财政资助及国际交流机会。合作对象是民政部、司法部、法制局、全国人大、最高人民法院、国务院直属机构以及其他正在发展中的法律机构。合作项目包括：地方政府改革试点、非政府组织领域的政策研究以及其他政法和法律援助领域，资助包括有关课题的研究和实际操作两方面。例如90年代中国开始村民委员会选举试点之后，亚洲基金会立即通过民政部对与此有关的项目进行资助。

（3）经济改革。重点资助涉及贸易政策、开放市场、社会福利等方面的经济改革的研究机构和项目。在这方面资助了大批知名经济学家给经济领域的决策者做研究工作，具体课题有市场自由化、财政、工业发展、技术转让和知识产权保护等问题。中国在经济改革和融入世界经济体系的过程中所产生的问题和困难也在基金会帮助范围，包括国企改革和贸易自由化给中国各行业各阶层带来的影响、民营企业的发展问题等。

（4）教育与学术交流。这方面也是从 1979 年开始的。1979 年美国成立的"与中华人民共和国学术交流委员会"（CSEPRC），亚洲基金会也是积极赞助者之一。另一大项是图书捐赠，从 1979 年开始，源源不断，至 20 世纪末已向中国捐赠了近 150 万册图书与期刊。此项工作属于基金会的"亚洲图书项目"，在中国与国家教委合作，由后者负担海运运费，上海外国语大学的图书中心负责分发。现捐赠范围已达全国 700 余所高校和研究机构，是迄今为止中国最大的图书和教学资料海外捐赠者。

此外，妇女参政议政、新闻媒体人才培养、技术开发管理以及环境保护等与中国现代化有关的各种问题也在关注范围之内。①

合作的中方单位除上面已经提到的部门外，还有中国社科院的一些研究所、北大中国经济研究中心、外经贸部、国际经贸大学、上海图书馆、武汉大学、复旦大学、中央党校、国防大学、上海国际问题研究所、陕西省妇联、农村妇女杂志社等。2000 年列出的受资助的机构已达 128 个。除北京外，上海最多，其他还有黑龙江、天津、四川、湖北、广东、陕西等地。资助的方式有三：（1）设年度赠款项目资助中国受援机构提出的申请，这是活动的核心；（2）亚洲基金会所属其他部门如亚太事务中心、亚美交流计划等，与中国项目发展办事处合作，定期邀请中国人参加他们主持的研究项目、会议和交流；（3）捐书（如上述）。

---

① 以上材料主要综合自亚洲基金会 1999 年印发的小册子《瞬息廿年》。

历年用于中国的资金不等，20年来平均大约每年60多万美元。在亚洲国家中，中国名列其资助的第四位，前三名依次为：柬埔寨、孟加拉、印尼。

2000年的年度报告中称，在亚洲的新重点有：

• 政治：在全球化的时代谋求更加透明和有效的治理，包括法制、公民社会、选举、人权、反腐化、解决冲突、地方政府等项目。

• 经济：在亚洲金融危机后促进改革，包括创建有利于小企业发展的环境、促进亚洲企业改善管理、支持地区改革。

• 外交：建立对美亚关系的新态度，包括跨国界的接触、交流与培训，专题有美国在亚洲的作用和与朝鲜和解的意义。

• 社会：重点是提高亚洲妇女地位，培养骨干、改革法律、扫除法盲与提供法律援助、改进妇女的基本安全等。

以上各领域与中国有关的新项目有：支持阿斯彭学会组织美国国会议员就中美关系问题与中国各界对话、与利维·斯特劳斯基金会共同资助广东省妇联对广东女工进行保护自己的法律教育和提供法律援助等。

亚洲基金会与其他基金会相比，其在华合作对象政府部门占重要地位。其中与外交部的合作开始早、持续久、有特色，却在中美两国中都有争议。中方有人认为把外交官送到美国培训有悖原则立场，对我外交队伍的思想将产生不良影响；美方一些国会议员则指责亚洲基金会资助了这么多年中国外交官，也未见中国外交政策发生对美有利的变化，那些在美学习过的官员照样对美态度强硬，因此是浪费美国纳税人的钱，帮助中国共产党。足见基金会的此类项目在政治上敏感性较强，特别是亚洲基金会一部分财政来源是国会拨款，国会对其干预更加直接。尽管如此，这一项目仍在继续。

亚洲基金会高级顾问、前会长
袁仁伦（亚洲基金会提供）

1997年中美领导人会谈之前，中国外交部代表团赴美打前站，亚洲基金会安排代表团与美国各界人士接触，作为基金会"国内决定因素"项目的一部分（亚洲基金会提供）

五、凯特林基金会

在第八章中已讲述了凯特林基金会的情况。其与中国的关系有一定特殊性，故集中在本章介绍。它与中国的关系与其他基金会不同之处在于：（1）它属于运作型基金会，有关中国的项目也是自己运作，而不是捐助其他组织操作；（2）它的议题只限于两国关系，不涉及其他领域；（3）与中国的合作单位限于极少数，而持续进行。

凯特林基金会与中国的合作称"持续性对话"，是从与苏联的"达特茅斯对话"延伸出来的。其出发点也基本相同：鉴于两国关系的重要，又鉴于两国国情相距甚远，摩擦不断，所以有必要进行多层面的交流和了解。只靠政府间的谈判是不够的，因为政府代表只能阐述和坚持本国政府的立场，难以对问题进行客观、耐心、多层面的、持续的探讨，以求更多地理解对方的思路和困难。这是一项长期的工作，能找到对解决有关问题可供政府参考的建议更好，但不求立竿见影的效果，假以时日，总会有无形的积极影响，这是他们的信念。这一项目的另一名称是"补充外交"。与福特基金会与中方的正式协议不同，凯特林基金会与中国关系的开始是非正式的，由当时驻美大使章文晋介绍会长马休斯带团于1985年访华，与当时任中国社会科学院的领导接触，社科院方面表示了积极的意向。次年，凯特林基金会即发出邀请，由社科院组团到美国威斯康星州的一个会议胜地拉辛举行第一次"对话"。那次的议题是台湾问题，双方参加的都是非官方的学者。除了两天的会议讨论外，主人还安排到纽约和华盛顿与新闻界、企业界和国会议员会见，进行了广泛的交谈。从那次以后，就根据这一模式，几乎每年都举行一次，地点轮流在美国和中国。

1989年两国关系处于最困难的时候，美国科学院作出暂停与中国学术交流的决定，凯特林基金会与福特基金会一样，坚持保持联系。当年 11 月，马休斯等人即来华访问，见了社科院有关领导。次年（1990 年）春，又发出邀请，中方以美国研究所为主，派出少数人赴会。在此以后，凯特林基金会除中国社科院外，又发展了北京战略学会（现为中国战略学会）为联系单位。不过"对话"的主办单位还是社科院美国所。这种关系至今持续不变，议题有中国国企改革、安全问题、最惠国待遇与世贸组织问题等等，最近几年着重在相互心目中的形象问题，双方都就中国人如何看美国与美国人如何看中国做了问卷调查的课题。这在两国虽然不是第一次进行题目调查，但这一次双方提出的题目和调查对象的广度和深度都与前不同，其结果比较客观地反映了彼此的复杂印象和看法，也找出某些误解及其依据。美方利用基金会的"国民议题论坛"机制，在全国四个地区由 500 名研究人员进行深入社区基层的调查，然后汇集结果举行座谈会，在这一过程中启发一些人对过去的成见和观念的重新思考。事后，双方调查的结果以及一些相关论文汇编成书，以中英两种语言在两国分别出版，题为"中美长期对话"，2002 年在"对话"15 周年之际，在华盛顿举行发布会，作为这一关系的一个里程碑。

凯特林基金会所谓的"补充外交"实际是想起"思想库"的作用，希望双方非官方的，但又能有机会建言的专家，在心平气和的气氛下讨论得出的成果能够供决策者参考。但是其结果是否得到了决策者的倾听，发挥了某种程度的作用，实难估计。如果从有形的效果来讲，恐怕在双方都是微乎其微。但是从长远看，这是许多条沟通和加深两国人民了解的渠道之一。在一个相当长的时期，会起一定的细水长流的渗透作用，例如上述的调查项目就是一个较好的例子。凯特林基金会的负责人与福特的负责人一样，都认为这种关系应该不受政府关系的影响，而且，越是在政府关系困难时越应该保持，这种韧性的本身，也许就是作为拥有独立的资产的民间机构的独特作用。

凯特林基金会在与中国社科院建立"中美对话"15 周年时出版的由双方合作的书的中文版

凯特林基金会 1997 年在北京的"中美对话",从左至右依次为:美国前国防部长麦克纳马拉,本书作者、美国资深中国问题学者李侃如

六、麦克与莫琳·曼斯菲尔德基金会

麦克与莫琳·曼斯菲尔德基金会（Mike & Maureen Mansfield Foundation）是 1983 年由美国一些国会议员发起，通过决议，为表彰曼斯菲尔德的功绩而成立的。根据决议，拨款 500 万美元为启动资金，受教育部部长监督，在蒙大拿州注册。之后即与其他基金会一样，属于符合税法 501（c）（3）条款的公益组织，可以自行集资和投资。2000 年资产为 1400 万美元，基本上属于运作型基金会，与中国关系较多，故在此略作介绍。

麦克·曼斯菲尔德（1906—2001）是美国 20 世纪著名的、德高望重的国会议员。他生于蒙大拿州，出身贫苦，少年失学，只上到八年级就做铜矿工人，1928 年遇到后来的妻子莫琳，她受过高等教育，当时是中学教员，在她的鼓励和资助下，麦克自学补课，于 1931 年入蒙大拿大学，半工半读，经过超常的艰苦努力于 1934 年获历史学和政治学两项硕士学位。后来又在妻子鼓励下开始从政，于 1943 年当选为众议员，连任 5 届，1953—1977 年任参议员，1977—1988 年任驻日大使。曼斯菲尔德一直关注亚洲和中国，从"二战"后美国卷入中国内战起，就一贯在国会中反对美国片面支蒋，之后又积极主张美国改变对华政策，早日承认中华人民共和国。1972 年尼克松访华之后，参众两院两党领导人分别组团访华以示两党对总统对华政策的一致支持。曼斯菲尔德作为参院多数党领袖和参院代表团团长访华。之后他任驻日大使多年，对美日关系也做了许多积极工作。曼斯菲尔德本人一生的奋斗目标是提高为公众服务的道德水平和促进美国和沿太平洋国家特别是东亚国家的良好关系。由国会通过决议拨款成立以一位议员命名的基金会，在美国绝无仅有，足见其声望之高。

由于这一背景，以他命名的基金会特别关注亚太事务。基金会的宗旨是："促进东西方关系；促进公共事务教育与伦理道德；促进亚洲研究。"基金会成立的同时，成立了"曼斯菲尔德太平洋事务中心"（简称"曼斯菲尔德中心"），实际上是基金会的操作机构。当然中心和基金会本身都可以向其他方面集资，实际上也在做，不过是曼斯菲尔德严禁利用他个人的名义集资。中心总部设在蒙大拿大学内，在华盛顿和东京都有办事处。其所从事的项目中有独立进行的，也有与政府合作的。由于曼斯菲尔德多年任驻日大使，日本问题与对日关系占据主要地位。1994 年国会还通过决议在中心内设立"曼斯菲尔德奖学金"，专门培养熟悉日本语言和事务的政府工作人员，由国务院和教育文化事务局拨款，中心操作，每年选拔约 10 名政府雇员，培训两年，第一年在美学日语，第二年派到日本政府中实习。这些人员回国后至少在政府部门中担任与日本有关的职务两年。第二个重点是中国。除上述奖学金不包括中国外，其他有关亚洲的项目大多以日本和中国为重点，主要有：在蒙大拿大学设立关于东亚的课程；组织国会议员访问东亚；邀请访美的杰出亚洲学者到中心作演讲；组织关于亚洲国家法制问题的系列研讨会，已经在东京、北京、上海、香港等地举行过。另外一个与中国方面合作的项目是 1997 年开始的"亚洲冷战史"，内容包括系列会议（自 1997 年起每年就一个题目举行一次中美有关人士的对话会）、出版丛书（包括美国作者和中国著作的英译本），以及建立内容广泛、别具特色的资料库。

　　除了以上列举的基金会之外，与中国关系较多的还有洛克菲勒兄弟基金、卡耐基国际和平基金（第八章已经述及）。在扶植美国的中国研究方面，70 年代福特基金会开始减少资助后，梅隆基金会参加进来。它于 1972 年开始资助东亚图书馆，1977 年一年就捐了 500万美元。自 1974 年以后，梅隆与福特基金会以及美国政府的"国家人文基金"一道成为美国社会科学研究理事会和美国学术团体理事会（SSRC—ACLS）关于中国研究的最大资助者。梅隆基金会还特别资助美国学者到中国参加会议。梅隆基金会并没有海外的项目。其会长索耶（John E. Sawyer）指出，资助中国研究是因为美国人需要了解世界其他地区，以更好地制定内外决策。特别是美国现在对国际经济依赖日深，不能再像过去那样对别国的社会、文化和经济无知。另一后起的对中国感兴趣的基金会是休利特基金会，它于1983 年拨款 200 余万美元资助国际研究的博士论文奖学金，其中一部分是关于中国研究的。另外它还资助密歇根大学人口研究中心培训外国留学生，特别提到把此项工作扩大到中国。

本章开头已经阐述了美国基金会关注中国的几个不同角度。总结以上情况，一个世纪以来，美国基金会持续的对中国的关注来自以下的思想动力：

（1）一般的国际公益事业，与援助其他第三世界国家相同，这点不必赘述，只是随着中国的发展，重点有所不同。

（2）改造中国。分两个时期：前期，洛克菲勒基金会悲天悯人的情怀，外加对中国人民的同情和艰苦奋斗的敬仰，认为中国一方面有着丰厚的文化底蕴、最优秀的知识阶层，另一方面正处于痛苦地蜕变和新生过程中，此时对中国进行帮助、施加影响，比对任何其他不发达国家帮助都有希望取得效果。后期，80 年代改革开放以后，一些基金会对华工作总的方向是积极促改革，实现各方面的现代化。前后的思想是始终一贯的。

（3）促进双向了解。就美国而言，认为美国人不了解中国不足以面向全球，"领导世界"。对中国，则希望通过加强中国人对美国的了解以消除敌意，对政府的国际决策起积极作用。这与庚款办学的思想是一脉相承的。

（4）作为促进世界和平的一部分。这是在中国国际地位提高，对世界和平举足轻重以后的新因素。特别是改革开放以后，既有接触的必要，也有接触的可能。

总之，基金会对中国的兴趣与美国精英思想，乃至美国整个对外的取向是一致的，是美国以天下为己任的一部分。但基金会也有自己的特点：（1）不强加于人。（2）特别有韧性，不论局势如何动荡，不论中美关系如何变化，始终锲而不舍。在这点上与教会有相近的精神。（3）长期与中国打交道，大多对中国国情比较理解，比较能顺应中国的需要，灵活变化。1971年福特基金会有关中国工作报告中的一段话可以代表多数基金会对中国关注的理由：

> 中国作为人类经验的历史储存库和社会实验室是独一无二的。它的传统文明和当前的社会状况与我们呈鲜明对照，单是这点就有足够理由使我们对它保持持久的兴趣。为了保证我们西方导向的教育制度能提供一种平衡的全面的世界观，继续已经进行的努力，改进对美国人关于中国的教育是至关重要的。[1]

---

[1] Francis X. Sutton, "American Philanthropy in Educational and Cultural Exchange with the People's Republic of China", *Educational Exchanges: Essays on the Sino-American Experience*, p. 101.

第三部　思想动机与效果

第十一章　捐赠的动机与哲学理念

　　人们捐赠公益事业的动机是什么？这是一个经常提出的问题。古今中外的慈善举动都有其简单的共同性，但也有极不相同的复杂的思想基础。政府对捐赠财产免税的法律当然起着重要的激励作用，而且美国许多公益机构常和政府在税制问题上发生矛盾。从一个长时段看，税收政策的调整与慈善捐献的消长有着密切关系。但是如果认为美国基金会之发达就是来源于政府税收制度的鼓励，避税是创立人的主要动机，则并不准确，至少早期基金会的成立是在政府有关税法出台之前。美国征收个人所得税从 1913 年才开始（南北战争时短期征税例外），当时起征点是 2 万美元，税率从 1% 开始，最高也只有 6%。至 1917 年才有允许慈善捐赠免税的法律出台。所以早期成立的大基金会与免税无关。[①] 即使在今天，有了钱之后就要对社会或某项自己所钟爱的事业作些捐助仍是美国人的一种精神寄托，不能完全以避税来概括。和美国其他方面的思想渊源一样，私人公益事业及其理念也是源自欧洲，特别是英国，从下面卡耐基的文章中一再举欧洲的经验作为学习榜样就可证明。但是正如源自欧洲的自由主义在美国形成独特的发展道路一样，现代基金会在美国也有其特殊的土壤条件。

---

① F. Emerson Andrews, *Philanthropic Foundations*, Russell Sage Foundation Publication, 1956, p. 41.

一、志愿精神

如本书多次提到，"志愿精神"（volunteerism）在美国有悠久的传统。这是公民社会必不可少的部分，是对靠利益驱动的市场经济的一种平衡。正如弱肉强食的社会达尔文主义要用关注弱势群体的改良主义来平衡一样，与作为美国核心价值观的个人主义同时并存的，还有一种超越个人私利的利他同情心和对群体、对社会的责任感。这是美国公益事业赖以发达的社会思想基础。事实上，并不是只有富人才捐钱，温饱有了保障的普通人每年都会从收入中或多或少捐一些钱。所以"联合劝募"（United Way）这样的公益组织才得以应运而生，它每年通过各单位行政部门向员工散发表格认捐一定的数字，从工资中扣除，这已成为大家都接受的方便的捐赠方式。当然这是绝对自愿的，与我们熟悉的"摊派"没有共同之处，而且捐献数额是保密的，与个人荣誉无关。当然捐出的部分是免税的，这对收入刚好在某个税率阶梯边缘的人可以成为一种动力，但是捐赠成为生活方式的一种内容，必有其民众性的思想基础。

各种基金会在自己的宣言或说明书、宣传品中都有阐述其宗旨原则的内容，其表达方式尽管不同，但大多强调美国人的志愿精神。例如第六章提到帕卡德基金会的创始人帕卡德夫妇抱有一种信念：美国最适宜私人出资、志愿在一些领域内起带头作用的捐赠机构的成长，基金会是把私人资金纳入公共用途的桥梁，它与其他非营利组织一道形成美国的伟大传统，作为政府的补充，满足社会需要，而且在许多方面比政府更加有效。为此他们还为董事会及员工制定了道德守则，俨然以社会道德的制定者和守护者自居。又如第七章提到的硅谷社区基金会自己确定的七点"给予和志愿精神的硅谷文化"，第一点就是表达一种"将所得返回社区至关重要"的信念，而且强调对待无偿的捐赠与有利可图的投资应该态度一样。从 20 世纪初到 20 世纪末，贯穿公益事业的精神是对社会的责任感，以及自己与社会荣枯与共的认识。作为公民，在哪里赚了钱，就有义务为所在社区的发展做出贡献；反过来，社区发展了，自己也会得到更多的幸福，这是相当普遍的观念。总之，不论来自上层还是下层，"志愿精神"在美国有根深蒂固的基础，有人甚至把"给予的自由"列为四大自由的基础，认为捐赠不仅是义务而且是一种权利。

到 20 世纪末，著名企业管理家彼得·德鲁克（Peter Druker）进一步发展这种志愿精神。他既是自由市场经济的坚决拥护者，又对其产生的社会不平等有强烈感受。他不像早期的巨头们着眼于防止社会主义，而是已经看到了社会主义的实践及其僵化体制在苏联、东欧国家的失败。他也看到了政府干预不是万能，无法满足许多社会需要，因此提出在社会主义制度和纯粹市场经济之外找一条现实可行的第三条道路。他把千百万的中小投资者称为企业和政府之间的第三方，即"市民社会"，建议通过共同基金、养老金等制度把分散的投资联合起来，构成非营利的第三部类，解决各种需要，如医疗、学费等等。事实上，目前有一半美国人每星期至少有四小时在某个志愿社团中服务。德鲁克基金会做的事之一就是每年挑选一个在解决某项社会问题上做出杰出成绩的志愿组织，给予奖励，并以其经验为楷模予以推广。其所奖励的范例大多数是帮助最不幸的人自尊、自立，获得自信。在这方面一些大的教会与之合作，这是对基金会制度的一种发展，其根据就是发挥志愿精神。

二、"财富的福音"

除了普遍的志愿精神之外，19 世纪末兴起的巨富以及他们创立的现代基金会，还有其更深层次的思想理念。如果说多数人捐赠是一种自发的习惯行为，那么那些基金会带头人则有经过深思熟虑的一套理念。一般人想的是对本社区或某个特定项目的给予，而基金会带头人关注的对象却是全社会，甚至全人类。关于现代公益事业的思想理论，安德鲁·卡耐基于 1889 年发表的《财富的福音》(*The Gospel of Wealth*) 一文，现已被认为是经典之作，它所体现的正是欧洲传统和美国思潮、社会的和个人的因素的集大成，是社会达尔文主义和改良主义思潮的交汇，也是理想主义和实用主义的结合，值得予以综述。卡耐基的文章原来题目是"财富"，于 1889 年发表于《北美评论》(*North American Review*) 杂志 6 月号。发表后在英国引起的反响比美国还大，褒贬都有。有一家杂志以讽刺的口吻称卡耐基提出了"财富的福音"(The Gospel of Wealth)，并举当时英国臭名昭著的无赖资本家为例，对文中的观点予以批驳。卡耐基本人却认为"财富的福音"这个题目很好，接受下来，后来就以此题流传于世。另一方面，英国首相格莱斯顿对此文给以高度赞赏，亲自致函《北美评论》的编辑请求允许在英国发表。卡耐基为此很得意，又写了续篇，题为"公益捐赠的最佳领域"(*The Best Fields for Philanthropy*)，更加完整地表达了他的观点，刊于《北美评论》同年 12 月一期上。今综合两篇文章的内容如下：①

　　文章开宗明义提出："我们时代的问题在于如何适当地管理财富，俾使富人和穷人仍能在和谐的关系之中相处如兄弟。"然后分析出现贫富问题的当代社会根源以及解决问题的思路。大意如下（内容次序重新组合，小标题和黑体为本书作者所加）：

---

①《财富的福音》一文版本很多，本文根据的是 Dwight F. Burlingame, ed., *The Responsibilities of Wealth* (Indiana University Press, 1992) 一书中重印的 "The Gospel of Wealth", pp. 1–27。黑体字是本书作者所加。

1. 财富集中造成贫富差距扩大是文明进步不可避免的代价

最近几百年来人类生活发生了革命性的变化，也就是贫富差距大大扩大。这种变化是进步的表现，值得欢迎，有这种不平衡，使有些人的住房体现人类文明最精致的艺术成就，而有些人居于陋室，总比所有的人一律居于陋室好。因此，"过去的好时光"其实并非"好时光"，不值得留恋，而且，变革的到来也不以我们的好恶为转移，是不可避免的必然，批评是徒劳的，只有最好地适应和利用它。促成这种变化的原因显然是由于生产技术和组织方式进步，同时付出的代价也是巨大的：一是在巨大的厂矿中集中了大批的生产者，雇主与他们完全隔离，互不了解造成互不信任。激烈的竞争使雇主努力降低成本，其中首先就是采用低工资，从而造成劳资摩擦、贫富矛盾、社会失和。竞争的法则造成的不可避免的结果就是社会不平等和工商业集中在少数人手中。大规模企业不是赚取高额利润就是破产，没有中间道路；这就需要有特殊才能的组织者和管理人员，人才比资本更重要，有这种特殊才能的人所获得的报酬必然远远高于其他人。这一连串的法则对全人类归根结底是利多于弊，值得欢迎的。这一法则是人类文明的基础。**无政府主义等所提出的推翻现有秩序的方案实际上是对文明的基础本身进行攻击。**因为把能干而勤劳的人与无能而懒惰的人区分开来，这是人类从原始共产社会进入文明的开始。因此任何人的私有财产不论多少，都是神圣不可侵犯的。个人主义是人的天性，也是文明进步到今天的基础。改变现有的法则就要让人变成专为他人工作的天使，亦即彻底改变人的本性，即使这是可取的，至少现在还没有找到能做到这一点的仙丹妙药。所以，**一切解决当前社会问题的考虑是从承认以上基础的大前提出发。不是要改变现存的造成财富集中的制度，因为这是才能加勤奋的结果，而是要最好地利用这笔巨大的剩余的财富。**

2. 富人对社会不可推卸的责任

富人的责任是：树立一种简朴、不事张扬的生活方式的榜样，避免炫耀奢华；满足他的家属恰如其分的合理的需求；在完成这一任务后，应该把其余所有的财富都视为别人委托自己管理的信托基金，并且负有不可推卸的责任把这笔钱用于他经过深思熟虑、断定能够对全社会产生最佳效果的事业。这样一来，富人就成为他的穷苦兄弟的经纪人，以自己高超的智慧、经验和经营才能为他们服务。至于怎样才算是恰如其分的简朴生活，很难定出具体的标准，但是一般说来公众舆论是有一个公平的看法的，可以由公众的常识去判断。人类已发展到了这样一个阶段，最优秀的头脑意识到，最好的处理剩余财富的方式就是常年用于公众的福利事业。

3. 剩余财富的最佳使用途径

迄今为止，有三种使用剩余财富的方式：传给家族和子孙；死后捐给社会事业；由财富的主人在生前妥善处理。第一种最不可取，对子孙和国家都不利。富家子弟没有被惯坏而仍然恪尽社会职责的固然有，但不是常规，不肖子孙是多数。所以与其留给子孙以财富，不如留给他们家族的荣誉。第二种方式太遥远，而且往往留下的财富并不能按捐赠者的意图使用，只不过成为他心血来潮的一个纪念碑。因为花钱得当与赚钱一样需要高超的才能。最近美英政府都大幅度增加遗产税率，特别是英国开始实行累进税制，这是明智的，是国家对那些自私的百万富翁毫无价值的一生的谴责，今后还应向这一方向发展。一个人死后留下巨大遗产，不论用于怎样的公益用途，都不如生前就处理。总有一天，公众会给带着巨额财产死去的人刻上这样的墓志铭："拥巨富而死者以耻辱终。"

最后只剩下一种选择，就是把富人的巨额剩余财产在他们生前通过适当的运作用于造福公众的事业。这种方式有几个特点：一是建立在现有的个人主义社会基础上，是现有制度的延续，而不是像共产主义所主张那样彻底推翻现有制度重新分配财富；二是这笔巨额财富仍然通过少数人按照最佳方案分配，而不是在全民中平均散发。其优越性是显而易见的，库珀研究所^①的例子可以为证。他先把他的钱以工资形式分配出去，创造出更多的财富，然后又建立这样的公益组织使更多的人获得创造财富的才能。假如他把这笔钱平均分配给穷苦大众，除了惯坏更多人之外，能有什么效果呢？长期实行的一般慈善布施有害无益，适足以鼓励游手好闲和各种恶习，真正有尊严、有出息的人非万不得已是不会请求施舍的。因此只有遵循库珀等人的道路。这样，财富的积累和分配仍然可以自由进行，个人主义仍然继续。

最重要的原则是，财富的捐赠绝不能使接受者堕落、进一步陷入贫困，而是要激励最优秀和有上进心的那部分穷人进一步努力改善自己的境遇。那些穷极潦倒、毫无出息的懒汉已经有救济院来管他们的食宿，而且应该把他们隔离起来，免得带坏了那些勤劳上进的穷人。一个能够靠乞讨而活得很舒服的人对人类进步造成的障碍，超过几十名滔滔不绝的××主义宣传家。**方今百万富翁的罪恶不在于缺乏捐赠，而在于滥行布施。**在这个意义上，在神圣的慈善外衣下漫不经心地胡乱挥霍的百万富翁比一毛不拔的守财奴对社会的危害更大，实际上是他们制造了乞丐。

4. 公益捐助的最佳领域

基于以上的认识，剩余财富应该投向的最佳领域如下：

（1）建大学。以下列举了一大串名字作为杰出榜样，其中有斯

---

① 库珀研究所（Cooper Institute），为美国新泽西州的铁矿巨子和慈善家彼得·库珀（Peter Cooper, 1791—1883）于 1859 年在纽约创办，亦称库珀协会（Cooper Union），主要为穷人提供职业教育，是最早的有组织的重在治本的公益事业之一。

坦福、约翰·霍普金斯、康奈尔、范德比尔特等等，都是在美国南北战争后捐巨资建立大学，学校多数以他们本人姓氏命名。其中有些只是立遗嘱把自己带不走的遗产捐出，有些人生前就为他捐赠的学校花了很多心血，后者更值得敬仰。还有人捐最先进的望远镜成立天文台，对推动天文学的发展意义重大。但是建立新大学的余地有限，所以应该鼓励向现有的大学作各种附加性捐助。

（2）建免费公共图书馆。这对社区最有用，根据本人少年时的切身体验，没有比满足贫苦的青少年读书的饥渴对他们帮助更大的了。这方面英国走在前面。议会已经通过立法，每一个城镇只要居民投票通过，地方政府就有权向有关社区征收 1 便士的税用于建立公共图书馆。许多建筑实际上是富人捐赠的，大量的书也是私人所捐，地方政府负责管理并保证其存续和发展，这是一个很好的制度。现在英国大部分城镇已经有公共图书馆。美国也已有一些免费图书馆。其中最值得推崇的是巴尔的摩的普拉特（Pratt）图书馆的做法：普拉特总共出资 100 万美元，同时要求市政府每年向董事会交付相当于 5% 的款额，即 5 万美元，作为维持、发展和建分馆的费用。1888 年借出图书 430217 册，登记借书的居民有 37196 人。可以说，这三万多要求上进的人对当地以及全美国要比全国所有懒散、无望的穷人要有用得多，因此普拉特对人民的真正进步所做出的贡献远远大于所有百万富翁对那些不能自立的人的布施。他是"财富的福音"的最理想的使徒。如果有条件的话，还应建立与图书馆相连的艺术陈列室或画廊、博物馆，再有一间报告厅，就完美了。这种免费图书馆可以经常接受图书和陈列品的捐赠，假以时日，每一个城市的居民都将受惠无穷。

（3）建立或扩大医院、医学院、实验室以及其他与减轻人的病痛相关的机构，特别应以预防为重点。对于缺少医院的社区，建一所医院是最佳礼物。而且，暂时向无助的病人提供医疗帮助，也不会有使社区贫困化之虞，当然，社区必须负责保证医院的管理。为提高防病水平需要加强对病因的研究，因此医学院的实验室非常重要，范德比尔特向哥伦比亚大学医学院捐了一所化学实验室，是最明智的花钱法之一。还可以向已有的研究机构捐赠器材设备，发展对护士的培养，多建护士学校特别重要。这方面也有富翁做出了榜样。发展护士学校还能带来一个"副产品"，那就是增加了妇女的就业机会。

（4）建立公园，美化环境。已经有人这样做了——给自己出生的城市捐一座以自己的姓氏命名的公园。还有人为已有的公园捐一座音乐厅，并规定每星期日免费开放。还可以为公园捐花卉等等。这都是造福社区的举措。重要的是一旦捐出，就成为公共财产，管理权和责任都在当地行政部门，受选民的监督。如果只是私人花园向公众开放，公众对它就不会给予如此关心。在这方面，欧洲国家有许多值得学习的范例。那里的小城镇常有私人捐赠的别具特色的公园和游乐场。德累斯顿市堪称典范，那里一家大报的老板把他的全部遗产永久捐给了该市，用于美化市容。为此，这座城市成立了艺术委员会，经常开会决定以美化为目的的举措，随着这笔钱的收益增加，德累斯顿很快成为世界上最富艺术品位的居住地之一。这一做法值得美国富翁们学习。

（5）建公共游泳池。普及游泳好处无穷，不但可以提高全民健康，而且可以在船只意外事故中减少伤亡。这方面美国落后于英国。

（6）捐赠教会。把这一捐赠对象放在最后是因为教会是分许多教派的，富翁们各有所属，自有其捐款对象。不过在这里要提倡的是建教堂。假如一个社区没有像样的教堂，居民只能经常在一座破旧简陋的房屋中做礼拜，那么有钱人就应该捐赠一座教堂，而且在条件允许时，不应多考虑节约，只有教堂壮丽、庄严，是当地最瞩目的建筑，才能唤起人的神圣感，起到净化心灵的作用。一个地方有一座令人仰慕的教堂无形中对当地的青少年都能起耳濡目染、陶冶身心的作用。

当然，余财可以用于造福公众的途径绝不止这些，以上只是略举几个方面。另外，有余财者个人财力也相差甚远，多捐和少捐同样值得尊敬。这里强调的是捐赠应在生前进行，并且随着财富的增加可以陆续捐赠。如果这样做了，富人就能够以"拥巨资而死者以耻辱终"的格言来应对圣经上"富人进天堂比骆驼穿过针眼还难"之说。他临终时就不再是空守着百万无价值的财富，而是意识到自己对改善这大千世界做出过微薄的贡献，虽然在金钱上穷了，而受到他人的尊敬和爱戴使他比任何百万富翁都富有多少倍。这样，他就可以毫无负担地进天堂。

以上是卡耐基关于公益事业的系统思想。从中可以看出他反复强调几点：现行制度及其个人主义思想基础不能变，明确反对社会主义；造成财富的集中是优胜劣汰的结果（尽管他没有用这个词）；富人的余财应该属于社会，用于造福社会，缓解贫富矛盾，但是不能平均分配——他特别强调不能鼓励懒汉；聚财和散财同样需要高超的经营能力，因此主张富翁生前散尽家产，以便自己掌握财富的用途，而反对死后捐遗产；最后，作为虔诚的基督徒，他以这种方式自圆其说，不背圣经教义，为富人铺平通向天国之路。这篇文章之所以被称为美国公益事业的经典，就是由于这一套思想事实上奠定了 20 世纪美国现代基金会发展到如此规模的思想基础，而且连具体的捐赠领域都大致不差。

差不多同时代的洛克菲勒基本思路和行动与此不谋而合：在没有成立基金会之前已大量捐赠多项事业，也是为钱花不出去而发愁；同样信奉优胜劣汰，反对单纯救济而强调治理产生贫困的根源；同样警惕财富足以贻害子孙，要在生前作出安排；同样是虔诚的基督教徒，从中吸取动力，但又不仅仅以心灵安宁为目的，而要改造社会。老洛克菲勒在尚未致富之时对子女的教育就是，每3元零用钱中要有1元用来帮助需要的人。他的信条之一是"**尽其所能获取，尽其所有给予**"。与卡耐基一样，他也是接受了其好友和顾问的建议而成立基金会，好友弗雷德里克·盖茨对他起决定性影响的意见有两点，一是他的巨大财富如不在生前作恰当处理，对子孙是祸不是福，甚至对社会都将产生不良影响；二是要科学地进行慈善捐赠，使花的钱产生最大社会效益，变"零售"为"批发"。洛克菲勒家族现在已经到第五代，仍然坚持最初的捐赠传统。关注点始终是教育、健康、民权、城乡扶贫。这样坚持不懈的一种事业没有一定的思想和理想的基础是不可能的。

20世纪最早的大基金会塞奇基金会的创办人也有类似的"治本"的想法，因此该基金会从一开始就致力于社会调查，开风气之先，对社会科学的早期发展有较大贡献。可以说，塞奇、卡耐基、洛克菲勒三大基金会奠定了美国基金会的思想和模式，又以后二者影响更大。之后的捐赠人动机当然各有区别，不一定有卡耐基这样的理想主义，更不可能都像他那样生前散尽财产，但是总的说来，这样一种思路和传统还是今天公益事业的基础。到20世纪末，出现了比尔·盖茨，据说他经常读《财富的福音》，也声称要在生前捐赠其全部余财，他的基金会资产现在已跃居第一，因此有"21世纪卡耐基"之称。

三、基督教传统加平民主义压力

毋庸赘言，基督教传统的影响对公益事业发挥着无形的、不可忽视的作用。富人总免不了有一种"负罪感"，这是一切慈善事业的动力之一。塞奇夫人、卡耐基、洛克菲勒等都是虔诚的基督徒。有一个有趣的故事，在老洛克菲勒出巨资重建芝加哥大学之后，每年芝大校长找他捐款时，两人都先共同祈祷，祈求上帝启示，据说这样校长总是能得到他所求的数字。

必须看到，美国除了社会达尔文主义外，还有另一方面的传统，就是民众中追求平等反对特权的平民主义[①]。正是这种平民主义的压力推动了20世纪初的进步主义运动和之后一系列的社会改良，不论这社会改良是来自政府，还是来自私人。平民主义加基督教传统（实际上平民主义也是基督教精神的一个方面）形成这样一种社会氛围，使得坐拥巨资的人物或家族不为社会公益做出一些贡献自己都会感到说不过去。而且第一代富豪多出身贫贱，没有上过大学，不属于传统的精英阶层，完全白手起家。卡耐基本人的经历就是一种典型：他生于苏格兰，父亲原是手工纺织业工人兼小业主，因纺织机的发明而破产，不得不举家移居新大陆。他的外祖父和母亲都是宪章运动成员，是代表贫民的改良派。他一方面比较理解下层的情绪和民众反抗的威力，一方面对给予自己如此机会的新大陆无比感激和热爱，深感自己是美国制度的受益者，对它十分珍惜。他及其同类深信自己的成功是由于自己的出类拔萃，一再强调"能干加勤奋"，本能地信奉社会达尔文主义关于优胜劣汰的理论；但是在他们达到财富的顶点时，社会矛盾也急剧尖锐化，脚下的土地在动摇，卡耐基和洛克菲勒都经历了大规模的罢工运动，全社会要求平等的进步主义思潮正在勃兴，欧洲的社会主义思潮也已传入。卡耐基的"财富的福音"也是在这双重压力下经过深思熟虑的维护现有制度的道路。举办大规模的公益事业是他们心目中利人利己的最佳结合。

另外那些并非贫苦出身白手起家的富翁，乃至接受大笔遗产坐

---

① "popularism"在我国通常译作"民粹主义"。本书作者认为至少在美国的情况下，译作"平民主义"更恰当些。

享其成的富家子弟就更需要为社会多做贡献以证明自己的价值，取得社会的认可。这种心情是相当普遍的。有一位著名企业家的孙子（化名斯特莱克）的自述是典型的例子：斯特莱克生于巨富之家，自幼就感到这种幸运是他的负担，他人的另眼相看不但使他孤独，而且使他产生自卑，因为一切享受都不是他努力所得。从上小学起，他痛苦地感到与同学的差距，不敢让汽车送他到校门口，坚持老远下车。成人后，他尽管也有工作，能够自立，但是他拥有不是自己挣来的财富这一事实所造成的自卑和原罪感仍然挥之不去。这种思想推动他积极从事社会公益事业，但仍然感到没有实现自我价值。最后他成为批判社会不公的激进理想主义政论家，一面写作揭露金钱与政治的关系，反对美国政治中最普遍的游说活动；一面又举办好几个公益组织，自己全身心投入其中。这样，他终于得到了心灵的归宿，恢复了自信。他说他为之自豪的首先是他所写的为政治上的弱势群体说话的著作，因为这不是用钱换来的；其次是他的社会创新，即他所创办的公益机构，使他能建设性地使用自己的钱。这样，他就摆脱了负疚感，而认为自己可以列入"好人"之列。①

这是一个比较极端的例子，但这种社会心理并非个别。这也可以解释 20 世纪 60 年代美国激进运动的骨干多为富家子弟的原因。当然，富人不见得都那么良心敏感、有负疚感，也不见得都相信公益事业。例如麦克阿瑟基金会的创始人就是臭名昭著的老守财奴，毫无慈善之心。他之所以捐钱成立基金会是因为不知道该如何处理这巨大财富。但是他的儿子却是另一个极端的理想主义改良派。现在麦克阿瑟基金会是名列前茅的、带有鲜明的改良色彩的、有国际

① Paul G. Schervish, Platon E. Coutsoukis & Ethan Lewis, *Gospels of Wealth: How the Rich Portray Their Lives*, Praeger, 1994, Chapter 5, pp. 117–125. 该书作者采访了美国各地 130 名百万以上资产的富翁，以便了解他们对财富和对自己的看法。本文所引是该书所举的 12 个典型自述之一。据作者称，书中有关人物、机构、地点全部用的化名，但讲话内容均系真实。

影响的基金会，与老麦克阿瑟的思想相去深远。不论是主动还是被动，这种捐赠的社会价值观已经形成。今天富甲天下的比尔·盖茨不可能一毛不拔，也不可能"小打小闹"，公众也等不及他死后的遗产。他为自己盖别墅花了几千万美元，然后拿出几十亿乃至几百亿美元来从事公益事业是顺理成章的，不这样做才是不正常的，尽管法律并不要求这样做。盖茨夫妇不论是通过基金会还是个案捐赠，其主要领域最初是发展互联网和数字经济，后来是医疗卫生，特别是研制克服艾滋病和其他世界性的流行病的医药。这又符合卡耐基所倡导的原则——捐赠人用他们的智慧左右钱的流向。客观上，盖茨的捐赠方向又属于时代的前沿。这些都与老一代的慈善家的思路一脉相承。

四、代表美国精英的理想

根据卡耐基的思路，富人的事业成功已证明他们是最优秀的，有能力也有责任为穷兄弟管好这笔捐款，自以为天降大任，要利用财富引导社会发展的方向。他们就是社会的主人，以维护和促进它的繁荣为己任，因此要为长远着想，提倡捐赠的目的不是暂时扶贫，而是要治理造成矛盾的根源。他们一方面相信优胜劣汰，另一方面也相信可以通过提供机会加强教育来扩大优质人群，减少被淘汰的劣质人群。目的是通过渐进的、有效的改革巩固正在迅速发展的企业制度和政治秩序，使之为广大公众所接受；使某些改良措施制度化；培养一大批精英人才，既为当前，更着眼于未来。

卡耐基和洛克菲勒倡导的"匹配资金"和"挑战资金"的做法，后来为许多基金会效法。前者要求受援方也为同一项目出一部分资金，与捐助的资金相匹配；后者以自己的捐赠向社会其他方面叫阵，激励它们也为此解囊。例如洛克菲勒捐资 60 万美元创办芝加哥大学，条件是另一半资金由当地集资。卡耐基捐资在美国各城镇建立了许多公共图书馆，无不以当地社区和政府负担一定的责任为条件。这样做法的理由是避免接受方产生依赖性，符合其一贯的"自助而后人助"的原则，其结果是在某种范围内左右或引导了不属于他们的那部分社会财富的流向。他们反对政府干预企业，自己却无形中干预了地方政府预算的用途。这正是批评者一开始对这种大富豪的公益事业的指责内容之一。

《财富的福音》一文所传达的更深一层的意义是，主导社会价值观的道义力量也要从传统的知识精英转移到大企业家身上。因为到南北战争之前为止，美国主导社会道义的力量并不与财富直接结合。美国虽然不像欧洲那样有根基很深的阀阅门第和贵族意识，但是暴富的新兴工商业资本家要进入上流社会还有一个过程。不过卡耐基等人的野心不可能完全实现，事实并没有完全按照这一蓝图发展。主要表现在三个方面：第一，扩大政府干预的趋势无法阻挡。就社会福利而言，以罗斯福"新政"为标志，至少自20世纪40年代以后政府所起的作用远远大于私人。第二，私人基金会本身正由于其现代化的特点，管理日益组织化，权力在董事会，并且在发展中成员和资金来源分散化。捐资者与经营者日趋分离，两代以后家族的影响力基本退出，实权多在管理者手中。第三，基金会数量极多，出资者的意愿五花八门，不可能朝着一个方向，而且实际上遗产捐赠还是远远超过生前捐赠。所以，现代基金会所贯彻的，尽管一部分是大老板的思想和意愿，相当多的还是广义的美国主流精英的理想。有的基金会成立的章程限制很具体，非经过法律程序不能扩大和改变其捐赠范围，但是一些著名的大基金会的章程就是笼统的"造福人类""传播知识"或"促进美国社会进步"，那么，后世执行者的自由余地就很大。

传统的比较典型的基金会董事会成员和主要负责人的特点是：

中年以上，家境富裕或至少经济有保障，社会地位处于中高收入群，出入于体面、传统、上等的俱乐部和教堂，社交圈中多为有钱有势有威望的人物，教育背景多为名牌或私立优秀大学，文科多于理工科。其职业依次为：律师、企业高级职员、银行家、高等院校校长、医生、牧师、教授、工程师。据 20 世纪 70 年代一项统计称：13 家美国最大基金会的董事会成员有一半以上出自哈佛、耶鲁和普林斯顿大学。他们的共同特点是白人，男性，公理会或长老会教徒，年龄在 55 至 65 岁之间，而且先后或同时在多个基金会任职。相当多的成员是《财富》杂志每年列出的 500 家企业中的董事，或名牌大学的董事。[①] 把其他实际负责人也包括在内的调查统计显示，除年龄的起点降低外，其余特点大同小异。长期主导基金会花钱方向的还是一批并不一定拥有财富的精英。这种人员组成在 20 世纪 80 年代之后有显著变化，黑人与妇女的比例大大增加，这是民权运动和妇女解放运动的成果，这部分人有更多机会受高等教育进入社会上层而不受歧视。基金会管理层的成分变化正反映了这两种人的社会地位变化，因此仍然改变不了其精英性质。

不论具体操作者是什么人，大体有四种因素左右着基金会的决策：（1）原捐赠者的目标；（2）实际主持工作的负责人和高级工作人员的关注重点；（3）不同时期的文化社会潮流造成的压力；（4）董事会或有关人员中的个人因素。以上因素中第二点有特殊的重要性。因为不论是贯彻第一点还是对第三点作出反应都有赖于实际负责人。特别是在几大基金会发展的历史中都得力于几位目光远大、有理想、有魄力的会长或顾问，他们任职较长，把自己的整套思想贯彻于基金会的工作中，使基金会带有自己的印记。其思想偏好各有特色，不过有几个共同点：胸怀大志，动辄以"全社会"、

---

① Edward H. Berman, *The Ideology of Philanthropy*, pp. 32–33.

"全人类"的幸福和进步为目标；强调向问题的根源开刀，因此选项带有前沿性、开创性。这些管理者与出资者一样，都对基金会这一制度本身怀有信仰，以极大的热忱献身这一事业，把它作为实现自己理想的天地。他们受董事会的任命，掌握着不属于他们的巨大财富的支配权，但与企业的经理不同，任务不是赚钱而是花钱；又与政府官员不同，较少受官僚体制、政党政治和短期的内外政策的束缚，实际的主动权比政府部门的主管要大得多。基金会的一个时期的重点、成功与缺陷常与这类负责人的个人意志与思想有关。以下略举数例为证：

卡耐基基金会由老卡耐基亲自管理的时间较长。在他死后，影响较大的是连任19年会长的凯佩尔，他更重视社会下层和黑人，卡耐基基金会的成人教育项目和米尔达关于黑人问题的巨著都是他任内的创举。在他之后第二位强有力的会长是1955年上任的加德纳，他在任期十年中，开始强调提高教育质量是当务之急，后来转向重视普及，基金会的资助方向也跟着他的思想转，在每一方面都成绩显著。

老洛克菲勒的捐赠事业顾问弗雷德里克·盖茨，原是浸礼会教育社秘书长，他是基金会的发起人，并在开创的头十年为董事会中最有影响的成员。他不但劝说了洛克菲勒成立基金会，而且由于自己对医学的信仰，奠定了基金会以医学为主的方向。他以对宗教同样的虔诚来对待这项事业，据说他在离任前对董事会著名的临别赠言是：你们死后见到上帝时，他不会问你们那些鸡毛蒜皮的过错和善行，只会问你们一个问题——你们作为洛克菲勒基金会的董事做了些什么？[1] 可见基金会在他的心目中所占的地位。

劳拉·S.洛克菲勒纪念基金从一开始就重视社会科学，因为它的会长拉默尔对此情有独钟。他说：之所以需要对一些社会问题进

---

[1] Raymond B. Fosdick, *The Rockefeller Foundation*, p. 1.

行科学研究，是因为传统的、直观的解释和权宜之计都解决不了问题，研究的最终目的不是为科学而科学、满足好奇心，而是为促进人类的福祉，同时，选题着眼于有长远意义和开创性的，而不是只顾当年起作用的。他在任的七年中就大力贯彻他的主张。

另一位影响洛克菲勒基金会的工作方向的重要人物是1936—1948年任会长的福斯迪克。他是律师出身，任期跨越"二战"前后，他有两点重要思想对洛克菲勒基金会起了关键性的作用，一是重视发展人文和社会科学，二是重视不同文明间的交流。在他任内，洛克菲勒基金会大大加强了人文和社会科学方面的工作，作出了一些有深远影响的捐赠。当然洛克菲勒基金会从未放弃农业、医学的重点。现任会长康韦是基因迷，洛克菲勒基金会也成为转基因研究的主力。

福特基金会的思想奠基人是1953—1956年任会长、1956年以后任董事会会长的盖瑟。他原是改组兰德公司的负责人，以他重视政治和社会实际的思想倾向影响了福特基金会20世纪下半叶的主要取向。60年代邦迪任福特基金会会长，他在肯尼迪政府中任职时就是关于种族平等的立法的积极推动者，在福特基金会任内对扶助黑人特别积极，引起保守派的抨击。

凯特林基金会成立之初完全是为满足老凯特林对几种科学实验的兴趣，因为他相信科学发明可以带来人类福祉。但是到20世纪80年代由马休斯出任会长接管后完全改变了方向，以研究社会问题，改进民主制度为主要任务。因为马休斯是历史学家、教育家并担任过政府部长，他认为科学发明解决不了社会问题，要改进美国民主制度。

1989年中国政治风波后，在关于福特基金会驻华办事处是否继续下去的问题上，美国国内有很大争议。驻华办事处主任盖思南的意见起了决定性的作用。他力排众议，终于说服总部继续留下来。其论据和主导思想并没有脱离美国精英主流的一贯取向。

当然重要人物绝不止这些。有时有些部门或项目的负责人也极富理想和创造性，开辟新的领域，做出突出的成绩。这里还应该特别提到的是许多著名教育家和名牌大学校长与基金会关系密切，他们不少人在任校长之前或之后在基金会中任要职，或受委托负责某项重要工作，这是常见现象。如哈佛、芝加哥、加州、纽约、康奈尔大学以及麻省理工学院等的校长都在此列。这批人除了是教育家外，理所当然地代表美国精英的思想和精神文明这一面。这也从一个侧面说明基金会的特点。

第一代捐赠人与决策者往往合而为一，现在依然如此，而且与早期的大资本家不同，他们本人就是知识精英，如索罗斯、比尔·盖茨等。有一个故事：在一次索罗斯的基金会的内部会议上，工作人员对工作方针争论激烈，难以达成一致意见。索罗斯断然说：这是我的钱，我说了算。有一名青年人鼓足勇气对他说：这不都是你的钱，我们都有份。因为假如你不捐给基金会，其中一半就已经通过纳税归于政府了。索罗斯一怒之下把那名青年解雇了，但是他的话还是产生了影响，索罗斯之后不那么独断专行了。

五、具体捐赠领域所体现的思想

社区基金会和一些地方性、专业性的小基金会的捐赠领域五花八门，可以说凡是社会生活中想得到的需要都有人捐款支持。因地制宜、见缝插针是社区基金会的特点和优势。而私人大基金会则不然，纵观一个世纪以来名列百名之前的大基金会的关注领域，除了各自的特色外，大多集中在几个领域，与卡耐基列出的"最佳捐赠领域"大体相符。这不是偶然的，而是体现了上述的美国主流精英的思路。

首先是教育。这是在绝大部分基金会中居首位的领域。美国早期移民远在立国以前，在温饱尚未解决之时就把办学校放在第一位。大基金会重视扶助教育一方面继承了这一传统，同时也体现了 20 世纪初社会达尔文主义和进步主义思潮的结合：相信优胜劣汰，又相信人可以通过教育提高素质，变劣为优；相信机会平等、自由竞争，同时认为最重要的平等是教育机会平等。大基金会的创办者也相信"知识就是力量"，以传播知识为己任。卡耐基如此，半个世纪后振兴福特基金会的盖瑟也是如此，他制定了福特基金会的几大工作重点之后说，教育是贯穿所有方面的纽带，因为"归根结底，只有对人的教育——新知识的获得、传播和应用——才能消除人自己设置的对进步的障碍"。① 具体的重点随形势而变，但教育是一切之本，教育是一本万利之事，这一思想贯穿始终，直到 20 世纪末。1993年卡耐基基金会汉堡会长报告总结称：

> 从长远看，任何一个社会的活力和远景有赖于其人民的素质、知识、技能、健康和精力以及人际关系的文明程度。当前正在发生的破坏和损失若能得到防止，必将带来巨大的社会和经济影响，结果是高效能的劳动力、生产率的提高、医疗费用和监狱费用降低，那将解脱多少苦难！如果我们有足够的远见和胆识向我们的儿童，也就是向人类的未来投入责任，那么我们就能使这些宝贵年华所孕育的希望变为现实。

其次是医疗卫生。大基金会的创办者普遍认为贫困的根源是病与愚。洛克菲勒基金会的弗雷德里克·盖茨曾说过："如果科学和教育是文明的大脑和神经系统，那么健康就是心脏。"② 他认为疾病不

---

① "The President's Review", *The Ford Foundation Annual Report*, 1956, p. 18.
② Waldemar A. Nielsen, *The Big Foundations*, 1972, p. 55.

但是人生最大的痛苦，也是人类一切坏事之源，包括贫穷、犯罪、无知、品德恶劣、效率低下等等。这样一种把健康的重要性推向极致的思想，究其根源还是与社会达尔文主义有关。因为根据竞争和淘汰为社会进步的规律的信念，疾病当然使人失去竞争能力，社会的弱者和渣滓于焉而生。在贫与病之间，盖茨和老洛克菲勒都认为病先于贫。只要人身体健康，加上教育，就能靠自己的力量获得幸福生活。如果大多数人都健康而有文化，社会必然进步，贫穷也可以消除。这不仅是洛克菲勒一家的思想，而是带有普遍性的。

除了与人民生计直接有关的医、农之外，20世纪初期大基金会对物理、化学、生物、地质、天文、电讯等科学都有大量投入。其动机一是仍然落脚在医药，认为生化物理的发达可以推动医药科学；二是有利于自己的工业，例如石油、钢铁等与许多学科都有关系；第三，也是更重要的是着眼于美国的竞争力。基金会的精英们都是爱国者，或者说他们自己就是国家的主人。第一次世界大战使他们感受到德国科学发展的势头，例如卡耐基基金会的董事之一、曾任国务卿和国防部长的罗脱说："哪个国家能够最有效地组织科学力量，哪个国家就能获得商业和工业的头彩。"洛克菲勒成立的七家公益机构中最大的一家"教育总会"（后来并入洛克菲勒基金会）的会长罗斯（Wickliffe Rose）于1923年曾说："促进科学发展是国家成长的胚胎，它可以影响整个教育体制，从而能够改造一种文明。"[①]这种科学万能的思想当时有一定代表性。尽管之后社会的发展使人们的认识复杂化，但是重视保持美国科学的领先地位一直是基金会的精英们所关注之事。所以到20世纪末，一些基金会在资助基础教育的改革中仍以数学和自然科学为重点。

值得注意的是，在科研方面，许多基金会或先或后把关注点从

---

① Mark Dowie, *American Foundations: An Investigative History*, MIT Press, 2001, p. 54.

自然科学转移到社会科学。特别是在 20 年代末美国经济大萧条之后，普遍认识到物质的丰富解决不了社会危机；科学的发达既可以造福人类也可以导致灾难。洛克菲勒基金会 1936—1946 年的会长福斯迪克的思想有代表性，值得略加阐述。

他首先是强烈地意识到自然科学的局限性。早在第二次世界大战以前，他的报告中就充满了对自然科学的高速发展与人类认识社会的落后之间的反差的忧思。他大声疾呼：人类过早掌握了毁灭的手段，而教育、智慧、良知、创造性的思想都跟不上，因此自然科学对人类的祸福取决于人文社会科学的发展速度同它的竞赛，人类文明存亡系于此。这种忧思因"二战"的爆发而更加强烈。战争的破坏力，特别是原子弹的发明进一步引起对物质文明和精神文明的关系的深刻反思。因为大部分直接间接与发明原子弹有关的科学家在成功的道路上都得到过基金会的慷慨资助，应该如何评价这部分工作呢？福斯迪克经过反复思考后，得出结论：自然科学家不能为其发明的使用后果负责，也不能因为有被滥用的可能而事先限制某项科研的进展，"人类的大敌不是技术而是非理性，不是科学而是战争"，因此主要是要加强人的理性，并创造制止战争、建立永久和平的条件。从这点出发，他强调发展社会科学的重要性和迫切性，并且要改造传统的直观式的研究，把科学方法引进来。

基金会这一事物的出发点就是对美国资本主义和民主制度的信仰。尽管新老基金会在传统上是一脉相承的，但是后期的精英与前期的还是有一些微妙的不同。像卡耐基、洛克菲勒等一代人对美国的制度深信不疑，充满乐观情绪，相信合理运用自己的财富就足以解决问题，他们甚至天真地相信，只要增进民族间的相互了解，就能避免战争。但是越到后来美国本身和世界的问题越复杂，特别是美国制度的弱点和弊病也日益暴露。所以后期的精英更多关注美国社会的改良。例如福特基金会 20 世纪 60 年代大力关注城市贫民的各类问题以及种族问题；又如凯特林基金会的马休斯毅然决然与老凯特林创立的光合作用实验室（致力于研究粮食增长之道）脱钩，因为他认为粮食再成倍地增加也解决不了世界的饥馑问题。根据他在政府任职的经验，他关心的是美国民主的缺陷。因此他把鼓励公众参与、改进美国民主的实践作为基金会的主题。

另一个突出的人物是索罗斯。关于索罗斯系列基金会的活动，第六章已有详述。他是西方民主制度的坚定信徒，从一开始创办开放社会系列基金会就是要让前苏联东欧的社会主义国家转变为"开放社会"（用我国过去的话说就是促使"和平演变"）。同时他的重点项目中也包括改进美国的民主。这位在市场经济中靠金融投机暴富的资本家对资本主义的弊病也有深刻认识，他认为美国的堕落恰恰在于本不该进入市场的领域也高度市场化，变成以牟利为目的，其中最主要的是法律和教育。所以他要以他的资产伴以大声疾呼的宣传来改变这种情况，让教育、法律退出市场。

卡耐基、洛克菲勒和福特是面向世界的先驱。在美国政界还是孤立主义占主导时，他们的思想已经国际化。随着美国在"二战"后全球超级大国地位的确立，更多的大基金会关注国际领域。其主导思想也代表美国精英的主流，不过从思想到手段都强调和平的一面。早期，如卡耐基、福斯迪克等都天真地认为，加强各民族间的文化交流和相互理解就可以避免战争。卡耐基国际和平基金就以此为主导思想，所以重点资助研究工作。福斯迪克在20世纪30年代欧洲战云密布时倡导不同民族之间的文化交流，以促进民族间相互了解来避免冲突和战争。在"二战"期间，他感到人类面临文化解体，急需培养战后能在世界范围内各个领域内肩负起领导（广义的）重任的"头脑"，而这种人才必须对塑造未来的诸多社会力量有明智的理解，要有世界眼光，促进各民族间的交流是培养此类人才的一种手段。不仅如此，人类文明的发展有赖于跨国界的思想文化交流，因此战争最大的破坏不是在于物质方面，而在于"沉默的隔绝"，使同行失去互相丰富的机会，隔绝带来的是智力的停滞，这才是无可弥补的损失。[1] 以上这些思想在福斯迪克也形同一种信仰，是与他对人类前途的考虑联系在一起的。这就是洛克菲勒基金会在那几年中大力发展人文社会科学和对国际问题及东方学的研究的思想基础和强大动力。

冷战期间各大基金会的国际项目多数与美苏争夺的背景有关，这是基金会与政府配合最明显的时期，因为维护资本主义和民主制度本来就是他们的信仰。不过从第九章叙述的国际活动中可以看到，基金会所坚持的还是和平与缓和的方向，没有支持军事项目的。例如在第三世界大力开展教育工作，既符合基金会一贯的目标，又是在思想上与苏联争夺；又如先由福特发起，后由凯特林基金会延续下去的达特茅斯对话，有政府授意的背景，又符合基金会追求国际缓和与相互了解的一贯宗旨。在冷战之前和之后则与政府的对外政策的关系不明显，有时批评较多。例如几大基金会都反对美国政府撤出对联合国人口基金的资助，都敦促政府对国际环保项目采取更积极的态度等等。20世纪80年代以来，日益众多的大基金会参与国际活动，更多是出于对全球化和人类休戚与共的认识。例如盖茨以防治艾滋病为中心题目之一、特纳向联合国大力捐助，都是体现他们自己的信念，与美国政府政策无关。

总的说来，各大基金会对待世界的态度与《财富的福音》一文中的思路大致相同，以一种悲天悯人的情怀对待社会弱势群体和不发达国家，特别体现了美国的"白人的重担"和"天命"思想。同时也与美国"领导"世界的野心相一致。

---

[1] 以上所概括的福斯迪克的观点都来源于洛克菲勒基金会1936—1948年的《年度报告》（*Annual Report*）中的"会长总结"（President's Review）。本书作者在《洛克菲勒基金会与中国》一文中对这部分思想有较详细的阐述。

六、来自各方面的批评

美国社会舆论对基金会及其所代表的私人公益事业的看法并不都是正面的，而且批评声不断。一部分反映到国会与政府，已在第六章中详述。这里着重介绍思想与伦理观念方面的争议。围绕着这一问题的辩论折射出来的是美国政治和社会各种势力和思潮互相矛盾、互相制约的复杂现象。

从传统的左派观点看，应该反对一切在资本主义体制内的改良，基金会对内为资本主义制度补台，对外是"文化帝国主义"的工具，而且是大资本家掩盖其巧取豪夺的手段，他们所给出的只不过是他们取诸社会的九牛一毛，自然一无可取，根本谈不到治本。

在另一头，极端保守派对基金会最大的批评就是其自由主义改良主义倾向，在政治上偏向弱势群体，并支持某些在他们看来过于激进的学说。即使是现代公益事业的捐赠方式，在他们看来仍然是培养懒汉。

最引起疑虑和非议的是卡耐基公开宣扬的、要以其财富左右社会的野心。1915 年，紧接着卡耐基和洛克菲勒基金会成立之后，美国工业关系委员会主任曼利（Basil Manly）提出批评，认为那些掌握美国大部分工业的巨头通过建立基金会把统治范围扩大到他们的雇员以外，控制教育界乃至整个美国社会的存续。那些目标泛无限制的、拥有巨大财源的基金会终会对社会构成严重的威胁，对公众团体和公民起麻痹作用，所以建议把它们同其他真正利他性质的志愿活动区别开来予以取缔。[①]

对于慈善的动机最尖锐的批评是认为"给予"本身就是一种自私的愉悦，是邪恶而不是善行。那些虎狼般的大财主用一生 2/3 的

---

① Waldemar A. Nielsen, *The Golden Donors*, pp. 23–24.

时间吞噬了社会大量财富之后，再用最后 1/3 的时间返回它，并非出于赎罪感，而是出于与敛财同样的动机，取得比他人更高的地位，满足优越感，可以居高临下地对待受援者。[①]

在以上两个极端之间，在基本肯定公益事业的必要性的前提下，各派褒贬的角度不同。在保守派那里，支持基金会这一事物，从根本上讲是出于反对政府干预，主张尽量由私人管理社会，这也是最初基金会出现的思想基础。归根结底，这一机制是维护现行制度及其思想基础——个人主义——的，从这个意义上讲，其本质是保守的。特别在战后，美国政府职能日益膨胀、规模日益扩大，这种主张小政府的保守思潮时有起伏，也反映到公众舆论对私人公益事业的态度中。

在偏左的自由派那里，支持者主要是肯定其对社会改良、发展教育、扶植弱势群体的作用；批评者则主要指责它实质上成为大财团逃避纳税的重要途径，它为社会所做的贡献与它赚取的财富相比完全不相称。除了那些明显的不义之财外，激进派认为即使"体面的"企业，在致富过程中总免不了不正当的手段，至少可能会侵犯劳工的利益，所以他们的捐赠应视为赎罪，而不应嘉许。他们还认为这种公益事业一方面是强劲的个人主义，一方面又相信组织化，也就是把个人主义的理论以组织手段投射到社会层面。可以说，基金会起到了以集体主义为工具来延续个人主义的作用。

还有一个"不义之财"的问题——不少人采取不正当的手段或从事危害社会的营生发财后，大力捐献公益事业来"洗清"自己的罪恶。对于这样的"不干净的钱"应如何对待，这是一个有争议的伦理问题，但是在实践中多半以客观效果为准。笔者曾亲见一例：普林斯顿大学的威尔逊政治学院有一项"帕维尔奖学金"（Pavel

---

① Waldemar A. Nielsen, *The Golden Donors*, p. 15.

Fellowship），专门供第三世界在职公务员来普林斯顿大学进修，特别是对新独立国家培养干部起到了一定的作用。其捐赠人帕维尔是拉斯维加斯赌场老板。威尔逊学院的一位院长曾向笔者说，他每年要去与这位帕维尔先生谈判奖学金数额（争取能多招收几名学员），总是感到心里别扭，但最终还是以客观效果是好的来说服自己。这位院长的想法和做法大概代表多数受援方的态度。

另外还有一种情况是捐赠人的立场与受援方相悖。有一个例子：一所大学接受了一笔为数不小的捐款，同时许诺将该校一幢大楼以捐款人的姓氏命名，这本是通常的做法。但是不久，大学方面发现，这位捐款人是种族通婚的积极反对者，并且一直以发匿名信的方式宣传他的主张。这与该大学反对种族隔离的信仰截然相反。但是这笔钱已经派了用场。最后大学保留了捐款，但通知捐赠人取消大楼以他命名之议，捐款人未提出异议。[①]诸如此类的问题，也经常引起争议。

世纪之交的盖茨基金会也许可以算是卡耐基精神的继承者。比尔·盖茨就常读《财富的福音》一文，甚为其警句"拥巨富而死者以耻辱终"所打动。2001年盖茨夫妇向英国媒体宣布，在有生之年，将把所有财产捐给基金会，只为其两个孩子各自留下相当于650万英镑的遗产，但是希望他们也把其中一部分捐给防治疟疾和艾滋病一类的研究工作。1995年，盖茨夫妇访问了印度和南非，为当地人的健康状况和缺医少药所震惊，此后把与疟疾和艾滋病样的流行病作斗争列入其基金会的重点。盖茨夫妇表示要他们的孩子活在没有艾滋病的世界，并认为这是可以做到的。与卡耐基的宗教情怀略有不同的是，盖茨夫妇认为他们的成功不是上帝的恩赐，而是社会的赐予，没有社会，就没有微软。批评者认为，盖茨的捐赠刚好与微软的垄断诉讼巧合，正是他面临巨额罚款的威胁之时，此举是为

---

① Waldemar A. Nielsen, *The Golden Donors*, p. 59.

了转移财产并转移人们的注意力。但是盖茨基金会的发言人坚决否认此说，他说当一个人已经捐赠100亿美元之后，罚款和免税都是微不足道的。他们只是做了他们自认为应该做的事。

关于捐赠动机的争论还会继续下去，不可能达成一致意见。事实上，个人的动机本不相同，如美国权威的基金会史学家尼尔森（Waldemar Nielsen）称，美国大基金会的创立人大约一半是自觉的慈善家，一半只是不知如何花钱，把成立基金会作为最方便的办法。他认为除少数人外，多数基金会创立者并没有像卡耐基那样明确的目标和使命感。既不像其崇拜者说的那样崇高，也不像批评者指责的那样自私。一般说来就是到了接近晚年时考虑到如何处理大笔财产，有一种模糊的要做点好事的想法。如果真的有那样明确的政治目的或社会理想，在美国的政治中就会引起各种反击而难以立足，这一事物得以延续，正在于其思想动机的模糊性。[①] 这一判断比较客观，因为在一个人身上往往角色的变换体现双重性格，洛克菲勒的箴言"尽其所能获得，尽其所有给予"可算得对这种双重性的高度概括。从某种意义上，这也是美国社会的缩影。

在本章末我想节引盖茨基金会的两会长之一老威廉·盖茨（他本人是富有的律师）反对布什政府取消遗产税所发表的署名文章。2001年，小布什政府通过逐步减免乃至取消遗产税，盖茨父子以及巴菲特等本该是受益者的富豪竭力反对。老盖茨的文章谈的是遗产税，实际代表了美国两派富翁的思潮中的一派。他提出的反对理由应该说是真诚的，因为他们都不准备留给子孙大笔遗产，他们对公益事业抱有信仰，也关心贫富差距的扩大。这篇文章堪称是老卡耐基所著《财富的福音》的世纪回响。

---

① Waldemar A. Nielsen, *The Golden Donors*, p. 18.

危及到了什么？[1]

像最高法院院长布兰代斯（Louis Brandeis）这样杰出的美国人认为遗产税是对大量集中的财富和权力的切实的、民主的约束。而事实上废除遗产税将扩大富人和普通美国人之间对经济和政治的影响力的鸿沟。

自私的遗产税反对者正在尽其所能混淆视听。他们给它起个恶名叫"死亡税"，似乎多数美国人都付这种税。事实上，遗产税是财富税而不是死亡税，它只涉及占美国人2%的最富有的人。而另一方面，贫困所涉及的是每6个美国儿童中的1个。

废除（遗产税）意味着在今后10年中给美国最富有的继承人减去2940亿美元的税款。1997年，大约一半的遗产税是2400份500万美元以上的遗产所付。废除遗产税将会引起的后果至今还未充分研究。此举将在美国经济中产生涟漪效应，不仅联邦税收而且州政府税收都将减少，并将砍掉大批慈善部门。这一政策的真正代价要多年以后才会表现出来。第一个10年中联邦税收减少2940亿美元，到第二个10年的损失就会增加到7500亿美元。目前遗产税所带来的财政收入（1999年为280亿美元）相当于联邦政府全部用于住房和城市发展的支出。废除遗产税而造成的联邦政府的损失势必通过向另一部分人收税来弥补，或削减社会保险、医疗补助、环保和其他对国家的福利十分重要的政府项目。

各州政府的财政也会因此紧缩。通常大约1/5的遗产税流入州政府。废除遗产税将使州政府每年损失约55亿美元，到全部实施后将达90亿美元。现在由于经济增长减缓，税收减少，预算吃紧，各州已经在缩减支出。正当帮助老人和儿童的关键

---

[1] *The Washington Post*, Feb. 16, 2001, Section Heading, A25.

项目面临削减的危机时，给富人以这样丰厚的减税待遇是违背良心的。对公共项目产生的破坏性影响还会因私人公益捐赠的减少而雪上加霜。几代以来，遗产税是刺激最富有的人进行慈善捐赠的强有力的因素。据美国财政部估计，完全废除遗产税之后，对慈善事业的捐款一年将减少 60 亿美元。征税的遗产的慈善捐款超过非征税的遗产捐赠的一倍。1997 年来自遗产的慈善捐赠达 143 亿美元，其中 3/4 来自每笔 500 万美元以上的遗产，60% 来自 2000 万美元以上的巨额遗产。

正当我们的社会指望慈善和独立部门在解决社会问题中发挥更加积极的作用时，废除遗产税对非营利组织——从教育机构一直到帮助贫困无助的人的宗教组织——的打击是毁灭性的。美国的山水都将留下疤痕，因为诸如"自然保护"等一些土地信托机构极大地受益于遗产税鼓励下的大片空地、农场和旷野的捐赠。事实上，目前在美国废除遗产税还将扩大已经存在的富人与普通民众之间所能产生的经济和政治影响之间的鸿沟。

至于美国家庭农场和小企业受到遗产税的影响的合理担心，1997 年的税制改革法已经给予了充分照顾，还可以进一步加强对他们的保护，并提高个人付税的起点，但是不应以危害整个国家为代价来废除遗产税。

第十二章　客观效果评估

　　现代基金会涉及的领域广而深，可以说无所不包，现在不但在美国全国，而且在全世界范围内无处不感觉到它的存在。在客观上它到底发挥了什么作用？动机和效果是否一致？关于这个问题，美国有大量评论，对其作用大小、功过是非，言人人殊。这是一个最难作出评估的问题，但是没有人认为它可有可无，微不足道。客观地说，就个别基金会的个别项目而言，有成功也有失败，有时大量资金投入后没有取得预期效果，各基金会的倾向也有所不同，而且，至少从"二战"以后，基金会在有关领域所贡献的资金与政府相比只占很小的比例；然而就总体而言，它的作用和影响远远超过它的资金，不论具体主持人的主观意图如何，基金会基本上代表了在现存体制下的改良主义潮流。作为其共性的特点，大体上有几个：

　　第一，标榜治本而不是治标。"向贫困的根源开战"、"找出不幸的根源"，在各大基金会的公开宣言中经常可以看到这类提法。这是现代基金会与传统慈善机构的主要区别。这一宗旨又导致了它们在一个时期内可以以大量资金集中支持某个领域，而且对暂时看不到成果和效益的研究工作不惜工本，一些有重大意义的课题或名著往往是基金会支持的结果，这是政府和一般福利或慈善机构都不做的。

　　第二，前沿性和预见性。由于它着力于"治本"，因而对许多问题强调防患于未然。正如在医学中注意预防一样，在社会问题中也注意发展的趋势，着眼于未来。无论是在自然科学还是社会科学领域，一些新的发明和研究在初创的关键时刻常常得力于基金会的资助，因为在成功没有把握或实际效益不显著时，一般政府和企业都不愿冒风险。这种资助在整个领域发展中也许所占比例甚小，但是它起了推动"从无到有"的作用，而且其资金的流向往往决定学科的重点和方向，其深远影响难以估量。有不少新事物是基金会先发起，而后政府接过去成为一项政策。例如福特基金会治理贫民窟的"灰色地区"项目，后来成为约翰逊政府"向贫困开战"计划的先声；卡耐基基金会发起的公共图书馆、大学教师养老金计划已经当然地列为公共福利；洛克菲勒基金会以许多"第一"自诩，直到战后，还是首先涉足人口问题，第一个进行美国人口变迁的分析，后来成为美国政府五年一次的经常项目等等。

第三，灵活性。有些基金会的章程中范围限制很死，难以发挥灵活性。不过这些大多是规模较小的；一些大基金会宗旨比较笼统，例如"传播知识"、"造福全人类"等等，可以随着形势的发展，或者负责人认识的转移变换重点，也可以几十年锲而不舍追踪一个项目，也可以随时结束一个项目，转移重点。无论是国内还是国外工作都可以比政府的行为少受政治和其他人事等因素干扰，相对说来，主动性较大。在有争议的问题上可以大胆闯关，例如计划生育至今仍是美国政治中的敏感问题，而一些基金会早在50年代后期就开始涉及；又如转基因植物的利弊当前争议很大，洛克菲勒基金会却作为一项重点，大力提倡。

笔者在另一部著作中阐述了如下观点：一个社会的延续和发达在于它如何取得发展与平等二者之间的平衡。从这个角度出发，美国的基金会在这两个方面都做出了积极的贡献。它首先是缓解了资本主义社会的矛盾，起了稳定作用。它的动机和效果是一致的。它的本意就是要延续资本主义的生命力，找出社会主义以外的解决矛盾之道。事实上也的确起了这个作用。作为公益事业，它必然关注社会弱势群体。在美国特定条件下，种族矛盾、贫富悬殊始终是严重问题。在不同时期表现的形式和突出点有所变化，基金会的具体项目也随之而变。事实上它不可能"治本"，即从根本上消灭社会的不平等，但它构成了美国一个世纪以来防止矛盾尖锐化的努力中一支重要的力量。特别是在美国资本主义发展的关键时期——20世纪初期——所起的作用可称是关键性的。当时社会矛盾急剧尖锐化，是需要大规模调整和改良的时候，但联邦和地方政府无论在意识上还是在财力上都没有足够的准备，现代基金会在若干领域中不但适时地补缺，而且起了先驱作用。

在促进发展方面，由于它对教育、科研的大力支持，以及对知识传播和文化学术交流的热心倡导，当然也对生产力的发展起了推动作用，这种作用很难量化，但在每一个发展阶段都有所表现，而且不仅限于美国一国之内。

以下试就几个重要的领域对基金会的作用略加考察。事实上，各领域是很难分开的，例如对流行病的研究导致公共卫生的提高和普及，这与广大人民，特别是贫民生活有关；农业研究与解决饥馑问题密切相关；社会科学研究与社会改良分不开；整个科学研究与高等教育以及学术机构乃至影响政策的思想库都相关联；当前与可持续发展有关的世界性的热点问题如环境保护、人口、自然资源、艾滋病等无不是跨自然与社会科学学科的项目。这些都是基金会重点关注领域。为方便计，就几个重点分别考察：

一、教育

把教育放在第一位，这是各基金会最大的共识。前面已讲述美国精英对教育的信仰。如福特基金会50年代改组后，其负责人认为它本身就是教育基金会。教育被认为是改良社会最重要的手段。从广义来说，其他方面与社会改良有关的工作，如科学研究、医疗改革、改善贫民和少数族群的处境、发展博物馆、各种艺术等等，也都与教育有关，许多社会问题的治理都可与教育相联系，或本身包含教育的内容。所以《基金会指南》等权威工具书给基金会下的定义中都把援助教育放在其创办目的的第一位。大学、中学、职业教育、黑人教育、专项研究、教师待遇、图书馆以及校舍、教学设施、对教育改革的研究等等无不得到基金会的关注。很难想象，如果没有基金会的工作，美国教育状况会是什么样。有一个数字可以说明问题：1913 年，新成立不久的卡耐基基金会用于教育的拨款是 560 万美元，而当年美国联邦政府的教育预算是 500 万美元。[①] 在 20 世纪 20 年代，美国最大的 100 家基金会的 43% 的资助都投向教育领域。在此以后，由于社会需求的多样化，这一比例数大幅度下降，但是始终保持在第一位。以 1997 年的数字为例，所有基金会的捐助总数中教育占 24%，之后依次是医疗卫生（17%）、服务[②]（15%）、艺术人文（13%）[③]。根据一项按捐赠领域的统计，1962—1971 年间，福特基金会捐赠总数为 63.73 亿美元（1 万美元以下的项目略去不计），其中对教育的捐赠为 20.6 亿美元，占总数 33%，第二位是医疗卫生，占 14%，其他依次为国际、福利、科学、人文、宗教。[④]这样一种排序在综合性基金会中有一定的代表性（宗教除外，许多基金会不向宗教活动捐款）。

私人基金会对高等教育和研究机构的贡献最突出，而社区基金会则基本上关注中小学教育和社区大学。由于美国高等教育主要

---

① Ben Whitaker, *The Foundation*, p. 177.

② 所谓"服务"（human services）是指各种福利性的服务，例如免费法律诉讼、孤儿院、收容所、就业以及其他各类咨询等等。

③ 以上数字引自 Mark Dowie, *American Foundations: An Investigative History*, MIT Press, 2001, p. 25, 作者没有注明这一数字的来源。

④ Ben Whitaker, *The Foundations*, p. 169, Table 4.

是私立的，基金会的捐助起着举足轻重的作用。1949—1969 年的 20 年间，在全美国所有大学的私人资金来源中基金会的捐助占首位。到 1998 年，基金会对高等教育捐赠的总数为 38 亿美元，占受捐总数的 20%，排在捐助者的第三位；第一位是校友捐赠（55 亿美元，占 30%），第二位是"朋友"，即私人个人捐赠（45 亿美元，占 24%）。在高等教育中，资助又偏向名牌大学。1995 年，哈佛、耶鲁、斯坦福、普林斯顿和得克萨斯 5 所大学得到全部基金会对高等教育资助的 20%，其中又以理工科和企业管理为重点。[①] 如洛克菲勒、卡耐基等在成立基金会之前就已分别捐助成立了芝加哥大学、梅隆理工学院、卡耐基基金会研究所等，基金会成立之后，又成为这些大学稳定的资金来源。尽管现在基金会捐助大学的绝对数字位居"校友"和"朋友"之下，但是前二者是分散的，无序的，而基金会是有组织有目的，而且是持续的。因此某个大基金会持续的兴趣和兴趣的转移可以影响一个学科或某一所大学某一科系的兴衰，这并不是夸大其词。前面提到的美国的中国研究的兴起和发展情况、塞奇和福特基金会对行为学科创立的作用等等，都可以为证。

　　美国一些名牌大学的历史早于美国立国，当然更早于基金会的建立。但是在 20 世纪初，高等教育的蓬勃发展、旧大学的改良和提高、更多新大学的建立，造成今天美国高校不论是质和量都在世界占据一流地位，是与大基金会的教育思想不可分的。洛克菲勒和卡耐基都有按他们的理想改造美国高等教育的野心。洛克菲勒于 1903 年成立的教育总会的宗旨就是"在美国促成高等教育的综合体制"，卡耐基也有"重建美国高等教育"的雄心壮志。应该说，他们部分地实现了自己的目标。例如改造美国的医学教育，令当时最高水平的约翰·霍普金斯大学医学院把美国的医学水平提到跻身世界一流，

---

① Mark Dowie, *American Foundations*, p. 26.

这只是一个例子。大基金会长年对教育所做的具体工作，在第五、六章已详述，此处不赘。

关于中小学教育，美国的公立 12 年制学校是州、县／市政府的责任，主要是各社区基金会关注的重点。私人基金会尽管在比例上对普及教育的投入与高等教育不相称，但其作用也不可忽视。福特基金会建立的共和国基金和教育促进基金每年投入 5000 万美元资助 500 个小型试点项目，旨在改造全国 12 年制的学校教育，其中包括聘请大学文科毕业生为教员，以改进教学质量。60 年代美国整个社会风气倾向于关注平等问题，各大基金会把教育作为向社会平等推进的工具和宣传这一思想的阵地，因此引起保守派的持续批评，从反面也可看出其影响。可以说，基金会没有力量向多数贫困学童提供教育机会，但能通过帮助教师进修、研究、交流经验以提高教学质量。其他如成人教育、公共图书馆、教育频道等，对普通民众的深远影响不可以道里计。

事实上，美国每隔一段时期就有一次关于教育改革的讨论，各大基金会大多参与。20 世纪前半期，社会关注较多的是高等教育，而从中期以后，中小学教育问题日益突出，引起各界关注。本书第七章中提到的代顿社区基金会于 80 年代发表的关于中小学教育的报告《国家危矣》，在全国引起震动，其客观效果是触发了新一轮教育改革。在这一浪潮中许多新的基金会加入到关注基础教育的行列，如安嫩伯格、休利特、威廉·宾、凯西（Annie Casey）、伍德拉夫（W.Woodruff）等基金会。它们的重点在公立学校改良，以大量资金资助一些大学在这方面的研究项目。比较容易看到实效的是这些基金会与社区基金会合作资助的若干城市的校区计划，如芝加哥、克利夫兰、波士顿、洛杉矶、纽约等。其中出手最大的是安嫩伯格（Walter Annenberg）。他在 1993 年白宫的总统宴会上，戏剧性地宣布，他的基金会捐出 5 亿美元专供上述城市的 12 年制学校改革之用，但是这点钱是绝对不够的。这些钱只是作为"挑战资金"，希望引发各方大力赞助。安嫩伯格还坚持他的基金会的捐献必须尽可能地直接用于学童。到 2000 年，已经有 300 个区县的 2700 所学校的 1800 万学童受益，主要是通过课堂教学的改进、师资培养、模范试点及推广等方式。重点课程是数学和自然科学。这实际上是继承60 年代开始的基础教育改革。在安嫩伯格的"刺激"下，休利特等其他基金会和公司以及私人都纷纷解囊，到 20 世纪末，这部分资金已达 5.5 亿美元，与安嫩伯格原来的捐赠合在一起超过 10 亿美元。[①]

　　不断发现新问题是基金会的特色。90 年代以后，鉴于美国青少年的问题日益严重，卡耐基基金会把教育的重点转到从胎教开始的早期教育上，并且从襁褓到高中的每一个阶段都根据其实际问题组织研究报告（详见第五章）。当然，这些项目刚刚开始，其实际效果尚有待在实践中检验。

　　以上所述基本上是基金会中的改良派的做法——着眼于改进公立学校。如美国所有领域一样，对教育改革也存在着不同的取向。保守派认为美国的教育弊病恰恰在于公立学校，而主张发展私立学校，把资金用于补助学童的学费上，亦即基础教育也私有化、市场化。许多大公司和一些保守派的基金会如奥林（Olin）、布莱德利（Bradley）基金会等出巨资赞助关于教育市场化的研究和实践。著名的保守派研究机构赫德逊研究所（Hudson Institute）和传统基金会（Heritage Foundation）的教育改革项目得到它们大量资助，进行这方面的研究和宣传。他们的出手更大，1996 年达 13 亿美元。这种论战还要继续下去，其是非几乎是无法由实践来证明的。不过双方都强调美国基础教育的问题严重。不论那些研究报告对问题是否有所夸大，也不论巨额资金的实际效果是否得到应有的成果，这些

---

① Mark Dowie, American Foundations, p. 34.

基金会的活动使美国教育始终得到关注，总是有利于兴利除弊的。

二、科学研究

如果说在基础教育方面的努力效果难以估计的话，基金会在科学研究（包括自然科学和社会科学）方面的影响却是具体而显著的。事实上，这也与高等教育有关。正是由于基金会从 20 世纪 20 年代开始对一系列大学研究项目和科系的资助，造就了美国现在有许多著名的研究性大学（以别于单纯的教学大学）这样一种事物。许多名牌大学的著名学院也是这样成立或发展起来的。还有一些著名的研究所、思想库的开创及维持都与基金会的资助分不开，甚至大部分依赖其资助。

（一）自然科学

在这方面，各基金会支持的单项研究取得成果的不计其数。一般说来都带有开创性。毋庸赘言，洛克菲勒基金会是最突出的，而且具有世界意义。

1. 医学科学与医疗卫生事业

举凡钩虫病、疟疾、伤寒、脑膜炎、小儿麻痹、黄热病和梅毒的防治研究取得突破性的成果都有洛克菲勒基金会的资助。单钩虫病一项，洛克菲勒基金会就投入 6500 万美元。不过关于小儿麻痹接种问题的决定性解决来自斯凯夫（Sara Melon Scaif）基金会对索尔克（Salk）医生的资助。在洛克菲勒基金会之后成立的几家专门以医疗卫生为己任的基金会有：公共福利基金、凯瑟家庭基金会

（Henry J. Kaiser Family Foundation）、约翰逊基金会（Robert Wood Johnson Foundation）、密尔邦克纪念基金（Milbank Memorial Fund）、拉斯克基金会（Albert and Mary Lasker Foundation）。

其中特别值得一提的是拉斯克基金会。它成立于 1942 年，专门致力于医疗卫生事业，特别从癌症开始，因为当时此项研究正处于低潮，连洛克菲勒基金会都放弃了癌症的项目。在拉斯克夫妇及其基金会的积极推动下，重振了美国癌症协会，并成立了全国领先的保健机构。他们一项著名的特殊功绩是给罗斯福总统写信，促使其重视医学研究，从而大大增加政府对医学研究的拨款，三年内从 200 万美元增至 3000 万美元，其中癌症研究从 50 万美元增至 1400 万美元。1946 年还设立了拉斯克医学奖，成为医学界仅次于诺贝尔奖的殊荣，到 20 世纪 90 年代初，已有 49 位拉斯克奖获得者得到了诺贝尔医学奖。1952 年拉斯克先生逝世后，拉斯克夫人与其妹妹共同主管基金会，除继续推动医疗研究工作外，拉斯克夫人将主要精力用于在华盛顿进行游说活动，对两党政府的医疗政策都产生了不可忽视的影响。60 年代通过的至今为美国人民基本医疗保障的医疗保健（medicare）和医疗补助（medicaid）制度被公认与玛丽·拉斯克的推动分不开。而拉斯克基金会于 60 年代初又成立了拉斯克公众服务奖，鼓励对政府立法和实现保健计划有帮助的个人，得奖者有包括约翰逊总统在内的政府官员和国会议员。由私人奖励政府也是该基金会特有的做法。反过来，1969 年，玛丽·拉斯克本人获"总统自由奖章"。[①]可惜 20 世纪 90 年代玛丽姐妹相继去世，人亡政息，基金会许多项目都未继续。这也是家庭基金会的缺点。

此外，密尔邦克和公共福利基金特别注重直接的公共卫生，建

---

① Waldemar A. Nielsen, *Inside American Philanthropy: The Dramas of Donorship*, University of Oklahoma Press, 1996, Chapter 4, pp. 51–57.

立"卫生社区"，以防病为主，减少对求医的需求。这样，从医学科学转到社会工作，建立了一种新模式。通用汽车公司的老板斯隆与凯特林共同成立的"斯隆—凯特林癌症研究中心"，现已成为美国乃至世界著名的癌症研究机构。到 20 世纪末，盖茨基金会异军突起，大规模介入医疗卫生事业，以在世界范围消灭艾滋病以及疟疾等流行病为己任，把科研与宣传教育、社会工作相结合，成为联合国和各国政府强有力的补充。事实上，联合国卫生组织、人口基金等各项工作得到这些大基金会的巨额资助已是一种趋势。

2. 农业科学

扶植"绿色革命"被认为是私人基金会 20 世纪最大的业绩之一。具体情况在关于洛克菲勒和福特基金会的介绍中都已详述。这项工作主要在印度、墨西哥等一些第三世界国家进行，的确使这些国家的粮食产量翻了一倍至两倍。墨西哥因此从小麦进口国变成有余粮出口，印度在 6 年中粮食产量翻了一番。这项革命还推动了科学和经济向前发展。当前洛克菲勒基金会致力于农作物转基因的研究和推广，在培育出良种稻方面继续做出突出成绩。这些努力在增产方面做出了无可否认的成绩，但是也有不少争议：主要是其缓解饥馑的效果与生产的成绩不相称，因为分配不均的问题解决不了。特别是拉美和印度都是土地高度集中的国家，绿色革命使庄园主和地主在灌溉、肥料、杀虫剂、农具方面都得到优惠，同时又从销售产品中得利，但即使粮食因此有所减价，大多数贫民仍获利甚微。从事这项工作的印度和拉美人士以及洛克菲勒和福特基金会工作人员后来都意识到，不改变购买力的分配，粮食增产和持续的饥馑之间的鸿沟是难以填平的。凯特林基金会的马休斯会长也正是由于认识到这一点，才停止了老凯特林创立的光合作用实验室。但是，改变分配制度的问题恰恰是基金会解决不了而且有意不涉及的问题。至于绿色革命所引起的各种科学的争议，例如破坏自然界生态平衡、转基因的危险性等等，不属于本书讨论的范围。

3. 一般的科学研究

前一章提到，基金会的精英们以保持美国的科学前沿地位为己任，应该说是起到了这一作用。20世纪最初的20年至30年是美国科学技术发明创新蓬勃发展的时期，主要为工业化的需要服务。各大公司大多有自己的实验室，新技术层出不穷。不过这类研究一方面范围狭窄、高度实用；另一方面它们属于职业秘密，在取得专利以前发明者不会公布其成果。洛克菲勒和卡耐基等巨头比其同类的高明之处在于能够看到与推动生产暂时没有直接关系的基础研究的长远意义，就是这点高明加上他们的财富造成了美国不但在技术上而且在基础科学方面的领先地位，也造就了他们自己在科学研究方面举足轻重的地位。在20世纪开头的20年中，他们及其基金会培养了一代科学精英，其中2/3在加州理工学院、康奈尔、范德比尔特、哈佛、斯坦福、罗彻斯特和芝加哥等大学任教和领导研究。第一次世界大战中德国的科学水平对国力的作用进一步刺激了美国有识之士对科学研究的重视，在无线电通讯、航空、化学、气象等方面的研究都有所加强，洛克菲勒和卡耐基两大基金会也以更大的规模投入这方面的工作。

鉴于欧洲当时在科学上处于领先地位，洛克菲勒在教育总会之外成立了国际教育总会，专门与欧洲国家进行合作研究，1924年投入2800万美元，35个国家的大学都曾受惠。一些举世闻名的顶尖科学家如玻尔（Niel Bohr）、海森堡（Werner Heisenberg）等从那时起就得到了洛克菲勒的资助。同时，美国的一些名牌大学通过教育总会得到数以百万计的研究经费。这样，对资金缺乏的欧洲科学家来说是雪中送炭；对美国来说，则是吸收了欧洲的先进成果。到20年代末，美国在量子力学、核物理学和天文学方面已领先于欧洲，其他学科也很快赶上来。1919年，卡耐基基金会向国家科学院捐资500万美元，供其在华盛顿建立办公楼；同年又向全国研究理事会捐助500万美元。在它的带动下，在两次世界大战之间，各大基金会向这两个机构以及相类似的研究机构大额捐赠成为风气。它们又以自己的成绩和声誉反过来说服各级政府对科学进行更多的投入。可以说，在20世纪初期美国的科学进步中私人基金会的投入早于政府，的确起了决定性的带头作用。

"一战"以后，美国政府开始重视对科研的投入，"二战"之后更加大张旗鼓地发展科学。当然，现在私人基金会的资金投入已不能望政府之项背。但是政府的投入90%都用于与国防或其他实用性的研究，对基础科研极少投入。这部分带有风险性的研究就落到私人基金会身上。例如，包括爱因斯坦在内的与制造原子弹有关的主要科学家，在他们作基础研究时接受洛克菲勒基金会资助而获得关键性成就的竟有23名之多。一些后来导致原子分裂的重大科研，如回旋加速器的研制成功主要靠的是洛克菲勒基金会的资助。而后来当他们集中到曼哈顿计划中时，就是政府的事了，与基金会无关。此事后来引起基金会负责人的自省，引发了关于自然科学家对发明用途是否负责的讨论。

正如洛克菲勒基金会有自己的洛克菲勒医学研究所，卡耐基基金会也有华盛顿卡耐基研究所，致力于物理、化学、天文等前沿科学研究。这家研究所至今是美国最重要的尖端科学研究所之一。"二战"前夕成立的斯隆基金会（Alfred P. Sloan Foundation）为资助科研的后起之秀，并且重点在资助科学家个人从事有风险的前沿科学研究，从1950年到世纪末对2600名科学家共资助了5900万美元，其中16名获诺贝尔奖。

（二）社会科学

关于社会科学有两个方面：学科本身的发展和它在实际中起的作用。先谈学科本身：社会科学在美国开始得到重视并强劲发展是在 20 世纪头十年，政府几乎没有投入。直到 50 年代第一个联邦政府资助社会科学的国家社会科学基金建立之前，美国的社会科学几乎全靠私人，大基金会发挥了决定性的作用。即使在国家基金成立之后的相当长时期中，卡耐基、洛克菲勒和福特三大基金会对社会科学的资助仍与政府不相上下。1946—1958 年的 12 年中，仅福特一家捐给几家大学有选择地扶植某些社会科学的款项就包括：哈佛 1400 万美元、芝加哥 1000 万美元、斯坦福 300 万美元，[①] 由此可见一斑。

最早推动社会科学的先驱是塞奇基金会。它发起的社会调查不论是在方法论和实际成果方面都为社会学、统计学以及相关学科发展之先河。它在 20 世纪劳工运动和进步主义潮流中大胆录用思想激进的工作人员和支持改良派的学者，在当时社会达尔文主义占上风的情况下，对扶植社会、经济、政治学科的改良学派并帮助其扩大影响起了不可忽视的作用。继塞奇基金会之后，劳拉·斯贝尔曼·洛克菲勒纪念基金与随后洛克菲勒基金会关于社会科学的工作在第五章已有详述。

在一定程度上，基金会的鼓励可以影响一个学科或学派的兴衰。社会学方面的功能主义、政治学的行为学派、发展经济学的人力资本学说等在其开创阶段基金会的大力资助起了很大作用。在这些领域内一大批名家，包括诺贝尔奖获得者、经济学家舒尔茨（Theodore Schultz），以及行为主义—多元主义政治学家达尔（Robert Dahl）等都得到过三大基金会的大力支持。又如对中国或俄

---

① Mark Dowie, *American Foundations*, p. 58.

罗斯的研究，许多后来成为专家的人物在最初选择这一学科时，除了自己的兴趣之外，某一个时期容易申请到基金会的资助也起了很大作用。

如果说卡耐基提出的以财富左右社会发展的方向的野心太大、不切实际的话，那么在社会科学领域却可以说在相当程度上实现了这一目标。如今图书馆中罗列的社会科学研究著作林林总总，保守地估计，如果没有基金会的资助至少要减少一半，而且越到后来，依赖基金会的比例越高，其范围超越美国的国界。不但社会科学的兴旺发展有赖于基金会的扶植，而且不知不觉间引导了发展的重点和模式。与对待自然科学的态度相反，基金会在社会科学领域感兴趣的课题多与社会现实问题有关，它鼓励了高度实用的倾向，而较少纯理论研究，人文哲学更在它关注之外。除早期少数情况外，它的资助以课题为主，而不是以个人为主。这样，基金会改变了学术研究的个人行为，而有意无意把学者组织到了各种大大小小课题之下。它鼓励学术交流，把自由学术讨论发展为有固定课题的研讨会。如今，由基金会资助围绕某个题目举行一次或系列研讨会，再由基金会资助出版论文集或丛书，已经成为一种流行的模式，而且影响到整个国际学术界。它改变了那种个人经过长年累月深思熟虑的学术研究，它使抽象的、有长远意义的理论研究让位于功利色彩较浓的实际研究。当然，在程序上总是由研究者先提出申请课题而后由基金会审查批准赞助，不过实际上，基金会的取向明显地影响着，甚至决定了研究者的取向。当然，研究课题的实用化是在市场介入学术后的大势所趋，基金会不能算始作俑者，不过基金会以其实力，如果有意的话，正可以补市场经济之不足，如它在自然科学领域所做的那样，但是它在社会科学领域内实际上对市场功利的倾向推波助澜。对于人文历史方面的资助也不是完全没有，例如早期卡耐基国际和平基金资助出版了以百卷计的世界历史丛书，洛克菲勒基金会支持建立美国的汉学，作为人文学科而不是现实的国际关系学中的中国研究，不过这些所占比例较小，而且主要在早期。总的说来，基金会对社会科学的影响是加强其实用性。

社会科学要发挥实际作用，往往需要通过政府的行为，所以，为美国政府出谋献策也是大基金会及其所扶植的思想库主动担负的使命。

如今，美国"思想库"一词为世人耳熟能详。可以说，这些思想库离开了基金会的资助就难以存在。它们或是基金会资助发起的，或是原来由某个私人创办，规模很小，得到基金会的资助才壮大起来的。前者如社会科学理事会、经济研究局等，后者最典型的是布鲁金斯学会。该学会于1927年由企业家布鲁金斯（Robert S.Brookings）创办，第一年，卡耐基基金会就捐资165万美元，卡耐基基金会属下的经济研究所和洛克菲勒基金会的政治研究所都并入该学会，之后各大基金会都大力予以扶助，1955—1967年间福特基金会向其捐助了4000万。现在已成为华盛顿最重要的思想库之一。其他如纽约的外交关系委员会、大西洋理事会等等，莫不得到基金会的扶助，方式多为对研究项目的资助，也有对预算给予资助的，大基金会出手都很慷慨。

塞奇基金会是社会调研的最早的支持者。它开创的调研成果为进步主义时期推动政府作出有利于弱势群体的立法提供了强有力的依据。第一次世界大战时，塞奇基金会还直接提供了当时政府所没有而急需的统计资料，并派出工作人员为政府服务。罗斯福"新政"时期，塞奇、洛克菲勒基金会直接和间接对培养、输送人才及其思想起了重要的作用。社会学家能够学有所用、大批社会工作者成为联邦及地方政府工作人员、社会工作成为一门专业，都是塞奇基金会的创新；而洛克菲勒基金会的创举是捐资给一系列大学培养"新政"所需的管理人才，特别是在哈佛大学建立行政管理研究生院和在华盛顿的美利坚大学设立在职公务员进修的计划，以及在芝加哥大学建立"公共行政交流所"，这些都为政府各部门的公务人员提供了跨行业的交流工作经验、研究成果的机会，对提高公务员素质、开阔眼界和促进"团队精神和建立某种职业道德标准"起了重要作用。总之，在美国政府职能开始扩大，向大政府过渡时，基金会及时为培养人才起了关键性的作用。事实上在"思想库"一词出现之前，基金会所资助的研究各种社会问题的机构早已起到政策咨询的作用，所以也可以说对这一新鲜事物的出现至少有一份功劳。至于大量的思想库对政策的影响，难以具体估计。一般说来，在政府有某种倾向需要决策依据时，思想库为其提供资料和论据，例如三四十年代布鲁金斯学会为罗斯福"新政"提供了论据，而70年代后期，美国的政治向右转，这一时期的保守派基金会和思想库如企业研究所、传统基金会、奥林基金会等的研究为里根上台后的保守政策作了准备。

第九章中提到，1956年，以洛克菲勒兄弟基金为首的规模宏大的工程，于1961年出版成书；题为"美国的前景—洛克菲勒专题小组报告"，在外交政策、军事准备、教育以及社会经济事务诸方面，为美国确立超级大国地位和冷战背景下的战略和策略全面出谋划策。这样名家荟萃的巨大工程是美国政府所不能为而又急需的。又如第十章中所述福特基金会60年代资助的美中关系项目为美国对华政策的转变作了舆论准备并提供了决策依据，这些都是突出的例子。

再举一个较近的例子：80年代美国制造业滑坡，国际竞争力受到严重影响，美国全社会产生危机感。1986年麻省理工学院成立了一个委员会，研究美国自"二战"以来的重要国内课题，该委员会集中30名第一流的专家，对8个制造业部门深入研究和采访调查，访问了遍布三大洲的许多企业，历时两年，对美国经济发展的复杂问题进行了梳理，得出了明确的结论，出版成书，为美国80年代后期以来的调整经济发展战略、重新振兴制造业起了重大的献计和推动作用。这项工作从一开始就得到政府和企业的支持和配合，而出资者是斯隆和休利特两大基金会。如书的序言所说："没有他们的支持是做不成这件事的。"[1]

以上只是无数案例中的几例，说明了基金会在这方面工作的规模、模式和作用。事实上，几乎所有与政策有关部门的重大课题的研究、讨论、出版都有基金会的资助，这已成惯例。选题的范围大小不等，但至少都是其领导人认为有价值的，既有现实迫切性又有长远意义的课题，它能调动的人才一般不会是平庸之辈。

三、帮助弱势群体

帮助弱势群体本是公益事业的天职。基金会自称"向贫困的根源开战"，这也正是争议最大的领域。撇开"根源"不谈，在向着弱势群体倾斜的改良方面，塞奇和卡耐基基金会在"进步主义"时期应该算是起了相当重要的作用：或是通过直接的行动如建立贫民教育、为黑人和穷人提供法律援助等；或是通过大力宣传社会现状和改良方案；或是影响国会和政府的福利政策。五六十年代福特基金会所进行的"灰色区域"项目最为突出，其意义与"绿色革命"相提并论。所不同者，前者在国外农村，后者在美国城市。所谓"灰色"是指城乡接合部的综合治理，详情见第六章。它的作用是创意和示范，后来为20世纪60年代约翰逊的"向贫困开战"计划所吸收，福特就撤出了。因此，美国有人称"灰色区域"计划是美国"向贫困开战"之父。其意义再强调也不为过。

---

[1] Michael L. Dertouzos et al., *Made in America: Regaining the Productive Edge*, MIT Press, 1990. 中译本《美国制造—如何从渐次衰落到重振雄风》，科技文献出版社，1998 版。

福特基金会的扶贫项目繁多，出资也很大，它起了带头作用，其他不少基金会都以不同的方式致力于社会改革。1963 年全体基金会用于这方面的资金不到 400 万美元，到 1970 年就达 5500 万美元。各基金会的扶贫做法五花八门，例如菲尔德基金会特别关注农村营养不良和饥饿问题，努力引起全国注意，最后迫使政府拨款救济；[1]维拉基金会（Vera Foundation）创立了"曼哈顿保释计划"，揭露穷人被拘留者因无力交保释金而造成的不公正的延长拘留，结果促成了一项刑法的改革，已在美国 100 多座城市的法庭实行，不但使穷人得以享受保释，而且为市政府节约大量资金（据统计，纽约市每年要花 1000 万美元用于拘留本可以依法假释的人）。事实上，维拉基金会也得到福特基金会的资助。

　　更直接的是社区基金会的作用。每一个社区都有其特殊的关注点，比较普遍的如教育、就业、少年犯罪、文化设施、住房条件、新移民安置等等。总之，凡有问题就有人关注，用通俗的话来说，就是缺什么补什么。遍布于全国的大小社区基金会的工作成绩不可能有全面的评估，但是不夸张地说，它可以对市议会起到补充作用，是当地居民更加方便地寻求帮助的途径，也是把援助的供给和需求联系起来的桥梁。当然社区基金会不可能根本解决一个城区的矛盾，但是在缓解矛盾方面比全国性的大基金会的作用更为直接，更为显著。

四、缓解种族矛盾

　　在美国，提到机会平等和社会改良，总是与种族问题分不开。美国这么多基金会，关注种族问题的却是极少数，与其他领域不成

---

[1] Ben Whitaker, *The Foundations*, p. 176.

比例。在南北战争之后一个多世纪的黑人争取平权过程中，就总体而言，基金会对民权运动的资助是比较少的，但是像卡耐基、洛克菲勒和福特等有代表性的大基金会还是一直把种族问题包括在其争取"机会平等"的工作中。它们早期的黑人教育工作都是在承认种族隔离的现实下进行的，并没有向种族隔离挑战，而且事实上多数基金会精英也是赞成隔离的。这种情况到 20 世纪 60 年代民权运动高涨时才有所改变，并开始与一些黑人民权组织合作。

基金会对黑人的帮助首先还是在教育方面。除已经介绍的几家大基金会的工作外，特别值得一提的是罗森瓦尔德基金会（1917—1946）。其创始人朱利叶斯·罗森瓦尔德（Julius Rosenwald）是第二代犹太移民，因开办美国著名的西尔斯（Sears）邮购公司而致富。可能由于自己对种族歧视的切身体验，同时受黑人教育家布克·华盛顿（下称布克）的影响，他从 1910 年开始从事捐赠事业就以黑人教育为重点，1912 年开始直接资助布克在南方农村开办黑人学校。1915 年布克逝世之际，罗森瓦尔德公开宣布捐献新建 300 所黑人学校校舍所需的 1/3 资金。1917 年正式成立罗森瓦尔德基金会，以便更加有组织地从事这项工作。为了推动州政府重视黑人教育，基金会规定有关学校必须证明同时受到州、县政府的资助，并获得当地白人和黑人的共同支持才能得到基金会的资助。在二三十年代，当洛克菲勒基金会从这一领域退却时，罗森瓦尔德基金会仍坚持其捐献黑人校舍活动。至 1932 年该项目终止时，总计在南方 13 州捐助成立了 5300 所乡村学校。与此同时，它也和洛克菲勒基金会一样向一些黑人高校捐款，补贴地方政府中管乡村教育的官员，并为黑人高等教育提供优厚的奖学金。此外，还资助其他反对种族隔离的组织如美国种族关系理事会和南方区域理事会等。

在反对种族隔离方面，罗森瓦尔德基金会起了先锋作用。早在 1919 年，当其他基金会都不敢触及这个问题时，它就首先一个区一个区地推动成立族际合作委员会，目的是促使每个社区的黑人和白人社会的头面人物坐在一起协商解决本地区共同的问题。这一活动使当地政府和一般公众开始对种族主义者滥施私刑的恐怖活动给予注意，迫使议会通过对黑人比较公平的法案，并使黑人生活进入当地媒体报道的内容。在当时的形势下，这一委员会对改变南方的种族关系的模式、营造较为宽松的气氛起了几乎是独一无二的作用。

它的另一项工作是培养黑人医生。直到 20 年代末，在美国医学会的把持下，几乎全国所有大医院都排斥黑人医生。罗森瓦尔德基金会提出向一些医院捐款以提高其医疗水平，条件是必须接受黑人实习和住院医生。全国有 17 所医院同意合作，其中最有名的是芝加哥大学附属医院普罗维登特（Provident）医院。这是有史以来第一家美国著名大学承担培养黑人医科学生，并愿意支持一家有黑人工作的教学医院。基金会还在 6 个城市成立实验医疗中心，主要医护人员都是黑人，为贫民窟的黑人提供特殊医疗服务，而且不顾医务界的巨大阻力，设法降低穷人的医疗费用。它还资助一系列的会议研究黑人贫困问题。在罗斯福"新政"开始时，罗森瓦尔德基金会积极与之合作，向各有关部门提供专家，敦促它们关注黑人问题。该基金会经费枯竭之前的最后一笔捐助项目是详细调查首都华盛顿种族隔离的各个方面情况，其成果对后来政府的有关决策和最高法院在有些案件有利于消除种族隔离的裁决起了重要作用。根据罗森瓦尔德本人认为基金会应该有年限的原则，基金会于 1946 年（罗本人逝世后 14 年）解散。其最后报告中表示，该基金会致力于争取各种族机会平等，在种族间建立沟通的桥梁，只要有可能就设法打破种族隔离，并已经为此尽了最大的努力。他的后裔成立了斯特恩基金会（Stern Foundation），至今仍以关注种族平等为重点，积极开展支持少数族裔的工作。

总的说来，尽管以黑人问题为社会改良的中心的大基金会是少数，在"二战"前，它们还是起了政府所不能或不愿起的作用。在主导思想上，人道主义多于平等的理想，其重点的演变——例如从初等和职业教育到高等教育，从承认种族隔离到支持黑人权利——都是随着社会发展而渐进的。在各种黑人组织中，温和的、福利型的如全国城市同盟、有色人种协进会等，显然比以争取民权为主的组织更受基金会青睐。"二战"后，特别是60年代福特基金会采取了相对激进的态度，公开支持民权运动，引起保守派的抨击。除福特外，在这期间与黑人组织关系密切的还有洛克菲勒兄弟基金。它成立之时黑人运动已进入新阶段，许多黑人民权组织纷纷成立，它一开始就把扶助黑人作为重点，黑人福利和争取平权的工作成为它的经常项目。在教育方面最大的一笔是1960年和1965年向亚特兰大大学先后共捐赠150万美元。此外，还有许多计划外的对民权运动领导人的临时特别援助，如诉讼案件等，以及在特殊需要时直接资助马丁·路德·金等民权运动领袖。它还特别重视黑人文化艺术，资助的对象有纽约的哈莱姆艺术学校、华盛顿的黑人与非洲艺术博物馆、哈莱姆区的戏剧表演博物馆、诗歌创作和培养黑人艺术家等。

　　在1965年的《选举权法》通过之后，政府的作用日益明显，基金会的作用就退居次要地位。但是其前期工作客观上提高了黑人的教育水平和自信，对日后黑人自己为争取权利而斗争的觉悟和能力所起的间接影响还是不可忽视的。

五、文化艺术

　　在绝对数字上，基金会对文化艺术的投入比其他项目要少得多。艺术，特别是表演艺术，最难得到基金会的资助，因为它不大可能发展出有效益的成果。支持一个剧团需要经常、持久地拨款，而不是像其他领域那样出"种子钱"，在舆论方面，也不像教育那样容易得到同情。但是正因为如此，除少数国家拨款的之外，文化艺术、博物馆等对基金会的依赖更多。总是有少数基金会对文化艺术有特殊兴趣，持久地进行资助，例如梅隆、古本卡因（Gulbenkian）、契尼（Cini）等基金会主要资助作家，古根海姆基金会（S. Guggenheim Foundation）以资助美术绘画著称，朱莉亚与柯立芝基金会（Juilliard and Coolidge Foundation）则以资助音乐为主。1896年，卡耐基创立命名为"匹兹堡卡耐基学会"的画廊和博物馆。文化艺术也是洛克菲勒基金会的领域之一，包括艺术教育以及诗歌出版等。福特基金会在1957年之前从未支持艺术，在1957—1964年期间却大量资助艺术。福特基金会用"匹配资金"的办法刺激其他捐赠来源，绝大多数都能成功。以1970年为例，美国各基金会资助艺术的数目是1300万美元，同年来自个人的捐助是5500万美元，来自公司的不到50万美元。250万美元来自遗产捐赠，其中50%还是给博物馆。[①] 这里指的是私人基金会，至于社区基金会对本社区的艺术团体及各种艺术活动的资助，难以统计。由于艺术一般是难以从市场收入中自给的，因此基金会的资助起了不可或缺的作用。洛克菲勒基金会将文化艺术列为经常性项目之一，尽管拨款比自然科学少得多。它在这方面的得意之作是曾发起一项有组织的支持艺术的计划，也是用示范和挑战的方式，资助建立了美国莎士比亚节、克利夫兰跨种族卡拉木剧院和纽约的林肯艺术中心，现在林肯艺术中心已收到1500万美元捐款；另一个规模较大的举动是资助路易斯维尔交响乐团演奏并录制了2/3的美国作曲家的作品。

---

① Ben Whitaker, *The Foundations*, p. 183.

六、可持续发展

20 世纪 80 年代以后可持续发展问题开始提上日程，基金会自然也把它们纳入自己的工作范围。具体领域是人口、环保和能源，而且进行了大量投入。特别是计划生育，洛克菲勒和福特基金会都较早（50 年代末、60 年代初）介入，后来其他基金会陆续加入，包括比尔·盖茨基金会。其内容繁多，避孕药的研制、母婴卫生、计划生育宣传教育以及在经济上帮助贫困国家的众多贫民获得计划生育手段等都在计划之内。第九章提到几个基金会在南亚、非洲、拉美的计划生育工作以及对联合国人口基金的支持的情况，对于其效果（例如因此而减少生育率的数字等）难以估计，但对这项工作的积极作用尚未见负面的评论。

对于环保和能源，基金会的投入也很大。1987 年在一次基金会理事会的会议上成立了环境保护捐赠者协会（Environmental Grantmakers Association），有 213 家基金会参加，总部设在纽约洛克菲勒家庭基金会的办公室，资金总数约为 800 亿美元。主要成员有环境保护基金、全国野生动物联合会、全国资源保护理事会、旷野协会等专事环保的基金会。2000 年捐给环保的项目达 40 亿美元。1991 年，洛克菲勒、麦克阿瑟基金会和皮尤慈善信托基金三家共同建立能源基金会（Energy Foundation），宣布其宗旨为使美国的能源生产和消费更有效、更可持续，共捐 1 亿美元，为期 10 年。但是对于基金会在这两个领域的取向争议较多，其效果不显著，与如此巨大的付出不相称。例如环保内容甚广，包括野生动物、空气和水污染、交通、环境司法等等，而基金会在美国投入最多的是"保护自然"，意即由基金会或公司出钱买下一些风景区或绿化土地，使其免遭开发商的破坏，而对破坏环境最严重的工业污染却始终回避。在能源问题上捐款对象集中在研究可再生能源的机构，有一些较小的利用太阳能等项目，利用清洁能源的问题尚在研究起步阶段。这里的悖论是：环保和能源组织得到的资助越多，就越不能得罪资助者，这就使得它们不能真正挑战需要改革的大工业。目前真正解决问题的是遍布全国的形形色色的小型环保组织及基金会与当地的社区基金会相配合所采取的行动。

七、与美国政治气候的互动

基金会虽然不参与政治，但是作为与社会密切相关的组织，必然在不同时期受不同政治气候的影响，有的时候，大基金会也有意识地试图影响政治与舆论。大多数基金会原则上在政治上保持中立，本书重点介绍的几家大基金会大体上是如此，例如福特基金会的项目对保守派和改良派都有支持，其"反贫困灰色区域"、支持黑人平权等改良主义项目是著名的，但是也支持保守的胡佛研究所和乔治顿大学战略研究中心、自由欧洲委员会等；洛克菲勒则尽量远离政治，但是在人口等问题上自由派色彩鲜明。总的说来，洛克菲勒、福特、索罗斯、盖茨等大基金会的主流都是推动社会改良，如教育、卫生、扶贫、种族平等。长期以来，它们与地方政府配合，或协助，或推动，也已经被接受为积极的现象。

在左右两端，被列为极端保守派的基金会有：皮尤信托基金、美国经济基金会、经济与企业基金会、经济教育基金会、利里基金会等。还有昌斯基金会（Chance Foundation）是麦卡锡时期极端反共的伯奇协会（Birch Society）的成员成立的，专门支持保守派机构如哈定学院、施瓦兹基督反共十字军、个人主义者校际交流协会、美国未来集团等等。

立场鲜明的自由派基金会有：诺曼基金会（Norman Foundation）、

菲尔德基金会、米达斯国际基金会（Midas-International Foundation）、斯特恩基金会等。

自罗斯福"新政"以后，基金会与政府关系比较密切，其人员与媒体、教育界以及政界都有千丝万缕的关系。在肯尼迪、约翰逊政府时期尤其在社会改良方向上比较一致，不但在教育、卫生、环保方面，而且在民权、城市更新乃至对外援助、国际文化交流等方面都密切合作。代表自由派观点的思想库如布鲁金斯学会等得到基金会大量资助。所以一般印象认为基金会的主流是自由派。

但是到70年代以后美国政治对60年代的激进潮流出现逆反，知识界出现"新保守派"，而且日益得势，60年代的激进派也有理想幻灭而转向加入新保守派或"新右派"。新保守派的核心人物是50年代著名的反共政论家欧文·克里斯脱（Irvine Kristol），60年代初他从欧洲回到美国，办《公共利益》杂志与当时的激进思潮对垒，影响迅速扩大；另外还有《评论》（Commentary）杂志，也是较有影响的右派杂志。思想库则有企业研究所和斯坦福的胡佛研究所等。此时保守派的基金会也活跃起来。在此以前，如利里、梅隆等保守倾向的基金会主要捐献对象为教会以及集中在某些保守倾向的大学。70年代以后，保守派中一马当先的是属于梅隆家族的匹兹堡斯凯夫基金会（Scaife Foundation），从1973—1983年，它向保守派的思想库和各种媒体、杂志捐了1亿美元；另一著名的保守派，纽约的奥林基金会在70年代末聘请前尼克松政府的财政部长西门（William Simon）为董事长，后者又聘请了克里斯脱手下的干将乔伊斯（Michael Joyce）主持日常工作。该基金会从此积极地集中资助保守派杂志、思想库和知名学者，其中有诺贝尔奖获得者、力主自由市场的经济学家弗里德曼和斯蒂格勒，还有后来任里根总统经济顾问委员会主席的韦登鲍姆（Murray Weidenbaum）和费尔德斯坦（Martin Feldstein）。其意图很明显，要影响国内经济政策，事实上也的确对后来的"里根经济学"有所影响。乔伊斯明确表示：现在保守派已经觉悟到政府决策实际上是在很狭小的知识分子中进行的，基层公众基本上对此没有影响，因此基金会的资助对象也应集中在少数精英和思想库。过去自由派早已这样做了，现在轮到保守派。[①] 在这种情况下，许多大公司也加强对一些非营利机构如大学、研究所等的捐赠，认为这样做比直接对国会进行游说更有效。为此，西门和克里斯脱在 1979 年成立了教育事务学会（Institute for Educational Affairs），为大公司做顾问，协助它们把钱花在保守派机构上而不是"敌人"一边。

从上文可以看到，在 70 年代对推动美国思潮转向保守方面，一些基金会有意识、有针对地做了大量工作。由于采取资助教育、学术研究的方式，对知识界、大学校园也有影响。当然 70 年代校园和全社会思潮的转向原因很复杂，保守派基金会起推波助澜作用，不可能发挥决定性影响。不过，与被认为自由派的基金会不同，这些保守派基金会目标明确，对一般的福利捐赠完全不感兴趣，而且不讳言其政治目的，所以严格说来，不能算公益事业。

八、国际影响

20 世纪是多事之秋，前半期是两场世界大战，后半期是冷战和第三世界的兴起。因此基金会在成立之初的长远计划和理想常为应急的需要所改变。但是其改良主义和人道主义的原则不变，例如洛克菲勒基金会"一战"后在欧洲的大规模救济饥荒和在法国与流行的结核病作斗争的项目，两次世界大战中出巨资抢救、保护和修复

---

① Waldemar A. Nielsen, *The Golden Donors*, p. 43.

欧洲的珍贵文物、绘画、书籍、手稿、建筑等工作，以及预先保护大批人才免遭希特勒魔爪之害等等。这些工作都符合基金会维护美国制度的立场和传播文化知识、到处扶植教育的原则，其国际影响也与美国在两次世界大战中地位的上升相一致。基金会自觉地维护美国在国际上的利益从冷战开始，关于冷战背景下推进美国影响的活动，第九章已详述。这与它们维护民主自由的价值观是一致的，同时也是以和平的手段维护美国的长远利益，例如在第三世界发展文化教育，推动美苏、美中对话等。它们的方向总是推动缓和而不是紧张。冷战结束后，如卡耐基等大基金会的国际问题研究项目仍然围绕着美国如何发挥其领导作用，但着眼于促进基本的自由、民主与和平。它们很少卷入敏感的国际问题，就有争议的具体政策提出看法，而只是就各种问题进行研究。不过有一点是一贯的，就是在世界各地可能的范围内，特别是社会主义国家推行"民主化"。索罗斯的开放基金会最为直接、公开地宣扬这一目标，苏联解体之前大力促进苏东国家"开放"；在此之后则通过文化教育帮助这些国家和地区建立公民社会、推行民主改革。其他基金会也一贯地以不同方式推行民主价值观。它们不一定都拥护美国政府的现行政策，例如洛克菲勒基金会等对美国对待联合国人口基金的态度就公开批评，力促其改变；特纳基金会认为美国拖欠联合国会费大不应该。又如50年代叙利亚拒绝美援，却不拒绝福特基金会的资助；在美巴关系紧张时福特基金会资助巴基斯坦发展棉花种植，受到国会内部的指责。

实际上，基金会在全世界不论从事什么活动，其存在本身就能扩大美国的政治和文化影响。它在第三世界资助大学、培养人才，几十年中这些国家大批高级官员和精英都接受过美国教育；前面提到它对组织社会科学的重点和模式的引导作用，既适用于美国国内，当然也适用于世界各国。

对于基金会的国际活动的看法，推崇者认为一大业绩是"把全世界现代化的精英联系起来"，有助于自然科学和社会科学的传播。特别是在冷战期间东西方隔离的情况下，有助于打破藩篱。例如被认为在冷战时期对东西方关系起转折性作用的帕格瓦什（Pugwash）科学家会议，是几家基金会资助的，主要的一家名为科纳基金会（Theodore-Koener Foundation）。又如促进美苏对话的达特茅斯对话等等。至于存在的问题，授受双方都能感觉得到的弊病是：基金会的工作人员容易采取居高临下和恩赐的态度，有时表现出主观主义，援助的内容文不对题，最普遍的是有"文化渗透"之嫌。归根结底，对美国基金会的国际作用的评价，与世人对美国在全世界的文化传播的看法是相同的，褒贬的根据也差不多。不过，笔者认为，基金会仍不能与政府行为等同起来，它仍有自己独立的在政治以外的宗旨，更多的是人道与和平的成分。它的国际活动当然不能违反美国的利益，例如不会资助明显与美国敌对的活动，但它所资助的讨论会上对美国批评的意见也是不足为怪的；另一方面，它在各国的活动也不可能不以当地政府的同意为前提，因此，也是符合所在国的利益的，至少无害，否则它无法立足。

九、争议

最彻底的批判是，基金会从根本上是维持美国社会现状的。所谓向贫困的根源开战，恰恰是回避了真正的根源：资本主义制度。基金会虽然不是捐赠者有意按己意影响社会的一种"阴谋"手段，但是不论改良派还是保守派，其实质是始终保守的。富人积累了如此巨额的财富，其回报社会的是九牛一毛，同他们得到的好名声不相称。如果说基金会的目的是缓解社会的贫富矛盾，近百年来，这一行业如此壮大，却未见美国贫富差距有所缩小。20世纪60年代新左派提出"战略公益事业"之说，把美国基金会比作美国权势制度的神经中心所组成的一张大网络上的神经结，这一网络由基金会与企业集团共同支持的各种号称独立的政策研究机构组成，把它们的意愿加于华盛顿，其一贯的作用就是促使美国政治的天平倒向温和改良，维持现状，而反对革命性的变革。[①]

以上是典型的反对一切温和改良的论点，只是，美国基金会开宗明义就是以维护现制度为己任，在这前提下尽可能兴利除弊，而且明确是要防止革命，摒弃社会主义道路。所以对它的成败功过的评价也只能在这一范围内：在不发生推翻资本主义的革命的情况下，它究竟对社会改良起了什么作用。

目前在发达国家存在的扶助弱势群体的模式，一是政府的福利政策，二是私人公益事业。众所周知，欧洲国家政府福利政策十分发达；在美国，私人公益事业比较发达。但是，至少在罗斯福"新政"之后，关系到人民根本福利的问题如医疗保险、失业救济等，政府的责任是决定性的，私人公益事业只能在政府承担的范围以外起辅助作用。问题是在这种关系中，其作用利弊如何。其关键在于免税待遇，富人捐赠所免去的那部分税款如果进入国库，增加政府福利开支所起的作用比私人公益事业所起的作用如何？有的学者估计，政府因这部分免税所损失的收入大约相当于私人捐赠的60%—70%。也就是说，政府损失了本可以用于福利的30%—40%的税款。[②]但是在美国的特定条件下，政府所增收的部分，是否一定用于增加福利而不是另作他用，例如军费，这取决于一定时期内国会的意向，并没有证据表明，国会议员就一定比基金会的负责人更重视民众福利。

[①] Waldemar A. Nielsen, *The Golden Donors*, p. 25.

[②] Ben Whitaker, *The Foundations*, p. 142.

还有一种批评是指责私人基金会削弱政府的责任感。"新政"之后，政府承担的福利工作责任大大加大，但实际上有相当一部分承包给私人非营利机构做，由政府给予部分资助。这一做法的结果是，把本该由政府决定和负责的福利事业交由私人慈善家和慈善机构决定，受损失的是最需要帮助的穷人。另外，偶有富人对州立大学捐巨款，总是得到传媒大肆宣传，这足以造成误解，降低一般人为要求增加教育经费而对州议会施压的意识。①

基金会的精英倾向是经常受到批评的内容。这种意见认为免税问题不是主要的，而且美国偷税漏税的问题远远超过对公益事业公开免税的损失。社会的真正得失取决于各基金会的政策和运作，这方面的漏洞比免税问题要大得多。基金会由于是由社会精英所操纵的，他们基本倾向是向上层捐款，如芭蕾、歌剧、交响乐、大学、私立医院等等，而不是穷人所急需的项目。基金会本身有的比较超脱，有的却的确与原来的家族或其他利益集团有千丝万缕的联系，并不总是那么正当和纯正。基金会引以为豪的在教育和医疗卫生方面的成就也受到尖锐的批评：在教育方面是重高等教育而轻中小学教育；在医疗卫生方面，最重要的指责是基金会始终不愿对普通人的医疗经费补助做出制度性的贡献，所以，先进的医学成就穷人依然享受不着。这个问题在美国的特殊意义是，与欧洲国家相比，美国政府的医疗保险覆盖率要低得多，既然美国更重视私人公益事业，那么基金会理应承担这部分补缺的作用，以使穷人受到实惠。但这与基金会的方针、理念不符。这里涉及基金会的所谓"治本"不"治标"的原则；它以巨款资助针对各种贫困根源的自然科学和社会科学的研究，远水救不了近渴，对广大的穷人帮助不大。另外，环保工作不敢得罪污染环境最严重的大工业，不敢力促政府通过严厉

---

① Teresa Odendahl, *Charity Begins at Home: Generosity and Self—Interest Among the Philanthropic Elite*, Basic Books Inc., 1990, p. 15.

的环保立法，也是受到诟病的一个重要领域。总之，批评者认为实际上公益事业给富人带来的好处远甚于穷人。另外，社区基金会中"捐赠者指定用途"的成分很大，有不少并非是居民所急需的，例如有的捐赠指定支持乡村俱乐部和各种退伍军人联谊会等，而当地更急需的是儿童体育场和贫困老人的医疗保健。这种捐赠也照样享受免税。有人认为，应该对"公益"作一定的限制，把此类与民生无关的赠款所免的税款由政府重新征收调节用于更急需的项目。

1997年，著名电视主持人泰德·特纳以耸人听闻的方式捐资10亿美元成立基金会，专门资助联合国，就引起不小的批评。论者认为，其效果远不如另一同名人泰德·福斯特曼（Ted Forstmann）给华盛顿奖学金基金的捐款有效，他以匹配捐赠的方式捐出300万美元，同时得到另一人响应也捐300万美元，受实惠的是华盛顿1000名低收入学童，他们可以选择比较好的私立学校。此举起了示范作用，现在全国各地有30多个此类项目正在进行。当然，这又涉及美国对教育的两派意见：应该改进公立学校，还是资助贫困子弟上私立学校，逐步淘汰公立学校。不过对特纳的捐款方式的批评不止于此，下面还要谈到。

引起更深层次的疑虑和批评的，正是卡耐基所鼓吹的，资产者通过其财富来贯彻其理想、影响社会发展方向这一意图。即使是交给不直接拥有财富的管理人员来决定社会的需要，从而决定财富的分配方式，也是一样。美国一位基金会研究专家和人类学家奥登达尔（Teresa Odendahl）对当前基金会作了深刻的剖析，她认为，基金会这样一种事物代表了美国特有的文化，说明美国人看重个人对财富的支配权，完全可由个人随心所欲地处置。捐赠实际上是维持影响社会的权势的一种手段。富人拥有资产、控制着公司和基金会，他们的势力大大超过其人数比例，而参加公益事业的成员势力更大，因为他们可以向他们所支持的事业投资。"乐善好施"的富人自成一个精英阶层，他们高踞于平民之上，也自以为比另一半不捐赠的富人道德高尚。他们是所有重要机构——从哈佛大学到各种基金会到"联合劝募"——的董事会成员，同时又由于享有行善的名声和免税待遇，他们可以逃避公众的审查。他们心目中有一个他们要推进的理想世界，以美国民主制度的支柱和天然领导者自居。更深一层的意义是，这一特权阶层所自封的社会领导和文化水准维持者的角色，其合法性有赖于中下层人民的认可。所以通过对公益事业的捐赠来维持施恩者的形象就是维持这种认可的手段，而且很有效。因此，那些富有阶层对美国一般人民总是保有永恒的魅力。即使基金会自诩的"前沿性"也在起变化，比起初期的情况，基金会现在日趋保守，创新的项目得不到赞助，一些有创造性的人往往由于接受了基金会的资助，不得不遵循其规范和标准，结果扼杀了创造性。所以不少得到资助的人谈话中对其"施主"充满怨恨。[①]

当前私人基金会对联合国进行捐助的风气也引起许多批评和疑虑，有人认为是一种危险的倾向。以引起轰动效应的特纳宣布向联合国捐赠 10 亿美元之举为例，批评者认为，这将使私人对联合国产生不恰当的影响，甚至对联合国的某些具体项目起决定性的影响。联合国本来是各主权国家的组织，应完全受会员国的政府控制，但是现在许多项目是分散在各机构下进行的，最高权力机构联合国大会对其失去控制，就使私人基金会有机可乘。美国国内已经担心非政府组织对政府政策影响太大，正在考虑限制私人基金会向政府项目或机构捐钱的立法，那么对这样重要的国际组织的影响就更值得担心。由于他们不能也不愿向联合国总部作一般捐献，所以都是根据出资者的意图资助具体项目，甚至创立项目。例如特纳的兴趣在计划生育、环境保护、帮助难民、扫雷工作以及儿童健康，但是联

---

① Teresa Odendahl, *Charity Begins at Home*, 1990, pp.8–9.

合国特别感到经费拮据的维和工作却得不到资助。更有甚者，由于享受免税待遇，基金会的财富还会不断增长，10年后，它对联合国的影响将要达到无法控制的地步。何况特纳并非第一个对联合国进行捐赠的人。事实上，到目前为止，大基金会的捐赠都向着有利于可持续发展和世界穷苦人群的方向，因此受到联合国和一般人的欢迎。提出尖锐批评的大多数是美国保守派。但是从原则上讲，私人基金会在某些方面的影响如果真的超过政府的影响，对联合国这样性质的国际组织所可能产生的复杂后果确实值得考虑。

总之基金会本身是矛盾的体现：有人说它是以集体主义为工具来延续个人主义。本书第一章提到它体现一种双重人格，这一双重人格从某种意义上也是美国国民性的缩影。它的出现和发展与20世纪初的进步主义运动基本上是同步的，所以改良主义是它与生俱来的特点，社会改良工作成为它的天职。正如卡耐基基金会的一位负责人说，基金会就应该预见到社会变化所引起的压力，及时帮助主要的机构适应这种变化。也就是说，基金会本身就是以改良社会、缓解矛盾为其存在的理由，为此，需要走在时代前面。不论对其褒贬如何，客观上，20世纪美国的基金会总体上促进了美国的渐进改良，即使是杯水车薪，即使是实际更有利于富人，客观上对弱势集团还是有不可低估的帮助，对推动文化教育科学的进步作用更大。它对内是美国制度的支柱之一，对外是美国政府外交政策的"沉默的伙伴"。如果说社会批判运动和舆论的揭丑是对美国制度的疾病的检查和诊断，那么掌握雄厚财力的基金会的活动就是一种治疗手段。不仅如此，它也参与"诊断"，就是通过选定课题组织研究。基金会精英们是真正的爱国者，唯其如此，他们对社会弊病更为敏感。早期如此，现在也如此。例如，近年来改善美国民主制度已列入许多基金会日程。又如索罗斯，一贯以在全世界以促进民主为己任，同时也包括改善美国的民主，而且一针见血地指出美国病的根源之一是过度市场化。他要以自己的财富使本不该进入市场的领域超脱出来。当然不论他财力多雄厚也不足以挽此狂澜，但是至少以他的影响指出了方向，如果能起一定的带头作用，也不一定毫无作用。

　　基金会当然不能代替政府的作用，但是能为政府之所不能为，或者在某些方面成为政府重要的补充。它比政府优越之处在于它可以长期集中其大部分资金在一项工作上，而政府需要分散在多个方面；更重要的是政府的决策受多方面政治和利益的影响，如美国政府的援外项目取决于自己国家利益的考虑，例如要援助从美国进口粮食的国家进行"绿色革命"，国会就很难通过拨款；援助第三世界计划生育更是美国政府难以克服的政治难题，而基金会都可以大力进行。它的针对性要强得多，因而花钱的效益也要高得多，所以其总体的影响远远超过付出的金额。很难想象，假设这些基金会突然消失，美国的教育以及社会生活会是什么样，美国的对外文化关系会受到怎样的打击。当然基金会不是唯一的从事社会福利事业的私人势力，美国形形色色的非政府的志愿组织多如牛毛，其中教会是另一大块，不在本书范围内。除了平时的"补台"工作外，保留这样雄厚的能为社会做出巨大贡献的私人势力，既符合保守派主张的小政府的思想，也符合自由派关心弱势群体的改良主义思想。在发达国家已发展成福利国家的今天，也是美国的一大特色。

　　也许基金会的最大贡献在于它的存在本身。美国制度的自然趋势是不断产生巨额财富，这些财富又不断集中，不断地扩大贫富差距。在这种情况下，出现了这样一种散财之道，把如此巨大的社会"余财"组织起来用于对社会有益的去处，避免破坏性的挥霍浪费，避免出现许多纨绔子弟。这一事物也是一种发明创造，基本上奠定于 20 世纪初，经过半个多世纪的磨合和改进成为今天这样对全世界都有巨大影响的模式。但是这一经验又不是随便哪个社会都可以照搬的，它是成熟的资本主义的产物，又带有美国文化的特色，有几个必要条件：

（1）牢固的私有制，大量财富源源不断地集中在私人手中。

（2）社会有自治和志愿的传统，没有事事指望政府的习惯；财产拥有者以社会的主人自居，有强烈的责任感，代表基本主流价值观，并有与社会共荣枯的意识。

（3）有一批高水平的专业管理人员，形成了一种职业。寻求适当对象，定期把钱花出去是他们的本职工作；钱不能按时花出去，或使用得不当，则是他们的失职。另一方面，公众对公益事业总的是支持和肯定，但是具体的接受资助者并不必感恩戴德，授受双方是平等的。

（4）最主要的是有健全的内部经营和外部监督机制。有一整套相关的法律和明确的执法部门。基金会享受免税待遇，既是鼓励，更是责任，使它对全体纳税人负有义务。它的全部工作不但要受政府——税务局和国会——的监督，而且受全民监督，其收支账目随时公开备查。每年要公布年度工作报告。这种公开性是绝对必要的，也是美国民主制度的产物。自基金会存在以来，各方的批评意见从未断过，国会也定期发动对它的审查，经过长期的磨合、调整，兴利除弊，才形成今天的比较完善的监督制度，使它的活动保持与注册的宗旨相一致，而不出现大的弊病。随着形势的变化还会出现新问题，监督制度也在不断完善中。

许多国家不具备以上这些条件。有钱人既无安全感又无责任感；从价值观讲，更强的传统是先为家庭子孙着想，或者自己挥霍享受；捐赠的行为不是迫于压力，就是沽名钓誉，往往是短期行为，不容易从长远着想。更重要的是，法律不健全，即使成立名义上类似基金会的组织，也缺乏必要的监督机制，捐出的钱是否使用到该去的地方，没有保证，以至于出现有人捐了资助学校的款，要专门雇人跟踪到最基层，看这笔钱是否真的用于教育。在没有起码的信任和放心的情况下，公益事业是难以名副其实，更难长久发展的。

实际上任何以私人捐款为基础的事业都有一道底线，就是私有财产有绝对的保证。这是不言而喻的。在美国则是私有经济制度这条大船不能推翻，美国的基金会在这一前提下能有宽广的活动天地，对其最初的捐赠者而言也已取得相当的独立性。在这一范围内已做的与可做的"造福人类"与"促进和平"之事是有可为的。

1993 年安嫩伯格在克林顿总统白宫宴会上宣布向公共学校改革计划捐助 5 亿美元
（照片选自基金会理事会 50 周年纪念刊物）

新一代公益家：史蒂夫·凯斯，"美国在线"创办人、"风险公益事业"提倡者

好莱坞著名导演斯皮尔伯格，他把电影《辛德勒的名单》的收入捐给了研究这段历史的基金会（照片均选自基金会理事会 50 周年纪念刊物）

第四部　新公益

第十三章　时代与创新

本书前三部分论述的美国现代公益基金会大约兴起于20世纪初。称之为"现代",是相对于传统的教会或私人慈善捐赠而言。它在整个20世纪发展壮大,从理念到运营模式到政府立法,已经成熟,成为美国第三部类的重要组成部分,对美国本土以及世界各地都做出了不可忽视的贡献,同时也起了一定的示范作用,一种捐赠文化蔚然成风。2012年美国的非营利公益基金会大约有86192个,资产7154亿美元,捐赠数额520亿美元。[①] 应该说,这是工业化高度发达的产物。

到20世纪最后一二十年,发达国家进入一个新阶段,或称"信息时代",或称"数字经济时代",也统称为"后工业化时代"。在社会转型中旧的矛盾没有解决,又出现新的问题,需求的规模及其复杂性使已有的老办法远远无法应付,呼唤新的解决办法。公益事业革新应运而生,从21世纪开始迅速发展,形成强劲的潮流。(为方便计,本章将20世纪的基金会称为"传统基金会",以别于"新公益"。)

一、新公益的时代特点

1. 财富积累加速,体量增大

新科技促成新产业的出现。与传统的制造业不同,新产业可以

---

① 参见美国基金会中心(Foundation Center)网页。

在短期内积累巨额财富，可用于社会捐赠的资金大大增加。如果只看美国的政府财政，预算年年在国会吵个不休，似乎赤字问题严重，但是民间资产巨大。在数字经济和金融业发达的时代，成功的企业家即"新——新富"的特点是致富快、年纪轻，大多拥有科技或金融专业的高学历。"创新"（innovation）是他们的口头语。与积累财富的创业过程一样，在谋求为治理社会弊病做出贡献时，他们不满足于因循守旧，更加雄心勃勃。

2. 社会矛盾尖锐化，改革的需求日益迫切

经济急速增长的同时，贫富差距不断扩大。大企业的新特点是大量的利润都流向股东而员工获得部分日益减少。自20世纪70年代以来，这一趋势有增无已，2000年以后，不论是在经济繁荣时期还是危机时期，工薪阶层从经济增长中所得的比例均呈直线下降。这不仅引起广泛的社会不满，而且其购买力的实际萎缩开始威胁自由市场机制本身，也就是会使金字塔顶1%的豪富受到影响。这一情况已经引起各方关注，欧美政商精英逐渐达成共识：资本主义经济需要进行根本性变革。这种共识对公益事业的作用，就是不满足于传统的方式而出现各方联手的新型公益。

3. 在沿袭捐赠文化的同时，改良社会的意愿加强

为改良社会做出贡献的意愿随着财富的增长而增强。多年来，"企业社会责任"（CSR）的观念已经深入人心。2009年，美国私人对发展中国家和地区的捐赠总数超过当年政府援助90亿美元之多，全世界的私人公益捐助以货币计已经超过所有国家政府援助的总和。①

---

① William D. Eggers, Paul Macmillan, *The Solution Revolution: How Business, Government, and Social Enterprises are Teaming Up to Solve Society's Toughest Problems*, Harvard Business Review Press, 2013, pp. 5, 19.

自 2007 年以来，来自《财富》杂志世界 500 强的企业，捐赠以每年 10% 递增。有 190 名亿万富翁参加了盖茨和巴菲特发起的"捐赠誓言"，其中有 2/3 居于福布斯美国 400 富豪榜。2010 年美国的公益基金会捐赠数额是 1900 亿美元。根据一项针对 184 家全球性企业的调查，其公益捐赠总额在一年中达 150 亿美元，一般以每家公司捐 2200 万美元的居多。①

4. 政府和政界的配合与鼓励

美国的社会制度保证个人的创业和创新、约束政府权责，加之完备的法制、成熟的市场以及结社自由，都为公益事业的开展提供了良好的条件。其中最重要的是法制的保证，它使做公益无后顾之忧，减少运营的成本。过去，政府与公益组织的关系主要是前者用税法监管，保证后者合法运行，间或有"公私合营"的做法，但属于少数。在新的形势下，政府日益意识到福利政策的不足，对私人公益采取更加积极的态度。而公益人士也深知，政府的力量和权力对大规模开展公益事业必不可少，更有意争取政府参与，所以在不少新兴公益事业中，政府不仅是外围的法律调控者，也是内在的参与者。

5. 数字化的出现，提供了更加精确地了解需求、进行评估的手段

20 世纪初的基金会已经有了"科学地"做慈善，对社会病灶对症下药的观念。卡耐基明确声称要用管理企业的办法来管理基金会，塞奇基金会最早的贡献也正是提供社会学意义上的统计数字，并由此促进社会科学的发展，但是其手段和范围都有限，与数字化时代的数据库不可同日而语。如今美国实际上存在着巨大的数据库，全民的收支状况、社会各个部类的历史和现状等都可在其中查到。它为了解社

---

① William D. Eggers, Paul Macmillan, *The Solution Revolution: How Business, Government, and Social Enterprises are Teaming Up to Solve Society's Toughest Problems*, p. 5.

会最迫切的需求，以及评估基金会工作的效益，都提供了方便。

6. 全球化的影响

全球化使需求方和供应方都溢出一国范围，其规模自然与前不同。就美国而言，全球化造成的资本外流，正是第 2 个特点所述损害工薪阶层利益的原因之一；另一方面，在全球各国相互依赖日深的形势下，富国与穷国之间的鲜明差距、世界一半以上贫困人口的存在，是发达的国际社会不能置之不理的领域。

二、新公益新在哪里？

（一）新公益模式的特点

过去一二十年中出现的各种新的公益模式，名称与说法不一，其含义有重合也有区别。概括而言，新的公益模式有别于传统基金会的最大的特点，就是通过以市场为基础的创新为全球弱势群体服务。

1. 公益事业不再限定为非营利，也可以通过营利的事业去做

传统观念认为，既称为公益，就应该无偿捐赠。在新的观念中，出资者可以获得社会的和经济的双重回报。单纯的无偿捐赠总有枯竭的时候，难以持续，而现实却是在政府、私人企业和非营利部门之间有数以万亿计的资产等待开发。新公益把供应与需求、硬件物质与软件服务、资本市场和政府规则结合起来，让私人企业与公共福利不再是对立的观念。其交易的媒介除货币外，还有数据、成果和信誉，维系各方参与者的则是"互利"，不单纯依靠输血，而是自己造血。一方面，衡量成败的底线不是利润而是社会价值；另一方

面，成功地克服困难、解决巨大社会问题的人不是单纯利他主义的牺牲者，而是得到应有的回报（做好事有好报），这样才能使公益事业规模扩大，并持续下去。

2. 主动调查社会的需求，有的放矢

传统公益基金会的运作方式一般有两种：一种运作型基金，即自己做项目，或出一笔钱外包某个项目；另一种独立基金会，接受申请者的项目计划书，审查通过后给予捐赠，尽管也规定受益者需要提交成绩报告，但对操作过程、最终效益和影响较少关注。新公益则主动调查社会需求，确定目标，寻找合适的组织（非营利的非政府组织或可营利的社会企业）给予资助，以市场模式运营，期待最终达到自负盈亏，或者至少逐步减少其对捐赠补贴的需求。更重要的是，新公益强调规模效应，因而着重资助可复制的模式。

3. 多方合作，形成综合的系统工程，重视结果

20世纪的趋势是分工细化，各部类专业明确，而21世纪有综合化的趋势。每一部类都感到难以独自应付巨大的社会问题和需求。新公益的发起者在选定工作目标后，首先要寻找合作伙伴。合作参与者有发起人（也可能同时是最初的出资者）、捐赠人、投资方（个人或公司）、专家、研究单位、社区、媒体以及政府（地方或联邦）等，形成一张联络网。出资者将项目视为投资，给有意愿、有能力的对象去执行。发起人不但投入资金，还要出时间、出智慧，全程介入，帮助培养执行组织的能力，提供咨询，追踪效果和影响，评估工作结果。用我们熟悉的话来说，这就是有钱的出钱，有力的出力，外加有智慧的出智慧，有权的出权（政府的支持）。其所追求的影响力注重规模效应，也就是可以大规模推广，而不限于单一的项目或少数受益者。

4. 从国际化走向全球化

"国际化"表明美国基金会帮助的对象不限于美国，惠及世界各地，特别是不发达地区；"全球化"则除了国际化这一层意思，还意味着其合作伙伴遍及世界各国，因此可以产生有许多会员国家的国际组织。关于国际化，美国的一些大基金会已经实行，其中比较突出的是洛克菲勒基金会，它从一开始就以"造福全人类"为宗旨，福特和盖茨等基金会的国际项目也是众所周知。但它们毕竟是少数，绝大多数基金会的活动还是限于美国国内。从"国际"转为"全球"，也是洛克菲勒基金会首先提出的。它不再把自己看成为其他国家做事的美国基金会，而是本身就立足全球。很多新型公益的主要对象就是发展中国家的贫困人口，更重要的是合作伙伴国际化。首先，许多问题如环保、大规模传染病等是超越国界的，不可能在一国之内解决；其次，美国以外的行动力量今非昔比，一些新兴的发展中国家如印度、南非以及拉美国家也有大公司、大企业家和公益精英，有资金和人力条件，也有问题意识，有意愿加入公益事业，既有全球化合作的条件又有必要。

（二）潮流引领者

新型公益事业包括多方面的参与者，但要形成规模，引路者非常重要。他们大多是具有一定社会影响的基金会或知名人士，有巨大的财力和号召力，我们称之为"潮流引领者"。如克林顿全球创意基金会（CGI）、盖茨基金会、老牌的如洛克菲勒基金会等，还有 J. P. 摩根和花旗银行等大企业，以及新兴的社会创业人士和组织。

2007 年克林顿主持的 CGI 年会上，政界人士美国前国务卿奥尔布赖特、哥伦比亚总统桑托斯，企业界名家巴菲特、高盛与百事可乐的首席高管、YouTube 的创始人、微软的高管等，还有其他社会名流济济一堂。

他们讨论的核心议题是如何有效地推进可持续的公益消费，以及什么样的机会最能改变发展中国家妇女的命运。参会者都自愿承诺开展一项解决社会迫切问题的行动。例如，维珍航空公司承诺今后10年维珍航空业务及其附属业务的利润都将用于发展有利于改善环境的燃料，微软承诺向10万教师和100万低收入家庭提供高速宽带，还有一家公司宣布他们原计划与世界粮食组织合作解决世界饥饿问题的计划已完成80%……①

名人或政治家下野后从事公益事业是常事。美国前总统卡特热心公益，离职后成立了卡特中心，已坚持几十年，但其运营模式还属于传统公益，与CGI的社会影响不同。由具备非凡号召力的人物出面有组织地动员各方企业和人士探讨社会问题，并承诺为解决这些问题做出贡献，则是新事物，象征着社会公益事业空前规模的参与。不仅克林顿基金会一家，达沃斯世界经济论坛等也召集私人企业、非营利组织与政界名人共同探讨棘手的社会问题解决之道。阿斯彭学会（Aspen Institute）下设"发展创业人联络网"，把大捐赠者与当地中小企业家以及学术机构的学者聚在一起，致力于探讨在发展中国家培育可持续发展的小企业。

这些潮流引领者也可以说是时代潮流的顺应者，推波助澜，扮演了属于他们的角色。

（三）不同的模式和名词解释

新公益覆盖面比较宽泛，其光谱从完全以社会服务为目标、不计经济效益，到二者兼顾，再到以营利为主要目标、兼顾社会效益，

---

① William D. Eggers, Paul Macmillan, *The Solution Revolution: How Business, Government, and Social Enterprises Are Teaming Up to Solve Society's Toughest Problems*, pp. 25–26.

虽然组织和运营有所不同，但其共同点是以服务社会为目标。走出了这个光谱，就走出了公益范围，成为纯商业企业了。

1. 创投公益 ①

这一名词套用了"风险资本"（venture capital），也译作"风投公益"。其发起主体主要是传统的公益基金会，只是其捐赠对象可以是非营利组织，也可以是可营利的社会企业，不再一定是无偿赠予。"创投公益"虽然运作方式多种多样，但包含几个决定要素：精准的财务设计、高度负责、对投资对象持续多年跟踪、帮助其组织与能力建设、进行绩效评估。这些要素之所以能使创投公益区别于传统的公益捐赠，是因为后者一般只关心被资助对象的项目，而不大关心其完成此项目所需要的能力，更不会为其克服组织上的弱点而出资。即使被资助者成绩不佳，也无损作为捐赠者的公益基金会自身的业绩和声誉。另外，传统的捐赠往往只覆盖项目短期所需的一部分，不能覆盖全部需要，结果被资助方不得不分散大量时间精力年年募款，而不是用在治理和正业上。在这种情况下，即使有优秀的经理人，也难以留下。创投公益则吸收了风险投资的长处，可以避免这些缺点。

创投公益还有一点与风险资本相同，它有退出机制。经过一段时间后，若被资助者达到了预期效果，或者找到了接替的资助者，初始的投资人就可以退出。如果对方已经盈利，还可以收回之前的投资。

2. 社会创业者、创业精神、社会企业

这些名词都是舶来品，先对译法做一说明：头两个名词原文

---

① Venture Philanthropy，又译作"社会创投"，本书取"创投公益"以突出其公益性。

"social entrepreneur"和"entrepreneurship"在我国常译作"社会企业家"和"企业精神"。在中文的语境中，提到"企业"往往理解为狭义的商业企业，实际上这个词的含义要宽泛得多，适用于对社会做出贡献的各行各业，所以这两个名词中的"企业"一词在本书中译作"创业"。最后一个名词的英文为"social enterprise"，它所指向的是可营利的企业，只是最终目标是公益而不是利润，故仍用"企业"一词。

"社会创业者"一词据说最早出自一位19世纪的法国经济学家，不过它在实践中的广泛传播则始于美国人比尔·德雷顿。他给社会创业者下的定义是："不满足于授人以鱼，也不满足于授人以渔，而是不掀起整个渔业革命不罢休的人。"他本人就是一位典型的社会创业者，有人称他为"社会创业者的教父"。其做法是不断创新、探索解决当前社会问题的新办法，为此以始终贯彻如一的服务精神和使命感成立各种机构，同时吸取非营利的公益组织和营利的现代企业的优良精神。

社会企业的运作方式与一般企业无异，只是营利不是其最终目标，而是必须从事与创业宗旨相同、有益于社会的事业。但它与传统公益基金会的增值方式不同。传统基金会一种是公募性质，完全依靠捐赠，如"联合劝募"，这是少数；大部分是独立私人基金会，由私人捐助一笔钱设立基金，根据其宗旨选择捐赠对象和项目，这种捐赠是完全无偿的。但基金会不能坐吃山空，也需要增值。其做法是设投资部，从事低风险的投资。投资所得交少量税后（不同年份在2%—4%之间）必须回归基金会资产，有关人员不能分利。根据税法的规定，每年最低支出不得低于其资产的5%。有些大基金会在经济繁荣时的支出常常高于这个数，间或达到10%。即使这样，还有大量的资金长期闲置，利用率不高，常为人诟病。

社会企业的不同在于它本身就是投资于公益事业的企业，其资金来源一部分是捐赠，一部分是营业利润，目标是逐步实现自己造血，而不是长期依靠输血。输血与造血的比例以及多长时间自负盈亏，都视情况而异。由于所服务的对象主要是弱势群体，困难多、风险大，有时长期不能达到完全自负盈亏，而且即使达到之后，也可能还需要资金和能力的支持。最重要的是，衡量一个社会企业的优劣必须把社会效益放在第一位。多数社会企业都与非营利组织合作，并将利润用于应帮助的对象。还有部分企业是在不同收入的人群中交叉补贴。如"阿尔文护眼"（Alvin Eyecare）。它为穷人提供免费服务，同时对一般客户收费。在 2009 年至 2010 年一年中该组织治疗了 250 万病人，进行了 32 万例手术，病患中穷人占多数，他们得到了过去不可企及的优质医疗。其投资者以借款的方式予以支持，最终仍获得盈利。不仅如此，用少量资金创建的一家社会企业还可以以其经验和能力孵化出多家从事各种业务的社会企业。

社会企业的优越性在于，与捐赠性基金相比，它可持续、可推广、有规模效应；与一般企业相比，它的目标明确是服务社会，并据此作出决策，较少受到股东关注利润的压力，所以又可以算作一种另类的 NGO。

3. 影响力投资

"影响力投资"（Impact Investment）这个词来源于 2007 年洛克菲勒基金会在意大利的贝拉吉欧中心召集的一次会议。参会者有投资人、创业人士、慈善家，会议讨论的主题是资本投到哪里，才能最有效地造福社会和环境。与会者创造了"影响力投资"这样一个词。

2010 年，洛克菲勒基金会和 J.P. 摩根公司联合组织了一项针对现有影响力投资企业的大规模调查，并提出长篇报告《影响力投资：

一种新兴的资本类型》①。在以后的两年中，影响力投资有长足发展。2012年，在盖茨基金会的资助下，摩立特集团（Monitor Group）与洞察力基金合作发表了一项报告，题为"从蓝图到规模——影响力投资的公益案例"②，二者都是对规模化的社会企业的理念和迄今为止的实践展开的分析性报告。前者多强调积极方面，后者根据更多的实践经验，阐述其障碍与困难，两篇报告恰好互补。本文的论述主要依据这两份报告。

（1）定义

"影响力投资"是旨在创造超越财政收益的积极影响的投资。为此，除了管理财政风险和经济收益外，还须管理该企业在社会和环境方面的表现。投资者包括传统的公益基金会、商业企业或金融机构以及身价较高的个人。投资对象跨行业、跨地区，其目标也多种多样。它需要独特的掌控风险的技巧和适应这种技巧的组织结构，需要借助包括企业、民间组织和教育机构的力量，还会引进第三方评估，并建立衡量业绩的标准。

这种模式的资本投资者是这样一批人：他们越来越不愿意在唯利是图和无偿捐赠之间作出非此即彼的选择，而谋求营利与公益兼顾的方式。它与已经比较流行的"负责任投资"的理念基本相同，如果有区别的话，后者是消极地缩小负面影响，避免投资有害的产业，例如烟草业、军火、高度污染的工业等；而前者是更为积极地在深入调查的基础上创造有利于社会和环保的新的市场。也正因此它被视为一种新类型资本（new class asset）。

"影响力投资"这一名词是新的，但是这种做法并非自21世纪

---

① J. P. Morgan Global Research & Rockefeller Foundation, "Impact Investments: An Emerging Asset Class", *Global Research*, Nov. 29, 2010.

② Garvey Koh, Ashish Karamchandani & Robert Katz, *From Blueprint to Scale: The Case for Philanthropy in Impact Investing*, Apr. 2012.

始。早在 20 世纪 40 年代末，英国就成立了殖民地开发公司，后改名"英联邦开发公司"，吸引国内外私人资本以商业模式帮助原殖民地实现可持续的发展，随后逐渐成为一种公益模式。美国很快也有了类似的投资公司，1976 年普鲁登休保险公司专门建立了"社会投资项目"，迄今投入已超过 10 亿美元。这些并没有有意识地与"创投公益"联系起来，直到 20 世纪 90 年代，这一模式才大规模发展起来。

（2）服务对象

一切公益事业的最终服务对象都是社会需要帮助的弱势群体，除此之外，当代还有一个重点就是环境保护。所以各种社会企业的宗旨都把"社会"与"环境"并列，有时简称的"社会"中就包括环保。像美国这样的发达国家仍然有大量人口享受不到优质教育资源和医疗，还有的家庭居无定所，所以相当一部分公益性投资是以本土为目标，主要涉及教育、住房、医疗、环境等有关领域。

不过方今世界贫富差距最大的是在世界不同地区之间，所谓"南北差距"。在全球化的今天，相当一部分发达国家的公益活动的关注点是世界贫困人口，即所谓"金字塔底层人群"。这个名词最早是富兰克林·罗斯福总统于 20 世纪 40 年代提出的。2004 年，国际知名商学教授普拉哈拉德出版著作《金字塔底层人民的财富：通过利润消灭贫困》[①]，比较完整地阐述了这种独特的模式：用商业投资把这部分穷人当成客户，同时培育其自己创业成为供应商，从而在根本上改善生活。根据世界资源研究所的定义，2002 年人均购买力平价（PPP）在 3000 美元以下的属于"金字塔底层人群"，

---

① C. K. Prahalad, *The Fortune at the Bottom of the Pyramid: Eradicating Poverty through Profits*, Wharton School Publishing, 2006. 中译本为《穷人的商机》，中国人民大学出版社，2010。

全球有四五十亿人。日收入低于 3 美元的赤贫人群不在此列，他们尚无力进入市场，处于最最底层。他们的问题需要用其他方式解决。

（3）可行性和正当性

"影响力投资"的含义与"创投公益"、"社会企业"都有重合，都是用市场的途径服务于公益，只是在新公益的光谱中更接近强调市场效益的一端。从投资者的角度来论述，影响力投资具有更鲜明的商业营利性，而且更强调追求规模效应。也正因为这一点，它遇到的风险、引起的质疑也比较多。

最常见的疑问有：这些穷人如何有足够的购买力撑起新产业的市场，赚穷人的钱是否有剥削之嫌；清洁水、基本医疗卫生等已被联合国定为基本人权，理应由政府提供，而不应诉诸市场。（2010年联合国宣布享有清洁水和卫生设施是一项必不可少的人权。）

实际情况是，低收入家庭除了食品等生活必需的开支外，大多会有一些积蓄为改善生活之用。仅以手机为例，它似乎并不属于生活必需品，但是 Celtel 手机公司在非洲许多国家建立了巨大的市场，并获得了可观的利润；当地农民通过手机获得商业信息，有助于更好地推销其产品；家长从手机银行中获得方便的服务，有助于更好地打理子女教育经费。根据一项对五种生活最急需的用品——住房、清洁用水、母婴卫生、初级教育和金融服务——的调查和估算，未来 10 年中的市场潜力可以吸收 4000 亿至 10000 亿美元的投资，利润预期在 1830 亿至 6670 亿美元之间。

穷人既然有改善生活的权利和需求，理应得到供应，而如此庞大、形形色色的需求是不可能持续依靠政府和无偿捐助来满足的；实际上，发达国家的政府履行公共服务的职责比较到位，而越是贫困地区的政府，其公共服务越是缺位。穷人不但享受不到"人权"的免费服务，反而要花高价向不规范的市场购买。正是因为一般商人对这块市场不屑一顾，稀缺的供应形成垄断，穷人买贵货，经受"对贫穷的罚款"。（普拉哈拉德曾作过调查，孟买城郊贫民区的日用品要比市内富人区的贵 1%—53%。）"影响力投资"正是把大量私人资本引入最贫匮的人群，不但在服务完全缺位的地方填补空白，还可以通过市场竞争淘汰质次价高的垄断性供应商，使穷人享受价廉物美的产品，抵消"对贫穷的罚款"。

根据一项在加纳、菲律宾、印度三国关于饮用水供应的个案调研，印度比拉尤基金会（Byrraju Foundation）按影响力投资模式建立的社区水净化企业，所供应的饮用水价格只有原来专业集中供水价格的一半。比拉尤基金会 50% 的印度客户的年收入只相当于 1000 美元，几近赤贫。若以平均每户日消费量 20 升计，在印度的价格是 11 美分，加纳是 7 美分，他们完全可以负担得起，而商家还可以有盈余。根据这一计算，未来 10 年这一市场的潜力可以吸收 50 亿至 130 亿美元的投资，预期利润达 29 亿至 70 亿美元。那么，在这一收入水平以上的"金字塔底"人群（年收入 3000 美元）就更不成问题了，根据有关组织的调查，这部分人每户对水的支出只占其收入的 1%，所以市场潜力更大。

另外，影响力投资不是只把服务对象当作被动的客户，同时也把他们作为生意伙伴，协助他们发展因地制宜的企业，金融服务（即小额贷款）主要起这个作用。

据此得出结论：影响力投资能促进经济增长，开发脱贫的途径，从而改善穷人的生活质量。经济增长固然不一定有助于脱贫，但是这一模式可以促进在供应商、贫苦的客户和就业员工之间更加合理地分配剩余价值。总之，这种模式对四方面都有利：公益捐赠者、投资者、政府、受益对象。受益对象不仅仅是被动的接受者，同时也是参与者，有望逐步转化为投资者。

三、非营利捐赠者的重要作用

一项影响力投资在臻于成熟、达到可持续的规模之前，要经历一个充满风险的市场探索和培育阶段，少则 5 至 7 年，通常 10 年左右。在这个阶段，非营利组织的捐赠是十分必要的。这就是"创投公益"的作用。

从公益基金会或公益人士的角度，不直接赠予，而与投资者合作以达到造福社会的目的，是新的有利的尝试。海量的社会问题和需求单纯靠捐赠满足不了。捐赠者资助私人企业，激励其向有益社会的事业投资，同时利用管理经验、技术力量帮助其度过投入大于产出的前期，直到培育出新的市场，进入良性的商业运作。同样的付出，却比单纯捐款做项目更高效持久。用盖茨基金会的说法，这是"催化式慈善"，非营利的公益捐赠像化学中的触媒，起催化作用。无论结果如何，其实验过程本身就是创新，为将来的成功积累经验，直接或间接地对目标对象都有益处。如果成功，那就更好，创造新产业，开辟新市场，作为一种范式为他人所模仿，起到推广效应：这正是公益的最终目标。

当然，从投资者的商业角度，对失败的承受力有一定限度，而成功后为他人效仿，虽然起推广作用，却必然降低利润率。不过，既然以公益为最终目的，这个后果应该是可以接受的，何况任何一项新产业，最终都会普及成为大众消费品而价格下降。

1. 风险与困难

当然一切商业投资都有风险，但是从创投公益到影响力投资，新公益还是一项在成长中的新事物，它依据的新观念——营利与公益并存，更有其独特的风险。现实与理念还有较大的距离。报告《从蓝图到规模》依据大量案例提出警示，强调目前只是初创阶段，新公益的发展还有许多困难。2014 年，洛克菲勒基金会会长朱迪丝·罗丁（Judith Rodin）与人合著电子版图书《影响力投资的力量》[1]，也坦率而切实地分析了这一新领域的问题与难点。综述如下：

（1）一般的高科技企业创业初期也有许多引人入胜的创新，但是它们必须在严酷的市场竞争中经过严格筛选，优胜劣汰，只有少数有生命力的能够存活下来；而新公益的世界，仍与传统公益一样，比较宽容，多靠理念和自觉。一些社会企业或影响力投资即使没有显示出令人信服的前景，照样能得到投资或资助，以至于不少志大才疏的创业者总以为自己的"伟大思想"代表未来，而不对现实负责，造成整体良莠不齐，影响资源使用的效率。

（2）较之传统的投资，影响力投资涉及的因素、执行的程序要复杂得多。特别是在"金字塔底层"开辟新市场，风险更不同于一般。首先，服务对象和需求分散而复杂，加之缺乏现成的数据资料和咨询机构，更缺乏配套的设施，往往需要事事从头做起。其次，人们习惯于把营利与公益捐赠对立起来，很多潜在受益人并未意识到他们在预防性医疗、卫生设备、意外保险等方面的长远需要。最后，由于投资地点多在法制不健全、市场不规范的国家和地区，建立正常的交易规则的成本十分高昂：有的国家合法注册一家企业障碍重重，官僚手续令人望而生畏；有的合法交易没有法律保障，付出高昂的预备成本后，却收获不到应得的利润；有的企业实际上是在同渎职的政府部门或当地既得利益集团的质次价高的产业竞争，自然受到人为的刁难；有的地区政局动荡，发生政变或政府换届都足以打破原来的协议和规划，前功尽弃。以上这三点困难都不是仅凭良好的愿望与一般企业的经营能力所能解决的。特别是金融服务（小额贷款），其回报率高，而风险也较大。最初尤努斯创办格来珉

---

[1] Judith Rodin, Margot Brandenburg, *The Power of Impact Investing*, Wharton Digital Press, 2014.

银行，用了 16 年才达到收支平衡。在它的榜样之下，后来的一些小额贷款机构大大缩短了这一周期。

（3）投资者主观方面也存在信誉和道德风险。这主要体现在牟利和公益目标之间的取舍。这两个方面必然会形成张力。不排除投资者游离原来的公益目标，把逐利放在首位的可能，特别是在董事会意见不一时来自投资者的压力下。例如在市场有利于卖方的情况下抵挡不住抬价的诱惑，盈利后不履行当初进一步开拓市场的承诺而变现撤资等等。在小额贷款领域，利率过高或过分放贷的情况都有可能发生，这会成倍地放大对整个领域的信誉损害。即使不是有意逐利，因经验不足、经营不善而造成对服务对象的损害，其后果更加严重，因为涉及的是贫困人群。

由于上述原因，到目前为止，新公益的成功率仍然比较低。洞察力基金 10 年中考察了 5000 家公司，选中投资的只有 65 家。2009年至 2010 年，摩立特集团派出一个小组在撒哈拉以南的非洲 9 国进行了 16 个月的调查，考察了 439 家社会企业，只有 32% 在商业上可持续并有希望规模化，而已经在规模化运行的只有 13%。不言而喻，从事这一工作需要抱有坚定的信念，经得起失败。

2. 成功案例

2007 年，印度有两名创业者鉴于印度还有三分之一的人口"生活在黑暗中"（用不上电），共同发明了一种变废为宝的新技术，即用谷糠生产甲烷用于发电，既廉价又环保。他们与一家印度的非营利基金会合作，建立了再生能源企业"谷糠发电系统"（HPS），一开始以少量自筹资金建立了两个小型发电站，以起示范作用。但是它所服务的村庄没有电网，只好因地制宜设法用当地产的廉价竹子做电线杆，同时还要设计高科技的防偷电设备，使偷电率低于 5%（印度通常是 30%），为此需要自己发明低成本的智能电表。他们的客户过去从来没有买过电，很少有人家有计电器，HPS就需要设计一种最简单的计算法，便于客户用已有的设备交电费。后来HPS发现极少有发电厂使用燃气发电机，于是又开发了一种把柴油发电转换成燃气发电的设备。但是这过程中产生了废物，需要负责任地解决污染问题，但这同时提高了成本。HPS又发明了一项技术，用此类废物生产村民经常用的香棒，这一副业为很多妇女提供了就业机会。接下来的挑战是要为这一产业链培训必要的人手，因为这些村庄以前从来没有用过电。于是，HPS正在建立"谷糠大学"以培养所需人才。

在发展过程中，HPS得到壳牌基金会（Shell Foundation）的大力资助，从2008年起累计达230万美元。这笔款项属捐赠性质，根据HPS每一个阶段需求的精确预算予以资助，有的捐赠还需要HPS拿出匹配资金。壳牌基金会不收取利润，但是规定HPS必须按商业模式运作，农户必须付费买电。现在的定价，一家典型农户每月电费大约相当于2美元，他们支付得起，也足以使企业收回成本。如今HPS已向比哈尔邦边远农村25000家农户供电，建立了75个小型发电站，每个站大约在建成半年后达到收支平衡。目前它还在向洞察力基金等其他国际创投公益基金筹款，准备向非洲推广。

3. 失败案例

鉴于低收入群体抗风险能力低，一旦发生天灾人祸，会对生活造成灾难性后果，2005年，位于日内瓦的小额贷款机构AKAM发起一项为低收入人群提供小额保险的业务。最初由盖茨基金会出资550万美元，主推两种保险：家庭主要劳动力大病或死亡及女性难产住院。当时人寿保险的小额贷款已经在国际上建立，但是有关医疗保险的产品尚无商业上成功的先例。于是AKAM创办了一家新的公司——第一小额保险机构（FMiA），开始在巴基斯坦试行。经过初期的示范阶段后，巴基斯坦 FMiA 于 2008 年 1 月正式开张。10 个月后，洞察力基金投入 38.4 万美元股本，期待它可以像巴基斯坦的小额贷款一样迅速增值，三年后达到收支相抵。但是该公司连续亏损，AKAM 与洞察力基金又投入 180 万美元以弥补其 90% 的亏损，希望主流投资者能够跟进，但是并未成功。FMiA 再接再厉，找到另一家小额贷款伙伴在拉合尔和卡拉奇两个城市开展同样的保险事业。到 2009 年底，拥有 2.1 万投保人，但是赔付率高达 285%，在农村的赔付率更高。一般说来，保险公司的赔付率必须低于 100%，才能有盈余，可持续。针对低收入人群的小额保险的保费低于一般水平，但这个人群的健康状况都比较差，发病率高，同时还受其他如医院收费不规范、保险机构的人员因地区局势动荡无法进入调查等外部不利因素影响。2011 年，AKAM 与盖茨基金会同意结束对这一项目的资助。洞察力基金一笔勾销其在该公司的投资，撤回剩余资金。破产的 FMiA 公司被另一家人寿保险公司购买，准备在吸取经验教训的基础上继续这一事业。

盖茨基金会与 AKAM 总结认为，双方对情况估计不足，条件过于慷慨，管理松懈，未设定严格的入保门槛。特别是，投保所在地位于巴基斯坦北部动乱地区，公司无法随时了解情况，及时调整方针。但他们仍然相信，新接手的公司有希望成功。

4. 评估机制

影响力投资可能存在的风险和弊病，需要事先进行客观的评估，并设定标准。一些机构应运而生。

全球影响力投资联络网（Global Impact Investing Network，简称 GIIN）是 J.P. 摩根、洛克菲勒基金会和美国国际开发署于 2009 年共同创立的非营利组织。其任务是建立机制、组织活动以及开展培训和研究，以扩大这一特殊行业的规模、增进其效应，并设定影响力报告和投资标准。它发起了一个投资者理事会，成员由资产拥有者、基金管理者、进行影响力投资的公益基金会和家庭、有关的金融服务公司以及作为投资对象的基金会等代表组成，相当于搭建了一个交流经验并取得合作的平台。

与 20 世纪美国自发出现的与公益基金会有关的行业公会和监督组织一样，近年来针对新型的社会企业也出现了不止一家监督和研究机构，而且更具有国际性。除 GIIN 外，还有德勤咨询公司（Deloitte Consulting）收购的摩立特集团（后改名为摩立特研究所，Monitor Institute）等。另外还有其他的评估组织，其中最有权威的是 BLab，已成为被普遍接受的对社会企业进行论证的机构，将在第十五章详述。

J. P. 摩根与洛克菲勒基金会关于影响
力投资报告的封面

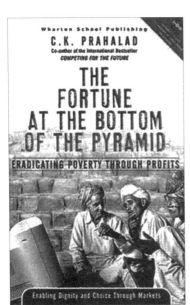

国际知名商学教授普拉哈拉德出版著
作《金字塔底层人民的财富：通过利
润消灭贫困》

关于影响力投资的报告：*From Blueprint to
Scale*

第十四章　人物与组织举要

各类新公益组织林林总总，其运作处于公益光谱的不同阶位，往往有重合之处。有时同一个组织在发展中也有变化——从以非营利的捐助过渡到营利的资助。以下在数以百计的新老公益组织中略举少数特色鲜明、有代表性的组织和人物，以见一斑。

一、DRK 基金会

DRK 基金会全名为"德雷珀·理查兹·卡普兰基金会"（Draper Richards Kaplan Foundation），以三位创办人也即现任联合会长的姓氏命名。

1. 创办人

威廉·德雷珀（William Draper），1950 年毕业于耶鲁大学，1954 年获哈佛商学院 MBA 学位。他是美国最早的风险投资家之一，从 1959 年开始风投生涯，现在还是两家以他名字命名的投资公司的总经理。1981—1986 年任美国进出口银行行长兼董事长，其后担任联合国开发项目的负责人，主持过近一万项国际项目。他还兼任如胡佛研究所、哈佛商学院等众多学术机构的董事会成员，纽约的外交关系委员会委员，并曾担任过众多有影响的官方及民间智库和民间组织的负责人或董事，此处从略。

罗宾·理查兹·多诺霍（Robin Richards Donohoe），现为 DRK 基金会的执行经理。她本科毕业于北卡罗来纳大学，获斯坦福商学院硕士学位。创办 DRK 基金会之前有 20 年国际风投资本的经验，在美国国内国际多家风投公司和银行任领导职务，业绩斐然。

罗伯特·卡普兰（Robert Kaplan），最早是堪萨斯州一家公司的会计，后入大学深造，于 1983 年获哈佛商学院 MBA，现任哈佛商学院讲座教授及资深副院长。他也有丰富的风投经历，到哈佛之前曾任高盛公司副总裁多年，并担任多个投资部门的负责人，还曾任亚太投资银行的总裁与合伙人、谷歌投资顾问委员会主席等职。卡普兰同时从事学术研究，发表过不少著作和论文。

德雷珀与多诺霍于 1994 年共同创办了德雷珀·理查兹基金，开始投资美国和印度早期的一些信息产业，到 2010 年投资的公司已达一百多家，包括 Hotmail 和 Skype 等知名软件公司。其国际基金是首家投入印度的西方风投基金。2010 年，时任哈佛教授的卡普兰参加进来，又陆续吸收了 14 位创投公益家，联手成立了 DRK 基金会。

2. 宗旨和运作方式

DRK 基金会宣称其宗旨是为方今时代的重要问题找到重要的解决办法。通过规划的创新、体制的改变和突破性的技术，使周围以及世界其他地区的人的生活有显著的改善。为此，需要求索新思想，以为未来创造更好的机会。其所追求的新思想是指能够提出改变游戏规则的新办法的创意，促使实现意义深远的变革，最终产生体制性的变化。

（1）遴选。DRK 基金会惠及的目标遍及全世界，特别是发展中国家。但是它资助的主体只限于在美国的组织。主要通过自愿报名和主动寻找相结合，经过一整套程序精心挑选，找出有志于公益的杰出的创业人士和组织。遴选的标准有三点：创始人的能力，其模式的可推广性，以及组织潜在的世界影响力。被选中的社会创业人士必须具备眼光、头脑、同情心、精力、激情等基本素质，善于和勇于提出关键性的问题，既有雄心壮志又谨慎行事，有影响力，并能认定目标坚持始终。其特别强调大问题需要大的根本性的解决办法。这类组织可以对本行业的其他团体起示范作用，最终能对决策、公众舆论、经济和制度变革产生影响。

（2）资助与辅导。一旦确定了资助对象后，DRK 基金会负责从个人、基金会以及企业等各方集资，在援助对象创业的开始阶段就给予资助和辅导，协助其走向成功。这种模式的优越性在于不是一次性的捐赠，资金数量和年限都没有限制；也不会给予资助后就撒手不管，而是派人以创业伙伴的身份加入领导机构，深度介入其组织建设和规模化工作，提供强有力的智力支持。一般说来，资助与辅导以三年为期，日后视需要再延长。几年来，围绕 DRK 基金会已建立起一张社会创业者的网络，每年举行聚会，交流思想和经验，有需要时还可以互相帮助。

（3）有所为有所不为。DRK 基金会不资助没有兴趣扩大规模的社区组织、纯研究型的机构和传教组织。下面这些也不符合资助条件：无意扩大为全国性和国际性的地方组织；项目附属于某个已存在的组织而非独立的单位；已经成熟、不在早期创业阶段的机构；不计划发展成为 501（c）（3）的公益性组织的机构；不准备全职投入相关组织的创业人士；重复已经存在的模式而无创新的思想；不能为社会带来根本性改变、不能解决长期问题或不切实际无法推广的想法；没有评估绩效的计划。另外，不接受重复提交的申请。

3. 成绩

到 2014 年，DRK 基金会已完成两期投资，支持了美国和其他国家的 80 多个公益性组织。两期共投入 460 万美元。自 2002 年以来，其投资效应已放大 50 倍。目前已有一英亩地基金、基瓦微信贷等成功案例。

（1）一英亩地基金

该基金发起人安德鲁·永（Andrew Youn）是第二代亚裔移民，毕业于耶鲁大学，做过投资咨询工作，33 岁时（2006 年）发起成立"一英亩地基金"。他的出发点是世界上绝大多数的穷人是挣扎在生存线上的农民，他们的职业和处境有惊人的相同之处，只要给予机会，就可改变境遇，遂决心对改变这部分人的命运有所作为。这是他的出发点，他要运用企业化的效率来实现心中的激情。该基金先从肯尼亚开始，把农民组织起来，贷给他们种子和肥料，进行培训，并帮他们找到销售市场。该基金组织雇用大批当地的工作人员组成服务网络，使农民步行就可获得这些服务。参加的农民通过这些帮助，每一英亩的收入可以翻一番。这个项目在肯尼亚获得成功后，现已推广到卢旺达和布隆迪。截至 2013 年已服务 7.3 万农户，惠及 50 余万人。2014 年进驻第四个国家——坦桑尼亚。2013 年和 2014 年连续入选《全球杂志》（The Global Journal）世界 100 家顶级 NGO。

一般的公益基金会不大愿意在这类组织创业的早期给予足够的捐赠，也很少有风险投资肯做公益性投资。DRK 基金会刚好填补了这个空白。在一英亩地基金创业第一年只有 40 户农民加入时，就毅然给予资助，同时由 DRK 基金会网络中另一家生活用品组织提供了极为有用的关于最便捷最具推广价值的健康产品的建议。根据这些建议，一英亩地基金第二年就为 30 万儿童驱虫，并提供了安全饮水。在 DRK 带头资助之后，该基金成绩斐然，陆续吸引了许多来自大中小公司和私人的捐赠。

一英亩地基金的口号是"农民第一"，即把穷人看作有尊严的客户；同时强调规模效应以扩大受惠者的数目，因此操作程序都能像麦当劳一样被复制、可经常评审和反馈，并有严格的财务纪律；其衡量成功的尺度是使更多的农民具有发家致富的能力。这些都符合DRK基金会的理念。

（2）基瓦微信贷

基瓦（Kiva）微信贷是一家非营利组织，创立于2005年。它自称是世界上第一家专供穷人"个人对个人"借款的市场。它的宗旨和目标与小额贷款银行基本相同，但它本身不是信贷银行，而是一个桥梁——创建一种新的资金流的渠道，在这个过程中建立伙伴关系。

其创始人是普勒马尔·沙（Premal Shah）和马特·弗兰纳利（Matt Flannery）。沙毕业于斯坦福大学，后从事管理咨询工作，供职于硅谷著名的Paypal在线付款公司。他一直梦想建立一家互联网微贷银行。2004年他休假三个月，带着他的设想到印度去做实验。回到硅谷后就辞职，与几个志同道合的伙伴共同创办了基瓦微信贷，实施了心中的设想。他比较幸运，很快就获得成功，有了规模效应。2009年，他被世界经济论坛评选为"全球青年领袖"，列入《财富》杂志40岁以下40名杰出人物榜单。

另一位创办人马特·弗兰纳利是斯坦福大学哲学硕士。他原是一位电脑程序员，2004年兼职参与基瓦微信贷的工作。2005年辞职全力投入，并任执行总裁。在他的领导下，基瓦微信贷从一项实验项目发展为成熟的全球服务网站，通过世界各地的伙伴向低收入创业者贷出几亿美元。2009年他与普勒马尔·沙同列《财富》杂志40岁以下40名杰出人物榜单。2011年获《经济学人》杂志"无国界创新奖"（还有其他获奖不再列举）。

基瓦微信贷的运作方式是充分利用互联网的便利，在全球各地寻找小额贷款机构作为当地合作伙伴，再协助有钱愿意出借的人把款汇入这些伙伴机构，由它们贷给需要资金创业却无法从传统金融机构中借款的穷人。它规定 25 美元即可起贷。基瓦微信贷作为中介，不截留分文费用，100% 汇入其伙伴机构，由其自行灵活决定贷款利率。具体的工作人员来自当地的志愿者。

这一模式的独特处还体现在由贷款人自行挑选借款人。基瓦微信贷把借款人的信息放在网上，其需求包括创业、学费、清洁能源等等，由贷款人自己从中挑选合适的对象，然后点击"贷款"，钱进入基瓦微信贷账户，由基瓦微信贷当地的伙伴机构协助完成借贷。这些伙伴会与借款人密切合作，使其最终能够如期还款。原贷款人收到回款后有三种选择：将此款再贷给另一需求者、捐给基瓦微信贷或者撤回。

基瓦微信贷的宗旨、运作方式和规模化前景特别符合 DRK 基金会的条件，因此在创始阶段得到 DRK 基金会的资助。从 2005 年起，DRK 基金会连续三年每年注入资金 30 万美元，同时派专业人士给予指导帮助。这三年对基瓦微信贷是关键性的。这之后其他资金就源源不断地进来。一部分来自贷款人（包括个人和机构）的自愿捐赠，一部分来自赞助商、公益基金会和其他捐赠人。近年来最大的捐赠者有惠普公司基金会，它旗下一项支持先锋创业者的项目与基瓦微信贷建立了 5 年伙伴关系，每年投入 100 万美元；雪佛兰公司作为基瓦微信贷的加州伙伴，持续两年每年捐助 100 万美元补助其运作费用；其他以各种名义捐赠 100 万美元以上的著名机构还有谷歌、格莱珉银行等。

自 2005 年创办至 2014 年，基瓦微信贷已在全球 5 大洲 86 个国家联系了 120 余万贷款人，有 290 个合作伙伴（贷款机构），450 名志愿工作人员。贷出 6.758 亿美元，还款率达 98.78%。仅 2014 年，平均每周向贫穷的劳动者贷出 100 多万美元。所创办的网站 2009 年被《时代周刊》列为全球顶级网站。

二、阿育王社会创新者与比尔·德雷顿

阿育王社会创新者（Ashoka Innovators for the Public）的创办人比尔·德雷顿 1943 年生于纽约，父亲是探险家，有关心社会、服务社会的家族传统，祖上还有废奴主义者。他继承了关心社会弱势群体、不安于现状、反叛不公的基因，从小就显示出企业家才能和追求创新的气质。上高中时他加入全美有色人种协进会，组织过一次抵制当地商店种族歧视的活动。1963 年，因仰慕甘地前往印度，结识了甘地的门徒维诺巴·巴维，亲眼见证了其所推行的一场土地变革，并得到启发，对他后来的事业有重要影响。他在哈佛念本科，留学英国牛津，在耶鲁获得法学博士，在麦肯锡公司做过 10 年咨询经理，在卡特政府中任环保署副署长，推动了限制温室气体排放的政策。但是他不满足于此，认为从政从商都不足以解决现代社会的种种弊病和矛盾，下定决心为谋求解决之道做出自己的创新贡献。

1981 年，德雷顿以 5 万美元创立了阿育王社会创新者。它的运作模式与风险投资基金相似，在全世界寻找、发现有创新和创业精神的企业家，给予帮助（包括资金和能力建设）。因为他们能适应迅速变化的世界而不断对社会问题提出新的解决办法，不过其使命是解决种种社会不公问题。

阿育王社会创新者本身也需要资金捐赠。创建之初比较困难。1984 年首次得到麦克阿瑟伙伴基金一笔 5 年期 20 万美元的款项。接着，洛克菲勒基金会以及其他基金会给予支持，随着其声誉的提升，资金支持也随之而来。目前的年预算为 3500 万美元，一半以上的捐款源自美国本土。

阿育王社会创新者根据公益不仅是给予也可以是投资的理念，选取的资助对象多是社会创业人士。受资助者每人可以得到当地最基本的生活开支，必要时还免费提供专业支持，例如管理顾问服务、

30 小时的律师服务等，为期三年。三年以后，这些企业家应该可以自力更生。每年阿育王社会创新者会举办多次大型活动，让世界各地的社会创业者聚集一堂。它还提供一个 12 种文字的网站，可以通过翻译软件让不同国家的人在线交流。

在成立后的 30 多年中，阿育王的投资超过 4000 万美元，平均每个社会创业者 12 万美元。与一般的风险投资不同，阿育王社会创新者不以创投者的项目成败来评估投资绩效，它更关注创投者在十年之后的状况，比如是否仍然投身于社会改革，取得了什么成果。追踪数据证明，89% 的创业者十年之后已经以自己的理念和成效做出示范，对政府和其他团体产生影响，并使其复制模式。到 2014 年，阿育王社会创新者已经在 70 多个国家孵化出 3000 多名社会创业者，服务对象超过 300 万人。70% 的创业者在所从事的领域内改变了固有的运营模式。在美国，一位有志于教育的创业者帮助了上千名出身于中低收入家庭、无法进入大学的中学生进入了理想的大学；在南非，一位妇女创立了一种以家庭为基础的艾滋病护理模式，改变了政府的卫生医疗政策；在巴西，有人以一人之力使几十万边远地区的农民用上了电，并且提高了家庭收入。

这种既有改良社会的理想，又有创新才智，还有很强的执行能力的社会创业者十分难得，用德雷顿的话来说，是"千万里挑一"的人才，所以他开发出一套遴选的机制，每年只选 30—40 人。首先，通过背景调查在各国社会创业者数据库中筛选出一批入围人选；随后由总部派人前往入围者居住地进行地毯式拜访，受访者包括其身边任何可能的相关者，从家人到竞争对手。面试时，候选人要接受对其财务等实际情况的最严苛的考察。最后，候选人接受可能包括世界五百强企业总裁在内的外国顾问团的再次"拷问"。这是个择优录取的过程，淘汰率高达 90%。阿育王有一个 17 人的决策小组，采取一票否决制。不过，一旦被选中，这名社会创业者也会自然成为阿育王社会创新者团体的一部分，并作为团员为组织做出贡献。它的成员以年轻人为主，他们不会获得高薪厚禄，等待他们的都是极具挑战性的工作项目。这里的人员流动性极大，年纪最大并始终在岗的员工就是创始人德雷顿本人。

阿育王社会创新者的影响力远超过其资金规模。2006年，德雷顿成为《美国新闻与世界报道》杂志和哈佛大学共同评选的美国25位杰出领袖之一，与比尔·盖茨和乔布斯一道名列榜上。事实上，同后两位对科技界所做的贡献一样，德雷顿也引发了一场变革的浪潮。

阿育王社会创新者还有一些其他的项目，以家长、青年，甚至儿童为对象，旨在激励下一代成为致力于为社会谋福利的创新者。

三、洞察力基金 ①

洞察力基金（Acumen Fund）的创办人是杰奎琳·诺沃格拉茨（Jacqline Novogratz）。她也有着光鲜的学历和职位：本科毕业于弗吉尼亚大学经济与国际关系系，获斯坦福大学MBA学位。曾在华尔街从事国际金融工作，任阿斯彭等著名学会和研究所研究员，常出席国际经济论坛并发表演讲，目前仍是斯坦福商学院研究生院和麻省理工学院出版的《创新》学报的顾问委员会成员。她追求改变世界、充满创意的生活，于2001年放弃了在华尔街发展的机会，创办了洞察力基金（2013年改名时去掉"基金"一词，以下称"洞察力"）。在此之前，她曾在洛克菲勒基金会旗下创办并领导了下一代领袖人才项目和公益工作室，并在卢旺达建立过一项小额贷款基金。2009年，《外交政策》杂志把她列为全球百名杰出思想者之一。"洞

---

① "Acumen"在有的中译文中译作"聪明人"，作者认为译作"洞察力"更符合原意，即以敏锐的洞察力选定帮助的对象与合适的方法。

察力"目前在纽约、孟买、卡拉奇、波哥大、内罗毕和阿克拉等地有办公处。

1. 宗旨

"洞察力"通过投资于社会企业、新兴创业领袖和具有突破性的创意，努力争取实现一个超越贫困的世界。其自身定位是创投资本与传统公益之间的桥梁，以专业经济知识和敏锐的商业眼光帮助贫困者建立能够独立运营的企业，使其真正实现可持续的自给自足。它的工作重点在人均收入超低的国家。

2. 耐心资本

"洞察力"进行"耐心资本"式的投资。所谓"耐心资本"（patient capital），顾名思义就是不急求短期回报，但是作为投资，最终当然是要营利的。它力图在追求效率与规模和追求社会影响之间取得良好的平衡。在理念上，它不将那些低收入的穷人视为被动的受援者，而是把他们看作潜在的客户、平等的伙伴和萌芽中的企业家。

3. 投资方法

"洞察力"从个人、公司和各种组织筹资，然后将这些资本投给为低收入者提供优质廉价商品和服务的商业模式，以改善低收入者的生活。吸收投资大小不拘，从一万美元到数百万美元不等。投资多半来自新兴群体，他们对传统基金会的项目不感兴趣，希望看到更好的解决方案，所以愿意投资社会企业。具体的操作方法是认准一个当地创业者，研究他提出的方案是否可行，一旦投资，就要协助其企业成长。通常会在该创业者的项目已经开启后才介入，专注于帮助他们做得更好。

在选择投资对象方面，"洞察力"主要依靠当地人际网络，了解谁在当地说话有分量，谁支持变革，谁关心穷人的民生，谁是当地政府中具体做事的，再通过这些人介绍合适的创业者成为洞察力基金投资对象。比如在巴基斯坦，就通过巴基斯坦国际航空公司的总裁扎法尔（Zafar）来鉴别选中的创业者，并提供顾问咨询及协助他们建立人脉。

在最初投入的项目成功之后，"洞察力"会把小规模的成功个案转入大规模推广，让更广泛的弱势群体受益。截至2014年，它已经在农业、教育、健康、住房、饮用水、能源六大领域投资了75个社会企业（大多在印度、巴基斯坦及非洲），总投资额8300万美元，带动跟进投资和联合投资达3.68亿美元。其中有5家赎回了自己的股票，有11家已经偿还了贷款，还有10笔已经有了盈利，虽然也有5家公司已经注销。通过这些社会企业，创造了5.8万个就业机会，帮助了超过1亿发展中国家的民众。

4. 投资案例

在肯尼亚，"洞察力"通过地方网络发现一个社会创业者想要在当地兴建流动厕所，它在认同这个项目的同时，开始琢磨如何帮助这个项目发展，从惠及5至8个人到100万人。"洞察力"首先花了两年时间使这个项目从非营利成功营利，然后进行"耐心资本"投资，引进技术使它进一步发展，帮助它做营利计划。如今这个项目已经有100万人的用户。"洞察力"与这个社会创业者共同创造了一个商业模式：它既是投资人，同时也是完善项目的建设者。按照这一模式，"洞察力"获得了很大的成效。它为各地提供救护车，从开始的9辆到现在的1000辆，接应了200万次呼叫；投资建立太阳能示范，到目前已经为1400万户人家照明；2000年对印度的社会企业投资是117万美元，到2011年，年投资已达2.5亿美元。

杰奎琳于2009年出版了作品《蓝毛衣》，书中讲述了她在非洲的艰苦创业经历，以及如何努力适应当地的民情，从失败中逐步找到有效的方法。

又以印度为例，"洞察力"2014年的一项微博公布，根据他们的调研，印度12亿人口中半数是25岁以下的年轻人，但其劳动力人口中接受过技能训练的只占2%。约90%的人口都是随机找简单工作，极少有培训和教育机会，这自然导致劳动效率普遍低下，且极少有上升的流动性。"洞察力"由此得出结论，印度最需要的是职业培训，今后会据此规划对印度的投资方针。

这些案例也是对"耐心"的诠释，并说明"社会创业精神"普遍的特点——不是捐一笔钱帮助需要者就算项目完成，而是要研究对象、调整药方、因地制宜、对症下药、负责到底。

在"洞察力"成立之初的2001年，它是当时世界上为数不多的使用投资的模式在发展中国家解决贫困问题的机构。而今天，在全球已经有超过两百个组织采用这种影响力投资的方式解决贫困问题。

四、企业社区伙伴

企业社区伙伴（Enterprise Community Partners，简称ECP）成立于1982年，是比较典型的社会企业。总部在马里兰州。其宗旨是要在社区内为中低收入人群创造机会，过健康的生活，业务范围包括住房、学校、幼儿园、健康医疗、公园、零售服务等等。它的资金来源有公益基金会的创投资金和项目捐赠，也有营利公司的投资。

1. 低成本社区项目

这是ECP的一个主要项目。该组织认为改善生活的关键是住房，它致力于把现有街区房屋、政府投入以及各种资源整合在一起，为目标人群解决住房问题。

该项目衡量困难户的标准是家庭收入 60% 用于住房。凡符合这个标准的家庭可以申请购买优惠价格的住房（略相当于我国经济适用房）。ECP 替政府判断和选择有资质的开发商及相关机构，入选者可获得相应的税收优惠。为保证低成本住房的质量，还引进第三方权威机构设定标准，予以监控。此项目推动联邦政府增加在建设低成本社区方面的投入，并通过杠杆效应，动员私人领域跟进投入与支持。与它合作的房地产公司可以先从公益基金会贷款，其收益将回流至基金会。这样，几方面都得利：低收入住户得到了廉价宜居的住房；房产商可以先得到无息或低息贷款，后得到税收优惠后的利润；地方政府减轻了为无房户建庇护所的负担，而且还取得改善城市面貌的政绩；公益基金会的付出取得远远超过单纯捐赠的社会效益，而且资金还可以回收。

2. 纽约回家项目

这是 ECP 比较成功的案例。据调查，纽约每天无家可归、住在庇护所里的流浪者有 6 万人，大约 1.3 万个家庭，这些人往往因为收入低找不到像样的住所，带来大量的社会问题和经济问题。ECP 发起了"纽约回家"（Come Home New York City）项目，为这些家庭提供每笔 3000 美元的小额担保，用于申请租房时缴付房租或支付相关的法律诉讼等费用，第一期 18 个月。如果一个家庭申请成功，ECP 会帮他们对接当地政府的社会服务部门，纽约全市共有 65 个 ECP 接待站，这些家庭可以选择一个至少见一次面。随后，ECP 会帮助这些家庭与准备出租房屋的房东建立联系，这实际上也是在帮助房东尽快出租房屋，等于起中介作用。需要说明的是，这些无房户住政府的庇护所也是要付费的，只是付得较少，政府在补贴。但其实他们不是完全租不起房，而是付不起保证金，且缺乏担保机构，一般房东不敢租给他们。纽约回家项目只需要提供 3000 美元的保证金就能解决这个问题，而政府每年在每个庇护所里的住户身上的花费达 3.6 万美元。显然前者更划算，当然，ECP 除提供保证金外，还需要做许多其他工作，包括对房东、住户和政府进行说服。

美国法制完备，兼之居民收入都纳入税务部门的数据库，不大容易发生条件不符合的家庭冒充困难户，或开发商骗取税收优惠后又违约等情况，这种模式的可行性较大。项目中相当一部分的费用花在走法律程序以合法取得有关数据上（没有特殊需要，一般居民收入是不能公开的隐私）。

ECP 的负责人认为住房问题牵一发而动全身，因为有了稳定的居住环境，人们才能接受持续的教育和就业指导，求学或谋职，获得生计。据调查，一个家庭在解决住房之后，孩子的学习成绩明显改善，成人就业机会和工作积极性有所提高，健康状况也有好转。他们先做小规模的实验，成功的范例促使当地政府将这一举措从政策试验转为正式立法。这种低成本的社区开发模式还可用于建设学校、健康中心等公共设施，从而把败落的街区建成整洁、环保、兴盛的社区，反过来增加政府的税收，促成良性循环。现在，ECP 已经通过政策推动，在美国的 20 个州推行了低成本社区建设，内容包括"绿色证书"（green certification，即社区环保）、健康、交通便利。其中最大的一个项目，预算高达 5000 万美元。

该组织创立 32 年来，募集并投资了近 16 亿美元，帮助 32 万户家庭获得住所，创造了 50 多万个工作机会。

五、社会创投伙伴

社会创投伙伴（Social Venture Partners，简称 SVP）实际上是联

合起来的创投公益，《财富》杂志称其为创投公益的先驱。

第一个 SVP 于 1997 年由美国的一批商界精英创办于西雅图，他们宣称其宗旨是把公益的激情和目标汇集在一起，使个人和非营利组织的付出价值成倍地放大，共同解决社会的难题。用通俗易懂的话说，就是"众人拾柴火焰高"。它所追求的不仅是单纯的联合，还能让各种参与者发挥所长。参与者的职业、文化背景各不相同，促使他们走到一起的是对人的共同关怀，各尽所能帮助别人的共同意愿，相信努力就能够做出改变的共同乐观，以及服务弱势人群的共同目标。

SVP 模式能够成为一种对公益组织成长非常有效的支持方式，在于它不仅仅给予公益组织资金，而且作为伙伴，以陪伴成长的方式带给它们所缺乏的成长能力，如战略规划、运营管理、人才吸引和品牌培养传播等。这些成长能力的缺乏往往制约着公益组织的发展和社会影响力的扩大。为找到有能力的公益支持者，并使他们发挥作用，SVP 探索出一条途径，通过自我学习、自我教育、民主自治的方式培育出公民慈善家，使其志愿与公益组织建立伙伴关系，利用自己的专业技能，以平等、尊重、共同成长的姿态深度参与，帮助提升这些组织的能力建设。同时，SVP 将志愿服务和捐赠相结合，让这些热心公益的人士能够从帮助公益组织的过程中获得快乐和成就感。

公民慈善家是行业的先驱，他们效仿高科技的硅谷，建立了 SVP 硅谷，现在拥有 200 名左右的会员。每位会员承诺提供连续三年、每年 5000 美元的捐赠。这些捐赠主要有两个用途：一部分用于资助所关注社会领域的公益组织，一部分用于自我教育。SVP 硅谷关注的领域是教育、环境、健康和国际化，会员们从这四个领域中选出一些当地的公益组织，为它们提供连续三年的能力建设支持和资金支持。

从 2003 年起，SVP 硅谷为阅读伙伴（Reading Partners）公益组织提供了为期三年的全方位支持，使这个通过志愿者一对一的服务，帮助生活在低收入社区的儿童提高阅读能力的组织不断发展壮大，到 2012 年，阅读伙伴已经在美国三个州的 60 所学校里开展工作，总运营预算从 2003 年的 18 万美元增长到 800 多万美元。在为该组织提供强有力支持的同时，会员们通过陪伴式的深度参与，也收获了更多的关于公益组织的知识。

SVP 的负责人强调，捐钱不是公益的终结，而是开始；捐赠的方式不是捐一大笔钱存起来成立一个基金，而是成为收发的中介，随收随花；公益的一头重视对社会问题形成原因的调研，以便治本，另一头重视工作结果的质量评估。他们把自己比作没有宗教的教堂，或者是不去教堂者的教堂。

这种公益人士联合起来的模式不仅分工协作，十分高效，而且还有精神上的感染和相互间的启发和鼓舞。有的会员表示，自参加以来，越做成绩越显著，越做也越想做，就像上瘾一样。在 2014 年 SVP 的年会上，创始会长休梅克在讲话中反复强调自己的动机就是"欲罢不能"。

SVP 会员的工作对象是在自己所在地、熟悉的社区、熟悉的组织，促进当地政府、企业和 NGO 三股力量找到共同的目标合作，有时通过社区基金会取得很好的效果。而联络的范围和范式的推广却是全球的。根据 2014 年的报告，成立 17 年来，SVPI 已经在美国、日本、印度等全球 8 个国家 39 个城市拥有 3500 多名会员，为 700 多个公益组织提供了 5400 多万美元的资助。

SVP 发源于西雅图不是偶然的，因为那里是新产业的发源地之一。其发起者和骨干也多为商界精英，略举几位以见一斑：

凯文·肖（Kevin Shaw），现任国际 SVPI 会长。本科毕业于哈佛大学，获斯坦福商学院 MBA 学位。现任一家数字营销商行的行长和一家投资公司的主要负责人，同时是好几家公司的董事。曾创办 NSC 医药公司并任高管，直到 2003 年该公司被并购。他于 2003 年加入克利夫兰的 SVP，并连续三年任克利夫兰 SVP 理事长。

保罗·休梅克（Paul Shoemaker），西雅图的执行联络人、国际 SVPI 的创始会长和董事会成员。曾就职于雀巢、微软等大型跨国企业，并在多家公益机构担任理事。2011 年和 2012 年连续入选《非营利时代》杂志评选的非营利领域最具影响力的 50 人；2013 年获得由西雅图大学阿尔伯斯经济与工商管理学院颁发的"红翅膀领导力奖"等多种奖项。

露丝·琼斯（Ruth Jones），2006 年加入国际 SVP 并担任 CEO，此前曾在加拿大和澳大利亚的一些基金会担任要职。转入公益行业之前，她在澳大利亚电影公司工作过五年，有着丰富的媒体和公关经验。

六、新利润

新利润（New Profit）是 1998 年在美国波士顿成立的公益创投基金，其创始人及目前的会长是美国著名社会创业人士基尔希（Vanessa Kirsch）。

基尔希生于麻省，父亲是麻省理工学院的教授、发明家，母亲是画家。她毕业于塔夫茨大学，在学校就是社团活动的积极分子，显示出对社会的关注和活动能力。现在仍是塔夫茨大学公民与公共服务学院的倡导委员会成员。她的丈夫也是位社会活动家，曾是小肯尼迪去世后继承其参议员位置的候选人之一，创立过不止一家公益组织。

在创建新利润之前，她已建立了几家为青年和妇女服务的公益组织。1995 年，她开始环球旅行，用一年多的时间采访了 22 个国家的社会创业人士和普通公民。期间得到创建新利润的灵感。在越南的一个小村庄里，一个妇女告诉她，在做饭时加一点稻田里捉到的小虾，孩子们的身体就会强壮起来，精力旺盛而且少生病。这个妇女把她的发现告诉同乡，很快这一村子孩子的健康都大有好转。但是当基尔希沿江走进临近的村庄时，发现那里的孩子大多因营养不良而体弱多病。一样的地理条件，一样的稻田，田里一样有虾米，这个最简单易行的营养膳食，却无法在几里之内推广，而万里之外生产的可口可乐却能在这个村子里随处买到。她由此想到一个问题：是什么阻碍了社会创投者像可口可乐公司那样迅速而大规模地推广他们的创新产品？于是她就生出一种愿景：所有社会创业者都能得到适当的财源和有效的规划指导，从而把他们为解决社会问题的新创造推广到最需要的人那里。

回来以后，她与社会创投人士、学者、慈善家中的思想者讨论这一问题，共同探索如何为社会创新创造一种新的资本市场。经过研究，他们得出一种方案：主持一个非营利机构为社会创业者提供若干年的资金与业务咨询，以支持他们向新领域扩大项目。这一方案得到了德勤咨询公司下属摩立特研究所成员的背书，于是基尔希和她的小团队于 1998 年创立了新利润公司。

新利润的核心业务是为社会企业提供捐赠，或以股权和债权的形式进行投资，同时通过投资经理和外部社会资源帮助投资对象进行能力建设，协助其解决最为关键的运营管理问题。

其投资主要集中在教育、青年发展、公共卫生、劳动力开发和扶贫等领域。投资对象为具有系统性解决问题的能力、充满热情的社会创业者。他们应有良好的表达能力，足以吸引有利的资源、资金，并能快速整合资讯，果断决策。尤为重要的是他们是否关心与"社会阶层流动性"相关的议题（指创造可以奋力向上的平等机会），是否能扩散影响力，是否拥有出色的领导力，等等。为此，他们建立了一套严格的筛选流程。

在投资对象选定后，新利润会与之进行 4 至 8 年的合作，作为预备和发展阶段。其间，在这五个方面对投资对象追踪考察：影响力和创新力、成长速度、领导和治理、组织战略、关键评估指标。同时提供专职的项目经理和一名外部管理咨询师志愿者组成能力建设团队，在以下四个方面对其进行帮助：确定社会变革的具体目标、成长的规划、绩效管理、领导力的组织和支持（包括招募领导机构成员和设计组织结构等）。

在首批投资者取得初步成功后，新利润又意识到要克服规模化推广的障碍，需要改造投资环境。为此，它发起了几项有组织的活动：

• 领导者聚会（Gathering of Leaders）：2005 年，组织一批社会创业者开会讨论所遇到的主要障碍和克服之道。此后每年举行，作为互相交流经验启发新创意的平台。

• 行动库（Action Tank）：是在新利润内部成立的组织，在社会创投企业中进行跨组织的活动，旨在改造美国的一些机制，以使资源配置更有效、更规模化。

• 美国前进联盟（American Forward Coalition）：是从以上活动派生出来的一项创意，旨在对政府决策者、立法者和意见领袖施加影响，设法结合私人投资与公共资源，使其更有利于社会，效益更高。据其称，奥巴马政府在白宫设立"社会创新基金"是受他们的活动影响。

到 2011 年，新利润已经与 27 家经过挑选、有创新潜力的非营利组织建立关系，帮助其扩大影响，惠及 1400 万人。同时得到近 50 个热心家庭与个人的持续捐赠；约 300 名摩立特研究所的咨询人员免费为投资对象进行业务规划并帮助其克服创业困难。

七、影响力工作坊 [1]

影响力工作坊（Impact Hub，简称 Hub）不是单一的组织，而是遍及各地的类似的社会企业的统称。创建者的抱负就是启发和支持那些为争取一个更美好的世界、富有想象力和有创业精神的创意。2014 年笔者访问了旧金山的一家 Hub。那是一所简单的两层办公楼，每层大厅隔成许多开放或半开放的小间，里面安装了电脑和基本设施，有人在独自工作，也有三五一群在热烈讨论。墙上挂满图表和图画。图书馆里有封闭的隔间可以让人们安静地思考问题，咖啡厅兼集体食堂方便随意，也是自由交流的场所。据主人介绍：Hub 主要为有创新思想而尚未付诸实施，及刚刚起步的创业者提供一个类似实验室的场地，供其就自己的创意进行实验，或与他人交流。其运作方式是公开接受申请，有专人审核创意书，然后有选择地低价出租场地，租期视需要而定。

这种模式始自英国。第一家 Hub 在 2005 年诞生于伦敦，发起人之一是英国人乔纳森·罗宾逊（Jonathan Robinson）。他的专业是社会人类学，获爱丁堡大学硕士学位。毕业后，他不满传统的就业途径——许多毕业生必须在收入和原则之间做出选择，又感到企业与慈善事业之间缺少中间平台。他认为这个世界并不缺少热情和创意，很多人都有改变世界的独特想法，问题在于如何实现。其中最大的障碍是缺乏获得必要的经验、基础设施和社会网络的渠道。很多人只能在卧室里试着把想法变成现实，但是非常孤独，而且闭门造车，效率不高。他设想开辟一种场地，使那些有意把做生意与做好事结合起来的社会创业人士能与志同道合者共同探讨、相互启发、相互合作，建立起一张可以获得资本和他人经验的网络。创建 Hub

---

[1] 本节资料参见 Hub 与 Impact Hub 的网站；米歇尔·巴克曼文，韩君译，《Impact Hub 是如何进行内部治理和全球扩张的？》，《社会创业家》，2014 年 3/4 期。

的想法由此产生。

2005 年第一家 Hub 在伦敦诞生后，迅速收到来自各地的申请。短期内在全球发展如此迅猛，让他始料未及。现在的 Hub 已经聚集了一批来自全球不同专业、不同文化、不同背景的人士，他们以各自的方法不断开拓疆域，解决世界上迫切而棘手的社会、文化和环境问题。

为了促进这种互动，Hub 不设置传统意义上的接待人员，而是引进了"东道主"（Hosting）的概念。人们在 Hub 里面要学会像东道主一样轮流招待其他客人，让他们宾至如归，并把这些客人介绍给他们应该认识的人。Hub 每周都会举办午餐会、商业诊所、技能分享等活动。于是逐渐成为一个集商业孵化器、学习型实验室和专业人员网络三位一体的机构。

为了保证财务上的可持续，Hub 采取了会员制模式：人们需要为空间的使用支付一定的费用。为此制定了一系列付费套餐，各个 Hub 定价不同。最先建立的伦敦的 Hub 每月从 400 英镑到 600 英镑不等。这个价格，在寸土寸金的伦敦市中心是具有一定竞争力的，它同时允许用户参加 Hub 的各种活动，从而维系了一个更大的社会创业家群体。

Hub 规模迅速在全球扩大后，遇到的最大难题是经营模式和治理结构。Hub 在扩张的过程中，到底要成为一个什么样的机构？或者更具体地说，Hub 要怎样处理社会企业运动、商业活动和可持续网络三者之间的张力？为了支持 Hub 在全球扩大规模，罗宾逊创办了全球工作坊有限公司，总部设在伦敦。这家新公司为各地 Hub 提供技术支持、质量控制等核心服务，但是各国的 Hub 与伦敦公司的关系、利益分配等还是纠缠不清，几乎造成危机。

散布于五大洲的 Hub 负责人开了多次会议，试行了各种制度，终于在 2011 年达成协议，完成转型，重新塑造了一个全球运营模式，同时也重建了本地商业模式。在原来的模式里，本地 Hub 机构是从提供工作聚会和学习的空间中获得收入（这被称作 Hub1.0 模式）。但是他们很快意识到这样的方式不可持续，开始逐步提供有附加值的服务，包括孵化、教育、咨询（这被称作 Hub2.0 模式），2013 年改名为"影响力 Hub"。其管理团队的主任哈森将 Hub 平台比作电子平台的操作系统，就像各种 app 软件。

在经营模式上，Hub 经过几次转变：起初是采取开源运动的方式，依靠共同的愿景自愿加入。规模日益扩大后，曾采取社会特许（social franchise）模式以商业方式运作。而现在，影响力工作坊不是纯志愿活动，也不是纯商业，而更像是一个网络，更看重的是合作而非交易。一般来说，志愿活动吸引的是满腔热情的活动家，特许经营吸引的是交易导向的管理者，而网络吸引的是同行互助的创业家。Hub 的领导者们将社会运动的精神、商业的逻辑和社会网络的合作所有制结合起来，创造了一个分权的结构，促进了成员机构组织能力的最大化。他们建立了一个新的机构——Hub 协会，每一个本地 Hub 都是新机构的共同所有者。这个协会还拥有一个有限公司，叫作 Hub GmbH，促进 Hub 网络内部的合作，提供本地支持，发放新 Hub 许可等。原来伦敦的中心仍然存在，但是在新的结构中，每个 Hub 不是只对中心负责，而是对所有 Hub 负责。分支机构要向中心交入伙费和收入分成，不过比初始时少得多，入伙费根据每个 Hub 的预期收入动态调整。总的原则是让 Hub 的中心尽可能高效，尽可能地代表各地 Hub 的利益。

为应对大量的申请，Hub 引进了同行审议的机制。以前，由位于伦敦的 Hub 核心团队审核批准加入 Hub 的申请，在新的程序下，申请机构需要先获得已成立的 Hub 的推荐，以候选人的资格提出可行性研究报告，并获得第二家 Hub 的支持，然后由 Hub 集体投票决定是否接受候选人加入这个工作坊协会。这样的方式不仅可以保证申请机构的质量较高，而且有助于在新老 Hub 之间建立一个强关系。在这一过程中，最大的挑战是既保持高标准又不完全标准化。

2013 年底已经有超过 50 个这样的机构在世界各大城市运作，预计到 2015 年将超过 100 个。

八、劳拉与约翰·阿诺德基金会 ①

约翰·阿诺德（John Arnold）是新公益组织中的传奇人物。他 1996 年大学毕业，进入安然公司，五年后成为公司收入最高的员工，有"神童交易员"之称。后来成立了自己的对冲基金。这个基金相当低调，即使在它的本部所在地休斯敦也鲜为人知，可是在对冲基金的圈子里，它却因为巨额收益而引人瞩目。阿诺德对天气规律和油气管道有细致入微的研究，并利用知识和判断进行投机。在 2005 年卡特琳娜飓风之后，他对天然气价格走向押下巨额赌注而赚了一亿美元，成为传奇。2012 年，他 38 岁时突然宣布退休，全身心投入公益事业。此时他已积累了 40 亿美元的财富。在美国，白手起家后把所有财富捐出做公益的，他不是第一人，但是最年轻的一个。

他的妻子劳拉毕业于耶鲁大学法学院，先后担任公司法律顾问和一家上市石油公司的法律总理事。现在两人共同成立了劳拉与约翰·阿诺德基金会（Laura and John Arnold Foundation）。他们不走传统慈善的老路，而是专注于引发社会道德缺陷的问题，意图利用其资源对公共政策和解决方案产生影响，"寻找有高杠杆效应的机会"。其关注领域是教育改革、医疗保健、社会服务和社会公正，如改进营养解决肥胖问题、刑事司法改革、12 年制基础教育等。其模式一

---

① 本节参见善天下中文网，http://www. gpcommon. org/ch/2013/06/11/arnaolds-foundationsmoneyball-model/。

是以小博大，二是系统化和数据导向捐赠思维，强调数据和研究，在详细调研的基础上做大手笔、高风险的项目。这种风险是政府和公益基金会都不愿冒的，而一般企业看不到短期的回报，更不愿投资。阿诺德基金会明知许多项目可能最终会失败，但是心甘情愿承担这种风险。

2012 年阿诺德夫妇承诺捐赠的总额达到了 4.23 亿美元，位居美国捐赠排行榜第三，仅次于巴菲特和马克·扎克伯格夫妇。目前进行的重要项目有：

（1）对刑事司法改革的研究。其中一项是，聘请新泽西前任检察长米尔格莱姆和她的团队，通过对 150 万个案例进行数据分析，为法官们设计了一个风险评估工具，2013 年在 3 个司法辖区试用，这个工具能减少司法程序中的不公正，同时大幅度降低审判前的羁押费用。

（2）对休斯敦食品银行的资助。美国的食品银行（Food Bank）是美国非营利机构中对低收入人群进行救助的一个重要机构。它接受个人、企业（尤其是超市和餐饮行业）捐赠的食品，分拣包装以后，免费发放给需要救济的群体。有时候他们也会定向采购需要的食品。占地近 2.8 万平方米的休斯敦食品银行，是全美最大的食品银行。阿诺德夫妇向他们捐赠了 1000 万美元，用于扩建仓库。同时明确表示，捐助的真正兴趣是食品银行的数据。这些数据表明，领取食品的人大部分不是穷到没饭吃，而是在经济萧条中他们要首先用钱租房，而不是买食品，所以食品问题背后有更深层次的失业、健康等问题。他思考，能否利用食品银行巨大的分发网向低收入人群提供其他服务，例如职业培训、糖尿病筛查、健康知识咨询等。食品银行的负责人把这一建议提交给总部"供养美国"（Feeding America），受到了欢迎。"供养美国"不是没有想到这个问题，他们知道光分发食品解决不了问题，但是大多数捐赠人对更深层的问题不感兴趣。阿诺德基金会目前所做的，是资助一项评估：哪些机构在这个系统中最有效，哪些机构的结果可以规模化？把食品分发和职业培训服务关联起来的想法，是否真的可操作，他们目前也没有答案，重要的是，大胆提出了这一设想并开始了调研。

（3）捐赠网络图书馆。阿诺德基金会面向慈善家和捐赠者，收集了数百个非营利机构的信息，分属于司法公正、健康、教育、环境、人道救助等几大类别。他们统一制作视频，让非营利机构就10个问题简短作答。这使得捐赠者可以在较短的时间内，对自己所关注的领域有所了解，锁定一些愿意支持的非营利机构。"图书馆"还设立了沟通渠道，捐赠者可以向有意向的非营利机构匿名提问，免除被"追捐"的顾虑。

由于阿诺德基金会的项目都着眼于长远，或许在很长时间内看不到结果，不免曲高和寡。同时，他们又致力于公共政策的改变，势必触动一些人的利益，甚至影响到受惠者的短期利益。他们在休斯敦的公立学校体系中推动养老金改革和对教师更为严格的评估，被视为头号公敌。阿诺德夫妇深深意识到这一点，表示有足够的耐心长期坚持。

阿诺德夫妇在接受采访和回应比尔·盖茨劝募的捐赠誓言时，表明心迹：阿诺德基金会的公益模式来自挫折感。因为开始时，他们也与传统公益一样，选择公共教育领域为重点，资助那些业界较好的非营利组织。但是介入越深，就越发现问题不简单。如果传统的做法能解决问题，局面早就有所改观。而继续沿着这条路走下去，问题永远解决不了。出于这种挫败感，他们决心退一步，先做调研，找出问题的症结，再集中资源向根本问题开刀。这就不能期望短期内获得成效。他们对在比较年轻的时候就能开始这一使命深感幸运，并将在有生之年坚持进行，同时承诺身后会将全部遗产捐赠给基金会。

九、老树新花——洛克菲勒基金会

在 20 世纪的最后 20 年，这一老牌基金会一直在思考并尝试新的公益方式。在 2005 年上任的会长朱迪丝·罗丁领导下，洛克菲勒基金会实现了工作的战略性转型，凭借自身地位和雄厚的社会关系动员人力物力资源，推动影响力投资从理念转化为全球运动。有媒体认为，在影响力投资界涌现出来的诸多专家中，罗丁的贡献无出其右。

前文曾介绍，"影响力投资"一词就是在洛克菲勒基金会召开的一次会议上提出的；2008 年基金会又召开了一次会议，成立了"全球影响力投资联络网"（Global Impact Investing Network，简称 GIIN）。2010 年与 J.P. 摩根共同资助了影响力投资的报告，把它归入新兴另类资本；还资助了 BLab 设立的全球影响力投资评估制度（GIIRS）的运行（BLab 的介绍见第十五章）。到 2014 年，洛克菲勒基金会为促进影响力投资领域的发展已经投入 4000 万美元，其捐赠总额达 1 亿美元。

洛克菲勒基金会近年来在影响力投资领域取得一定成果的项目有：

（1）金融创新。通过对社会影响力债券的资助和运作，争取新的社会创投资本，增加已经进行社会创投的资金，同时更加有效地分配现有的创投资金。

（2）服务于乡村发展的巧电力。在印度农村发展小型电网和清洁能源发电，其客户包括原来不得不使用昂贵又污染环境的手机发射塔的电讯公司、小企业（如地毯厂、农产品加工等）和一般农户。前两者可以按价付费，农户则只支付极为低廉的特殊价格。这还只是一项示范项目，洛克菲勒基金会前期注入捐赠，证明这一产业是可以自负盈亏的。能否吸引大批投资者还有待进一步实践。

2005 年上任的洛克菲勒基金会会长朱迪
丝·罗丁

2014 年洛克菲勒基金会会长罗丁与人
合著电子版图书《影响力投资的力量》

2014 年作者随乐平公益基金会访问团与洛克菲勒基金会副会长座谈

作者与乐平公益基金会访问美国绿灯基金

（3）适应性工作。把示范性项目转化为可以推广的规模化产业是一个复杂的过程。基金会提出这个项目的初衷，就是希望解决范例规模化的问题。为此，基金会拨款1亿美元做"100个城市适应性实验"，计划在全世界100个城市通过不同的公司企业提供产品和服务，建立一个平台，10年来已花掉5000多万美元。根据2014年的会长报告，这项投资已初见成效，下一个阶段有望获得跃进性进展。

洛克菲勒基金会承担起行业召集人的身份，发挥其重视人文思想、追踪研究社会问题的传统，为新公益领域提供思想资源。与此同时，它仍坚持关注弱势群体、教育、医疗和农业等传统项目，重点捐资。它正在审慎地与时俱进，尽管资金数额已不属于前沿，但仍在21世纪的公益组织中保持领导地位。2013年，洛克菲勒基金会在成立100周年时，将自己的角色定为"催化剂、合作者和召集人"。足见其在这个领域内对自己高位的自许。

十、承前启后——比尔与梅琳达·盖茨基金会

盖茨基金会成立于世纪之交，从时间、实力及其眼光来论，都堪称对新老公益的承前启后。

2009年盖茨基金会人事更迭，盖茨夫妇放下微软的工作，亲自打理基金会。盖茨在"亲政"后的第一封信函中表示，管理基金会与在微软工作有同样的刺激和乐趣：首先，有实现重大突破的机会，例如研发拯救千百万生命的疫苗，开发使农民增产的新的农业品种，改善儿童的营养状况；其次，自己在微软的经验，如集聚各类优秀人才组成应付棘手问题的团队在这里也有用；最后，商界应付紧急状态和焦点问题的常识也适用于公益事业。而不同之处在于，微软

打交道的国家要比基金会工作的对象国政局稳定得多，因此基金会工作更具困难。不过吸引最有创造性的优秀人才，引导他们共同克服挑战，能够使自己获得更大的成就感。

由于 2008 年的金融危机，基金会资产缩水 20%，但是 2009 年的支出反而比之前每年 5%（国税局的规定）有所提高，达到资产的 7%。因为基金会的目标是对社会高回报，而不是尽可能长期持有基金。盖茨表示虽然对这场危机会持续多久没有把握，但是基于发达国家强劲的创新能力，他对此持乐观态度。在坚持对原来关注的领域——非洲儿童的生存率、小儿麻痹、疟疾、艾滋病、农业产量等——继续投入的同时，盖茨强调要把企业界拉进来，因为他们有丰富的经验、广泛的资源和强大的创新能力。他也由此提出了"创造性的资本主义"这一新概念。

除了联系企业界外，敦促政府多为弱势群体投入也是基金会的经常工作。盖茨在 2010 年写信评价欧美发达国家政府在经济危机后的对外援助情况，有表扬也有批评。他认为发达国家不应该因为经济危机就削减外援，这样会使不发达国家人民的生活雪上加霜；等危机过去之后，世界将更加不平等，特别是医疗和教育领域。被批评的国家包括美国。

盖茨认为有两个领域创新投资关注得太少：一是对穷人有利的领域，因为穷人形成不了市场的需求；二是教育和预防性医疗服务，这一领域还没有达成一致的效益评估标准以供市场选择。长此以往，10 年之后的图景就很不妙：富人的医疗费用也会大大提高，需要在其他方面做出牺牲，而穷人会陷入更加悲惨的境地。美国的教育费用将高到更多穷人上不起大学，弱势群体能得到的 12 年基础教育的质量进一步降低。能源价格上升，耕地减少，粮食短缺。不过，通过各方努力创新，这种凄惨的图景是可以避免的。基于这种考虑，盖茨基金会的应对战略是：带头向风险较大、传统投资者不愿进入的领域投资，同时大力动员各方力量参与。不过这种投资是有条件的：一是根据成本核算，在示范效应成功后，可以转亏为盈，也就是形成良性市场；二是有条件吸引适当的投资者。

盖茨基金会同洛克菲勒基金会一样，提出了"催化剂"的概念。在 2012 年福布斯美国 400 富豪慈善峰会的晚宴上，比尔·盖茨做主题演讲时，提出了"催化式慈善"的概念。虽然他不是首创者，但以盖茨基金会的实力和影响力，盖茨本人高调倡导这一模式，是对已经开展的创投事业和社会企业的重新肯定，应该有标志性意义，可以预测这一新型公益模式将有长足的发展，可能成为 21 世纪公益的主流。

以下是他演讲的大意：

商业部门在满足有支付能力的需求方面，做得非常成功，可是常常忽略那些风险回报率低的领域，而这些领域充满了巨大的创新机会，可以满足数十亿贫困人口的需求。政府本来可以起到重要作用，填补市场服务的空缺，从而构建起一道安全网，国家健康研究院（National Institute of Health）对医学研究做出贡献即为一例。但是政府自身受到政治斗争的制约，选举周期短，往往不能放眼长远。同时，政府一般不敢冒险，其优势不在于为创新播种，而在于支持那些能看到进步的项目和事业。因此，在投资者和政府都缺位之处有一个无比广阔的创新空间有待开拓，而回报也可以非常可观。这就为所谓的"催化式慈善"提供了肥沃土壤。

催化式慈善类似于私营市场上的高风险投资，但能超越市场缺陷：出资人并不需要分享投资回报，投资产生的好处将惠及穷人、病人，甚至整个社会。虽然一些创新很有可能产出足以改变世界的回报，但如果慈善资本不率先进入，政府和企业一般不会主动去投入。一旦找到了解决方案，催化式慈善可以利用政府和企业的力量，把创新的成果送进最需要的人群。例如盖茨基金会起初支持儿童疾病疫苗的研究，后来发现，有些已经生产出来的疫苗被闲置在货架上，而有些已经研发出来的疫苗从来就没投入过生产。于是盖茨基金会进一步投资生产和交付，使自己的工作到达了市场力量未曾到达的领域。

慈善力量起启动作用，用慈善资金建立起一个系统，让市场力量为贫困人口服务。以医药为例，签订购买合同让制药公司生产的药品多少有利可图，至少不至于因为担心亏本而止步。当这种模式的价值日益凸显，政府也开始增加投入，激励市场。现在，一些制药公司已经开始关注贫困地区的疾病，将它纳入商业战略和模式。无论是研发还是交付，目标明确的慈善资本已经触发了政府部门和企业部门的行动。从2000年至今，这样的催化慈善合作已经为超过2500万的儿童接种疫苗，阻止了500万人死亡。人们甚至有可能在2015年看到疟疾疫苗的出现。

实际上，并不需要成为一个像盖茨基金会这样大基金会的会长才能发挥这种积极影响。敢于冒险的人需要有人支持，好的想法需要有人传播，被遗忘的人群需要有人为他们发声。无论你的主要资源是志愿者时间，还是辛苦挣来的金钱，都可以投入催化式慈善中，少量的投入也可能产生难以估量的积极影响。

DRK 基金会创办人之一威廉·德 "阿育王社会创新者"创办人比尔·德雷顿
雷珀

DRK 在基瓦微信贷在创始阶段提供支持。达戈是基瓦的客户之一,第一次申请了
275 美元,来扩大她经营的木炭和木柴生意

洞察力基金在各地建立救护车队，从开始的 9 辆到现在的 1000 辆，接应了 200 万次呼叫

企业社区伙伴支持的保障性住房迈尔斯广场竣工庆典。这个保障性住房花费了 1320 万美元

SVP 硅谷活动墙创意墙

SVP 年会，2014 年 10 月 8 日于美国得克萨斯州奥斯汀

奥斯汀 SVP 年会上"节约粮食"项目主持人演讲

SVP 会长保罗·休梅克在年会上讲话

SVPI 创始人之一，前任会长兰斯

旧金山影响力工作坊大厅

影响力工作坊主人向作者等人介绍情况

当 J 失去了维修工人的工作后，因无法负担房租不得不搬进收容所。通过纽约回家项目，他找到了一处经济实惠的公寓，靠近太太工作单位，还有直达儿子学校的公交车。

一英亩地基金支持的肯尼亚的团体在种植玉米

洞察力基金创造人杰奎琳·诺沃格拉茨　　劳拉与约翰·阿诺德基金会创办人阿
诺德

第十五章　政府·法律·前景

一、政府的角色

　　在新公益事业中政府扮演什么角色？以什么方式介入？不断扩大的两极分化使现行制度难以为继，已是社会共识，奥巴马政府也强烈地意识到这一点，并决心有所作为。有关税法调整的政策规划不在本章讨论范围，本章所述主要是政府对公益事业的积极态度和新举措，可从白宫的社会创新基金切入。

1. 社会创新基金的创办

　　社会创新基金全称"社会创新与公民参与协作基金"（Social Innovation and Civic Participation Coordination Fund）。在一些公益组织和奥巴马本人的推动下，国会于2009年4月通过《爱德华·肯尼迪服务美国法》，这一法案除包括以往的对民间组织的支持外，新设立社会创新基金。奥巴马向国会申请在2010年度预算中划拨5000万美元作为该项基金的种子资金。法案中明确阐明，此项基金的性质是整合公私资源为社会服务。法案由总统签署批准，当年5月正式宣布生效。

　　2009年美国正深陷金融危机。6月30日，奥巴马在白宫接见一批社区工作领军人物、受益者代表，与此相关的教育部长、市长、国会议员及记者，就这一基金的意义发表讲话。这篇讲话虽然很长，但比较清晰地阐述了政府与民间分工合作的思想，值得摘要介绍。

奥巴马逐一点名感谢在座有关人士"为一些棘手的老问题找到新的解决办法",表示理解他们所经历的艰辛,而他们的成绩也同时证明世上无难事,只怕有心人。他坦率地表示,在经济困难的当时,他们的工作更具有特殊意义,因为尽管政府尽其所能地促进经济复苏,帮助在这场危机中挣扎的人们,但是力量毕竟有限,既不能也不应该被处处依赖。政府可以出资建立学校,但是对教学方法的创新、对家长和教师的培训就需要群策群力;政府可以投资清洁能源,但是为绿色职业培训工作人员、推广节能家庭和办公室,都无法单靠政府就完成。奥巴马指出:"如果期待政府解决一切问题,那一定会失望。因为最终,最好的解决办法不是自上而下来自华盛顿,而是自下而上来自社区的每一个人。"他还以自己与米歇尔过去做社区工作的经验证明,解决办法往往就在眼前,只需要有人去发现。在草根底层,每天都有创新的思想和经验,政府不应去代替它,而应扶植、推广。他说:"政府与其继续把纳税人的钱浪费在过时或无效的项目上,不如设法找出有创意的、有效应的项目,帮助它们在全美国复制、推广。"但是发现和推广也绝非易事,否则大家早就做了,正是在这点上,政府可以发挥作用。这就是5000万美元基金所要做的事。

社会创新基金的工作,就是收集数据资料,进行最严格的考核,在全美国寻找最有前途的非营利组织并给予投资,以期获得对纳税人最好的回报。同时,它要求所资助的非营利组织向其他投资源如企业、公益基金会等募集匹配资金。社会创新基金寻找的投资对象不限于投资众所周知的项目,而是重点挖掘尚不为人知但是很有创意的实践案例。重点领域仍然是教育、保健和贫民社区改造,但特别关注的是各领域中"人"的工作,例如培养教师与医护人员、帮助有犯罪风险的青少年等,并要通过公私合作的新模式运行管理。

奥巴马当然不忘向"钱袋鼓鼓"的企业界呼吁,没有他们的资源和积极合作，只靠政府与非营利组织难以运作。

他同时指定该基金由白宫"国内政策委员会"主任巴恩斯负责，与一个创新团队共同管理。巴恩斯在其后的一次讲话中指出，"社会创新基金"反映了奥巴马总统新的执政理念：寻找行之有效的项目，与那些在社区领导变革的个人、慈善家、公司、社会创业人士合伙，提供匹配资金与技术支援；通过新媒体获得更广泛的公民参与，与各政府部门共同研究，找出新办法来对付那些老办法解决不了的问题。这样，政府的支出更有效，更便于问责，更值得公众信任。

社会创新基金投资的优先领域是经济机会、健康未来（医疗）和青少年发展（教育），这些也正是政府政策的优先领域。每笔资助从 100 万美元到 1000 万美元不等，延续 5 年。中介机构按与政府 1:1 的比例出匹配资金，公开招标，挑选在低收入社区工作、并显著改善当地居民生活的非营利组织。被挑中的组织也必须拿出与所得资助相当的匹配资金，并接受严格的成绩评估。非营利组织之间共享数据、经验教训和成果，提高培育社会部类的能力。

到 2012 年，该基金与私人企业伙伴已经向解决社区紧迫问题的项目投入超过 5000 万美元。三年来，基金总共向华盛顿特区以及 37 个州的 20 家中介机构和 217 家非营利组织投资 1.776 亿美元。联邦政府的这笔钱招来相关匹配资金达 4.23 亿美元。而获得投资的 217 家组织对 72 个按严格标准挑选的范例进行评估和推广，如此不断循环运作，不断吸引各方资金。

2. 历史基础与现实意义

社会创新基金这类政府支持民间公益的模式并非首创，而是有较长的历史传统。它隶属于 1993 年国会立法成立的"为国家与社区服务集团"（Corporation for National and Community Service，简称 CNCS），该组织旨在为不分老少、不论背景的全体美国人提供反馈社会的机会。主要通过三大项目服务于孤寡老人、贫民社区、青少年拯救和教育、环保、健康、就业机会等领域。称其宗旨为继承美国的文化传统——公民、服务和责任感。

CNCS 也非首创，在此之前有 1973 年的《国内志愿服务法》（Domestic Volunteer Service Act）批准成立的几个组织，其宗旨都是支持、鼓励美国公民献身社会。以后，1990 年通过《国家和社区服务法案》（National and Community Service Trust Act）、1992 年通过《全国公民社区团体法》（National Civilian Community Corps），主要探索冷战结束后节约下来的军事资源如何用于解决国内问题，该法的实施附属于 1993 年《国防授权法》（National Defense Authorization Act）。此后，小布什在 2002 年的就职演说中提出成立美国自由队，总统自任队长，宗旨也是为美国公民寻找服务社会的机会。在对以上这些法案的解释中，60 年代肯尼迪政府的"和平队"屡屡被提及，说明与其精神一脉相承。最后才是 2009 年由奥巴马签署的《爱德华·肯尼迪服务美国法》与成立的社会创新基金。

从以上历史沿革可以看到，美国政府对公民志愿服务的鼓励源远流长，只是具体做法有所不同。尤其明显的是，在党派斗争激烈的国会，唯独有关公民志愿服务的项目是两党都支持的，历届总统不论属于何党，都积极倡导，国会也都会压倒性多数通过，在预算方面阻力较少。2009 年的《服务美国法》只用了三个星期就在两院通过，而且是压倒性多数，总统为此申请的预算拨款也十分顺利。这在当时共和党大力反对奥巴马的势头中极为罕见。

有不少基金会从事研发工作。如果其新思想被证明能在实践中获得成功，联邦政府就接过来，负责通过政府机构予以推广执行。例如，约翰逊总统"向贫困开战"计划中的若干项目，就是由民间公益基金会在所资助的项目中先行实验、开发，然后才进入政府计划的。

当然，奥巴马政府的社会创新基金被称为"里程碑"还是有一定依据的，即公私合营的色彩更加鲜明。它特别强调整合社会各界力量，特别是动员企业出资，这是之前没有的。而且它同时强调在全国推广，大力加强社会影响力，取得规模效应。这两点正符合创投公益的精神。

二、法律与监督

对于非营利的公益组织，美国的法律已经很明确，公益组织纳入美国税法的 501（c）（3）条款，责权分明。但是营利与非营利混合的社会企业是新事物，原有的法律框架已经不够，需要新的立法。不仅美国是这样，根据 2013 年的一项研究报告 [①]，到目前为止，已经有十几个国家把此类企业纳入立法范围，其中走在前面的是英国和意大利。本文主要论述美国的情况。

1. 社会企业的法律组织形式

美国有关人士很早就考虑推动设立有关社会企业的法律，只是迄今仍没有联邦层面的立法，但是相当多的州已经有了初步的尝试。因为根据美国的体制，公司是在州政府进行登记，各州可以对《公司法》进行相应调整。2008 年以来，美国一些州先后在商业公司的法律框架中为社会企业设立了"低利润有限责任公司"（Low-profit Limited Liability Company，简称 L3C）、"共益公司"（Benefit Corporation，简称 BCorp）、"弹性目标公司"（Flexible

---

① 王世强，《社会企业认定规则国际比较研究》，《以法促善—中国慈善立法现状、挑战及路径选择》，王振耀主编，社会科学文献出版社，2014 年 9 月，第 204—268 页。此报告为本节资料主要来源之一，以下内容来自其中的不再一一注明。

Purpose Corporation，简称 FPC）、"社会目的公司"（Social Purpose Corporation，简称 SPC）等四种法律组织形式。它们可以是直接成立的新公司，也可以由其他类型的公司转化而来。与一般的公司一样，这四种形式的公司也是营利性实体，可以向投资者分配利润。这些法律规定的最大新意体现在以下两点：

第一，取消或改变了公司董事必须以股东利润最大化为目标的限定。根据此前的法律规定，如果管理者因经营不善或其他原因，不能实现这一目标，股东可以起诉，而现在被界定为社会企业的公司则以实现原定的社会目标为标准，不必为利润最大化负责。实际决策者拥有更大的裁量权。

第二，社会企业既可以在传统资本市场吸引投资，又可以接受慈善捐赠。可以依法获得公益捐赠是这类企业的有利条件，便于实现社会使命。

以 L3C 为例，它与一般有限责任公司的运营方式基本相同，治理结构和管理方式十分灵活，可以为所有者和管理者提供法律保护，有利于吸引资本投资（包括股权资本），也可以吸收公益捐赠。法律规定，L3C 取得社会企业的资格必须满足以下条件：是为了实现某种公益目的而建立；不是为了积累财富或获取利润；不是为了政治或立法目的。一旦政府发现其不能满足这几条要求，会自动将它转变为一般的有限责任公司，名称也会发生改变。

对捐赠方而言，不能将资金作为礼物赠予这类社会企业，而是对它们进行项目相关投资①。相关法律允许属于 501（c）（3）范围的非营利公益基金会向社会企业进行"项目相关投资"，在收回资金并获得一定的回报后，必须将所获取的收益在当年重新投资，不能作为利润计算。国税局将"项目相关投资"界定为：（1）首要目

---

① 关于"项目相关投资"的法律详见本书第四章"争议与摩擦"一节。

标是完成公益基金会的一个或多个免税宗旨，包括宗教、慈善、科学、文学或教育等方面；（2）不以获取利润或资产增值为主要目标；（3）不以影响立法或参加政治活动为目的。这与上述 L3C 的条件相吻合。此前，公益基金会很难找到合适的对象进行项目相关投资，L3C 一类的社会企业则为之提供了方便的投资对象，同时不会影响其免税资格，二者一拍即合。

不过，美国联邦层面的国税局尚未承认 L3C 符合"项目相关投资"的规定，这在一定程度上影响了公益基金会的投资。根据美国的体制，立法可以是先在联邦国会通过，各州陆续批准，也可以是先由各州陆续立法后逐步推动联邦立法。关于社会企业的立法属于后者，正在逐步推动联邦立法的运动。

其他名称的公司，如"共益公司"、"弹性目标公司"、"社会目的公司"等，运作方式大同小异。其中比较定型、有普及趋势的是经过第三方认证的"共益公司"。共益公司分未经认证的和经过认证的，后者简称"BCorp"，其认证机构是新兴的非营利组织"共益实验室"（BLab）。这一模式已在多个州取得法律地位，可望成为由联邦法律承认的新模式。

2. BLab 与 BCrop

公司利润容易评估，社会效应的评估则十分复杂，需要第三方监督。监督机制应运而生。已经具有权威资格认证的机构是"共益实验室"，2007 年由私营部门的三位资深企业家投资者创立，总部设在宾夕法尼亚州，注册为非营利组织。其目标是，通过新的法律框架，推动以社会责任为目标的公司的发展。根据 BLab 的官方网站显示，截至 2013 年 7 月，已经通过 BLab 认证的 BCorp 有 782 家，涉及 27 个国家的 60 个不同行业领域。

如前所述，BCorp 在法律上必须将社会和环境责任置于公司结构的核心，可以不受股东利润最大化要求的限制。传统公司在做决策时很难同时考虑员工、社区和环境利益；而缺乏透明的社会企业很难让人们区分其是一个真正的好公司还是在做市场营销树立形象。修改后的公司法和经过 BLab 认证的 BCorp，有助于解决这两个难题。

任何类型的营利性企业，都可以申请成为 BCorp。要通过 BLab 认证，需符合下列条件：

• 符合严格的社会和环境绩效、问责和透明度标准，必须通过 BLab 设定的 B 评级系统（达到 80 分以上）。

• 如果申请者是既有的有限责任公司，必须修改公司章程，正式确定社会使命，使其决策不仅是为了股东利益，也体现员工、社区、环境等相关方的利益。

• 每年向 BLab 缴纳一定数额的年费，从 500 美元至 2.5 万美元不等，这取决于公司的年收入规模。

BLab 要求公司行为有较高的透明度，这并非大而化之原则上的承诺，而要制定详细的考核步骤和评估标准。同时对各项细节有一系列具体要求。例如在环境责任方面，对公司设施所用的材料、能源及排放情况等都有限定，在员工利益方面，薪酬、福利、培训、参与度等也都纳入评估之列。

新建立的公司在通过认证之后，决定公司结构和注册地点。成为 BCorp 网络的一员，可以享受不少便利，互通信息，互享打折待遇。BCorp 的标签本身也具有品牌效益，有利于营销。

最后，要说明两点：（1）BLab 是一个自发的民间组织，为业界所承认，其权威性来自它的业绩和威望，但是没有法律效力。

（2）通过认证的 BCorp 得不到任何税收或其他法律上的优惠。唯一的例外是，自 2012 年开始，费城每年选定 25 个 BCorp，给予 4000 美元的税收减免，显然它只具有象征意义。

目前，BLab 正致力于推动各州给予 BCorp 更大的支持，提供法律上的特殊地位。

3. 问题与质疑

有人认为制定专门的法律没有意义，现有的公司如果能得到股东的支持，照样可以承载社会企业的宗旨。除了这一质疑外，社会企业的发展还存在以下三点问题。

（1）缺乏对于社会企业的优惠政策。社会企业以实现利润为目标，因此不能向国税局申请 501（c）（3）免税资格，也无法减免社会捐赠的税收，同时无法获得政府的任何经济优惠政策。这在一定程度上会影响创始人的积极性。

（2）由于企业目标比较宽泛，不单纯寻求股东的经济回报，资金来源可能会受限。

（3）对公益投资的依赖可能会对公益组织造成负面影响。多数私人基金会按照法定的最低额度设定其每年的捐赠，对 L3C 的项目相关投资增多了，一般捐赠的份额就相应减少，可能顾此失彼。

现在，BLab 在游说美国国税局，试图使 BCorp 得到税收优惠，并希望政府在公共采购中，能够给予 BCorp 一定的政策倾斜。

BLab 采取各种灵活的方式以设法绕过 501（c）（3）的禁条，即享受该条例税收优惠的公益性非营利组织不得从事政治活动，例如游说以影响立法，或参与选举活动。他们避免"游说"一词，而是"教育"政府官员或准备从政的人士，向他们发放传单、推送文章等。白宫成立的社会创新基金、新利润也起了一定的推动作用。BLab 也还有自己的渠道和方式影响与决策有关的政界人士。最主要的是必须守住底线，不偏袒任何一个党派，不涉及党争中的敏感问题。

三、理想·理念·现实意义·前景

　　新公益组织的创始人大多是名牌大学商学院的毕业生，或至少有投资商业的经验，是所谓的成功人士、社会精英，包含老中青三代。倡导者还属于老一代，而大量的推广者是新生代的企业家。他们完全可以坐享已经取得的财富和社会地位，也可以按照传统的方式把大量财富捐赠给公益事业，安享慈善家的盛名。但是他们不满足于此，而是"自寻麻烦"，探寻充满风险的新道路。一些从事"影响力投资"的组织和人士在贫困地区的经历，可谓艰险而曲折，每一个沟坎、每一次挫折都足以使人望而却步，需要特别坚忍不拔的精神才能坚持到底，而且失败的概率还很大。那么人们自然会问，他们图什么？

（一）理想

　　追查人的动机是国人最常见的思维方式。本书第二章引 19 世纪一位慈善家马瑟的话："如果有人问：一个人为何必须做好事？我的回答是：这问题就不像是好人提的。"事实上，新公益的创业者所秉承的思想传统和老慈善家一脉相承。它是美国特色的价值观，是捐赠文化、志愿者精神的延续，其根源是源远流长的人道主义和人生而平等的观念。早期的卡耐基、洛克菲勒等基金会以教育、医疗为重点，这两个领域的分配不均正是造成机会不平等的主要原因。

　　盖茨夫妇到非洲旅行一次，看到大量的非洲儿童死于在美国早已绝迹的传染病，感到无法接受，他们认为非洲儿童应该享有与美国儿童同等的生存权，这成为他们建立公益基金会的原动力。巴菲特发现，在当前的经济制度中，一个在战场上冒生命危险救了战友生命的士兵，所获得的奖励是一枚勋章；一名培养出无数优秀人才的了不起的老师，获得的奖励是家长的致谢信；而一个只不过发现一些证券的定价不当的人，获得的却是数以亿计的财富（就是他本人），这太不公平，所以他把99%的财产捐出来做公益，但是这样做还不够，因为造成这种不公平的经济制度一定有问题，必须加以改造。[①]

新一代精英的特征是年轻化，如阿诺德，38岁就"退休"了，全身心地投入变革社会的事业。他们有条件、有意愿把专业知识、创业经验与造福社会结合起来。他们对"高回报"的理解不仅仅是高利润，还有对人生目的的满足；对贡献的理解也不仅仅是出钱，还包括献出知识、时间和智慧。因为他们站在社会的前沿，敏锐地意识到世界已经发生或正在发生深刻的变化。在互联网时代，知识和信息来源拉平，价值观逐渐趋同，原来属于少数精英的抱负可能为越来越多的人所理解和认同，并参与进来。

（二）理念

1. 感恩之心和公民责任相结合

营利与非营利混合的新公益模式最早起源于老牌资本主义国家英国，并有了比较完善的制度，却短时间内在美国突飞猛进，新创意层出不穷，遍地开花，而且引领国际，成为一股强劲的潮流。这首先当然归功于美国巨大的物质力量，整个社会的财力、人力无与伦比；另一方面则与美国精神不可分。美国人天生不安分，有创新的冲动，敢想敢干，有冒险的胆量。而且，美国文化中没有"各人自扫门前雪"的传统，它自以为"天命"在身，绝不安于独善其身。这种传教士式的冲动常被用来解释美国政府在国际上实行霸权主义的动力，但是另一方面它也是美国每一个公民谋求改良社会的那种

[①] Warren Buffet, *My Philanthropic Pledge*, Nov.6, 2012, 转引自 William D. Eggers, Paul Macmillan, *The Solution Revolution*, p. 23。

"匹夫有责"的精神。

人们通常认为，一种体制的既得利益阶层是最愿意维持现状而不愿改革的。但是美国新公益的倡导者，正是体制的既得利益者。从洛克菲勒到盖茨、巴菲特都认为自己生为美国人十分幸运，巴菲特甚至称"中了子宫彩"（投对了娘胎）。他们在现有的社会体制中如鱼得水，但是对它的弊病更有切身体会。首先是强烈意识到的贫富差距。他们认为有许多人不如自己，并不是他们自身的过错，而是不够幸运，因而幸运者有帮助他们的责任。阿诺德夫妇在有关"捐赠誓言"的信件中说：他们来自普通的中产家庭，家庭教育一直强调价值观、职业道德和社会责任。他们中学上公立学校，考入私立大学也一直勤工俭学。今天出人意料地富有了，而且拥有的财富已经超出了照料家庭、养育孩子以及享受舒适生活方式的需要。在对社区、国家和提供这一机会的社会经济环境深深感恩之余，他们意识到自己有责任让其他人也拥有这样的机会。阿诺德夫妇认为所拥有的财富不是终点，而是可以用来实现积极变革的工具。这与卡耐基说他的财富是上帝委托他替穷兄弟代管的有异曲同工之妙，但是又前进了一大步：要从根本上改革社会。

公益事业不论新旧，都是美国公民社会进一步成熟的产物。每一个美国公民都认为自己是社会的主人，成功人士尤其如此，看到社会弊病本能地认为自己有责任去解决，而不是等待政府或其他权威。即使是属于政府职责范围的事，自己也有责任起敦促作用。他们还以天下为己任，其眼界越来越超越国界。

这些完全出于自愿，而非迫于压力。压力来自自己的良心。如SVP的创始会长休梅克一再强调的，自己不能不做，也就是"欲罢不能"。SVP官网的格言是雨果的名言："有一样比全世界的军队都强有力的东西，那就是合乎时宜的思想。"他们认为推行新公益就是当前合乎时宜的思想。"新利润"的格言是威尔逊总统的语录："你们来到世上，是为了使这个世界更富有，如果忘记了这一使命，就是陷自己于贫穷。"洞察力基金的宣言和经验总结中都强调要倾听无人理会的人群的呼声，建立以尊严为基础的世界，去做该做的事而不是容易的事，于别人认为绝望之处看到潜力，在一个弥漫愤世情绪的世界中创造希望。

因此，新公益的宗旨仍然是解决社会不公的问题，创造平等机会，目标人群还是弱势群体，只不过发达国家的标准与发展中国家不同。主要领域还是：教育、卫生、住房、扶贫，新的因素是把环保提到十分重要的地位，所以在各种组织的宗旨中率多将"社会"与"环境"并提。

2. 革新资本主义

除了理想主义的理念之外，这一轮公益的革新还有更深层次的现实意义——可能是对资本主义社会又一次革新的开始。

回顾 20 世纪，美国缓解或解决社会矛盾的路程，先是民间的力量——私人、教会以及大型现代公益基金会——起重要作用，以后政府的福利政策不断发展。以小罗斯福"新政"为转折点，特别是"二战"以后，总的趋势是社会问题的解决越来越依靠政府，出现了福利国家。美国固然与欧洲社会民主主义导向的福利国家不同，但是政府主导的福利规模日益扩大，到约翰逊的"伟大社会"、"向贫困开战"达到顶峰。在一段时间内，社会弱势群体确实深受其益，对缓解社会矛盾、推进社会公平起了积极作用。但是福利国家的弊病也日益显露。社会需求是无底洞，政府开支越来越大，而财政来源还是纳税人的贡献，这样循环往复，陷入了新的不公和悖论。何况大批发展中国家的政府财政要足以达到福利国家的水平还是遥不可及。福利国家的利弊不是本书探讨的主题，姑且不论。在这种形势下，私人资本仍然是解决社会问题的重要来源，捐赠型的公益基金会仍然起着重要的作用，只是原来的捐赠模式在巨大的需求前显得杯水车薪，因是之故，其运作方式开始转型。

美国赖以立国的《宪法》在制定之初就特别强调保护私人财产，保护个人追求幸福的自由，它要防备的对立面一是政府的公权力，一是底层的民粹主义（因为在制宪会议之前已经发生过大规模的农民暴动——谢司起义），并没有考虑到完全放任的自由市场可能造成的社会不公和资本肆虐的破坏力。这个问题到一百年后才显现出来。20世初的"进步运动"确立了改良社会、缓解矛盾的途径：一方面，政府通过法令和规则规范企业的运作；另一方面，已经成功的资产拥有者通过公益捐赠回馈社会，帮助弱势群体。整个20世纪是按照这一模式运转的。特别是发生经济危机时，政府介入到什么程度，界限在哪里，是个争论不休的问题，有时成为华盛顿与华尔街的博弈。美国的民主制度成功地把公权力关进了笼子，但是对资本这一巨兽还没有找到有效的驾驭和引导之道。

现在的营利与非营利相结合的新公益，可能孕育着一种资本自觉的革新之道，其核心就是改变其"唯利是图"的本性。而要做到这一点，只能依靠掌握资本的人自觉自愿。换言之，依靠资产者的觉悟。这种觉悟并不一定是利他主义的，而是审时度势的一种眼光。他们不见得相信马克思所说的"资本来到世间，从头到脚每个毛孔都滴着血和肮脏的东西"，但是他们意识到资本的巨大的力量，几百年来曾创造无比巨大的财富造福人类，同时又毫无节制地肆虐带来巨大的破坏。相对于政府和公益组织，企业的力量无比强大。

盖茨在2009年提出了"创造性的资本主义"一词。BLab的两位创始人吉尔伯特（Jay Coen Gilbert）和卡索伊（Andrew Kassoy）在2010年做了主题为"资本主义的演变"的演讲，明确提出改造资本主义的命题。综合其内容大意是：要解决当前全球的社会和环境问题，政府和公益事业固然重要，但远远不够。今后20—30年政府的资源只会减少不会增加，因而靠政府干预来调节社会的力量会减弱。无可否认，企业是世界上最强大的力量，它可以解决问题，也可以制造问题（成也萧何，败也萧何）。而且实际上按一般的投资所关注的供需关系，消费市场已经饱和，需要设法创造消费，而大量弱势群体的需求却无人关注，所以 21 世纪应该是企业变革的世纪。要把为股东争取利益的资本主义变成为利益相关者争取利益的新资本主义。为此，米尔顿·弗里德曼的经典论点——公司的任务就是为股东争取最大利益——应被颠覆。这一变革的意义相当于当年民权之于黑人，选举权之于妇女——一开始被认为惊世骇俗，后来成为普遍接受的价值观。

这些讲话表达了鲜明的革新资本主义的自觉性，而且正合乎时代的需要，所以在短期内得到了广泛的响应。据一项 2012 年的调查，美国认同这一理念的有 6000 万消费者和 10 万家公司，涉及 2.7万亿美元的资本。

如本书序言中提到，2014 年 5 月在英国举行的会议表明，资本主义必须革新这一观念已经深入资本主义国家的政要精英，成为共识。各方力量相结合，将形成强劲的改革力量。

（三）进入课堂，影响未来

以社会效益为目的的投资已经进入商业学院的课程，起初它与环保投资的课程相联系，着重在投资管理方面。2002 年杜克大学设立了社会创业课程，次年牛津大学建立了 Skoll 社会创业中心。随后，西北大学、密歇根大学、纽约大学等相继设立了有关课程，内容涉及服务的对象。学习了这些课程的学生毕业后可能受聘于顶级公司，他们从一开始就具备了把社会服务与金融回报融为一体的吸引力和可行性的知识。这使他们从就业开始就把为社会服务与赚钱联系在了一起，而不是先赚足了钱，日后再捐赠出来反馈社会。这种训练可能对社会产生深远影响。

从第十四章中列举的案例来看，从事这一事业的人需要有明确的社会目标、非凡的创新能力和韧性。他们是乐观主义者，有信心和决心，但是也明白其长期性和艰巨性。卡索伊把它比作中世纪建教堂的工程，一座著名的教堂要上百年才完成，无数人参与其中，他们知道自己有生之年看不到整座教堂完工，但仍然锲而不舍地认真去做。用中国话来说，就是愚公移山的精神。

2008 年金融危机时，美联储主席格林斯潘半自责地说，他对人性的贪婪估计不足。诺贝尔经济学奖得主克鲁格曼在《纽约时报》上刊文：三十年前银行业是十分枯燥的行业，名牌大学的高才生大多进入学术机构或政府机构，平庸之辈才去华尔街。后来，金融业花样层出不穷，令人眼花缭乱，成为最不枯燥而收入奇高的行业，吸引了大批出类拔萃的优秀生。他们越玩越大，造就美国第二个"镀金时代"，没想到危机四伏，泡沫破裂。只有让金融业再次变成枯燥的行业（即老老实实按规矩办事），经济才能健康。[①] 若果真如此，现在的新趋势是否可以使名牌商学院的高才生不再聚集华尔街，而把才华和创造力用于新型公益，改造资本的贪婪，兴利除弊，发挥其造福社会的巨大力量？

（四）前景和挑战

我们看到了老一代慈善家的传承和与时俱进，中生代的承前启后，新生代的奇思妙想意气风发，也看到了许多动人的案例。但是这仅仅是开始，这个新生领域充满了荆棘和不确定。洛克菲勒基金

---

① Paul Krugman，"Making Banking Boring"，*New York Times*，Oct.4，2009，Op-Ed.

会的会长罗丁曾在书中特别提出对下一代的担心。她说新公益的发展壮大主要靠新生代的年轻投资者，所谓"千禧年一代"。他们这一代（或两代）是含着金汤匙出生，在各种新奇而方便的电子产品、电子商场中玩大的。今后40年，他们可能从"婴儿潮"一代的父辈继承41万亿美元的遗产。他们不缺乏同情心和改革社会的雄心，但是这一事业需要关注的是严肃而不那么"好玩儿"的社会问题，如枪支、重复犯罪、医疗卫生、传染疾病等。他们中的大多数是能够像上一辈创业者那样有耐心、坚韧不拔，还是打着"创投公益"的旗号，却缺乏做艰苦工作的能力和意愿，最终转向光鲜时髦的新玩意儿，成为新公益的阻力，还在未定之秋。

新公益仍是新事物，尽管发展迅速，看起来声势浩大，但从整个社会看，应该还在实验阶段，还会在实践中不断修正、完善。相关的联邦法律也尚待制定。尤其是资本革新问题涉及人性的两面性，既是伦理问题，又是制度问题。新观念和强大的习惯势力之间、人性的两面之间的博弈需要在较长时期内才能见分晓。无论如何，对于人类社会面临的种种棘手问题，它不失为一种带来希望的新尝试。

除此之外，对于方今世界争论不休的美国"兴衰"的主题，新公益领域也是观察者不应忽视的一个极为重要的方面。它倡导的"致力于改变游戏规则的革新"的成败，不但是对美国自我纠错的革新机制的考验，而且将对全球产生深远影响。

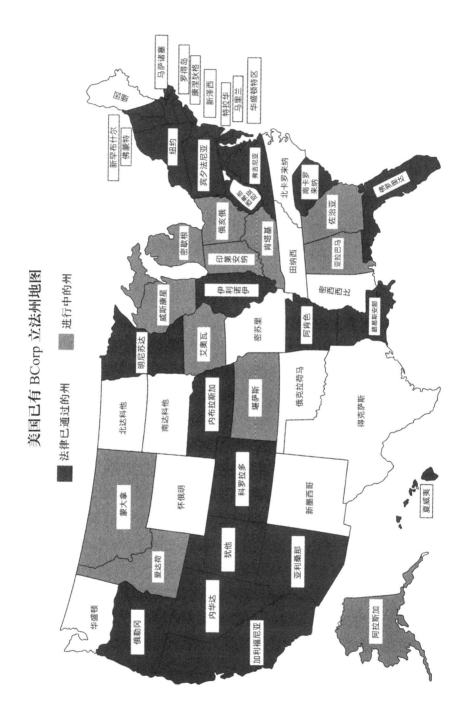

美国已有 BCorp 立法州地图

■ 法律已通过的州
▨ 进行中的州

华盛顿
俄勒冈
爱达荷
蒙大拿
怀俄明
加利福尼亚
内华达
犹他
科罗拉多
亚利桑那
新墨西哥
北达科他
南达科他
内布拉斯加
堪萨斯
得克萨斯
俄克拉荷马
明尼苏达
艾奥瓦
密苏里
阿肯色
路易斯安那
威斯康星
伊利诺伊
密歇根
印第安纳
肯塔基
田纳西
密西西比
亚拉巴马
新罕布什尔
佛蒙特
纽约
宾夕法尼亚
新泽西
俄亥俄
西弗吉尼亚
弗吉尼亚
北卡罗来纳
南卡罗来纳
佐治亚
佛罗里达
缅因
马萨诸塞
罗得岛
康涅狄格
特拉华
马里兰
华盛顿特区
夏威夷
阿拉斯加

第五部　中国公益

第十六章　近代历史沿革简述

在美国与一家公益组织座谈时，对方提出一个问题：美国的公益基金会已经有上百年的历史，才发展到今天的"新公益"；中国的公益起步只有二三十年的时间，如何在短期内走完美国百年的历程？这个问题与对中国现代化的问题如出一辙，也走进了同一个误区，就是认为中国的现代化从三十年前才起步，而忽视了自晚清以来超过一个半世纪的变化。公益事业——这里特指现代公益模式，而不是古已有之的扶贫济困的观念——在中国也非始自今日，而是百年前就已开始，只不过同中国的现代化进程一样，中间有过断裂，走过弯路。所以，有必要对历史略加追溯。

一、从晚清至民国的中国公益理念和实践

传统慈善的济贫、赈灾古已有之。出发点是人性中最原始的恻隐之心，"上天有好生之德"。同时夹杂着因果报应说，即做善事总有好报，即使不及于本人，后代也会受益。此外，还有富人本能地怕社会矛盾尖锐化，殃及自己的安定生活。

从传统的慈善转向现代公益的意识还是萌发于晚清西方思潮传入之后。从赈灾济贫到办义学、收容乞丐"教技艺"，也就是现在说的从"授人以鱼"变为"授人以渔"。

1. 清末慈善家

晚晴涌现了一批著名的慈善家，如经元善、张謇等。经元善一生善举无数，特别值得一提的是他 1897 年至 1898 年间与梁启超、郑观应等在上海发起创办了第一座中国人办的女子学堂（中国最早的女子学校是英国传教士创办的）。他还提出"为贫民力谋生计，即为国家渐图富强"的理念。后来成为民国时期盛行的"教育救国论"。

张謇是最早的新型企业家兼慈善家。他明确以教育开启明智，而办教育必须以实业为基础。"举事必先智，启民智必由教育，而教育非空言所能达，乃先实业，实业教育既相资有成，乃及慈善，乃及公益。"[①] 除了一般慈善机构外，他还特别创办了育婴堂、养老院、医院、贫民工场、残废院、盲哑学校，总共十六所。这些公益事业在他主张的地方自治、"村落主义"的大框架内。

他的另一大功绩是引进了对残疾人积极救助的现代观念。中国传统的对残疾人的救助只是出于怜悯之心，"鳏寡孤独废弃者皆有所养"，重在"养"。最初在中国兴办残疾人教育使其有自立本领的是外国传教士。张謇明确提出此事必须由中国人自己来办，他创办的南通狼山盲哑学校在当时为数不多的聋哑学校中影响最大，也最早提倡尊重残疾人与常人一样的人格，明确宗旨为："造就盲哑具有普通之学识，必能自立谋生"，"以三四年教育犹可使成材，供社会之需而自食其力"。

可以说以张謇为代表的实业家从理念到实践都符合现代的企业社会责任，而且理想更高远，可惜在当时的大环境下，曲高和寡，响应者寥寥，终于壮志未酬。五四新文化运动以后，随着民主、平等新思潮的兴起，人们对残疾人的看法有重大的转变，几十年中陆续出现一批热心人士创办的残疾人教育机构。1947 年著名儿童教育

---

① 转自周秋光，《中国慈善简史》，人民出版社，2006 年，第 247 页。此书为本节主要参考书及资料来源之一。

家陈鹤琴还创办了上海特殊儿童辅导院。

既是媒体又是企业的申报馆，也是慈善事业的促进者。它于清末创办了协赈所，广登告示进行劝募，募得款项由协赈所汇到灾区，而且还将历年收支清单公诸报刊，"以资征信"，说明那个时期已经有财务公开的观念。进入民国以后，《申报》的社长史量才则更进一步办教育，与黄炎培等一起创办职业教育学校，卓有成效。

2. 民国实干家

进入民国，民营工商业、金融业有长足发展，出现了一批具备现代意识的企业家，尽管力量薄弱、处境艰难，却对国家社会有很强的责任感。其中不少慈善家活跃在赈灾、济贫、平民教育的第一线。

天厨味精的创办人吴蕴初，和范旭东、侯德榜等人一样，都对中国的化工工业做出了开创性贡献。他既是发明家又是企业家，使味精在中国市场取代了日本的味之素。在公益慈善事业方面，吴蕴初自觉地效仿美国洛克菲勒、杜邦等人，创办公益基金会。他的子女回忆他这样做一是因为他本人好名甚于好利，重视社会地位，也有社会责任感；二是他看了太多败家子的例子，对儿女继承家业不信任；还有一个特殊原因，抗战期间他在重庆与共产党有接触，毛泽东访问重庆时，他还曾出面邀请蒋毛双方聚餐。根据他的判断，将来天下早晚是共产党的，届时财产也要充公，不如先捐了。1945年他正式向国民政府经济部呈文，志愿"将生平投资各种事业之股票全部交出"，成立蕴初资产管理委员会（后更名为"吴蕴初公益基金委员会"），统一保管。这个委员会由吴蕴初家属、政府人员、社会人员共同组成。成立初期的简则规定股票集中管理，永不得变卖或转移；每年盈余一半用于已投各企业的发展改造，其余 1/4 充社会公益，1/4 充遗裔之无力者教养费；上述各条一经政府核准即生效并永不得修改。后来，这个简则又修改为年盈余半数用作社会公益，半数留作企业自身发展,"于必要时酌提蕴初遗裔之无力者教养费"。这一做法除了还保留一部分给后代可能的需要是中国特色外,已接近现代国际公益基金会的制度。

宋裴卿创办的天津东亚毛纺厂不但生产了当时最优质的国产毛线,堪与进口英国毛线一争高下,而且在经济极不景气、民不聊生的40年代末,带头在厂内实行合理的工时工资、职工福利、技能培训等制度,并建立了子弟小学,本单位职工子弟一律免费上学,同时也对外招生。由于其师资力量强大,教学制度先进,外面的学生也踊跃报名。

20世纪上半叶的中国,除一般自然灾害外,还有兵灾——政局动荡,内战外战不断。战争生灵涂炭,大批难民流离失所。慈善事业的一项重要任务是救死扶伤、安置难民。比较有名且成绩较大的是1938年至1946年由宋美龄、李德全、沈钧儒等人出面创办的战时儿童保育会,资金主要还是靠社会捐赠。所培养的孤儿不少后来在社会上事业有成。

民生轮船公司的卢作孚在抗战爆发、国府南迁之际,停止了公司的业务,把全部船只无偿提供给国民政府运输军队和物资,在关键时刻起了不可估量的作用。

3. 特有历史背景下的特点

在中国当时特有的历史背景下,公益事业也有自身的特点。新兴的民营企业家除了与世界各国的企业家具有同样的共性外,他们的社会责任感多带有中国特色,即与反帝反封建联系起来,外御列强的压迫,内促中国的现代化。

首先是救国。那个时期什么都离不开救国。多数企业家都有与外国一争高下的志向,即"实业救国"。尽管条件艰苦,社会动乱,还是取得了相当大的成就。一旦国家有难,即涌现出不少毁家纾难的感人事例。前面讲的卢作孚就是突出的例子。

改良社会也是公益志士的理想。一批维新人士较早地介入了公益慈善事业，如梁启超、郑观应等人，提出"开风气、正人心"，"教重于养"，所以在积极赈灾扶贫的同时，他们也把办教育看作义不容辞的任务。在一个社会中，富人的生活方式对社会风气的影响相当大。被统称为"民族资产阶级"的企业家所倡导的价值观是反对奢侈浮华，主张勤俭创业，推崇知识，鼓励子弟自立自强。"富二代"中也有纨绔子弟，但绝不是主流。民国后期官场腐败，但企业界的主流没有腐败。所以无论是抗战、改良，还是革命，积极参与的有理想的知识分子中有相当多的富家子弟。

二、1949 年至 1980 年代

1. 前三十年完全消灭民间慈善

1949 年以后，由于整个体制和意识形态的根本性变化，"民间公益慈善"这一事物完全消失，直到改革开放。既然私有企业已被消灭，当然不存在企业家，也就无所谓企业责任。原则上党和政府包揽了全国人民从摇篮到坟墓的一切需要。慈善行为也被批判为富人的"伪善"，目的是麻痹和瓦解劳动者的斗志。所以，过去的乡绅、企业家越是多行慈善，多做公益，就越被认为对革命有害。"文化大革命"期间天津东亚毛纺厂曾被作为"文明监狱"的典型来批判，其立论就是依据"越好越坏"的逻辑。如果对待员工很苛刻，当然证明了资本家的剥削本质，如果对员工好、福利高，就是腐蚀拉拢工人，和共产党争夺群众。

这一时期，全国总工会、青联、妇联、学联等群众团体是在共产党领导下联系各界群众的桥梁，其主要功能一是宣传教育，贯彻党的政策；二是向上反映群众中的动态和思想情况；三是以"人民团体"的名义进行国际统战。福利工作当然也包括在群众团体的工作范围内，但主要是执行政府的政策和各种规定，而不是慈善性质。

2. 80 年代过渡期

（1）中国特色的 GONGO

随着改革开放的进行，经济体制开始走向市场化，政府意识到自己无力包办民间的一切需求，于是自 80 年代初开始，在上述群众团体之下成立了一系列相关的公益性组织，成为中国公益事业的骨干。例如中国儿童少年基金会、中国残疾人联合会、中国青少年发展基金会、中国扶贫基金会、中国妇女发展基金会、中华慈善总会、中国红十字会等。这些组织前面都有"中国"字样，更凸显其权威性。这就是被称为"GONGO"（Government Organized Non—Government Organization）的官办公益组织。这一名称本身就有点滑稽，却体现了过渡时期的特色。在相当长的时期内，这类组织对于发展中国的现代公益事业起了重要的作用。

在这十年的过渡期，有一批官办公益组织由于完全依赖政府财政以及官僚主义的管理，一旦政府财源减少就难以为继，遂逐步消失。另外一批组织能够适应新的市场经济的条件，及时调整运营方式，拓宽经济来源，改进工作项目，在新形势下显示了活力，成为中国公益事业的骨干。总体而言，"GONGO"的发展趋向更加独立，与主管单位的联系日益松散，资金来源于政府财政的比例日益减少，而更多依靠向社会募集。政府对它们的支持也不再主要是财政拨款而是在政策上的优惠。在中国现有的形势下，"GONGO"还将在相当长的时期内继续存在，有的发挥着积极作用，有的因享受一定特权而管理严重滞后，弊病较多，负面影响逐步突显。例如中国红十字会自汶川地震以来，接连以各种原因备受诟病，一个至今事实不清的郭美美事件就足以重创该组织的信誉，这不是偶然因素，也不独红十字会一家为然，而是此类组织根本的弊病。

（2）民间公益组织

这一时期各种民间公益组织和公益活动如雨后春笋般兴起，对教育、扶贫、救助妇女儿童与老弱病残、保护环境以及学术研究做出了不可忽视的贡献。这说明社会上存在着大量的需求，同时也孕育着丰厚的财源和善心，二者汇成不可抗拒的潮流。

此类民间公益组织形式多样。有些名义上隶属于某个政府机构或官办组织，但实际上是由私人运作，很少受到政府关注。有些是民营企业家或公司出资，在工商部门注册，根据规定挂靠一个本专业的主管部门，但联系比较松散。它们被称作"民办非企业单位"，简称"民非"。尽管这一称号有些古怪且不合逻辑，但已有不少组织存在多年，且工作卓有成效。作为事实上的非营利组织，它们最大的不便是不享受自动免税的待遇，尽管在实践中这个问题可以在有关组织和税务以及其他行政部门之间，通过个案协商，用变通办法部分地解决。

除此之外，还有形形色色的个人和小规模的草根组织活跃在各个公益领域，几乎每个省都有，特别是在边远贫困地区。这是最有潜力和值得关注的部类，却因难以认定无法统计而不便概括。有一些组织在严格意义上讲可能不算"合法"，因为没有主管单位，也不能正式注册，但也并未被指为"非法"。只要地方当局认为它为当地带来好处，且无冒犯之处，就可以存在下去，甚至受到欢迎。

三、90 年代以后的蓬勃发展

不可否认，90 年代经济的起飞，特别是民营企业的发展与公益事业蓬勃发展有很大的关系。这个时期涌现出来的公益组织和活动大体上有两种主要推动力：一种是个人，主要是知识分子和社会名流，他们从强烈的社会责任感出发，以其自身学识和威望，开创一番事业。一种是企业和企业家。当然个人的公益活动不能只凭热情和理念，必须有财力的支持，这是企业家和独立人士的相交点。这里先介绍一些可以称为先驱的个人，企业及企业家的情况将在下一章论述。

在个人公益先驱中比较有名的人物有经济学家茅于轼、环保人士梁从诚、关注农家妇女的吴青，以及从官办基金会出来成为民间著名公益人士的徐永光，等等。[①]

（一）个人

1. 茅于轼的创举

茅于轼是著名经济学家，退休前供职于中国社会科学院。他的著述的特色之一是把经济学与社会伦理、公民教育联系起来。1992年退休后，他就致力于把他的理念诉诸实践，追求一个既繁荣又公正的社会。1993年他与其他几位经济学家创办天则经济研究所，是第一家民间研究所（非营利组织），后来又成立天则所咨询有限公司（营利机构），在国际国内都有一定的知名度。此处着重介绍他与公益事业有关的活动。

（1）小额贷款

1993年，茅于轼与汤敏（曾任亚洲开发银行驻京办事处首席经济学家）共同创办龙水头村扶贫基金会（以下简称"龙水头基金会"），开始在山西省临县湍水头镇试行小额贷款，援用孟加拉尤努

---

① 以下所有资料来源除特别提到外，多综合有关组织在网上或印刷刊物上公布的资料、《公益时报》《中国发展简报》，以及作者在与有关人士的谈话中直接了解到的情况。

斯的格莱珉（乡村）银行的贷款方式。第一笔资金来自茅于轼本人捐出的 500 元，他证明对一个贫穷农民来讲，有没有这 500 元，结果可以大不相同。这一做法取得最初的成功之后，逐步吸引了当地政府以及国内外媒体的注意，资金源源而来，一种是捐赠，一种类似存储，可以收取利息，但大多数存款人把利息再次投入基金。放贷的主要方面是农业生产、微小企业、医疗和教育。尽管用于后两项的数字要小得多，但改善健康和教育程度所产生的深远影响不可低估。1998 年这一模式扩大到另外两个村：湍水头与小寨堖。最近，在茅于轼的建议下，又用基金会的部分资金外加关心教育的人士的捐款成立了专门基金，补助边远贫困地区的教员。具体金额根据教员通过资格考试的情况加以调整，教员每月可以增加 80 元到 120 元的收入（教员每月的工资是 80 元）。

现在，小额贷款在中国已经不再新鲜，尤努斯的名声也很响亮。但是在茅于轼与汤敏借鉴这一模式时还很少为人理解，需要克服很大的阻力。其意义不仅在于以小额贷款帮助穷人创业，而且在于传播一种新的观念，使他们由此懂得了投资、贷款、风险等知识，依赖自己的勤奋和信誉脱贫致富。随着城市居民和富有村民的逐渐投资，它也建立起了贫富之间的纽带，是在平等的基础上，而不是在慈善的基础上。实践证明，贷款到期时偿还率很高，大多数受惠者都取得一定的成功，增加了收入。他们通过自己的勤劳和诚实得到他人的帮助，建立了新生活。这一尝试的价值受到世界银行以及许多学者的肯定。有人将它比作 20 世纪三四十年代晏阳初的乡村建设运动。

（2）富平职业技能学校

尽管龙水头基金会的实验富有成效，赢得多方赞誉，但其创办者在长期的扶贫实验中仍深深感到，由于城乡之间天然存在的差距，农村的就业机会匮乏，他们转而把目光投向如何帮助农民进城谋职就业上。

茅于轼认为，农民进城能否顺利就业，关键在于两点：一是有无高效的就业培训，二是有无良好的就业中介机构的引导。由此他与汤敏决定为农民进城务工办一所职业培训学校，选中北京家政服务业作为开端，专门为城市居民培训合格的家政服务员。学校起名为"富平"，既为"扶贫"之谐音，又有使平民百姓尽快富裕起来之意。富平学校提出两大目标：一是为农村低收入农民创造就业机会；二是推动城市社区服务业的发展，创造新生活，打造出一条低收入农民进城务工，进而脱贫的新渠道。职业学校定位为非营利机构，实行股份制，股东投资不分红，办学收入用于学校发展。茅于轼、汤敏慷慨解囊，并得到一些志同道合者在他们的感召下的赞助，筹得开办资金，2002年在北京通州区民政局正式注册成立。学校起初专门培训家政服务员，故又称"保姆学校"。在招收生源和解决运作经费方面，他们摸索出一条道路，把富平学校变成农村扶贫工作的一个有机环节。做法是与一些省的扶贫办签署协议，由当地扶贫办负责招生、体检、办理各类证件并将学员安全护送至北京，并负责承担学员一半的食宿培训费；校方则负责学员进京后培训和推荐就业，并先期垫付其余一半食宿培训费，学员在毕业就业后3个月内偿还。学校并向雇主收取一定的手续费。食宿培训费和手续费都尽量低廉。这一操作行之有效，进展顺利，招生量迅速上升。许多贫困地区政府对此十分热心。现在富平职业技能学校已经与国务院以及安徽、湖南、河南、甘肃、陕西五省的扶贫办建立长期合作关系。2004年10月又申办了"富平家政服务中心"，把服务送到社区。到目前为止，已培训并介绍上岗两万多名学员。

总的说来，富平学校体现的理念是：不仅帮助进城农民体面就业，获得基本经济收入，还要帮助他们在城里逐步立足，实现自我发展。目前除中国有关部门外，世界银行、福特基金会、国际计划等国际援助机构都给予资助、与之合作。茅于轼和汤敏打算下一步将业务范围扩大到培训北京下岗职工，帮助他们做家政服务公司小老板，尽快实现培训和就业的双赢。

（3）乐平公益基金会

将在下一章"社会企业"一节详述。

2. 梁从诫和自然之友

梁从诫是中国最早的环保志愿人士之一。他从保护云南的金丝猴开始，逐步发展到保护其他稀有动物、森林、水资源，等等。他于1994年创办"自然之友"。其主管单位就是他任教的北京大学中国文化书院，其实与他从事的环保工作并无关系。到2002年"自然之友"已有1000多名个人会员，20多个团体会员。梁从诫是名人之后：梁启超之孙，梁思成和林徽因之子，本人是全国政协委员，在宣传上多少有些优势。"自然之友"现在是中国最著名的倡导环保的组织之一。其资助来源大部分来自境外，包括福特基金会、拯救未来协会、壳牌基金会以及香港的一些企业等。近年来大陆的捐助也日益增加，其数目接近国际资助。

梁从诫也用他的影响支持其他一些活动，如可可西里的藏羚羊保护活动。他以70高龄访问了海拔4000米高的可可西里高原，并且是可可西里纪录片和民间保护藏羚羊志愿者组"藏羚羊团队"的热心支持者，为他们做了许多宣传工作。

3. 田惠平与北京星星雨教育研究所

北京星星雨教育研究所（Beijing Stars-Rain Education Institute for Autistic Children，以下简称"星星雨"）是中国第一家专业从事孤独症（又称自闭症）儿童早期教育、学前训练及家庭指导的社会服务和研究机构。其宗旨是："为有障碍的儿童提供科学化的特殊教育方法及咨询，并进行特殊教育方面的培训指导，为儿童走上健康的发展轨道奠定基础。"开展的业务范围主要包括：提供儿童孤独症的早期发现、早期教育的咨询指导；对已被确诊为患有儿童孤独症的儿童（3—13岁）进行基本能力状况的观察、测评与分析，提供家庭训练指导与操作培训；下设孤独症儿童训练班，为患儿提供集中型强化训练；向家长提供国际上有关方面的最新资料及本所的研究成果；与国内外的专业机构与人员进行实践与学术交流。

创办人田惠平是德国留学生，归国后在重庆大学任教。1989年她的不满4岁的儿子被确诊为孤独症，而当时国内尚无专门为这类儿童设立的学校。田惠平在经受打击和痛苦之余，了解到在我国约有50万左右此类患儿，于是她下决心创办能使中国的孤独症儿童也受到教育的机构。1993年，她辞去教职，来到北京，在极为艰苦的条件下创办第一家教育孤独症儿童的学校"星星雨儿童研究所"。"星星雨"的命名由来一是美国电影《雨人》，二是台湾人把患孤独症的孩子昵称为"星星的孩"。学校的功能有三方面：对儿童的治疗和教育，对家长的培训，以及向社会宣传以使人们了解并接受孤独症患者和其他残疾人。

与其他私人创办的非营利组织一样，田惠平的研究所也遇到"身份"问题：找不到主管单位，不能在民政部注册，而只能在工商局注册，因而享受不到税收优惠。这样，她就必须依靠学费维持运转。学费也不能太高。这对家长不公平，因为他们本身是纳税人，却并没有因孩子的缺陷享受政府或单位的福利补贴。而且，贫困家庭的孩子仍然不能进来。教职人员只能无偿志愿服务，或接受低薪。但是这种性质的教育又需要目前在中国甚为短缺的专业人才，因此缺乏称职的教员成为一大难题。

"星星雨"创办的曲折过程和"身份"定位也典型地说明了现阶段中国草根组织的困境和变通的出路：田惠平1993年3月到北京，

最初在一家幼儿园任教师，收治了 6 名孤独症儿童。但因幼儿园是属于一家私人公司的，收治孤独症儿童不能带来经济利益，两个月后公司就终止了对田惠平的聘用。此后田惠平经过许多艰难曲折，于 1994 年在工商局注册为民办非企业单位，注册资金 10 万元，法人代表田惠平。在法律上并无明文保障此类组织的税收优惠，但是"星星雨"以其发展业绩获得工商税务人员的理解，可以获得在纳税方面的"照顾"。

由于田惠平本人有国外留学的经历，她利用知识和咨询发展国际联系，逐步得到国际承认和支持，主要是专业上的支持。她引进了美国新泽西伊登服务中心的"应用行为分析法"，把它列入培训家长的课程中。在管理制度上，也严格符合国际规范，财务完全透明，从而建立了较高的信誉。

后来，田惠平还建立了"孤独症儿童家庭救济基金"，以补助失业父母、孤儿以及其他急需救济的患此症的儿童。后改名"星星雨发展基金"。这一基金不能成为公募基金会，因此不能大规模向企业及社会募捐，只能分散地接受个别捐赠。不过由于其工作业绩的信誉，获得了社会承认，基金会理事中包括这一领域的专家和知名公益人士。2009 年在民政部注册的公募基金会中华少年儿童慈善救助基金会设立"星星雨专项基金"，予以资助；2011 年在民政部注册的中社社会工作发展基金会把星星雨列为合作机构之一。

2002 年，田惠平总结她八年办学的经历称：

"作为为残疾人服务的非政府组织的负责人，我自己没有固定的收入；为了向孤独症儿童打开大门，我必须经常面临各种挑战，包括经济的和专业的。但是我知道该怎么做。我感到快乐，因为我找不到其他更好的、与我的孤独症儿童共同生活的方式。我可以把我八年来的经历描述为'通向星星的路程'。"

应该说，这段话也可以代表大部分当前中国有理想的志愿私人公益人士的经历、甘苦和心情。如今这一机构已走出困境，顺利发展。

以一人之力成功创立的公益组织还有郑卫宁的"残友"，但它主要是社会企业，将在下一章"社会企业"一节详述。

私人公益家及其事业有几个共同点：

（1）个人的动机来自一种对社会的使命感，带有理想主义色彩，对自己所从事的工作极端执着，足以克服各种艰难险阻。

（2）有思想、能实践，知识水平较高，能提出有创造性的方法，并懂得经营、操作。如"小额贷款"、富平学校以及"星星雨"等机构，从一开始就按照国际规范，财务透明，一丝不苟，经得起任何方面的审查。

（3）或是由于自己的学识成就的背景，享有一定的声誉，容易取得公众的信任，或是通过自己锲而不舍的努力和成绩赢得声誉和信任。

创办"残友"的郑卫宁虽与此有些不同，他是一名来自草根阶层的残疾人，没有前面几位的特殊条件，但是他的理念和毅力是相同的。另外，他开始得较晚，中国公益事业的环境已经有所改善，有一些经验可资借鉴，而且残障事业容易得到社会理解，这些都是有利条件。

另外一些自发的私人公益活动就没有那么幸运，有的开始时得到媒体宣传，一时很为公众看好，但不久就销声匿迹，或出了问题，甚至变成丑闻。曾经名噪一时、引来国际资助的"胡妈妈"的"中华绿荫儿童村"，后来以丑闻告终，就是一个例子。类似的案例常有披露。更多的失败并非由于欺诈，而是由于得不到合法地位，或缺乏理解和支持。更重要的原因是一开始就没有严格规范的管理制度。如果对民间公益活动政策明朗，法规合理化，同时健全监督机制，就可以兴利除弊，使有志者能健康发挥作用，善始善终。

不过，由于民间公益活动是应时代所需而产生的事物，代表进步的潮流，有很强的生命力，所以在艰难的条件下还是百花齐放、发展壮大，良性的、成功的活动还是远超过失败的例子。其贡献不仅在于帮助需要的对象，而且在于提高全社会对公益事业的觉悟。

（二）宗教团体——爱德基金会

从传统上讲，慈善活动应是宗教团体题中之义，不过传统的慈善布施之类不是本书讨论的范围。有一家基督教基金会值得一提，那就是爱德基金会。它由著名基督教领袖丁光训于 1985 年创立，是唯一经过官方批准公开接受外国教会和宗教人士捐赠的中国基督教基金会。这一组织开办资金为 6.5 万美元，成立 30 年来，业务不断发展，根据其财务报表，至 2013 年底其资产总数达 2.8 亿多人民币。它支持的项目覆盖面极其广泛，包括社会福利、医疗卫生、教育、盲症防治与复明、赈灾、城市社区建设与乡村发展，为全国 31 个省市自治区 200 多个县市的逾千万贫困人口提供了帮助。爱德基金会可算是中国最大的有基督教背景的、从事公益事业的独立非营利组织，并得到政府的充分认可。它接受来自世界各地一百家以上的教会团体的捐赠，主要是西方国家的教会团体，也有些来自日本、韩国和新加坡。

（三）中介机制

随着非营利部门的迅速发展，一些咨讯性质或中介性质的机构以及关注这一领域的媒体纷纷出现，发起者既有官方也有民间。广义的非营利组织和特定的公益性组织正在形成一个专门领域，这是值得注意并令人鼓舞的发展。比较重要的全国性机构如下。

1. 媒体

（1）《公益时报》

2001 年民政部所属中国社会工作者协会创办的报纸，每周三期。这是中国第一份专门致力于公民与公共福利事务的报纸。其宗旨是一方面提供需要帮助的人群和情况的信息，另一方面报道有关公益慈善活动、组织和人物，从而宣传和推动全社会各方面关心公益事业，做出贡献。报道的内容包括个案事例的深度报道、有关的政策法规指南、各种组织介绍、互助活动、社区服务，等等。除其他版面外，报纸设有"企业公民"专栏，刊载企业界人士对自己的社会责任的认识和讨论，提出如何更好地为社会服务的见解，并重点报道突出的企业公益活动。它不仅起到传媒的作用，而且是组织活动的中心，已经出面组织了多次研讨会。自 2004 年起举办"公益论坛"，讨论与中国公益事业有关的一系列议题。根据不同的议题邀请有关学者专家与实际工作者共同讨论。

尽管该报纸隶属政府部门，但它的立意有浓厚的民间性质，表现出为弱势群体服务的使命感。在该报创办 3 周年纪念之际，还出版了以人权为主题的专刊，其中以大量篇幅摘登了在北京举行的一次论坛上众多学者的发言，内容主要是讲述把保障人权包括进新修改的宪法的重要意义。这些发言的新意在于强调人权的核心是人的尊严和公正，与公益事业相关的是，特别强调法律救助及帮助公民维权的重要性。有时，这家报纸也讨论公益事业与公民社会的关系。所有这些，应该说仍属于比较前沿的话题和理念。

（2）《中国财富》

创刊于 2004 年 4 月的《中国财富》，于 2011 年 7 月 1 日全新改版上市，由南方都市报、中国扶贫基金会、北京大学公民社会研究中心联合出品。杂志围绕国家财富分配政策，研讨中国由于贫富悬殊造成的社会问题，为政府和社会提供各种解决方案，关注弱势群体生存现状，提供多角度全方位的调查报道。

（3）《社会创业家》

《社会创业家》（*Social Entrepreneurs*）是恩派公益组织发展中心旗下的公益杂志，创刊于 2009 年，前身为业内拥有悠久历史的《NPO 纵横》，它以社会创业者和公益职业经理人为目标受众，鼓励那些正在和将要进行社会创新的实践者在取势、优术、明道三方面不断修炼自己。

杂志面向全国发行，覆盖包括台湾、香港、西藏在内的全国大部分地区。杂志的稳定读者包括几千家活跃在不同领域的社会组织、企业 CSR 部门、基金会、相关政府部门、学术机构、志愿者组织以及各种媒体从业者，平均传阅率约为 4—5 人／本。

2. 中介机构

（1）中国 NPO 信息咨询中心

最初，在隶属中国科学院的中国自然科学基金会下有一个非正式的、松散的非营利组织的联合会，主要是互通信息，就共同的问题进行一些讨论。2001 年正式注册，其创办人和主任就是曾任国家自然科学基金委员会研究员的商玉生，一位退休了的物理学家。该中心在工商局注册，其主管单位是原外经贸部下的国际非政府组织促进会，不过后者不介入其工作。

顾名思义，信息咨询中心最主要的任务是为中国的非营利组织提供信息和咨询服务，以便互通信息，共享资源。为此，设有内容丰富的面向全国的网站。另一项重要工作是培训人才。非营利组织的专业人才在中国几乎是空白。这项工作在 2000 年已经开始，2001 年对全国 NPO 的需要做了一番调查之后，进一步有系统地开展培训工作，分专题开设系列讲座，并围绕不同主题举行研讨会，题目有 NPO 公共管理、负责人的高级训练和研究，以及 NPO 专业人员的能力培养和训练，等等。讲课人来自全国各地，包括港、台，以及国外。目前与美国的麦克里兰基金会有一项合作培训计划。鉴于当前中国问责制的问题比较严重，该项计划专门设立了关于问责制的课程。此外，它还为北京一些组织提供就共同关心的问题进行交流的平台，有时也组织一些国际研讨会。它经常发表研究报告，自2003年12月起，发行季刊《NPO探索》。

该中心的主管单位只是名义上的，对它并没有任何资助，也不加以干涉。其经济来源是围绕每一个项目进行募款，捐赠者包括国内及国际基金会。如世界银行，福特、亚洲和麦克里兰等基金会都曾对其项目予以资助。它虽然是非营利组织，但在工商局注册，并不自动享受免税待遇；但是它作为守法且卓有声誉的公益性和教育性组织，在税务部门已享有良好的信誉，可以每年逐项与税务部门协商减免税收。

2005年后，随着公益行业的快速发展，国内从事行业支持和能力建设的机构越来越多，NPO信息咨询中心也积极开拓新的业务。2006年，中心应上海浦东民政局邀请在上海注册成立恩派公益组织发展中心，时任NPO信息咨询中心副主任的吕朝负责恩派的运营工作。恩派现已发展成为国内规模最大、服务最全、影响最广的支持性公益组织之一，2008年底，NPO信息咨询中心与恩派合并，成为恩派北京办公室。在中心工作的后期，中心把工作重点转向非营利组织的公信力建设及搭建非营利组织自律联盟，并推动基金会行业信息服务平台——基金会中心网的成立。

（2）中国国际民间组织合作促进会

中国国际民间组织合作促进会（简称中国民促会）的前身是中国国际经济技术交流中心国际民间组织联络处，是国务院指定为中国国际民间组织合作的协调机构。1993年，这一机构正式独立出来，业务主管单位为商务部，在民政部登记注册，在全国各地的公益性组织中发展会员。到 2012 年 4 月，共有国内会员 95 家，主要是扶贫、环保以及致力于在老少边穷地区发展的民间组织。中国民促会作为中介机构，其主要任务是帮助基层社团集资和提高能力。1986年，中国民促会与欧洲援华集团（包括德国、英国和荷兰的组织）签订了第一项国际合作协议。截至 2011 年 12 月底，中国民促会已经与 176 个国外民间组织和国际多双边机构建立了良好的合作关系，其中已有 19 个国家或地区的 92 个国外民间组织和国际多双边机构通过中国民促会向我国提供了 7.35 亿元的资金援助，从国内各方筹集项目配套资金 5.12 亿元。项目遍及全国 31 个省、自治区、直辖市中 112 个区县。内容多与扶贫和可持续性发展有关。

中国民促会虽是商务部下属的机构，但其会员组织有许多是真正的草根团体。在这个意义上，它的作用既是国际赠予者与中国接受者之间的桥梁，也是政府与私人公益活动之间的桥梁。在目前中国特有的条件下，这也是一种可行而能持续的方式。

（3）中国民间组织网（现改名为"中国社会组织网"）

2003 年 11 月 6 日，中国民政部正式开通中国民间组织网，并为此举行了开通仪式，由民政部部长亲自点击鼠标予以开通。这也说明了民政部对此事的重视。网站的任务是及时公布政府的政策法规、协助民间组织与政府有关部门沟通、促进透明度以及为全国民间组织之间的交流提供平台。这一举措标志着中国官方对民间组织的态度的重大转变，正式承认这一部类在建设富裕与和谐社会中的积极地位。根据网站提供的资料，截至 2014 年底，全国共有社会组织 60 万个，其中社会团体 30.7 万个，民办非企业单位 28.9 万个，基金会 4044 个。这些数据说明民间组织在我国有了很大的发展。

中国 NPO 信息咨询中心刊物《探索》

富平家政服务中心的学员体验现代化厨房（富平学校提供）

茅于轼先生与学员在一起

"星星雨"培训班,专门培养从事孤独症儿童早期教育的专业教师(北京星星雨教育研究所提供)

"星星雨"组织的孤独症儿童活动

中国光彩事业促进会副会长兼秘书长胡德平到四川南部县视察认养户按中农合创的
要求兴建的标准化圈舍（中国光彩事业促进会提供）

云南马正述缅甸境内替代罂粟种植绿宝香蕉的种植基地（中国光彩事业促进会提供）

第十七章　企业公民公益的兴起及新趋势

　　毋庸赘言，中国新起的公益事业的骨干是民营企业家，他们属于"先富起来"的群体，有这个力量，同时也有回馈社会的意愿。慈善家从大企业家中产生是中外的通例。同时，富人如何使用财富的方式能产生较大的社会影响，波及社会稳定、普通民众的生活态度，甚至可以影响社会风气。

　　起初，企业家的公益捐赠大多流向官办公益组织（GONGO），很多地方政府把这些公益组织当成向企业拉赞助的中介，企业的捐赠有自愿也有被迫，原则上有悖慈善公益的本意，还容易滋生腐败，成为权钱交易的一种。不过随着民间公益组织的迅速发展，企业家自主创办公益组织，或向民间公益组织捐赠的情形日益普遍，情况正在改变。

　　民营企业和企业家是中国大陆改革开放以后的新事物。第一批新富多是农民出身，从乡镇企业发家。一般说来，受教育程度较低，缺乏现代观念。有些人暴富之后，自己或家人开始过骄奢淫逸的生活。也有人偶尔慷慨解囊，但多为锦上添花，而非雪中送炭，例如赠予足球俱乐部或歌星演唱会之类。事实上此类捐赠往往是为自己或企业做宣传。经过一二十年的发展，中国民营企业家经历了向现代化的转变，人员的构成和观念有很大的变化，不少人有高等学历或者是"海归"。他们的公益观念也随之现代化，社会责任感也普遍提高，并迅速发展成一种被普遍认同的价值观。自 21 世纪以来，"企业社会责任"的观念迅速普及。2011 年超过 75% 的公益捐赠来自企业，其中民营企业又占 57% 以上。

一、企业界创建的基金会

阿拉善治沙协会（SEE）算是最早由企业界自发创建的基金会。2004年2月，由10个企业家代表集会发起成立治理沙漠协会。英文名"SEE"，是society（社会）、entrepreneur（企业家）、ecology（环境）的缩写，很明显，它表明了企业家的社会责任。阿拉善治沙协会已经坚持了10年。其原来的宗旨是在阿拉善地区进行沙漠治理和资助中国民间环保组织，后来在治沙工作中遇到很多技术上的困难，转为以环境保护为主题，资助、培育、鼓励其他公益组织参与环保活动。不论如何，大批企业家聚在一起达成共识，即是一种观念的进步，即在市场经济背景下的现代公益事业是人道主义与市场效率的结合。同样重要的是，这个组织自觉地学习"罗伯特议事规则"，建立了民主议事程序，为各个习惯于"乾纲独断"的大老板们所遵守，这也是对中国NGO管理的一大贡献。2014年6月，阿拉善治沙协会举办成立十周年纪念盛会，有64家企业当场承诺加入环保事业，遵守阿拉善治沙协会提出的清污减排标准，并有在这方面先行成功的台湾企业介绍他们的经验。

南都公益基金会（Narada Foundation）成立于2007年5月11日，是一家全国性非公募基金会，业务主管单位为民政部，原始基金1亿元人民币，来源于周庆治创办的上海南都集团有限公司，首任秘书长和现任理事长为徐永光。南都公益基金会将自己定位为资助型基金会，在整个公益产业链条中，做一个资金和资源提供者，扮演"种子基金"的角色。这家基金会十分支持草根公益组织，算是雪中送炭。其银杏伙伴成长计划为公益创新者提供生活和事业经费，产生了良好的示范效应。

光彩事业是最早由民营企业联合发起的扶贫行动，其组织名称是"中国光彩事业促进会"。1994年4月，由10位民营企业家在全国工商联七届二次常委会议上联名倡议成立，并受到政府的支持。活动内容以参与西部大开发为重点，面向老少边穷地区和中西部地区。其运作以项目投资为中心，开发资源、兴办企业、培训人才、发展贸易，并通过包括捐赠在内的多种方式促进贫困地区的经济发展和教育、卫生、文化等社会事业的进步。它提出的口号是"义利兼顾，以义为先"，也就是以营利的企业做有利于社会之事。这与"社会企业"的观念相似。其投资的项目因地制宜，多种多样，从在云南边远地区开辟香蕉农场到在西藏建立藏药制药厂。特别值得一提的尝试是在中缅边境金三角地区把种罂粟的农场改造成柠檬农场，并建立柠檬加工生产线，帮助大批原来靠罂粟谋生的农民改种柠檬，增加收入。此项工程得到中国禁毒部门和联合国经社理事会的大力肯定。光彩事业促进会于2000年申请获得了联合国经社理事会非政府组织咨商地位。

光彩事业促进会从一开始就以"为政府分忧"为宗旨之一，得到了政府的积极支持，带有统一战线性质。因此它没有其他民间自发组织所遇到的困难。2005年光彩基金会正式成立，注册资金3050万元，属公募基金会，其主管单位是统战部。事实上，它仍带有中国特色的公私合营性质。主要组织成员是民营企业界代表，会长是历届统战部部长。严格说来，它与纯民营的基金会有所不同，活动内容多配合政府政策，范围和规模较大。不过它与社会企业有不谋而合之处，是一种值得肯定的尝试。

二、个人企业家典型

目前就本人视野所及，略为接近现代慈善家的企业家，可以举出南都集团总裁周庆治和福耀玻璃集团创始人曹德旺两位。不是以捐赠的数额衡量，而是以行为方式和理念评定。

周庆治的特点是观念比较现代。他参与创办了以支持草根组织为主的南都基金会，却并不多加干涉，以至于在公益界，南都基金会主要负责人徐永光的名气比他的大。除此之外，他还有多项捐赠，都不事张扬，比较低调，着重做资助型基金会，而不强调以自我为主。这种公益意识比较健康，弊病较少，而社会示范意义更大。

曹德旺又是另一种特点。他是新时期中国较少数以制造业发家，而且获得成功的民营企业家。他的玻璃制造业相当成功，能与国外产品竞争，还打赢了一场国际诉讼官司。他以大手笔的一次性捐赠而著名。2010 年西南大旱与玉树地震，曹德旺父子共捐出 3 亿元。同时应隶属国务院扶贫办的中国扶贫基金会的主动联系，与之合作，由后者负责具体操作。鉴于国内基金会存在的种种弊病，他提出了明确的监管条件，并签署协议，内容包括由曹德旺父子组成的监督委员会可以随时抽查资金的使用情况，如不合格率超过 1%，合作方需按照缺损比例的 30 倍予以赔付。在严格的规定下，中国扶贫基金会同各个地方执行部门制定了严格的条件，把责任分散下去。2011年，曹德旺捐出价值 35 亿元的福耀玻璃股权。这是对自己财产最大的一次性捐赠，以股权捐赠更是一大突破。但他却需要为此缴纳超过 5 亿元的税款，因为税法规定只有不超过年度利润总额 12% 的捐赠可以免税。曹德旺所遇到的税收问题是政策不合理的典型例子。

三、新概念、新趋势

（一）社会企业

尽管中国的公益事业起步晚、时间短，但是在观念上、在赶上国际创新的速度上并不慢，近年来国际上发展比较迅速的社会企业也已经成为中国公益领域的创新热点。如第十三章阐明的，社会企业是指那些不以利润最大化为目的，而以解决某些社会问题为目标而成立的组织，换句话说就是用企业的方式做公益。它既不同于全部依赖捐赠的传统公益慈善机构，也不同于以营利为目的的一般企业，投资者的目的以及对它的绩效衡量是解决某些社会问题，而不是赚取利润。它强调受益群体的有效参与，既解决了受益群体的生存与发展问题，也解决了社会企业生存与发展的难题，把被动地接受输血变为主动造血。对社会有责任感的企业不是单纯地出于对弱势群体的同情而作捐献，而是在各种社会需求中作出明智的判断，选择覆盖面广、现实需求与社会长远发展相结合的领域进行捐赠和投资。

在计划经济时期，中国政府的民政机构创办福利工厂，为残疾人和缺乏劳动技能者提供自食其力的机会，实际上就带有社会企业的性质。后来因缺乏市场竞争能力，政府不能长期扶持，此类工厂就大量倒闭了。在新时期，以市场经济为基础，中国的社会企业逐渐形成气候。

1. 乐平公益基金会及其投资的社会企业

乐平公益基金会的建立十分曲折。第十六章提到茅于轼和他的同道尝试了农村小额贷款，创办了富平家政学校，以及其他一些公益项目。他们在公益实践中逐渐确定了工作方向，于 2008 年筹建了一家社会投资公司，专门投资服务穷人的社会企业，富平学校成为股东之一。到 2010 年底，终于成功地在北京市民政局注册为"北京乐平公益基金会"。12 年来，共经营投资了 5 家社会企业，聚焦于农村微型金融、农民工培训与就业、低收入家庭儿童学前教育、生态信任农业四个领域，总投资额为 1.2 亿元，直接服务低收入人群 8

万人，惠及近40万人。这几家社会企业致力于高质量低价格地为低收入群体提供他们难以在市场中得到的服务，让他们获得更多平等发展的机会，并提升自我发展的能力。北京乐平公益基金会创业之初，得到了一批知名企业的捐赠，奠定了发展基础，这些企业的负责人都为基金会创办人的威望和精神所吸引，积极支持。如今乐平公益基金会正努力发展为自己造血的社会企业，但在相当时期内仍离不开捐赠。

第十六章已经介绍过与乐平公益基金会有关的农村小额贷款和家政培训学校，现在简单介绍另两家的情况。

（1）千千树

在当前中国，教育不公平已是全社会关注的议题。其中，学前教育由于在义务教育之外，不公平的情况尤为严重，其恶果也很明显。有鉴于此，北京乐平公益基金会资助成立了社会企业谷雨千千树教育公司，旨在以社会创新方式改善农村儿童和城市流动儿童学前教育质量。2011年，在北京通州农民工聚居的于家务乡果村建立了一所流动儿童幼儿园"千千树儿童之家"进行试点。千千树初期与一家优质高价的幼儿园小橡树合作，小橡树秉承以孩子为中心的教育理念，培养孩子的自主性、创造性和适应性，在北京颇有口碑。同样的优质教育能不能提供给无法负担高昂学费的孩子？一直关注教育公平发展的乐平公益基金会找到了小橡树幼儿园的创办人和部分股东。经过近两年的讨论和筹备，他们成立了以中低收入家庭儿童为服务对象的、全新的社会企业千千树。

但是千千树不仅为民工子弟建立质优价廉的公益性幼儿园，而且从一开始就试图针对农村幼儿教育的根本问题——课程质量和师资提出专业的解决方案，聘请专家为农村幼儿园研发一套适用的课程，并提供在此课程基础上的系统教师培训。这家幼儿园在北京郊区取得显著的良好效果后，继续在全国其他地方选点推广，帮助农村地区建设当地培训力量和幼儿教师队伍。随着工作的开展，取得有些地方教育局的合作并吸收企业等其他资源，逐步获得基层教师家长的理解和信任，扩大了社会影响力。截至 2014 年底，千千树在全国各地累计培训教师 1838 人，覆盖 417 所农村和流动儿童、基层幼儿园，惠及 50528 名儿童。

（2）富平创源

"富平创源"全名为北京富平创源农业科技发展有限责任公司，2012 年由乐平公益基金会与日本守护大地协会共同投资设立。日本守护大地协会是日本农业领域最知名的社会企业，它的创始人之一、现任董事长兼总经理的藤田和芳是一位脚踏实地的理想主义者，从青年时代开始为反对污染、拯救日本的农业而斗争，创办了守护大地协会，经过艰苦奋斗获得成功，现在已具有近 40 年的历史，拥有约 3000 名签约农户作为生产会员和近 10 万个固定宅配会员，并建立了一整套监测标准和技术规范。藤田本人成为社会企业的先驱，2007 年入选美国《新闻周刊》"改变世界的 100 位社会企业家"。守护大地协会在日本取得成功后，决心走出国门，在其他国家推广经验。他们在中国遇到乐平公益基金会，经过考察和磨合，成为合作伙伴。守护大地协会为富平创源提供了重要的样板示范和技术支持。

富平创源是鉴于当前农产品的诸多问题而成立的社会企业，其宗旨是促进生态农业发展和土地环境保护，提供消费者信得过的农产品。由于目前自称绿色、有机农业的产品繁多，而社会又缺乏诚信，所以建立生产者与消费者之间互信和共赢的关系成为富平创源的重要目标。它以"生态信任农业"为标志，意指在生产者和消费者之间建立稳定、长期的信任关系。生产者可以安心按一定的标准种好地，销售渠道得到保证；消费者了解透明的生产过程，放心购买，富平创源则是二者之间的桥梁。

富平创源成立伊始，即在天津租赁近一百亩地建立了农场，并物色到一批愿意以农业生产为第一职业、诚实守信、有一定文化基础的年轻人，成为农场的研修生，免费学习技术，并得到一定的津贴。同时建立了生态信任农学院。在技术上与天津及其他地方的农学院合作，聘请专家定期来指导和解决问题；来自日本守护大地协会的专家每个季度也会来给予技术咨询。除此之外，还物色并考察愿意加入、种植符合标准的农户，与之签约。由于中国的农户很分散，不宜采取守护大地协会那种与大批个体农户签约的方式，因此在全国不同地方物色适当的小型农场，现在河北、四川、湖南都有富平创源的签约户。乐平公益基金会具有十多年服务农村和农民群体的经验，为物色适合的农户并建立良好的关系奠定了基础。一旦加入，这些农户可以得到技术指导和销售渠道的帮助。另外，富平创源还搭建了"生态信任"生产者互助与发展的网络，共享栽培、养殖、流通等技术，同时帮助农户进行产品生产的规范化、商品化及销售。富平创源还为业内的青年种植者和中小农户提供国内外交流培训、实践研修的机会，并致力于开发新产品。通过为生产者服务，提供学习交流的平台，并为他们建构市场渠道，搭建他们与消费者之间的桥梁，富平创源在实践中推动着农村的可持续发展和食品安全。

目前，富平创源尚未实现自负盈亏，需依靠一部分公益资助，不足部分由乐平公益基金会为其保证。通常此类社会企业达到收支平衡需要10年，按照目前的发展势头，如不发生意外，富平创源期望这个时间能缩短到7年。

乐平公益基金会正是在积极实践新公益的理念：穷人不是施舍对象，而是需要服务的客户；不再出于廉价的同情给穷人发钱，为了让更多人受益并参与，要进一步创立社会投资平台；相比传统的慈善观念，明确其活动不是转移财富的过程，而是创造财富的过程，最终的目的是扩大受益面。乐平公益基金会的业绩除了为贫困人口提供更有效率的服务、让贫困者直接受益外，更重要的是，通过培养社会创新者、搭建跨界社区等方式，为发展社会企业和公益行业积累了人才资源，也为推动公民社会的发展提供了重要的示范案例。

2. 残友

残友的创办人郑卫宁，自幼患家族遗传的先天性重症血友病。他以顽强的毅力通过自学取得了三个大专文凭。1997年，郑卫宁举家迁至深圳，凭着母亲留给他的救命钱，创办了中华残疾人服务网。五名残疾人、一台计算机的打字复印小作坊，不靠救济，自我运营发展，今天发展成一家慈善基金会、11家社会组织、投资34家社会企业、为数千名残疾人集中提供稳定就业的"三位一体"残友事业公益平台。

所谓的"三位一体"指的是：管理前端是慈善基金会，两翼分别是接受基金会捐赠的社会组织，接受投资的社会企业。目前郑卫宁创办有一家慈善基金会——深圳郑卫宁慈善基金会，为非公募基金会，接受各方捐赠，和五家控股的社会企业：中华残疾人服务网；深圳市信息无障碍研究会；深圳市残友软件有限公司；深圳市残友动漫文化发展有限公司；深圳市残友电子商务有限公司。在五家公司之上，成立了"残友集团"。除直接控股的五家公司之外，郑卫宁资助的社会组织和投资的社会企业均服务于残障人员，大多数在深圳，另外分布于广东、海南、北京、内蒙古、新疆（喀什）等地。

（1）中华残疾人服务网

它成立最早，以残疾人及其家属为主要服务对象，涉及的内容非常广泛，既有相关政策法规的介绍，也有残疾人生活、交友、学习、就业等方面的信息。由于内容全面及时、服务性强，形式又活泼，网站发展得很快。成立一年就在全球残疾人福利网站中创下点击率最高的纪录。网站成立至今，获得的国际国内奖项及荣誉不计其数，还带动了一大批残障人士走入网络生活，特别是以前所未有的勇气进驻中国国际高新技术成果交易会，更是翻开了弱势群体使用高科技的崭新一页。

网站的工作人员大部分都是残疾人。他们是一个融洽而快乐的团体，没有自卑、闭锁和怯懦，有的是自信、乐观和对生活的热爱。考虑到员工的特殊性，网站为他们免费提供酒店式的无障碍工作环境，实行办公和生活一体化，安排食宿。公司还为员工购买了昂贵的商业保险，保证每一个员工都可以享受门诊报销的福利，解除他们的后顾之忧。

（2）残友软件有限公司

它创办于2007年，前身是1999年成立的深圳市福田区残友网社，现已发展成为国际上唯一一家全部由残疾人软件技术精英组成的高科技软件企业，同时又是北京大学、湖南大学等高校软件及计算机学院肢体残障优秀毕业生汇聚的摇篮。公司现有人员近百名，实行残疾人自主管理自主发展。其中有14名残疾人员工获得信产部系统架构师资格，21名残疾人员工获得软件系统分析师资格，38名残疾人员工获得高级职业资格并被评为重点软件人才。它以先进的技术、24小时迅捷反应服务、紧随客户需求的专业精神赢得了诸多的殊荣：美国SEICMMI三级认证、深圳市30家软件明星企业、科技部第三批双软认定企业、计算机系统集成与运维技术服务一级、IBM全球信息无障碍中心中国合作伙伴、英特尔软件明星合作伙伴、中国优秀福利企业、深圳市软件行业协会常任理事单位等。在成功实现残疾人就业自养的同时，还先后开办了多期肢残人士免费电脑培训班、社区老人免费电脑培训班、孤儿特困生免费电脑培训班、盲人电脑培训班。并通过网上"免费空间"、"手语教学"和"盲人按摩教程"等免费服务，培训了残疾人3128人次，老人75人次，孤儿特困生41人次。

其余几家公司均创办于2008年，目的是有针对性地帮助不同需要的残疾人就业。

- 残友动漫文化发展有限公司——文科美术人才
- 残友电子商务有限公司——不方便外出的残疾人
- 残友科技发展有限公司——低学历的残疾人

2005年，郑卫宁还创办了深圳市信息无障碍研究会，旨在推动互联网平民化、普及化，弥补信息差距、同享信息权利、缩小数字鸿沟，发展新经济时代的信息无障碍慈善事业。并且与IBM全球信息无障碍中心等合作在全国首次广泛推广信息无障碍理念和信息无障碍的相关产品。

残友的使命是推动残疾人的平等参与、融入共享，用自己的行动改变命运。它成功地以商业手段实现社会的目标：一家慈善基金会，一头连着社会组织，一头连着社会企业，整合社会各种资源，实现残疾人的生存革命。它将自己比喻为远洋捕鱼，慈善捐赠提供起航的码头和渔船，残障人士自己管理，驾驶渔船出海捕鱼自养，形成造血式可持续性发展。残友"三位一体"的模式已形成良性循环发展的公益生态链。

郑卫宁可以算作成功的公益创投人士，他说："我们的网站已经健全了股份制，就算我不在了，只要网站的机制在，网站的性质就不会改变，所以我很放心。"他探索的宏伟愿景是：在信息时代新经济环境下，残疾人依靠自己的智力与性格优势，实现自己的生存价值，同时为社会创造巨大的经济与社会财富，实现"残疾人人力资源是现代产业体系发展的优势补给，而不再是社会发展的弱势包袱"。

郑卫宁的身体经常出现险情，需要输血，但是他一直坚持工作。他的杰出贡献得到了中国政府和社会的极大赞许和支持。2008年，郑卫宁作为北京残奥会火炬手参加了深圳段的火炬接力活动。同年12月，被中国民政部授予中华慈善奖。他以一人有限的生命之光帮助不幸的残障人士摆脱黑暗，融入社会，自力更生。他结合理想与现实，创造了社会企业成功的典型。

中国社会企业的发展还处于分散创新期，整体影响力尚不显著。社会投资资本不充足，持续力不足，这些都是发展面临的瓶颈。作为适应社会需要的新事物，肯定有失败、有成功，然而总的发展趋势不可阻挡。据罗兰贝格咨询管理公司估算，截至2012年底，中国社会企业总数达到近2000家，以每年20%的速率增长；预计到2018年，中国社会企业数量将达到5000家。中国目前受到认可的社会企业大部分都有一定的公益组织背景，属于公益组织探索自力更生的可持续发展之路的结果。

（二）创投公益

1997年，美国阿尔杜斯（Aldus）公司的创始人兼总裁布莱内德（Paul Brainerd）和他的合作伙伴保罗·休梅克在西雅图成立了第一个SVP。他们希望通过这一模式，不仅为被扶持机构提供资金支持，还能够帮助其提高传统资助不涉及的企业管理和能力建设。SVP吸收在各行业具有较高专业素质的管理人员，希望这些专业志愿者的高度参与能使被扶持机构提高综合能力、实现可持续发展。这种创新公益模式很快发展到不同国家和地区，包括中国。

2014年，SVP北京正式成立，这是一个以专业人士和小企业主为主要成员，旨在培养公民慈善家、促进慈善组织规模化成长的新型公益机构。成员每人每年捐赠三万元人民币，其中一部分费用用于团体学习，使自己成为优秀的捐助者；同时组成小组，在捐助资金的同时，为共同挑选的、具备高成长潜力的优秀公益机构提供战略咨询、人力管理等智力与社会资本网络服务。

和第十三章所阐述的SVP理念一样，SVP北京是一种创新的社会投资模式，它将志愿服务和捐赠二者结合，为合伙人提供亲身实践和参与公益的机会。它一方面强调战略性资助，即以深度陪伴的方式，利用自己的时间和专业技能来长期支持公益组织的成长，提升该组织达到规模化发展的关键能力；另一方面，合伙人的捐赠由自己决策使用，通过帮助公益组织反过来提高自己对公益和社会创新的认识，从而实现个人成长。

2014 年 7 月，SVP北京确立了第一个资助项目：歌路营。歌路营是一家成立于 2008 年的教育公益组织，聚焦中国农村寄宿学生的成长教育问题。它为住校生提供丰富的课后教育产品，包括睡前故事等内容，并有针对性地开展师资和志愿者专业培训，从而改善农村住校学生的身心健康。SVP北京的成员通过投入自身专业技能及时间，帮助歌路营提升在传播、信息技术、筹资、人力资源管理等方面的能力，更好地实现机构转型，找到适合其发展的道路，以期达到"覆盖 3000 所学校，影响 100 万孩子"的目标。

（三）教学研究机构及其他

随着非营利组织的蓬勃发展，关于民间组织特别是民间公益事业的第三方研究、传播及评估机构也蓬勃发展起来。继清华大学公共管理学院于 1998 年成立非政府组织研究中心之后，2005 年北京大学成立公民社会研究中心，关注和研究公民社会领域，每年评选中国社会发展十大事件。2010 年，北京师范大学与上海李连杰壹基金合作成立北京师范大学中国公益研究院，由曾任民政部社会福利和慈善事业促进司司长的王振耀担任院长。2011 年，中山大学成立中国公益慈善研究院，立足慈善事业相对发达的珠三角地区，面向两岸四地，开展公益慈善研究。2014 年，北京大学光华管理学院在国内首次开设了社会公益管理硕士专业。

此外，2008 年首部《中国慈善发展报告》（慈善蓝皮书）发布，

2011 年首部《第三部门观察报告》出版，2012 年《社会创新蓝皮书》《中国公益发展报告》《企业社会责任报告》等多部涉及慈善公益各方视角的年度报告相继发布，推动了国内公益研究的发展。基金会中心网在 2012 年正式推出中基透明指数，建立了国内公益组织第三方独立评价体系。

除企业家之外，近年来，演艺明星作为高收入人群参加公益慈善活动或捐赠的日益增加，他们知名度高，年龄较轻，如果能成为风气并健康发展，有望对社会起积极影响。其中最著名的是影星李连杰于 2007 年创办的壹基金。壹基金及李连杰本人都为公众熟知，不必细述。值得一提的是其注册过程对公益组织在我国取得独立地位也有突破性。它最初依附于中国红十字会下，作为独立的李连杰壹基金项目运作，尽管创始人李连杰坚持设立独立的账户，问题还是很多。为了确保捐赠抵达目标受益人，他曾一度要求拿到受益人按指纹的收条。2008 年，上海李连杰壹基金公益基金会以非公募基金会的形式注册成立，红十字会仍为主管单位。2010 年，深圳壹基金公益基金会作为国内第一家民间公募基金会成立，而且首先被批准不需要主管单位而直接向民政局注册。在此以后，北京等其他一些城市也出台允许包括慈善公益在内的某些民间社团不需要主管单位而直接注册的规定。随后，这一规定成为全国性的。这是公益领域的一大进步。

此外，在广州、上海等城市出现为青年人提供创业帮助的空间，类似国外的 Hub。北京社会创新周等活动火爆热门，介绍全球社会创新动态的网站如 Bottle Dream 等不断涌现。这些都是年轻人创办的。这些迹象表明，公益正在日益成为年轻人自主选择的一项事业。

（四）境外公益组织的在华工作

本章的范围仅限于民间机构，政府间的援助项目以及国际机构如世界银行、国际货币基金、亚洲开发银行以及联合国所属组织与中国政府的协议等不在讨论范围，不过有时与民间组织有关时，也不可避免有所涉及。本书第十章已经就几家与中国有长期历史渊源的美国基金会的工作了详细阐述。近年来在这一领域中不仅是美国，还有其他国家和地区与中国的关系发展迅速，本章无意，也不可能对此作全面详细的介绍。概括地说，随着 20 世纪 90 年代以来中国民间公益活动的兴起，海外民间公益组织在中国的活动也较为活跃，而且可能比中国本土的发展更迅速，范围更广。据《公益时报》在 2005 年 9 月 25 日的报道，当时在中国各地，包括边远地区，积极从事各种公益活动的海外和国际基金会以及宗教团体估计有 6000 家。在此之后的发展变化，尚无确切资料。如第十六章提到的，中国国际民间组织合作促进会仅联系的海外组织就有 170 家以上。更重要的是，就草根民间公益事业而言，海外资源远远超过本土捐赠，甚至是其主要经济来源。即使那些政府主导的"GONGO"接受的海外赠款也越来越多。不过，除了福特基金会等少数基金会在中国有办事处外，绝大多数海外民间公益组织与国内有关组织或地方政府建立的联系较分散，要调查和了解其全貌比对中国草根公益组织进行调研还要困难。

从在华国际公益组织的名单及工作内容看，其覆盖的地域和领域之广泛，令人印象深刻。除了笼统的捐赠型独立基金会之外，有无数专门的基金会，涉及的领域有环境保护、动物保护、能源、人口、教育、扶贫、乡村建设、妇女儿童、青少年、老人、残疾人、公共卫生、刑满释放人员重新融入社会，等等。在每一分类下面还有各种针对特殊领域的基金会。有些基金会专在某个地区活动，云南、贵州、青海、西藏等边远地区较多。一个有趣的现象是与教会有关的公益组织十分活跃，比大批世俗的基金会更早到来。它们小规模地分散在极端贫困的地区，根据当地的需要悄然做着扶贫工作。

据《中国发展简报》统计，至少有 150 家属于不同教派的团体或直接派代表来华，或间接通过中国的民间组织，或从海外资助中国的公益项目来开展工作。它们在中国的多数合作者不是中国的教会组织，而是普通的地方性民间团体或地方政府。它们的工作基本上不在媒体的视野之内。

外国公益组织在华开展工作大体上有两种途径：在中国设立办事处，或者出资在中国建立一家独立的公益组织。这两种途径都需要中国政府的批准，但这很不容易，所以大多数外国公益组织的在华活动也属于灰色地带，实际上在新的《基金会管理条例》公布之前，严格说来，除少数经过批准的境外基金会外，多数没有合法地位，是在默许下进行活动。它们与中国本土民间组织的境遇差不多，却更容易开展活动，因为它们在本国是合法的，对华捐赠和在华工作也在其章程和计划之中。它们得以在华继续活动的条件是当地人民和政府确实感到受惠，需要他们。有些组织遇到的难题是潜在受益人对它们的要求太多，应付不暇，需要进行严格的选择。而它们也意识到自己的地位敏感，所以率多行事低调，并小心翼翼，避免触犯中国的禁忌。绝大多数都只做公益项目，不进行思想宣传。少数如环保类的组织在做项目的同时进行环保教育宣传，还有如美国律师协会亚洲法律行动等组织通过举办法律培训项目宣传法治理念。不论如何，除去提供资金来源外，这些组织的存在本身——它们所关注的领域之多样化，它们的工作作风、管理方式以及对公益事业的观念——必然会对中国的这一领域产生积极影响。

四、中国特色的困难曲折和展望

在当前中国的特定条件下，有一些中国特色的障碍，主要是政治环境和官方态度的问题。在古代中国，"商"总是受"官"的管控和压制。商家要生存，对官府不是依附就是勾结，很难独立发展。进入21世纪，国家对民营企业和公益组织已有相关的政策和态度，但由于法律法规的不健全，甚至自相矛盾，即使比较自律守法的企业也随时可能触雷，导致民营企业普遍缺乏安全感。显然，人们自身的地位和财产还没有得到保障之前，是不可能放心进行公益捐赠的。中国的富人还要为下一代着想，除了传统观念的影响外，客观因素是下一代的创业环境没有保障。

国有垄断企业与民营企业的不平等竞争，反映到公益组织中，就是"GONGO"与民间公益组织待遇的不平等。进入21世纪以来，政府的态度逐步转变，政策法规逐步放开。2004年颁布的《基金会管理条例》体现了这一新的认识。《条例》是在多年来有关各方呼吁的基础上，听取专家的意见并借鉴国际经验而制定的，在精神上和具体细节上较之以前都有很大的进步。主要表现在以下几个方面：除强调管理外，增加了"维护基金会、捐赠人和受益者的合法权益"，特别是确保基金会的财产和收入受到法律保护；纯民间公益基金会的地位首次得到承认，而且首次把境外基金会包括在内；对基金会的组织、运行、监督和透明度等做了详细的规定，接近国际通行的标准；明确规定允许基金会进行合法、安全、有效的投资增值，使基金会的持续性有所保证；税收优惠待遇表述得比以前明确，并把基金会、捐赠方和受益者都包括在内；等等。尽管还不完善，但《条例》的颁布已足以对民间公益力量起到鼓舞作用，引发了新的捐赠行为，促进了新基金会的成立。2005年，国务院政府工作报告中首次出现"支持发展慈善事业"，更引起各级政府的重视，纷纷把公益慈善事业提上日程，以各种方式宣传和推动。2008年1月实行的《企业所得税法》把企业的公益性捐赠支出的免税额度提高到不超过年度利润总额的12%（原来是3%），又是一个进步。

2011 年以壹基金为突破，公益性组织可以直接注册，不需要主管单位，这是一大进步。但是在税收、注册、募款以及对内部管理的种种限制等方面，还是有很多不合理的规定和人为的障碍。公益界人士的批评不绝于耳，徐永光指出，"这些不合理的规定说明政府不希望基金会做好、做大，只能限制在小规模"，还有人直言"我们国家的法律实际上是不支持公益事业的，而这也是我国慈善和公益事业一直都发展不起来的原因"。[①]

在有关各方多年的呼吁之下，历经十多年波折，中国第一部慈善法在 2014 年由全国人大内务司法委员会牵头提上日程，为立法过程中少有的开放讨论，征求专家和有关方面代表的意见。从目前的征求意见稿看，法案比以前的条例态度都积极，不仅在慈善信托等推动企业家和富裕阶层参与的部分有具体措施，同时在慈善组织注册门槛和管理创新上有较大放开。若能通过并实施，可望对中国慈善事业的发展起进一步推动作用。乐观地估计，中国慈善组织不仅在数量上会有大幅增长，互联网公益等技术创新还将带来公益格局的大变化，公民慈善会有长足进步。

凡此种种，都说明社会与政府的良性互动对近年来公益事业在质与量两方面的积极发展起了推动作用。

企业社会责任实际上与公民社会是互为因果的，而政府方面习惯的态度是对民间组织以防范为主。对公益组织的期待是希望它们出钱做与慈善救济扶贫有关的事，以补政府财政之不足，但又给予种种限制，既要马儿跑，又要马儿不吃草。更不允许做倡导性的事。清末民初那些企业家与改良家相结合，立志"开风气、正人心"，时至今日却是禁忌，也就是企业家的社会责任被限制在一定范围内。从根本上讲，这是对民间结社权和公民社会的态度问题。要改变这

[①]《中国慈善家》，2013 年 5 月。

一现状，还有很长的路要走。

经过了历史的反复和断裂，在又一轮财富积累、社会矛盾尖锐化的形势下，显然我们只能尽可能选择和平改良而避免暴力动乱。处于矛盾一端的先富起来的群体，自然对缓解矛盾、进一步推动社会健康的发展负有不可推卸的责任，为自己，也为他人。然而毋庸讳言，方今中国，无论是缓解社会矛盾、保障平民的生活福利，还是制定政策法规以促进公益慈善事业，主要责任仍在政府。

有人指出，民间公益力量的兴起，是一场不亚于改革开放中民营企业在中国兴起的伟大变革。两者都是社会转型的产物，都是思想解放运动，都是民间诉求与政府改革上下合力的结果。不同的是前者点燃了中国人发家致富的梦想；后者则将唤起中国人的社会良知和社会责任感，也是继承和发扬了原来守望相助、造福一方的传统。不论有多少障碍，总的说来，企业家的社会责任意识正在加强，并且把个别的慈善行为与群体对社会的责任联系起来已成为主要趋势。

我们期待出现的局面是：一方面，企业界的社会责任意识不断增长；一方面，体制和法规进一步完善，方便任何有志者进行自愿独立的捐赠，反过来又促进企业社会责任的普及；同时大力发展公益事业的专业人才培养，出现更多管理完善的公益组织，集思广益为社会资本提供可靠的出路，让公益事业百花齐放，满足形形色色的社会需求。不论自觉还是不自觉，最终起到推动实现公民社会的历史进程的作用。

残友创办人郑卫宁

残友科技公司举办残疾人手机维修培训班

南都基金会银杏伙伴成长计划 2011 届毕业分享会

千千树儿童之家的老师带小朋友做户外游戏

富平创源创办的天津众源示范基地的农民在春耕

天津众源农场的农民在为辣椒修枝

后记：对中国公益慈善事业的一些看法
——历年来有关文章、讲话和接受采访的综合观点

一、中国公益慈善事业概况

　　社会保障问题始终是现代国家面临的重要而复杂的问题。方今国际上大体有两种社会保障模式：一种是高工资、高累进税、高福利，几乎覆盖全民，如某些欧洲国家。一种是美国模式，财富先高度集中在私人手中，又通过无所不在的民间机制反馈到需要者的手中，补政府福利之不足（即便如此，至少从"二战"以后，美国的社会保障主要还是政府的责任，政府预算最大的开支是医疗保险）。我国当前二者都缺失：一方面税收重而欠合理，政府财政的福利拨款（包括教育经费）却远远不足；另一方面对民间慈善有着诸多限制和控制，阻碍其发挥应有的补充作用。随着客观形势的发展、政府和民间各种力量的推动，两方面的情况都逐步有所改善。本文主要讨论民间公益慈善事业这一方面。

　　当代中国的公益慈善事业发展的轨迹和美国不一样。在美国，从一开始政府就对民间的经济生活既不能干涉也不负多少责任。各种民间的慈善活动首先兴起，起初以教会和个人为主，随着经济的起飞，大规模的公益事业萌发，然后到一定的历史阶段，政府才负起了责任，逐步承担起基本福利的主要部分，民间捐赠是其补充。中国历史上的公益慈善姑且不论。1949 年以后的中国，一开始是政府原则上几乎什么都管，所谓"从摇篮到坟墓"都依靠党和国家（实际上只能覆盖一小部分），改革开放后，国家渐趋务实，意识到

不可能全包，于是就逐步放弃一些职责，希望由社会力量来填补空白。近年来，出现了两方面的重要变化：一是私有财产正式得到承认，宪法修订时明确了对私有财产的保护。二是慈善观念的改变。过去的意识形态一直宣称慈善是富人的"伪善"；如今，政府也意识到适当发挥社会力量不但有益而且必要，于是有了近年来中国公益组织的蓬勃发展。

与十几年前相比，中国的公益慈善事业已经有很大进步。例如，企业界已经在有意识地倡导企业公民观念，强调企业家的社会责任，并且有不少相关的研究机构、论坛、网站等，从各个方面来宣扬和促进非营利组织和社会公益的观念。民间公益人士和组织在艰难曲折中发挥了创造性和独特智慧，使社会公益慈善事业逐步发展起来，成为整个社会中不可忽视的新事物。这是大势所趋，因为社会有这个需求，民间有这个资源和意愿，发达国家有足资借鉴的先例，公益基金会这种事物，在中国的特有条件下理应有长足的发展。但是对于民间有志者来说还是举步维艰。

二、慈善事业的本质是民间的、自愿的、自主的

从根本上说，公益和慈善天然是民间的事情，应该由私人或民间组织来做。政府并不适合做慈善，因为政府做事是用纳税人的钱，作为财政预算的一部分，无论用于教育、扶贫、医保，应属于福利开支，是政府的职责所在，而非慈善。

既然慈善和公益是私人或民间的事情，自然应以自愿为前提，任何强迫的"慈善"均违背了慈善的本意。有一种情况是"逼捐"。按理说，公民或企业依法纳税以后，政府无权再强迫其缴纳额外的费用。但是各地效益较高的企业或企业主往往成为政府有不时之需

时"拉赞助"的对象。名目繁多，难以列举。其中之一就是以慈善公益的名义，或通过政府实际掌控的基金会，或由有关部门直接出面募款。在威逼利诱之下，实际上形成一种权钱交易，慈善公益云云，已经变味。即使当地民众享受到一些余泽，抵不过其对社会造成的损失。

逼捐当然也违反自主的原则，即捐赠者决定捐款用途和目标受益者，更重要的是对于钱物的去向、结果有知情权。

以 2008 年四川汶川大地震为例，面对前所未有的灾难，中国社会各界的捐赠热情异常高涨，捐赠极其活跃，出现为数众多的志愿者和愿做慈善的团体。缺的不是善款和物资的来源，而是安全、可信、高效的使用渠道。现有以政府为主的慈善机构无法满足对捐赠渠道的需求。红十字会之所以无法向捐赠者交代善款的流向，据解释是因为这些钱与政府的拨款混在一起使用，换言之民间捐赠纳入了政府财政，变成了政府税收之外的额外征敛。何况政府的财政支出公众难以监督。最后，灾后重建的成绩都变成了政府的政绩，是一笔糊涂账。这种机制大大打击了社会捐赠的积极性。

捐赠者自然有权知道自己捐赠的钱物究竟有多少真正惠及受灾者。这是普遍担心而至今未能解决的问题，而在公益事业和机制已经成熟的发达国家以及中国的港台地区则基本不是问题。

三、公众习惯思维的误区

中国公众对待慈善捐赠的认识正在向现代意识转变中，但还存在某些习惯性的误区：

（1）均贫富的观念：由于目前贫富差距严重，公众往往把富人的公益捐赠视为均贫富的手段，因而产生不切实际的期待。例如简单地以某些排行榜公布的富人身价与其公开的捐赠数额的比例作为衡量标准,据此做出道德判断。这是对公益事业的功能的误解。慈善公益的目的不是均贫富,也不能从根本上解决社会贫富差距问题。它只是一种缓解的手段。

（2）期待捐赠多多益善,不理会捐赠方的实际情况。企业家的个人捐款要与企业捐款分开看。如果是个人的财产,企业家有权处置自己的财产,决定捐款的数量;如果是以公司的名义捐款,则一个治理结构健全的公司必须通过董事会决定,而不是任由一个"老板"说了算。如果对于一场灾难,一位公司总裁说,在第一时间企业只能认捐这么多,此后经董事会通过决议后可再捐赠,这是正常合理的逻辑,理应得到公众的理解。

同样,对救灾中外国政府的行为,也应如此看。和公司捐赠要通过董事会一样,一个民主国家的政府的大笔支出都要经立法机构批准。这本是法治社会的常识。再以汶川地震为例,美国在震后第一时间向中国援助 5 万美元,后又增至 50 万美元。国内有人认为,"美国政府太吝啬,甚至比许多第三世界国家捐得还少"。而后来,美国国会两院通过决议,授权总统可根据需要向中国地震灾区拨款或捐献物资时,国内一些人又认为,地震后,"美国国会转变了对中国的态度,对中国示好"。显然,这是缺乏法治常识的误读。按照美国法律,政府对外国的支出并非慈善捐款,而是对外援助。这种支出必须经国会批准。政府临时可机动使用的额度是有限的,所以看起来很少;而以后美国国会紧急通过决议,则是政府运作的程序上的需要,有了国会授权,政府才能根据需要拨款,这笔钱应是基于人道主义的决定,超越中美关系的政治因素,所以也不必从美国对华政策上过度诠释。而大量的捐赠来自民间,据说美国民间为此次震灾的捐赠已达数千万美元,这才是属于公益慈善性质。

（3）与以上观念相关联的是多注意捐赠的来源,而少关注善款的去处。这也与许多捐赠者多青睐一次性的立竿见影的项目，而缺乏细水长流的心态互为因果。媒体的偏好更是如此，因此一些长远的项目不在公众视野之内。事实上，公益事业有多种多样，不能以一次捐献的数字定优劣。一个成熟的社会，救灾捐献是常规，不该是聚光灯下之事。

（4）从纯道德的观点来看待公益事业，把它看作一种类似宗教的行善，因而误以为公益组织的工作人员都是志愿者，应该不领报酬或只领取最低生活费。殊不知，既然公益事业专业化，从业人员也是一种专业人才，或至少是一种职业。否则公益组织只能成为业余人员的义务劳动所在，这是难以为继的。实际上，在很多国家，公益基金会以及其他 NGO 提供了相当数量的就业机会，并且形成一批公益精英，一些大基金会的高管的薪酬往往与大学校长或资深教授的相当。毋庸讳言，我国也存在另一方面的现象：某些公益组织以募得的善款发放不合理的高薪，或让其成员与政府官员一样享受高额福利，这种状况受到公众的批评理所当然，因而监督是完全必要的。当然，"先富起来"的人在道义上有责任对社会多做贡献，舆论对此有所期待、有所评判，是不可避免的。但若没有了解实情，就指名道姓骂"铁公鸡"之类，是一种非理性的发泄，完全不足取。

四、企业社会责任

"企业社会责任"之说是舶来品，自传入我国后迅速普及，现在已经是企业界耳熟能详的名词，一般理解为对社会的公益捐赠。有些大企业专门有社会责任部，或有专人负责，以回应社会对捐赠的需求。对于企业的责任可以有广义和狭义的理解：

广义的，首先当然是创造社会财富，推动生产力的发展，提供社会需要的产品，创造就业机会，依法纳税，不断创新，从而促进市场繁荣、经济发展。也就是说，一般正常的工商业可以做到的、应该做到的，就是企业最基本的责任。

不过这看似当然，却不一定都能做到，为进一步阐述，不妨从负面来看，假设一家企业满足了以上条件，它可能还有这些问题：血汗制的劳动，恶劣的劳动环境，缺乏安全设施，污染环境，采取官商勾结的不正当竞争手段，谋取暴利，扰乱市场。更严重的还可能存在生产假冒伪劣产品，坑害消费者利益，以及偷税漏税、洗黑钱等种种非法行为。

所以讲到企业社会责任还要加上"不……""不……"，总之不做种种负面的事。自从工业化以来，在现代工商企业发展过程中，这些负面的现象都出现过。随着社会的发展，公众觉悟的提高，政府的法律法规逐步完善，这些问题不断得到克服和治理。企业家也开始自觉地关注这些问题。CSR首先就包括这些内容。

狭义的，CSR指公益事业。现在讲企业的社会责任，不能停留在最起码的要求上，而主要是指企业关注本企业的经营和利润以外的社会需求，为社会公益做出自己的贡献。本来，每一个公民都对社会负有责任，单单把企业突出出来，首先当然是因为大量的社会资源和社会财富集中在企业手中，它们处于强势，责任与能力相适应。面对社会日益严重的贫富不均，企业和企业家由于财力雄厚，自然有义不容辞的责任，众多慈善家从大企业家中产生是中外的通例。所以在人们提到CSR的时候，一般指的是公益捐赠。其次，富人使用财富的方式，对社会能产生较大的影响，关系到社会稳定、普通百姓的生活方式，甚至可以影响社会风气。

不过还是要强调负面意义的重要性。例如，某企业不断严重污染环境，拒绝治理，不论捐多少钱给环保组织也不足以抵消其罪行；同理，那些血汗工厂或经常欠发工资的老板，以大量扶贫救灾的捐赠博取慈善家之名，是不能抵消其负面行为的。近年来国际上又有"负责任的投资"之说，就是从一开始就避免投资对于社会有负面影响的企业，而不是不择手段赚足了钱再做公益捐赠，这就是"企业社会责任"的延伸。

五、困难和问题

与美国富人比，人们常认为中国的富人捐出来的钱还是太少，认为中国富人没有美国富人慷慨。为什么呢？

（1）客观原因。首先，美国的富人都认为自己是国家的主人。在中国虽然私有财产已经明确得到宪法的保护，但是政策多变，许多民营企业立足不稳，与国有企业的竞争条件尚不平等。法治不健全，法律不合理，在操作中守法与违法界限模糊，更不用说部分官员的腐败，逼良为娼，许多"朝为座上客，夕为阶下囚"的案例触目惊心。在这种情况下，民营企业家没有安全感。加之在全球化的背景下，人员与资金随时可以外流，企业家持"狡兔三窟"想法的比较多。

其次，捐赠渠道不通畅。不少人愿意做慈善但不知道如何去做。在相当长的时期内，每一个基金会都必须有主管单位才能合法注册；这是基金会发展的一个不小的障碍。自2011年起有所突破，但是在实际操作中仍然不那么顺利。当然，把财产捐献给由政府组织的各大慈善基金会是受到鼓励的，不过这就有失发展公益事业的原义，而且由于种种原因，捐赠者并非都自愿这样做。

另外一个众所周知的原因，就是减免税收的问题。首先是规定额度不合理，以至于出现捐得越多，反而欠税越多的怪现象；其次，即使依照法律规定行事，实际操作依然阻力重重，有诸多制约。

（2）主观因素。中国公益事业的困境与企业家的主观因素也不无关系。中国富人多为子孙积累财富，这一观念与西方迥异。除一部分已经有了企业社会责任意识的、思想比较现代的人物外，真正把自己的命运与整个社会的兴衰联系在一起的还不多，这点甚至与民国时期的民族资本家有所不同。相当多的富人还停留在"土财主"阶段。他们有了钱，或者一掷千金，炫富比阔，挥霍在不健康的生活方式上；或者自己生活简朴，却骄纵下一代，培养纨绔子弟，后代缺乏文明的教养，对社会风气产生消极影响。至于官商勾结成风，固然有被迫成分，但也有相当主动的成分。这些都有待随着公民意识的加强，逐步转变。

有一部分企业家仍有以捐款扩大企业知名度的做法，甚至在捐赠时就把这作为一项条件，结果成为变相广告。募捐方往往要钱心切，也接受了不该允诺的条件。严格说来，这样做是违法的，变相逃税，间接侵犯了纳税人的权益。这里企业或品牌冠名应该同个人冠名区别开来，二者性质是不同的。企业冠名，就是商业行为而不是公益行为，例如电视剧由某些企业冠名播出，企业是赞助商，借此取得广告效应，这可以允许，因为电视剧的播出不是公益性质，是营利的。2011年，清华大学"真维斯"冠名捐大楼一事引起争议。实质上，这与学术清高无关，应从公益捐赠的本质和法律界限来理解，以企业冠名就有广告性质。遍布各大学的逸夫楼就是以个人冠名，而不是以邵逸夫的电影公司冠名，性质不同。国人在这方面的观念是模糊的。

与这一心态有关，中国富人多喜做看得见的、立竿见影的捐赠，而较少资助细水长流的、效果暂时不显著却有长远意义的事。因此救灾或为媒体所关注的个别困难对象容易得到帮助，而常年默默从事公益事业的NGO难以募得善款。"锦上添花"的比"雪中送炭"的多。

在这种情况下，中国大陆尽管已经出现不少对公益事业做出相当贡献、并为公众所认可的企业家，但是要出现像美国或中国香港地区常见的大慈善家，条件还不具备。

总的说来，关键还在于政府的法律法规。要让人做好事，首先就要做起来方便，如果不方便，就很难鼓励人们大规模地去做善事。防范还是鼓励，两方面其实并不一定存在矛盾。事实上，如果出现了弊病，完全可以通过完善法规和监督机制来加以解决。同时，立足点应放在鼓励上，不能因为防止少数人做坏事而妨碍多数人做好事。这方面近年来有不少进步。但愿新的《慈善法》的通过能打开一个新局面。

六、加强监督，提高透明度

这里有两层意思：一是政府依法对公益组织进行监督；二是政府自己接受监督。

政府对民间公益事业主要应该松绑，提供方便的渠道和合理的机制。对于可能出现的弊病，完全可以从法律上加以监管。现在国际上，包括中国的港台地区都有相当成熟的经验可借鉴。一般政府对基金会的管理，首先是保证这些组织的非营利性质，既然注册为非营利，就不得私自进行营利活动。同时立法规定公益活动的范围，不得超越。不过这个范围相当宽泛，总之是有利于社会的活动。在这一前提下，基金会享受非营利组织的免税待遇，政府只管其是否从事违背免税标准的活动，而不管其他。

在监督方面，则是包括国会、媒体等的全民监督。基金会的财务状况是完全透明的，任何人都可以查基金会的账，没有什么秘密可言。这样，就形成了一种捐赠文化：不一定只是富人，也不一定只是特别有慈善心的人才捐钱，一般人只要有余钱，最方便的途径就是捐给某项公益事业，或者自己成立基金会，因为所有这些渠道都十分通畅。

另一方面是对政府有关方面的监督。在我国，到目前为止，大量的民间捐赠还是只能走官方基金会和政府的渠道。这种不正常的情况有待从观念和立法上进行根本性的改变。不过这需要时日。在没有改变之前的过渡期，各级政府最重要的是强化对捐赠款物的分配和使用的监督，不但要健全政府内部的监督，还要欢迎公众的监督，增加透明度，从而取得民众对慈善和政府的信心。现在，募款相对比较容易，而最重要的是如何花钱，如何处理包括慈善组织和各级政府接收的捐赠，甚至中央拨付的灾后重建资金。资金的使用从观念到操作，都亟须改进，否则好事变坏事，最终打击人们行善的积极性。

七、卡耐基《财富的福音》的启示

安德鲁·卡耐基在 19 世纪末发表的《财富的福音》[①] 近年来在我国也逐渐为人所知。这篇文章之所以成为经典，是由于它事实上奠定了 20 世纪现代基金会的思想基础，而且连其中所提出的具体捐赠领域也基本上被实践证明有持久的价值。一个世纪来公益事业尽管有新的发展，但核心内容仍然是促进人的健康与教育。卡耐基本人从那时起就按照自己的想法陆续进行捐赠，到 20 世纪初，他果然把财产全部捐出，彻底将理念付诸行动。

一百年后，盖茨基金会也许可以算是卡耐基精神的继承者。比尔·盖茨就常读《财富的福音》一文，甚为其警句"拥巨富而死者以耻辱终"所打动，而后有现在众所周知的一系列行动，由企业家转身为慈善家。与卡耐基的宗教情怀略有不同的是，盖茨夫妇认为他们的

---

① 详细内容见本书第十一章"'财富的福音'"一节。

成功不是上帝的恩赐，而是社会的赐予，没有社会，就没有微软。

我国当前财富急剧向少数人集中，社会两极分化，各种矛盾尖锐化，与 19 世纪末的美国至少在现象上有相同之处。当然我国国情与美国差异甚大，例如造成两极分化的原因并不一定是自由竞争，因而我们对卡耐基的某些主张也不一定认同。但是从《财富的福音》所表达的思想中，我们未尝不能得到某些启示，特别是卡耐基反复强调的几点：

（1）富人对社会有不可推卸的责任，他和家人应该过"恰如其分"而不是张扬炫富的生活，余财本该属于社会，理应捐出来造福社会。

（2）散财和聚财同样需要高超的经营能力，方能取得最佳社会效果，在这点上，成功的富人也有责任贡献自己的能力。

（3）解决贫富悬殊之道既不能倒退到大家平均受穷的过去，也不能靠单纯的救济扶贫。不能鼓励懒汉，要帮助穷人自立，才有利于社会进步。

（4）教育和健康为公益事业的重中之重。这一点应该视为一切国家繁荣富强、一切社会赖以发达的基础。它也是自由与平等的交汇处。因为自由竞争的前提是机会平等。没有健康，没有平等的受教育机会就谈不到这一点。因而事实上发达国家不论是政府拨款还是私人公益都以健康和教育为重点。

最后，《财富的福音》一文传达了一个更深层次的理念，那就是：一方面，私有财产不可侵犯；另一方面，富人的余财是社会所赐，理应以最佳方式还之于社会。这不是恩赐，也不是利他主义，不需要表扬和感谢，而是维持社会稳定繁荣，利人利己之事。美国那一代明智的巨富已经意识到，在一个贫民社会的汪洋大海里，他们几座孤零零的山头再高，迟早也会被淹没的。

美国基金会百年大事记 [1]

1900—1910

早期慈善捐赠大多流向医院、图书馆、教育与医学研究。

帮助残疾儿童协会成立。

1901

约翰·洛克菲勒（以下称老洛克菲勒）在纽约创办洛克菲勒医学研究所，保证 10 年中每年出资 2 万美元。

卡耐基以近 5 亿美元的价格将他的公司售与美国钢铁公司，开始其大规模的公益事业。最早在全国建立 2500 家公共图书馆，使美国人有平等的免费借阅图书的权利。

1902

卡耐基建立华盛顿卡耐基科学研究所。

1903

洛克菲勒创办教育总会，10 年共出资 100 万美元，主要为帮助南方各州恢复内战后被破坏了的教育系统。

1904

卡耐基建立卡耐基英雄基金委员会，表彰见义勇为者。

---

[1] 资料来源：美国基金会理事会 50 周年纪念刊（*For the Greater Good: Moments in the History of philanthropy and the Council on Foundations*）。

1905

卡耐基建立卡耐基教学促进基金，为教师建立退休金。

1906

拉塞尔·塞奇的遗孀玛格丽特·塞奇创立拉塞尔·塞奇基金会。

1908

芝加哥麦考密克夫妇为纪念其 12 岁夭折的女儿建立伊丽莎白·麦考密克纪念基金。该基金在 1962 年加入芝加哥社区信用社。

1909

洛克菲勒建立洛克菲勒卫生委员会以消灭南方的钩虫病。

海因斯海默与所罗门家族联手创办纽约基金会。

1910

卡耐基建立卡耐基国际和平基金，以〝争取早日消灭国际战争〞。

1911

卡耐基捐出 1.25 亿美元创立纽约卡耐基集团，以后通称卡耐基基金会。

1912

以促进科学研究和技术为目的的研究基金会成立，特别鼓励大学和研究机构的新发明转化到工业。

1913

洛克菲勒基金会成立，老洛克菲勒投入其在新泽西的埃克森石油公司的 72569 股，市价 5000 万美元，以后 75 年中大约共投入 7.5 亿美元。是到那时为止最大的公益事业。

克利夫兰成立美国的一个社区金库，以后统称为社区基金会。

1914

克利夫兰信托公司总裁戈夫创立克利夫兰基金会。以后又利用其在银行公会的关系推动其他城市成立社区基金会，这一新事物开始得到推广，到 1949 年至少有 115 家。

1915

洛克菲勒基金会开始一项长达 30 年的消灭黄热病的计划。

芝加哥社区信用社与波士顿永久慈善基金成立。

1916

劳资关系委员会向国会提出报告，建议制定章程，对资产超过 100 万美元的基金会的规模予以限制，确定其权力和职能范围，禁止其积累剩余资财，对其投资进行严格审查，要求基金会向政府公开其工作报告等。国会未采取措施。

印第安纳波利斯基金会成立。

1917

国会通过法律，规定对宗教、慈善救济、教育和科学的捐献免税，不得超过其总收入的 15%。得克萨斯州是第一个实行对企业家的公益捐赠减免税收的州。

美国第一位黑人慈善家萨拉·沃克夫人（Mme. Sarah J. Walker）向有色人种协进会捐款 5000 美元，是到那时为止对该组织最大的一笔捐款。沃克夫人是第一个自己白手起家成为百万富翁的美国妇女，以创办为黑人妇女美容美发的化妆品品牌出名。

1918

哈克内斯（Harkness）夫妇建立公共福利基金会。

美国社区组织协会在芝加哥成立，旨在鼓励社区集体规划，并改善社区组织的社会工作水平。

1919

20 世纪基金与梅奥协会成立。

1920

朱莉亚音乐基金会成立。

塞奇基金会赞助纽约区域规划，绰号"老爷爷"规划，成为美国区域规划的示范。

1921

海厄姆斯基金会（The Hyams Foundation）成立。

1923

乔治·帕潘尼可拉奥医生得到公共福利基金会的资助使其关于发现癌细胞的实验得以继续，最后发明组织切片实验以确诊癌症。在此以前由于医学界对他的假设持怀疑态度，他得不到经费而使实验中断。

1924

美国烟草大王杜克（James B. Duke）建立杜克基金会，在北卡罗来纳州赞助多项事业，包括建立杜克大学、医院、孤儿院、儿童保健和乡村公理会教堂等。

1925

古根海姆纪念基金会（John Simon Guggenheim Memorial Foundation）成立。

1926

默特基金会成立。

1927

丹福思（Danforth）基金会、马克尔（John and Mary R. Markle）基金

会、布尔（Buhl）基金会相继成立。

1928

罗森瓦尔德基金会成立，资金来自西尔斯（Sears）百货公司的股票，价值 2000 万美元。

20 世纪基金会编纂发行有关美国基金会的辞书，包括 122 家基金会的资料，引起很大反响，1931 年再版。

1929

哈特福德（John A. Hartford）、克莱斯（Samuel H. Kress）、福尔克（Maurice & Laura Falk）基金会相继成立。

1930

粮食工业巨头凯洛格捐出价值 6600 万美元的公司股票建立凯洛格基金会。

梅西（Josiah Macy，Jr.）基金会、安德鲁·梅隆教育与慈善基金成立。这几家基金会的特殊意义是它们成立于大萧条中许多企业倒闭时期。胡佛总统要求一些基金会就如何应付大萧条带来的社会问题献计献策，提出报告。

1935

罗斯福政府批准《1935 年税收法》，允许企业上缴联邦政府税中扣除其捐赠部分。这是第一次把企业的免税与慈善事业的免税区别开来。

1936

福特基金会成立，投入资金 2.5 万美元。

洛克菲勒资助的黄热病研究首次成功分离出疫苗。

新布伦瑞克（New Brunswick）基金会成立，为罗伯特·伍德·约翰逊基金会的前身。

1937

梅隆基金会为在华盛顿建造国家艺术博物馆捐资。

休斯敦（Houston Endowment）、利里（Lilly Endowment）、海顿（Charles Hayden Foundation）、艾尔·波玛（El Pomar Foundation）基金会成立。

1938

洛克菲勒基金会捐资建造纽约艺术博物馆的分馆"画廊"，专门展出中世纪美术作品。

奥林、伍德拉夫基金会成立。

1940

阿瓦隆（Avalon）、菲尔德（Field）、坎贝尔（John Bulow Campbell）基金会和洛克菲勒兄弟基金成立。

1941

国家艺术博物馆在华盛顿开幕。安德鲁·梅隆已于两年前去世。建造工作是在其子保尔·梅隆监督下进行的。

纽约詹姆斯（James Foundation of New York）、老多米尼恩（Old Dominion）、斯凯夫基金会成立。

1943

通过《1943 年税法》，要求某些享受免税待遇的组织公布年度收支报告。

1945

唐纳（Donner）、安蒙·卡特（Amon G. Carter）、诺贝尔（Samuel Roberts Noble）基金会成立。

1946

小洛克菲勒向联合国捐款 850 万美元建造在纽约的总部。

明尼阿波利斯的一家百货商店代顿·赫德逊（Dayton Hudson）开始每年将其税前收入的 5% 捐给非营利组织。

1947

亨利·福特去世，留下6.25亿美元遗产。

理查德·金·梅隆（Richard King Mellon）、库仑（Cullen）基金会成立。

20世纪基金会出版其战后第一版基金会辞书，包括816家基金会资料。

1948

太阳石油公司在费城投资成立皮尤慈善信托基金，赞助对象为：教育、医药卫生、公共政策和宗教。

西南各州的慈善组织开始经常集会，形成非正式的地区捐赠者协会（RAG），1955年在西南地区基金会大会上正式通过成立。

这一年有1000个社区成立了"联合劝募"组织。

1949

福特汽车公司基金成立。

基金会全国委员会（National Committee on Foundations）和社区福利基金（Trusts for Community Welfare）（统称NCFTCW）——基金会理事会（Council on Foundations）的前身——成立，其宗旨是"促进负责任的和有效的公益事业"。

1950

阿尔杰·希斯被判做伪证罪。

通过《1950年税法》，要求免税组织所经营的生意也要像普通企业一样纳税。

1951

马克斯·泰勒（Max Theiler）因研究黄热病的突出成果获诺贝尔奖。他的研究自1936年起就得到洛克菲勒基金会资助。

1953

匹兹堡大学病毒学家索尔克成功地培育出小儿麻痹疫苗。他的研究得到萨拉·斯盖夫和其他一些基金会的资助。1954 年，全国小儿麻痹基金会开始在匹兹堡和宾州普遍为学童注射小儿麻痹疫苗。

1954

全国公益事业理事会成立，以促进捐赠方与受赠方的交流。

1955

鉴于应付国会审查的需要，基金会领导感到有必要建立公开档案备查。福特基金会首先出资启动这项工作，资助一些学者研究公益事业在美国的作用等。以后，这一领域发展出一个学科。

美国募款咨询协会（American Association of Fund-raising Counsel）首次公布全国捐赠的评估数字，包括个人、遗产、基金会、公司等。是为公益事业作为研究对象之滥觞。

第一部《基金会年鉴》出版，主编是第一任基金会理事会主席里奇（Wilmer Shields Rich）。她用了 4 年的时间，派人到全国 60 处税务局去影印了 4000 家基金会的资料。此举在公益事业界引起巨大反响。

1956

卡耐基和塞奇基金会赞助建立基金会图书中心。

1957

社区基金会全国委员会正式注册成立，开始会员为 41 家，次年，洛克菲勒基金会带头捐赠第一年启动预算 25063 美元。

1959

参议院财政委员会提出一项报告，对财富从政府的制衡机制中转移出去表示关切，建议对基金会增长的政治、经济和社会意义进行考察。次年福特基金会拨款 5 万美元给基金会理事会，帮助它成为全国性机构。

1960

基金会图书中心开始出版《基金会新闻》双月刊，并出版第一期《基金会年鉴》。

洛克菲勒、福特等基金会资助建立改良小麦和大米的品种的中心，带头进行"绿色革命"。

1963

约翰逊政府提出"向贫困开战"计划。各基金会纷纷配合，加重对少数族裔和贫困青年的捐赠。

洛杉矶 30 多家社区金库、联合基金会组织联合起来成立"联合劝募"，次年发展为全国性运动。

福特基金会在纽黑文发起一项对 15 名学龄前儿童进行 10 周实验教育的项目。以后由政府在全国推广的"发蒙"（Head Start）教学法就以此为蓝本。

1964

弗吉尼亚州爱德华王子县为抗议 1960 年法院对种族合校的一项裁决废除了公立学校。丹福思（Danforth）、玛丽·雷诺·巴布科克（Mary Reynolds Babcock）和阿尔弗雷德·P. 斯隆（Alfred P. Sloan）等几家基金会联合出资建立紧急教育基金以渡过危机。

1965

作为政府"向贫困开战"的一部分，"发蒙"计划在全国开展，向低收入学龄前儿童及其家庭提供服务，取得良好效果。

1966

卡耐基基金会赞助一项学龄前儿童电视栏目的可行性研究。其结果是美国以及世界最受欢迎的儿童节目"芝麻街"的出台。随后其他基金会也参加出资。

1967

种族平等大会接受福特基金会的资助在克利夫兰开展促进黑人注册选举运动，结果黑人民主党人斯托克斯当选市长，此事引起保守派对福特基金会的攻击。

1968

纽约菲尔德基金捐款 2.5 万美元给有色人种协进会（NAACP）作为司法辩护基金以帮助在南北卡罗来纳州的纺织工厂中消除种族隔离运动。

1969

奥林公司慈善信用社给 5 家大学捐助 26.5 万美元进行一项实验，旨在增加黑人工程师。以后这一项目扩大到其他大学，并得到其他基金会的资助。

洛克菲勒三世捐款发起建立基金会和私人公益事业研究小组（简称"彼得森小组"），任务是一年后提出报告向公益事业提改进建议。

环境保护基金会成立。随后卡普兰基金（J. M. Kaplan Fund）和克拉克基金（Edna McConnell Clark Fund）各捐款 1 万美元和 5 万美元供其发起征集会员运动。

国会通过《1969 年税改法》加强对私人公益基金会的限制，引起震动。基金会理事会开始发挥作用，既维护基金会的权益，又通过自律规则。

1970

基金会领域委员会成立，主持人是原福特基金会负责人加德纳，提出报告，就国会的敌对态度向各基金会发出警告，敦促各基金会建立良好的行为标准。报告并建议基金会理事会与基金会中心合并。

基金会理事会等十几家组织举行"为了公共福祉联盟"的会议，后改名为志愿组织全国联盟。

东南基金会理事会成立，包括亚拉巴马、佛罗里达、佐治亚、密西西比、南北卡罗来纳和田纳西等南方各州的公益组织。

卡明斯引擎基金会（Cummins Engine Foundation）决定每年捐款 75 万美元，至少连续 3 年，以扩大该基金会在黑人社区的工作。

博劳格博士因对"绿色革命"的贡献获诺贝尔奖，这是洛克菲勒基金会一贯支持的项目。

约翰逊基金会捐巨款扩大《国家高速公路安全法》的覆盖面，这是对急救医疗最大的私人捐款，在其推动下，联邦政府也增加拨款，结果全国建立了911个急救系统。

70年代，地区捐赠者协会纷纷成立。

1971

基金会黑人干事协会成立，主持人是基金会理事会的理事约瑟夫（James Joseph），其主要工作是敦促公益事业的管理层改变白人天下的状况，多吸收少数族裔参加。

国会通过《癌症法》，提出"向癌症开战"。公益事业家玛丽·拉斯克（Mary Lasker）与企业家施密特（Benno Schmidt）共同领导促成这项法案通过的公众运动。美国有崇高威望的"拉斯克医学奖"就是玛丽·拉斯克于1942年创办的拉斯克基金所设立的。

这一时期妇女运动高涨。福特、卡耐基、洛克菲勒家庭、莱文森等基金会联合资助成立"妇女行动联盟"，这是唯一全国性的非营利的有关妇女运动的情报资料中心。该组织收集有关妇女运动的情况，促进交流，同时也协助基金会挑选适合的资助对象，包括妇女组织和问题的研究项目。

72家大学联合集资6300万美元，成立共同基金，用于增加提高高等教育质量的资金来源。

1972

洛克菲勒家庭基金决定给环保基金每年捐助2.5万美元，3年为期，用于研究和实施一项调节高峰和低谷期用电的计划，即在高峰时间多收电费，低谷时间少收。这一项目旨在以调节用电代替建立更多的发电设备，从而节约能源，保护环境。

由于70年代美国经济出现滞胀，30家私人基金会共同发起一项研究计划，探索替代美国目前经济制度的方案。

马歇尔基金（German Marshall Fund）在华盛顿正式注册成立，其宗旨是"为促进对工业社会的重大问题的了解和解决做出贡献"。

福特基金会决定今后 5 年内向全国 25 家黑人大学捐款 5000 万美元；同期捐款 5000 万美元作为黑人、墨西哥裔和波多黎各学生的奖学金。

1973

哈佛大学经济学家费尔德斯坦发表研究成果，证明给公益机构减税所促进的对公益事业捐赠的增加远远超过政府因减税所受的损失。这一研究为继续实施基金会的税收优惠政策提供了合理化基础。

私人公益事业与公共需求小组（法勒小组）成立，这是洛克菲勒三世带头成立的第二个小组，全由私人资助并由私人组成，其任务是研究公益事业作为美国第三部类的作用，并提出建议使其更有效。

一种新的机制——医疗转轨基金会（或称圣安基金会）——在克利夫兰成立。就是把"非营利医院"，亦即福利性医院的资产转到各类基金会名下管理。此后 25 年中有 117 家医院完成这种转轨。

福特基金会决定在 5 年内出资 7500 万美元支持全国 10 项社区发展实验计划。

1974

美国与加拿大"联合劝募"集资 10 亿美元。它们与全国橄榄球联盟一道发起美国历史上空前规模的公共服务运动。

鉴于美国社会对营养问题日益关切，匹兹堡海因兹基金（Howard Heinz Endowment）出资 85 万美元建立一项示范计划，对医务工作者、教师、学生和一般公众进行营养和健康的教育。

卡耐基与洛克菲勒基金会共同向有色人种协进会属下的厄尔·沃伦（Earl Warren）法律培训计划捐资 130 万美元，鼓励黑人学法律并在南方从事法律方面工作。

1976

国会通过法案决定基金会每年必须用去其资产评估值的 5%。税务局不再有权更改。

在克利夫兰基金会资助下，克利夫兰电视台开始播放"另类人"节目，这是第一次专为智力障碍者开办的教育和交流节目。

1978

基金会理事会与其他一些有关组织说服国会把基金会的收入税从 4% 减至 2%。

国家艺术博物馆东翼开馆。保尔·梅隆从梅隆家庭基金会中捐款 1 亿美元。

海马克特（Haymarket）基金会出资建立"电影基金"，促进纪录片的制作和发行。

1975—1978 年期间，纽约市基金以其每年拨款 100 万美元的大半用于直接促进市政府机构改进工作、提高效率和增加对公众的责任的诸多项目。

1979

由于上一年加州选民通过 13 号建议（Proposition 13），使加州减少财产税收入 60%，北加州基金会集团发起一个项目研究 13 号建议对湾区各市县服务的影响，发现受影响最大的是艺术和社会福利。

1980

独立部类（Independent Sector）成立，由全国志愿组织联合会（CONVO）和全国公益事业理事会（NCOP）合并而成，代表所有免税组织。

拉美裔捐赠组织成立。

理查·金·梅隆基金会向旷野协会（Wilderness Society）捐资 62 万美元，成立自然资源政策组，负责为环保宣传提供所需的研究成果、数据资料和分析。该项捐助被认为是对环保运动起分水岭作用的举动。

1981

麦克阿瑟基金会给出一批"天才奖"，奖励若干领域中的优秀人物，付现金。

1982

约瑟夫当选理事会主席，为第一个黑人主席。

理事会要求其成员遵守其颁布的《原则与实践》条例作为基金会的行为准则。引起不同意见，地区捐赠者协会的会员拒绝加入。

自从 70 年代后期环境问题被提上日程，80 年代梅隆基金会向"保护自然"组织捐赠两笔主要的款项，成为土地保护基金：一项 1500 万美元，捐给"最南方河流保护规划"，另一项 2500 万美元给"全国潮湿土壤运动"。其他一些基金会也为之捐款。

1983

国会举行三天系列听证会审查现行法律是否对基金会太严，影响其发挥作用。许多基金会代表出席作证，并发表了一系列工作报告。次年放宽某些规定。

纽约社区信用社开始向一系列与艾滋病有关的项目捐款。这是涉足艾滋病问题的第一个私人基金会。

许多基金会捐款澄清被污染的大湖，其中出资最多的有默特、乔埃斯与乔治·冈德等基金会。

1984

教育部公布代顿社区基金会的《国家危矣》报告，启动全国性的教育改革。

从 1984 年开始，基金会理事会每年提名表彰一位"杰出捐赠人物"，第一位为艾伦·派弗，他于 1967—1983 年任卡耐基金会会长，以后又从事人口老龄化产生的社会经济后果的研究，在纽约为黑人学生募款，建立促进私立高等教育社团以鼓励向小型文科大学捐款的活动等等。同时基金会理事会也设立以其第一任理事长威尔默·里奇命名的奖（The Wilmer Shields Rich Award），奖励优秀的基金会年度报告，以鼓励公开性。

里根总统签署《1984 年度减少赤字法》，其中第三部分下面有涉及私人基金会的条目，对捐赠者免税和基金会收入的税率都有所放宽。后来一直沿用，称"税法第 170 条（e）（5）"。

1985

基金会理事会又设"斯克利夫纳"奖（The Robert W. Scrivner Award），奖励"创造性的捐赠"。首次奖给麻省阿默斯特和平发展基金的玛格丽特·盖奇（Margaret Gage），因为她动员群众关心和平问题，特别是反核武器问题。

约翰逊基金会拨款 1720 万美元用于为艾滋病人或相关疾病病人服务，这是第一个由基金会发起的为艾滋病人服务的全国性计划。

80 年代中期，美国洪达基金会（American Honda Foundation）开始捐款丰富青少年教育，特别是提高数学和自然科学的程度。此后 10 年中共捐了 800 万美元。

1986

自由女神像和埃利斯岛完成修复工程，私人捐助达 2.5 亿美元，包括基金会、公司、个人。捐赠超过 500 万美元的有 20 家公司，包括美国运通、可口可乐、凯洛格、柯达等。它们都有公司基金会。

在卡耐基基金会赞助下公布一份报告，题为"全国作好准备：21 世纪的教师"，号召建立全国职业教学标准，由基金会和政府共同出资。

1987

42 家基金会联合资助一部 14 小时的关于民权运动的电视纪录片，题为"Eyes on the Prize"，在教育台播放。

芝加哥地区 20 多家基金会共同发起一项为期 7 年集资 5200 万美元的运动以改良当地的公共教育。

休斯基金会（Howard Hughes）医学研究所在私人基金会资助下发起一项耗资 5.48 亿美元的提高大学生科学程度的计划。这是迄今为止私人资助的最大规模的项目。

印第安纳大学公益事业中心成立，除了每年有 6 个研究生名额外，还有公益事业图书档案馆、集资学院（美国唯一在大学培养集资人才的学院）、世界集资理事会以及黑人基金会经理人协会。

哥斯达黎加共和国总统桑切斯（Oscar Arias Sanchez）获诺贝尔和平奖，

将其全部奖金捐出成立阿利阿斯和平与人类进步奖。

1988

《慈善纪事报》（*The Chronicle of Philanthropy*）创立。

独立部类出版第一版《美国的捐赠与志愿工作》，从此盖洛普开始组织每两年发表关于美国捐赠模式与趋势的准确数据。

"非营利组织全国中心"成立，旨在帮助各非营利组织改进工作效应。

芝加哥社区信用社、乔埃斯基金会等 25 家位于芝加哥的基金会共同出资，用于改革芝加哥地区的公立学校。

哈佛大学公共卫生学院一名教授发起"头脑清醒司机"运动，反对酒后驾车，包括埃克森石油公司在内的许多家基金会给予赞助。

因"二战"期间受损害而得到赔偿的日裔美国人建立多种基金会，包括精神病基金会等。

1989

在基金会理事会推动下，国会发起"社区基金会周"，并有代表应邀到白宫与布什总统夫妇共同参加签字仪式。

理事会开始一项"公益事业多元化"计划，纪念黑人、亚裔、拉美裔和印第安人的捐赠传统。

独立部类所属全国慈善事业统计中心提出"全国免税单位税务制度"，以建立全国非营利活动分类的统一标准。

1990

"圣地亚哥捐赠者艾滋病合作组织"（SDGAC）开始为帮助艾滋病患者及 HIV 阳性者以及防治工作捐款，共达 100 万美元。参加的有麦克阿瑟家庭、帕克、柯普雷等基金会。

太阳微系统基金会（Sun Microsystems Foundation）通过其社区发展捐赠计划，开始向旧金山和波士顿的非营利机构捐款发展教育、就业、企业领导等，共 450 万美元。

亚裔／太平洋岛屿美国人基金会成立。

土著美洲人公益组织首次成立。

1991

1991 年与 1998 年两座世界最大的望远镜 Keck I 与 Keck II 建造和安装成功。大部分费用是洛杉矶的 W. M. 凯克（W. M. Keck）基金会出的，安装在夏威夷岛的一座死火山顶上。

1992

安德鲁龙卷风造成巨大灾难，基金会纷纷出资救灾，包括达德社区基金会建立的龙卷风后重建基金。夫妻基金会，例如佛罗里达的法尔兰德夫妇慈善基金会（Sam & Lottie Firedland Charitable Foundation），每年向犹太家庭服务机构捐 2000 美元，选择特困犹太家庭，给以补助。这类基金会还有很多。

1993

索罗斯成立开放社会基金，专门支持新转变的东欧国家和前苏联的公民社会计划。现在已有一个有 30 个机构的基金网，1997 年资金为 4.284 亿美元。

退休出版家安嫩伯格宣布捐款 5 亿美元，作为改革公立学校的费用。

福特基金会向"全国发蒙教育协会"捐 20 万美元，用于改进福利和扫盲。

1994

国会就克林顿改革医疗制度方案进行辩论时，加州韦尔尼斯（Wellness）基金会与凯泽（Kaiser）家庭基金会捐款 200 万美元给媒体进行报道以便加州居民了解关于医疗制度辩论的情况。

当年洛杉矶地震，彼得·诺顿（Peter Norton）家庭基金会与洛杉矶妇女基金会捐 10 万美元，帮助南加州人民恢复家园。

基金会继续支持不接受广告的电视频道。莱拉·华莱士—读者文摘基金（Lila Wallace-Readers' Digest Fund）为文化艺术节募捐 450 万美元；在总统大选中皮尤慈善信托基金捐助一个项目，讨论公民提出的意见和见解而不是竞选策略。

克莱斯格基金会（Kresge Foundation）与底特律地区的一些基金会共同发起底特律社区开发捐赠人合作项目，5 年为期，共 1050 万美元，旨在改善底特律低价住房和地区开发项目。

1995

基金会理事会理事长约瑟夫辞职，被任命为驻南非大使。

俄克拉荷马爆炸案后，当地基金会纷纷集资帮助受难者家庭，救济基金共获 530 万美元。

1995—1997 年基金会理事会与独立部类等组织一道为反对《伊斯托克修正案》而斗争，取得胜利。同时又为争取税法 170（e）(5) 不被修改而进行游说，最后获得成功。

1996

何大一（David Ho）研究艾滋病新药被《时代》周刊命名为当年风云人物。他是纽约洛克菲勒大学戴蒙德（Aaron Diamond）艾滋病研究中心主任，该中心是戴蒙德基金会捐助的。

计算机先驱大卫·帕卡德去世，捐出其大部分遗产成立大卫与露西·帕卡德基金会。

1997

特纳捐给联合国 10 亿美元，成立联合国基金。这是有史以来数字最大的个人捐款。他说：我并不比一年前少富有一些，而世界却更美好，何乐而不为？又说此举是唤起富人注意，应该多把财富捐给公益事业。

盖茨夫妇捐款 2 亿美元建立盖茨图书馆基金会，旨在把美国图书馆全部联网。

第一届黑人公益家会议召开，有 600 人参加。

12 月，《纽约时报》第一次刊登关于公益事业的年终特刊，题为"捐赠"。

1998

国会通过决议使税法 170（e）（5）永久化。

著名风险投资家福斯特曼（Ted Forstmann）和沃尔玛（超市）的后裔沃尔顿（John Walton）共捐资 1 亿美元发起建立儿童奖学金基金，专门资助低收入家庭儿童进入私立学校。由于申请人太多，福斯特曼又追加 7000 万美元。这是继 1993 年安嫩伯格捐资 5 亿美元之后第二大笔对学童的捐款。

10 月，盖茨 43 岁生日时又悄悄给盖茨基金会 10 亿美元。

12 月，盖茨夫妇宣布捐资 1 亿美元使儿童接种疫苗普及化。

约翰逊基金会多年为"以行动表达信仰"捐款，旨在建立各个教派之间的联盟帮助老弱病残，1998 年捐出其第 1000 笔。

约翰·霍普金斯大学非营利部类比较研究中心发表研究成果称：非营利组织共雇用 1900 万人，资产 10000 亿美元，相当于世界第 8 位经济大国。

1999

慈善家保尔·梅隆逝世，他生前共捐出 10 亿美元，内容包括：帮助联邦政府购买哈特勒斯角海岸、修复杰弗逊故居蒙蒂赛洛，向国家艺术博物馆捐献 900 幅名画以及设立学者与诗人的博灵根奖等。

盖茨夫妇向两个盖茨基金会捐款 33.45 亿美元，打破个人捐款新纪录。

截至 1999 年：理事会会员共 1720 家，其中 360 家社区基金会，606 家家庭基金会，225 家公司基金会，380 家私人基金会，39 家运作型基金会，70 家公共基金会，40 家国外基金会。工作人员 101 人，预算 1402 万美元。

非营利组织共 114 万家，其中 60 万家达到需要向税务局报告的最低要求。

大学中研究公益事业的学术机构有 76 家。

世纪之交正面临财富传代，预计 2000 年将有 1000 亿美元，到 2040 年每年有 2250 亿美元转手。观察家们认为将有空前大量的家庭基金会出现。

附录二

作者曾走访过的基金会机构与采访过的人物*

1997—2001

基金会理事会（Council on Foundations）：主席克里斯托弗·哈里斯（Christopher Harris），副主席海伦·塞德勒（Helen Seidler）

基金会中心（Foundation Center）：华盛顿图书馆馆长帕特里夏·E.帕斯奎尔（Patricia E. Pasqual），纽约图书馆馆长夏洛特·迪恩（Charlott Dion），研究部副主任洛伦·伦兹（Loren Renz）

约翰·霍普金斯大学非营利组织中心（Center of Non-Profit Organizations, Johns Hopkins University）：主任、非营利组织资深专家莱斯特·萨拉蒙（Lester Salamon）教授

纽约市立大学公益事业研究中心（Center for the Study of Philanthropy, City University of New York）：主任凯瑟琳·麦卡锡（Kathleen MaCarthy）教授

印第安纳大学公益事业中心（The Center on Philanthropy at Indiana University）：前主任罗伯特·佩顿教授，德怀特·伯林盖姆（Dwight Burlinhame）教授

旧金山大学非营利组织管理研究所（Institute of Nonprofit Organization Management, University of San Francisco）：所长迈克尔·奥尼尔（Michael O'Neill）教授

北加州捐赠者协会（Northern California Grantmakers）：项目经理艾伦·莱文森（Alan Levinson）

洛克菲勒基金会（Rockefeller Foundation）：会长戈登·康韦（Gordon

---

* 文中仅列出了部分机构与人物。人物职务为采访当时所有。

Conway），档案馆资深研究员罗森鲍姆（Rosenbaum）

福特基金会（Ford Foundation）：会长巴里·加伯曼（Barry Gaberman），前资深项目官员迈克尔·塞尔策（Michael Seltzer），历届驻华办事处主任彼得·盖特纳（Peter Geitner），安东尼·塞奇（Anthony Saich），安迪·沃森（Andy Watson）

卡耐基基金会（Carnegie Corporation）：纽约研究部负责人多萝西·纳普（Dorothy Knapp）

卡耐基国际和平基金（Carnegie Endowment of International Peace）：图书馆负责人

凯特林基金会（Kettering Foundation）：会长大卫·马休斯（David Mathews），国际项目负责人哈尔·桑德斯，资深工作人员、通讯负责人鲍勃·戴利（Bob Daley），研究员罗伯特·戴德里克（Robert Dedrick）

帕卡德基金会（The David & Lucile Packard Foundation）：外事部主任休·C. 伯勒斯（Hugh C. Burroughs）

鲁斯基金会（The Henry Luce Foundation）：会长特里尔·劳特茨（Terrill Lautz）

硅谷社区基金会（Community Foundation Silicon Valley）：副会长温尼·楚（Winnie Chu）

旧金山基金会（The San Francisco Foundation）：资深项目经理约翰·克雷德勒（John Kreidler）代顿基金会（The Dayton Foundation）：会长弗雷德里克·C. 史密斯（Frederick C. Smith）

亚洲基金会（The Asia Foundation）：会长威廉·富勒（William Fuller），常务副会长巴尼特·巴伦（Barnett Baron）

哈斯基金会（Evelyn & Walter Haas, Jr. Fund）：项目副会长西尔维亚·美-林·叶（Sylvia Mei-Ling Yeh）

麦克阿瑟基金会（The John D. & Catherine T. MacArthur Foundation）：会长阿戴尔·西蒙斯（Adele Simmons）

施特劳斯公司基金（Levi Strauss Foundation）：全球公共事务部主任加尔·史密斯（Gare Smith），彼得·吴（Peter Woo）

美国运通基金会（American Express Foundation）：副会长科妮莉亚·希

金斯（Cornelia Higgins）（电话采访）

基金会资深专家，前吉尔曼基金会（Howard Gilman Foundation）：会长詹姆斯·史密斯（James Smith）

2015 年

美国领导力论坛（American Leadership Forum）：首席执行官克里斯·布洛克（Chris Block）

桥梁风险投资（Bridges Ventures）：合伙人布莱恩·特雷斯坦（Brian Trelstad）

DRK 基金会（Draper Richards Kaplan Foundation）：董事总经理布兰登·卡伦（Brendan Cullen）

EMCF（Edna McConnell Clark Foundation）：总监查尔斯·哈里斯（Charles Harris）

企业社区合作伙伴机构（Enterprise Community Partners）：副总裁朱利安·申（Julia Shin）

基金会中心网（Foundation Center）：研究总监史蒂文·劳伦斯（Steven Lawrence）

绿灯基金（The Greenlight Fund）：执行主任凯西·约翰逊（Casey Johnson）

湾区影响力工作坊（The Impact Hub-Bay Area）：联合创始人蒂莫西·弗罗因德利希（Timothy Freundlich）

财富投资基金（Legacy Venture）：董事总经理艾伦·马蒂（Alan Marty）

NPI 社会创投基金（New Profit Inc.）：合伙人施卢蒂·希拉（Shruti Sehra）

斯坦福大学慈善与公民社会研究中心（The Stanford Center on Philanthropy and Civil Society）：主任金·梅雷迪斯（Kim Meredith）

洛克菲勒基金会（Rockefeller Foundation）：助理副总裁克劳迪娅·乔治（Claudia Juech）

RSF 社会金融（RSF Social Finance）：资深总监泰德·莱文森（Ted Levinson）

硅谷社会创投基金（Silicon Valley Social Venture Fund）：资助官员伊丽莎白·多德森（Elizabeth Dodson）哈佛大学豪泽公民社会研究中心（The Hauser Institute for Civil Society at Harvard University）：高级研究员保拉·D. 约翰逊（Paula D. Johnson）

学习加速器（The Learning Accelerator）：首席执行官斯科特·埃利斯（Scott Ellis）

第三行业资本合伙公司（Third Sector Capital Partners）：首席执行官乔治·奥夫霍尔泽（George Overholser）

世界阅读者（World Reader）：联合创始人戴维·里舍（David Risher）

参考书目

Andrews, F. Emerson, *Philanthropic Giving*, Russell Sage Foundation, 1950.

Andrews, F. Emerson, *Philanthropic Foundations*, Russell Sage Foundation, 1956.

Arnove, Robert F., *Philanthropy and Cultural Imperialism: The Foundations at Home and Abroad*, Indiana University Press, Bloomington, 1980.

Barber, Benjamin R., *A Place for Us: How to Make Society Civil & Democracy Strong*, Hill & Wang, New York, 1998.

Berman, Edward H., *The Ideology of Philanthropy: The Influence of the Carnegie, Ford and Rockefeller Foundations on American Foreign Policy*, State University of New York Press, Albany, 1983.

Bremner, Robert H., *American Philanthropy*, The University of Chicago Press, 1998.

Burlingame, Dwight F., ed., *The Responsibilities of Wealth*, Indiana University Press, 1992.

Cheng, Willie & Mohamed, Sharifah, eds., *The World that Changes the World: How Philanthropy, Innovation and Entrepreneurship are Transforming the Social Ecosystem*, Josseybass, A Wiley Imprint, 2010.

Chernow, Ron, *Titan: The Life of John D. Rockefeller Sr.*, Random House, New York, 1998.

Clotfelter, Charles T. & Thomas, Ehrlich, eds., *Philanthropy and the Nonprofit Sector in a Changing America*, Indiana University Press, 1999.

Douglas, James, *Why Charity? The Case for a Third Sector*, Sage Publications, Inc., Beverly Hills , London & New Delhi, 1983.

Dowie, Mark, *American Foundations: An Investigative History*, MIT Press, 2001.

Eggers, William D. & Macmillan, Paul, *The Solution Revolution: How Business,*

Government, and Social Enterprises are Teaming Up to Solve Society' Toughest Problems, Harvard Business Review Press, 2013.

Emerson, Jed & Bug-Levine, Antony, *Impact Investing: Transforming How We Make Money While Making A Difference*, Josseybass, A Wiley Imprint, 2000.

Ettling, John, *The Germ of Laziness: Rockefeller Philanthropy and Public Health in the New South*, Harvard University Press, 1981.

Fisher, Donald, *Fundamental Development of the Social Sciences: Rockefeller Philanthropy and the United States Social Science Research Council*, The University of Michigan Press, Ann Arbor, Michigan, 1993.

Fosdick, Raymond B., *The Rockefeller Foundation:1913–1950*, Harper & Brothers, New York, 1952.

Glenn, John M., Brandt, Lilian & Andrews, F. Emerson, *Russell Sage Foundation: 1907–1946*, two volumes, Russell Sage Foundation, New York, 1947.

Goldsmith, Stephen, (with GiGi Georges & Tim Glynn Burke), *The Power of Social Innovation: How Civic Entrepreneurs Ignite Community Networks for Good*, Josseybass, A Wiley Imprint, 2010.

Guzzardi Jr., Walter, *The Henry Luce Foundation, A History: 1936–1986*, The University of North Carolina Press, Chapel Hill & London, 1988.

Hammack, David C. & Wheeler, Stanton, *Social Science in the Making: Essays on the Russell Sage Foundation, 1907–1972*, Russell Sage Foundation, 1994.

Hammack, David C., ed., *Making the Nonprofit Sector in the United States: A Reader*, Indiana University Press, Bloomington & Indianapolis, 1998.

Harr, John Ensor & Johnson, Peter J., *The Rockefeller Conscience: An American Family in Public and in Private*, Charles Scribner's Sons, New York, 1991.

Hopkins, Bruce R., *The Law of Tax-Exempt Organizations*, New York, John A. Wiley and Sons, 1992.

Ilchman, Warren F., Katz, Stanley N. & Queen, Edward L., II, eds., *Philanthropy in the World' Traditions*, Indiana University Press, 1998.

Kallgren, Joyce K. & Simon, Denis Fred, eds., *Educational Exchanges: Essays on the Sino-American Experience*, Institute of East Asian Studies, U. C. Berkeley, 1987.

Kaplan, Robert Steven, *What You're Really Meant to Do: A Road Map for Reaching Your Unique Potential*, Harvard Business Review Press, 2013.

Kay, Lily E., *The Molecular Vision of Life: Caltech, The Rockefeller Foundation and the Rise of the New Biology*, Oxford University Press, New York & Oxford, 1993.

Levy, Reynold, *Give and Take: A Candid Account of Corporate Philanthropy*, Harvard Business School Press, 1999.

Lindeman, Eduard C., *Wealth and Culture: A Study of One Hundred Foundations and Community Trusts and Their Operations During the Decade 1921–1930*, (With a New Introduction by Richard Magat), Transaction, Inc., New Brunswick & New Jersey, 1988.

Macdonald, Dwight, *The Ford Foundation: The Men and the Millions*, Transaction Publishers, 1989 (first published in 1955).

Magat, Richard, ed., *An Agile Servant: Community Leadership by Community Foundation*, The Foundation Center, 1989.

McCarthy, Kathleen D., *Noblesse Oblige: Charity & Cultural Philanthropy in Chicago, 1849–1929*, The University of Chicago Press, Chicago & London, 1982.

Morino, Mario, ed., *Leap of Reason: Managing to Outcomes in an Era of Scarcity*, Venture Philanthropy Partners, 2011.

Merrill, Charles, *The Checkbook: The Politics and Ethics of Foundation Philanthropy*, Oelgeschlager, Gunn & Hain, Inc., Boston, 1986.

Nielsen, Waldemar A., *The Big Foundations*, Columbia University Press, 1972.

Nielsen, Waldemar A., *The Golden Donors: A New Anatomy of the Big Foundations*, Truman Talley, 1983.

Nielsen, Waldemar A., *Inside American Philanthropy: The Dramas of Donorship*, University of Oklahoma Press, 1996.

Novogratz, Jacqueline, *The Blue Sweater: Bridging the Gap between Rich and Poor in an Interconnected World*, Rodale Inc., 2009.

Odendahl, Teresa, *Charity Begins at Home: Generosity and Self-interest Among the Philanthropic Elite*, Basic Books, Inc., New York, 1990.

Ostrower, Francie, *Why the Wealthy Give: The Culture of Elite Philanthropy*, Princeton University Press, Princeton & New Jersey, 1995.

Pifer, Alan, *Philanthropy in an Age of Transition*, Foundation Center, 1984.

Renz, Loren, et al., *International Grantmaking: A Report on U.S. Foundation Trends*, The Foundation Center in cooperation with the Council on Foundations, 1997.

Rodin, Judith & Brandenburg, Margot, *The Power of Impact Investing: Putting Markets to Work for Profit and Global Good*, Wharton Digital Press, 2014.

Salamon, Lester M., *Partners in Public Service: Government Nonprofit Relations in the Modern Welfare State*, The Johns Hopkins University Press, Baltimore & London, 1995.

Salamon, Lester M., *America' Nonprofit Sector: A Primer*, The Foundation Center, New York, 1992.

Schervish, Paul G., Coutsoukis, Platon E. & Lewis, Ethan, *The Gospels of Wealth: How the Rich Portray Their Lives*, Greenwood Press, 1994.

Schulzinger, Robert D., *The Wise Men of Foreign Affairs: The History of the Council on Foreign Relations*, Columbia University Press, 1984.

Sealander, Judith, *Private Wealth and Public Life: Foundation Philanthropy and the Reshaping of American Social Policy from the Progressive Era to the New Deal*, The Johns Hopkins University Press, Baltimore & London, 1997.

Seligman, Adam B., *The Idea of Civil Society*, Princeton University Press, Princeton & New Jersey, 1992.

Sklar, Martin J., *The Corporate Reconstruction of American Capitalism 1890–1916: The Market, the Law and Politics*, Cambridge University Press, Boston, 1997 (first published in 1988).

Tarbell, Ida M., *The History of the Standard Oil Company* (Briefer Version / Edited by David M. Chalmers), W. W. Norton & Company, 1969 (first published by the Macmillan Company in 1904).

Thomas, John L., *Alternative America: Henry George, Edward Bellamy, Henry Demarest Lloyd and the Adversary Tradition*, The Belknap Press of Harvard University Press, Cambridge, Massachusetts & London, 1983.

Whitaker, Ben, *The Foundations: An Anatomy of Philanthropy and Society*, Eyre Methuen, London, 1974.

《非营利组织评估》，邓国胜著，社会科学文献出版社，2001 年。

《扶贫小额信贷与公益信托制度研究》，孙同全著，经济科学出版社，2006 年。

《公益时报》，中国社会工作协会主办。

《美国慈善法指南》，〔美〕贝奇·布查特·阿德勒著（Betsy Buchalter Adler, The Rules of the Road: A Guide to the Law of Charities in the United States），NPO 信息咨询中心主译，中国社会科学出版社，2002 年。

《免费午餐：柔软改变中国》，邓飞著，华文出版社，2013 年。

《穷人的商机》(The Fortune at the Bottom of the Pyramid)，〔美〕C. K. 普拉哈拉德著，林丹明、徐宗玲译，中国人民大学出版社，2010 年。

《"社会团体登记管理条例"、"民办非企业登记管理暂行条例"释义》，国务院法制办政法司、民政部民间组织管理局编著，中国社会出版社，1999 年。

《为公益而共和：阿拉善 SEE 生态协会治理之路》，杨鹏著，中信出版社，2012 年。

《中国社团改革：从政府选择到社会选择》，王名、刘国翰、何建宇著，社会科学文献出版社，2001 年。

《中国慈善简史》，周秋光、曾桂林著，人民出版社，2006 年。

《中国发展简报》，北京公旻汇资讯中心编，知识产权出版社。

《政府与企业以外的现代化：中西公益事业史比较研究》，秦晖著，浙江人民出版社，1999 年。

工具书、文章与期刊

Guide to U. S. Foundations: Their Trustees, Officers, and Donors, 1999 & 2000 editions, the Foundation Center.

Foundation Reporter 2000: Comprehensive Profiles & Giving Analyses of America' Major Private Foundations, 31st Edition, The Foundation Center.

For the Greater Good: Moments in the History of Philanthropy and the Council on Foundations, 150th Anniversary, Council on foundations.

Last 50, Next 50-Foundation, News & Commentary, Council on Foundations, March/April, 1999.

The Chronicle of Philanthropy.

The Foundation Directory, editions, 1998, 1999, 2000, compiled by the Foundation Center.

"Charities and Nonprofits in the U. S. Regulation, Standard-setting, Accreditation, and Monitoring" by Russy D. Sumariwalla, Working paper #6, Jan., 1998, The Asia Foundation.

"In Search of America's Best Nonprofits", by Richard Steckel and Jennifer Lehman, Josseybass, San Francisco, 1998.

"International Grantmaking, A Report on U. S. Foundation Trends", by Loren Renz & Josefina Samsen-Atienza, Highlights of the Foundation Center's 1997 Study.

"Philanthropy in the United States: History and Structure", by F. Emerson Andrews, The Foundation Center, New York, 1978.

"Public Interest Profiles, 1998–1999", ed., James J. DeAngelis, *Congressional Quarterly*, 1999.

"The Role of the Nonprofit Sector", by Lester Salamon, *Foreign Affairs*, Vol. 73, No. 4, 1994, pp. 111–124.

From Blueprint to Scale: The Case for Philanthropy in Impact Investing, by Harvey Koh, Ashish Karamchandani and Robert Katz, produced by Monitor in collaboration with Acumen Fund, created with funding from the Bill & Melinda Gates Foundation, Apr., 2012.

Impact Investments: An Emerging Asset Class, by Nick O'Donohoe, Christina Leijonhufvud & Yasemin Saltuk (J. P. Morgan Global Research), Antony Bugg-Levine & Margot Brandenburg (Rockefeller Foundation), Sponsored by J. P. Morgan Global Research & The Rockefeller Foundation, Nov., 2010.

Innovations, Social entrepreneurship: Shifting Power Dynamics, A quarterly journal printed by MIT Press, Special Edition for the Skoll world forum 2009.

《慈善金融：欧美公益风险投资的含义、历史与现状》，赵萌，《经济社会体制比较》，2010 年第 4 期。

《社会企业认定规则国际比较研究报告：国外社会企业立法现状及对中国社会企业立法的展望》，王世强（受北京师范大学中国公益研究院委托），2013 年 7 月。

《社会效应投资：公益与私利的世界性融合》，容憬，《社会创业家》，2011 年第 11 期。

索 引

T

W

图书在版编目(CIP)数据

财富的责任与资本主义演变:美国百年公益发展的启示/资中筠著;—上海:上海三联书店,2015.9(2025.3重印)

ISBN 978 - 7 - 5426 - 5301 - 7

Ⅰ.①财… Ⅱ.①资… Ⅲ.①公用事业-研究-美国

Ⅳ.①F299.712.41

中国版本图书馆 CIP 数据核字(2015)第 194740 号

财富的责任与资本主义演变:美国百年公益发展的启示

著　　者/资中筠

责任编辑/黄　韬
特约编辑/马秀琴　葛建亭
装帧设计/金　山
监　　制/姚　军
责任校对/王凌霄

出版发行/上海三联书店
　　　　　(200041)中国上海市静安区威海路 755 号 30 楼
邮　　箱/sdxsanlian@sina.com
联系电话/编辑部:021 - 22895517
　　　　　发行部:021 - 22895559
印　　刷/上海展强印刷有限公司

版　　次/2015 年 9 月第 1 版
印　　次/2025 年 3 月第 3 次印刷
开　　本/655mm×960mm　1/16
字　　数/450 千字
印　　张/37.25
书　　号/ISBN 978 - 7 - 5426 - 5301 - 7/F・722
定　　价/98.00 元

敬启读者,如发现本书有印装质量问题,请与印刷厂联系 021 - 66366565